巻首図版 1 銅・青銅鈴
1 陶寺 M3296(3), 2 二里頭 V 区 M22(33), 3 二里頭 VI 区 T4M11(34),
4 二里頭 VI 区 M57(37), 5 二里頭 V 区 M4(38)

巻首図版 2 獣面牌飾・青銅鉞
1 二里頭Ⅴ区M4（40），2 二里頭Ⅵ区T4M11（41），3 二里頭Ⅵ区M57（42），4 二里頭Ⅲ区（68）

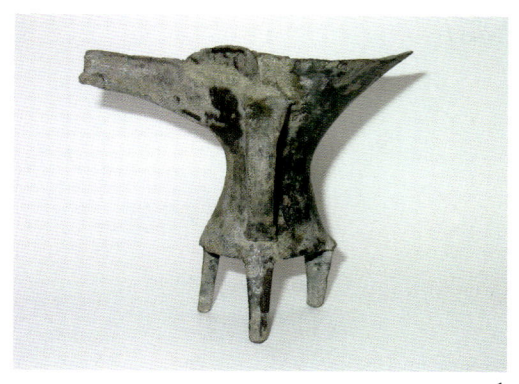

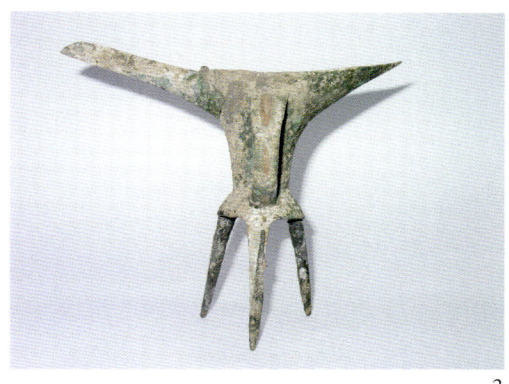

巻首図版 3　青銅爵
1 二里頭 VII 区 T22 第 3 層 (21)，2 二里頭 VI 区 M57 (22)，3 二里頭 IV 区 M16 (25)，
4 二里頭 VI 区 T4M11 (24)，5 二里頭 III 区 M2 (27)，6 二里頭 VII 区 KM7 (26)

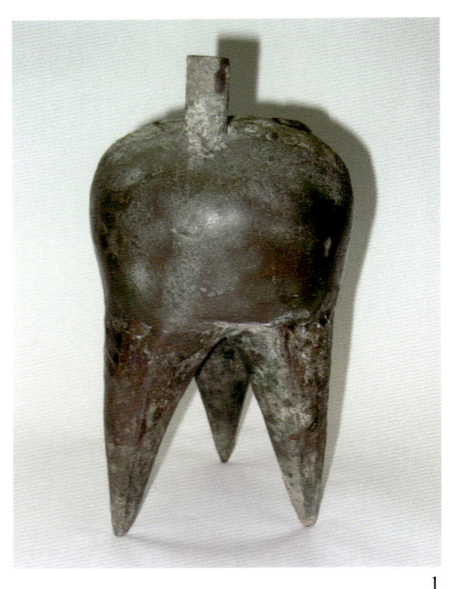

巻首図版 4　青銅盉・青銅斝・青銅鼎
1 二里頭 II 区 M1（32），2 二里頭 VI 区 T4M9（28），3 二里頭 V 区 M1（29），4 二里頭 V 区 M1（31）

中国初期青銅器文化の研究

宮本一夫・白雲翔 編

九州大学出版会

序
——日中共同研究「中国初期青銅器文化の研究」を行うにあたって——

宮本一夫

　日中共同研究「中国初期青銅器文化の研究」を始めたのは，SARS が中国を震撼させた 2003 年のことであった．その前年の秋に，中国社会科学院考古研究所副所長の白雲翔が来日し，九州大学考古学研究室を訪問した機会を利用して，九州大学考古学研究室と中国社会科学院考古研究所との間で共同研究を進める計画を話し合った．その中で，中国初期青銅器文化の成立過程についてお互いに興味があり，それらを丹念に調べる必要性が話し合われた．中国初期青銅器については，中原を中心とする自律的な発展という中国起源説か，あるいは西アジアに生まれた青銅器文化がユーラシア草原地帯から中国西北部などを通じて中原に広がったという伝播説に大きく分かれることが知られている．近年では冶金学的な研究や成分分析も進展しており，砒素銅など中原に認められない成分をもつ銅鉱の存在を以て，中国西北部からユーラシア草原地帯の銅器・青銅器文化との関係も論ぜられる（李水城 2005）に至っている．

　そうした研究動向の中にあって，これまで発表されてきた資料の中には，その存在が知られていても詳細な図面がなかったり，図面は公開されていても不完全なもので，参考にできないものも多くあった．まず，基礎的な資料公開において問題があると言わざるを得ない．そこで，日中共同研究においては，成分分析など先端諸科学の学際的な研究というのではなく，まさに考古学の基本的な資料化である実測調査をもう一度行うことにより，資料を全面的に公開し，初期青銅器文化研究の基礎資料化に努めた．これには九州大学考古学研究室の大学院生が主にあたった．さらに資料化の過程で得た新知識，とりわけ鋳造技術などの観点からの新知見を論文という形で共同研究参加者がまとめることとした．

　共同研究は，SARS が終息し始めた 2003 年 7 月から本格的な交渉に入り，中国国家文物局の批准の下に「中国早期銅器文化的研究」と題して，中国社会科学院考古研究所と九州大学考古学研究室との共同調査として始めることとなった．詳細は，第 8 章ならびに既に発刊している『長城地帯青銅器文化の研究』（シルクロード学研究 Vol. 29）の第 1 章（宮本 2008a）に詳しいので，そちらに譲ることとして，新疆を除く中国全土の二里頭文化以前の銅器・青銅器を対象として可能な限りの実測調査を行った．これらの内，中国西北部から内蒙古中南部のいわゆる長城地帯の青銅器に関しては，『長城地帯の初期青銅器文化』（宮本編 2008）において既に公開している．

　本書では，中原初期青銅器文化の特質を明らかにするために，黄河中・下流域に限定して初期青銅器資料の集成を示すものである．とりわけ二里頭遺跡出土品に関しては，中国社会科学院考古研

究所との共同調査であったこともあり，考古研究所所蔵品に限ってはほぼ全ての青銅器を実測し資料化した。この他，二里頭遺跡出土品や二里頭文化期の青銅器でありながら，中国各地の博物館に分散して所蔵されているものも，可能な限り実測調査を行った。これらの中には存在が知られていたが，これまで実測図が公開されていなかったものも含まれている。さらに，二里頭文化と二里岡文化の青銅器上の区分を明確にするため，参考資料として二里岡文化下層を中心とする青銅器資料の実測図も参考として付している。これは奈良国立博物館の坂本コレクションやカナダ・ロイヤルオンタリオ美術館の青銅器資料である。

　このように，中原の陶寺文化，二里頭文化，山東の岳石文化を中心とした銅器・青銅器資料の丹念な資料調査により，その集成と共に，調査過程で得られた知見を基に中原青銅器文化の成立とその特徴ならびに生成過程を明らかにすることができた。また，二里頭文化からその後の二里岡文化への移行過程の問題や，二里頭文化と二里岡文化の分期の問題，さらには二里頭文化と二里岡文化の青銅器文化の特質差，ひいては殷周王朝の基層構造を明らかにすることができたと考えられるのである。それらの成果は共同研究参加者の論文として論述され，さらに結語という形で全体をまとめることにより，中原青銅器文化の成立と展開を明らかにしたのである。

目　　次

　　序──日中共同研究「中国初期青銅器文化の研究」を行うにあたって──................宮本一夫　i

第1章　中国古代初期銅器と青銅起源に関する諸問題................白　雲翔　1
　　1　はじめに................1
　　2　初期銅器の発見・研究史の回顧................1
　　3　初期銅器の類型と特徴................5
　　4　中国初期銅器と青銅器起源の問題についての考察................17

第2章　陶寺文化と二里頭文化の銅鈴................宮本一夫　23
　　1　はじめに................23
　　2　陶寺文化の銅鈴................23
　　3　二里頭文化の銅鈴................27
　　4　まとめ................32

第3章　青銅彝器の製作技術から見た二里頭文化から二里岡文化への変遷
　　　　................宮本一夫　35
　　1　はじめに................35
　　2　二里頭青銅彝器の製作技術に関する問題点................36
　　3　二里頭文化期の青銅彝器の変遷................37
　　4　青銅鋳造技術の変遷................39
　　5　二里頭文化から二里岡文化への変遷に関する問題................53
　　6　おわりに................55

第4章　二里頭遺跡における青銅器生産体制................田尻義了　57
　　1　はじめに................57
　　2　本章の分析対象と方法................57
　　3　二里頭遺跡出土鋳造関連遺物の実態................58
　　4　二里頭遺跡における青銅器生産と緑松石加工について................67

	5	骨製品から見た製作工具の分析	71
	6	二里頭遺跡における青銅器生産体制の評価	75

第5章　二里頭遺跡文化分期再検討——墓地出土の銅，玉礼器を中心に——
　　　　　　　　　　　　　　　　　　　　　　　許　宏・趙　海濤　79

	1	はじめに	79
	2	二里頭遺跡分期に関する研究史	79
	3	分期概念に関する若干の分析	80
	4	銅，玉礼器出土墓葬をもとにした分期の検討	81
	5	銅，玉礼器の年代に関する若干の討論	85

第6章　青銅鼎の出現時期とその背景　　　　　　　　　　　村野正景　91

	1	はじめに	91
	2	先行研究の概括と問題の所在	91
	3	分　析	93
	4	考　察——銅器化の背景——	108
	5	まとめ	110

第7章　威信財から見た二里頭文化の地域間関係　　　　　徳留大輔　113

	1	はじめに	113
	2	研究史および問題の所在	113
	3	資料と方法	114
	4	時間軸の設定	117
	5	各時期の様相	128
	6	A群精製土器の製作体制に見る二里頭遺跡と各遺跡・地区との関係	130
	7	A群精製土器の各遺跡・地区（小様式圏）での位置づけ	132
	8	考　察	133
	9	まとめ	136

第8章　二里頭文化青銅器および関連青銅器集成
　　　　　　　　　　　　　　　　　宮本一夫・田尻義了・徳留大輔　151

	1	調査の経過	151
	2	資料内容	156
	3	まとめ	159

目　次

結　　語──中国初期青銅器文化の成立と展開── ....宮本一夫　207
  1　はじめに.. 207
  2　中国初期青銅器文化の成立 207
  3　二里頭文化と青銅器生産 209
  4　商王朝の出現と青銅彝器 212
  5　まとめ 214

図　　版 217
中文要旨 259
英文要旨 261
文　　献 265
あとがき ....宮本一夫　271
索　　引 273

図 表 一 覧

巻首図版 1　銅・青銅鈴　1 陶寺 M3296（3），2 二里頭Ⅴ区 M22（33），3 二里頭Ⅵ区 T4M11（34），4 二里頭Ⅵ区 M57（37），5 二里頭Ⅴ区 M4（38）

巻首図版 2　獣面牌飾・青銅鉞　1 二里頭Ⅴ区 M4（40），2 二里頭Ⅵ区 T4M11（41），3 二里頭Ⅵ区 M57（42），4 二里頭Ⅲ区（68）

巻首図版 3　青銅爵　1 二里頭Ⅶ区 T22 第 3 層（21），2 二里頭Ⅵ区 M57（22），3 二里頭Ⅳ区 M16（25），4 二里頭Ⅵ区 T4M11（24），5 二里頭Ⅲ区 M2（27），6 二里頭Ⅶ区 KM7（26）

巻首図版 4　青銅盉・青銅斝・青銅鼎　1 二里頭Ⅱ区 M1（32），2 二里頭Ⅵ区 T4M9（28），3 二里頭Ⅴ区 M1（29），4 二里頭Ⅴ区 M1（31）

図 1　銅装飾品（3 を除き縮尺 2/5） 7
図 2　銅工具（1・13・14 を除き縮尺 2/5） 9
図 3　銅刀（8・9・14 を除き縮尺 2/5） 10
図 4　銅鏃（縮尺 2/5） 12
図 5　銅武器（1・2 縮尺 1/5，3・4 縮尺 2/5） 12
図 6　銅礼楽儀仗器（1～7 縮尺 1/3，8～13 縮尺 1/5） 14
図 7　銅容器（縮尺 1/5） 16
図 8　陶寺遺跡出土銅鈴（縮尺 2/3） 24
図 9　陶寺遺跡出土銅鈴細部写真 25
図 10　新石器時代後期の陶鈴とその分布 26
図 11　二里頭遺跡Ⅴ区 22 号墓出土銅鈴（縮尺 1/3） 28
図 12　二里頭遺跡Ⅵ区 11 号墓出土銅鈴（縮尺 1/3） 29
図 13　二里頭遺跡Ⅵ区 57 号墓出土銅鈴（縮尺 1/3） 30
図 14　二里頭遺跡Ⅴ区 4 号墓出土銅鈴（縮尺 1/3） 31
図 15　銅鈴型式変遷図（縮尺 1/4） 33
図 16　二里頭文化から二里岡文化への青銅爵の鋳造復元 36
図 17　二里頭文化期の青銅彝器の変遷（1・7 縮尺 1/8，その他縮尺 1/6） ... 38
図 18　二里頭遺跡Ⅷ区第 22 トレンチ 3 層出土青銅爵（縮尺 1/2） 40
図 19　二里頭文化期の青銅爵における脚部位置の変遷（縮尺 1/4） 41
図 20　二里頭遺跡Ⅱ区 2 号墓出土青銅盉（縮尺 1/5） 42
図 21　二里頭遺跡Ⅵ区第 4 トレンチ 9 号墓出土青銅斝（縮尺 1/4） 43
図 22　二里頭遺跡Ⅴ区 1 号墓出土青銅斝（縮尺 1/4） 44
図 23　二里頭遺跡Ⅴ区 1 号墓出土青銅鼎（縮尺 1/3） 45

図 24	二里頭遺跡 V 区 1 号墓出土青銅鼎細部	46
図 25	鄭州北 27 路 2 号墓出土青銅爵(縮尺 1/3)	47
図 26	脚部三范 A1 式爵(奈良国立博物館蔵,縮尺 1/2)	48
図 27	脚部三范 A2 式爵(奈良国立博物館蔵,縮尺 1/2)	49
図 28	脚部三范 B 式爵(カナダ・ロイヤルオンタリオ美術館蔵,縮尺 1/2)	50
図 29	二里頭文化から二里岡文化への鋳造技術変化の段階性	52
図 30	上海博物館蔵二里岡下層期鼎(縮尺 1/3)	53
図 31	青銅斝との形態的な比較	54
図 32	山東龍山文化の副葬土器に見られる社会階層規範モデル	55
図 33	二里頭遺跡出土青銅製品の形態分類(縮尺 1/2)	59
図 34	二里頭遺跡調査区	62
図 35	IV 区第 1 期における調査区配置図	63
図 36	IV 区第 2 期における鋳造関連遺物出土分布図	63
図 37	IV 区第 3 期における鋳造関連遺物出土分布図	64
図 38	IV 区第 4 期における鋳造関連遺物出土分布図	64
図 39	調査区別鋳造関連遺物の出土量変遷	65
図 40	V 区(第 1 期～二里岡下層期)鋳造関連遺物出土分布図	66
図 41	II・V 区(第 1～4 期)鋳造関連遺物出土分布図	67
図 42	IV 区第 2 期における緑松石未製品出土分布図	68
図 43	IV 区第 3 期における緑松石未製品出土分布図	68
図 44	IV 区第 4 期における緑松石未製品出土分布図	69
図 45	IV 区二里岡下層期における緑松石未製品出土分布図	69
図 46	V 区(1 号宮殿区),II・V 区における緑松石未製品出土分布図	70
図 47	IV 区第 1 期における骨製品出土分布図	72
図 48	IV 区第 2 期における骨製品出土分布図	72
図 49	IV 区第 3 期における骨製品出土分布図	72
図 50	IV 区第 4 期における骨製品出土分布図	73
図 51	IV 区二里岡下層期における骨製品出土分布図	73
図 52	二里頭文化における青銅器生産体制	77
図 53	中型墓 62VM22 出土器物組み合わせ	84
図 54	中型墓 75VIKM3 出土器物組み合わせ	84
図 55	第 3・4 期陶盉の形態特徴による分期	85
図 56	青銅爵の変化方向の可能性	88
図 57	二里頭文化から二里岡文化への青銅容器の変遷	89
図 58	二里頭の青銅鼎と二里頭期の土製鼎の比較(縮尺不同)	93
図 59	盆形鼎の変遷(縮尺不同)	94

図60	南関外期(左端)・二里岡下層期(左端以外)の土製鼎(縮尺不同)	95
図61	二里岡期の青銅鼎(縮尺不同)	96
図62	二里頭の青銅鼎	97
図63	二里岡期の鼎に見られる鋳張り(縮尺不同)	99
図64	3－N＋1の鋳型(縮尺不同)	99
図65	二里岡期の墓の様相	103
図66	位階標識の模倣と変遷の概念図	109
図67	本章における主要分析対象遺跡	115
図68	A群精製土器を通して想定される現象とその過程における作業仮説	116
図69	爵の分類図	117
図70	爵の型式変遷図	118
図71	盉の分類図	120
図72	盉の型式変遷図	121
図73	鬻の分類図	123
図74	豆B類の分類図	124
図75	豆類の分類図	125
図76	編年図	127
図77	IVa期におけるA群精製土器の地区別出土状況	129
図78	IVb期におけるA群精製土器の地区別出土状況	129
図79	IVc期におけるA群精製土器の地区別出土状況	129
図80	爵A類のサイズ(器高)	132
図81	二里頭文化期における斝の型式変化とその系統関係	135
図82	A群精製土器および青銅容器の変遷図	136
図83	二里頭文化における地域間関係変遷モデル図	137
図84	姜寨遺跡出土黄銅(1・2), 陶寺遺跡出土銅鈴(3), 東下馮遺跡出土青銅刀子(17・18)・青銅鑿(19)(1～3 縮尺1/2, その他縮尺2/3)	160
図85	東下馮遺跡出土青銅鏃(4～15)・不明銅器(16)(縮尺2/3)	161
図86	二里頭遺跡出土Ia式青銅爵(20・21)・Ib式青銅爵(22・23)(縮尺1/4)	162
図87	二里頭遺跡出土Ib式青銅爵(24・25)(縮尺1/4)	163
図88	二里頭遺跡出土Ib式青銅爵(26)・II式青銅爵(27)(縮尺1/4)	164
図89	二里頭遺跡出土青銅斝(28)(縮尺1/4)	165
図90	二里頭遺跡出土青銅斝(29・30)(縮尺1/4)	166
図91	二里頭遺跡出土青銅鼎(31)(縮尺1/3)	167
図92	二里頭遺跡出土青銅盉(32)(縮尺1/3)	168
図93	二里頭遺跡出土青銅鈴(33・34・36)・舌(35)(縮尺1/2)	169
図94	二里頭遺跡出土青銅鈴(37・38)・舌(39)(縮尺1/2)	170

図 95	二里頭遺跡出土獣面牌飾(40)(縮尺 2/3)	171
図 96	二里頭遺跡出土獣面牌飾(41)(縮尺 2/3)	172
図 97	二里頭遺跡出土獣面牌飾(42)(縮尺 2/3)	173
図 98	二里頭遺跡出土青銅円形飾(43〜45)(縮尺 1/2)	174
図 99	二里頭遺跡出土青銅円形飾(46)(縮尺 1/2)	175
図 100	二里頭遺跡出土青銅鏃(47〜61)(縮尺 2/3)	176
図 101	二里頭遺跡出土青銅鏃(62〜66)・青銅刀(67)・青銅鉞(68)(67 縮尺 1/3, その他縮尺 2/3)	177
図 102	二里頭遺跡出土青銅刀子(69〜97)(縮尺 2/3)	178
図 103	二里頭遺跡出土青銅鑿・青銅斧・青銅錐・その他(98〜121)(縮尺 2/3)	179
図 104	二里頭遺跡出土青銅器関連遺物(122〜139)(縮尺 2/3)	180
図 105	二里頭遺跡出土土製鋳型(140)(縮尺 1/2)	181
図 106	二里頭遺跡出土土製鋳型(141・142・145)(縮尺 1/2)	182
図 107	二里頭遺跡出土土製鋳型(143・144・146)(縮尺 1/2)	183
図 108	二里頭遺跡出土土製鋳型(147・148)(縮尺 1/2)	184
図 109	伝陝西省洛寧出土青銅爵(149)・河南省新鄭市望京楼出土青銅爵(150)(縮尺 1/4)	185
図 110	河南省出土初期青銅器関連遺物(151・152 王城崗, 153 西崖, 154 堅河, 155〜157 旭呇王, 158 洛達廟, 159 大師姑, 160 下王崗)(縮尺 2/3)	186
図 111	伝河南省商丘出土青銅爵(161)・山東省尹家城遺跡出土青銅器関連遺物(162〜175)(161 縮尺 1/4, その他縮尺 2/3)	187
図 112	河南省博物院蔵青銅斝(176)(縮尺 1/4)	188
図 113	上海博物館蔵青銅斝(177)(縮尺 1/4)	189
図 114	上海博物館蔵青銅斝(178)(縮尺 1/4)	190
図 115	上海博物館蔵青銅鼎(179)(縮尺 1/3)	191
図 116	奈良国立博物館蔵青銅爵(180・181)(縮尺 1/3)	192
図 117	奈良国立博物館蔵青銅爵(182)(縮尺 1/2)	193
図 118	奈良国立博物館蔵青銅鼎(183)・青銅鬲(184)(縮尺 1/3)	194
図 119	鄭州北 27 路 2 号墓出土青銅爵(北京大学サックラー考古芸術博物館蔵)(185)(縮尺 1/3)	195
図 120	ロイヤルオンタリオ美術館蔵青銅爵(186)(縮尺 1/3)	195
図 121	ロイヤルオンタリオ美術館蔵青銅爵(187)(縮尺 1/2)	196
図 122	ロイヤルオンタリオ美術館蔵青銅爵(188)(縮尺 1/2)	197
図 123	ロイヤルオンタリオ美術館蔵青銅斝(189)(縮尺 1/4)	198
図 124	ロイヤルオンタリオ美術館蔵青銅斝(190)(縮尺 1/4)	199
表 1	二里頭文化期の銅鈴集成表	27

表 2	二里頭文化期の副葬品構成から見た階層関係	27
表 3	二里頭文化期の銅鈴の型式	32
表 4	二里頭文化期の青銅彝器集成表	37
表 5	形態分類とその機能・用途対応表	60
表 6	二里頭遺跡Ⅳ区出土骨製品の時期変遷	74
表 7	発掘簡報，報告等における編年対応表	80
表 8	二里頭遺跡における銅，玉礼器出土墓地の年代(ただし，編年可能分のみ)	83
表 9	『偃師二里頭』報告中層位関係が見られない遺物の分期	86
表 10	原簡報と『偃師二里頭』報告分期案の変化	87
表 11	二里頭第3期の墓の様相	101
表 12	二里頭第4期の墓の様相	103
表 13	二里岡期の青銅器副葬墓(『鄭州商城』では上層段階)	104
表 14	鼎の出土状況	105
表 15	酒器(爵・盉・鬻・觚)の出土状況(副葬品除く)	105
表 16	卜骨の出土状況	105
表 17	墓の分布状況	106
表 18	罐形鼎と盆形鼎の出土状況(副葬品以外)	106
表 19	罐形鼎と盆形鼎の出土状況(副葬品)	106
表 20	各形式・型式共伴関係表	126
表 21	A群精製土器の各形式・型式の分布一覧表	131
表 22	二里頭期の各遺跡の墓坑規模と副葬品	133
表 23	主要分析資料一覧	141
表 24	二里頭文化青銅器および関連青銅器集成表	200
表 25	長城地帯青銅器文化編年表	208
図版 1	姜寨遺跡出土黄銅(1・2)，陶寺遺跡出土銅鈴(3)，東下馮遺跡出土青銅刀子(17・18)・青銅鑿(19) (1～3 縮尺約 1/2，その他縮尺約 2/3)	219
図版 2	東下馮遺跡出土青銅鏃(4～15)・不明銅器(16) (縮尺約 2/3)	220
図版 3	二里頭遺跡Ⅴ区8号墓出土Ⅰa式青銅爵(20) (縮尺約 1/2)	221
図版 4	二里頭遺跡Ⅶ区3層出土Ⅰa式青銅爵(21) (縮尺約 1/2)	222
図版 5	二里頭遺跡Ⅲ区2号墓出土Ⅱ式青銅爵(27) (縮尺約 1/3)	223
図版 6	二里頭遺跡Ⅵ区57号墓出土Ⅰb式青銅爵(22) (縮尺約 1/2)	224
図版 7	二里頭遺跡Ⅵ区9号墓出土Ⅰb式青銅爵(23) (縮尺約 1/3)	225
図版 8	二里頭遺跡Ⅵ区4号墓出土Ⅰb式青銅爵(24) (縮尺約 1/3)	226
図版 9	二里頭遺跡Ⅴ区16号墓出土Ⅰb式青銅爵(25) (縮尺約 1/2)	227
図版 10	二里頭遺跡Ⅶ区7号墓出土Ⅰb式青銅爵(26) (縮尺約 1/3)	228

図版 11	二里頭遺跡Ⅵ区4号墓出土青銅斝(28)(縮尺約 1/4)	229
図版 12	二里頭遺跡Ⅱ区1号墓出土青銅盉(32)(縮尺約 1/3)	230
図版 13	二里頭遺跡Ⅴ区1号墓出土青銅鼎(31)(縮尺約 1/3)	231
図版 14	二里頭遺跡Ⅴ区1号墓出土青銅斝(29)(縮尺約 1/4)	232
図版 15	二里頭遺跡Ⅴ区出土青銅斝(30)(縮尺約 1/4)	233
図版 16	二里頭遺跡Ⅴ区22号墓出土青銅鈴(33)(縮尺約 1/2)	234
図版 17	二里頭遺跡Ⅵ区11号墓出土青銅鈴(34)・舌(35)(縮尺約 1/2)	235
図版 18	二里頭遺跡Ⅸ区4号墓出土青銅鈴(36)(縮尺約 1/2)	236
図版 19	二里頭遺跡Ⅵ区57号墓出土青銅鈴(37)(縮尺約 1/2)	237
図版 20	二里頭遺跡Ⅴ区4号墓出土青銅鈴(38)・舌(39)(縮尺約 1/2)	238
図版 21	二里頭遺跡Ⅴ区4号墓出土獣面牌飾(40)(縮尺約 2/3)	239
図版 22	二里頭遺跡Ⅵ区11号墓出土獣面牌飾(41)(縮尺約 2/3)	240
図版 23	二里頭遺跡Ⅵ区57号墓出土獣面牌飾(42)(縮尺約 2/3)	241
図版 24	二里頭遺跡出土青銅円形飾(43〜45)(縮尺約 1/2)	242
図版 25	二里頭遺跡Ⅴ区4号墓出土青銅円形飾(46)(縮尺約 1/2)	243
図版 26	二里頭遺跡出土青銅鏃(47〜61)(縮尺約 2/3)	244
図版 27	二里頭遺跡出土青銅鏃(62〜66)・青銅刀(67)・青銅鉞(68)(67 縮尺約 1/3,その他縮尺約 2/3)	245
図版 28	二里頭遺跡出土青銅刀子(69〜92)(縮尺約 2/3)	246
図版 29	二里頭遺跡出土青銅刀子(93〜97)・青銅器関連遺物(122〜139)(縮尺約 2/3)	247
図版 30	二里頭遺跡出土青銅鑿・青銅斧・青銅錐・その他(98〜121)(縮尺約 2/3)	248
図版 31	二里頭遺跡出土土製鋳型(140〜148)(縮尺約 1/2)	249
図版 32	河南省出土初期青銅器関連遺物(151・152 王城崗,153 西崖,154 竪河,155〜157 旭旮王,158 洛達廟,159 大師姑,160 下王崗)(縮尺約 2/3)	250
図版 33	山東省尹家城遺跡出土青銅器関連遺物(162〜175)(縮尺約 2/3)	251
図版 34	伝陝西省洛寧出土青銅爵(149)(縮尺約 1/3)	252
図版 35	河南省新鄭市望京楼出土青銅爵(150)(縮尺約 1/2)	253
図版 36	伝河南省商丘出土青銅爵(161)(縮尺約 1/2)	254
図版 37	上海博物館蔵青銅斝(177)(縮尺約 1/4)	255
図版 38	上海博物館蔵青銅斝(178)(縮尺約 1/4)	256
図版 39	上海博物館蔵青銅鼎(179)(縮尺約 1/3)	257
図版 40	河南省博物院蔵青銅斝(176)(縮尺約 1/4)	258

第1章　中国古代初期銅器と青銅起源に関する諸問題

白　雲翔

1　はじめに

　青銅器は社会生産力の発展が一定段階に達したことによる産物であり，その出現は人類の歴史上において時代を区分する意義を有する。考古学上の青銅時代とは，すなわち青銅器の使用によって標識とされるものである。このため，古代青銅器の研究は考古学研究における重要な構成要素であり，学界から重要視されてきた。そのなかでも，青銅器の起源は，より広く関心を集めた重要課題である。中国においては，青銅器の収蔵，記録と研究は，悠久の歴史を持ち，早くも宋代には金石学の出現に伴って開始されている。しかし，青銅器の起源に関する研究は，どちらかといえば近代考古学の開始以降，初期銅器の発見例の不断の増加に伴い展開されたものである。21世紀の到来にあたり，20世紀の中国における初期銅器の考古学的発見と研究を回顧し，中国の初期銅器の基本状況を説明することは，関連した問題を考察し，新しい世紀の中国初期銅器の考古学研究を深め，青銅器の起源の研究，ひいては国家の起源と形成についての研究を進歩させることとなる。いずれも意義があることである。

　説明をしなければならないのは，初期銅器の範囲の定義であるが，学界では明確で完全に一致した認識はまだ得られていない。中国の初期銅器の考古学的発見の実際と研究の実行可能性から，ここで言う初期銅器とは商代以前の銅器を指し，その絶対年代はおおよそ紀元前16世紀以前に限定される[1]。地域については，中原地区に限らず，周辺・縁辺地区を含める[2]。本文中の「銅器」は紅銅，黄銅，砒素銅，青銅を含めた各種の銅製品であり，かつ「青銅器」とは銅錫，銅鉛および銅錫鉛の合金製品を指す。

2　初期銅器の発見・研究史の回顧

　20世紀の中国における初期銅器の発見と研究の歴史的進展を回顧することによって，初期銅器の考古学的発見と研究は，考古学全体の発展，特に先史考古学の発展を基礎としており，科学技術の考古学における応用の不断の拡大と深化が，初期銅器と青銅器起源の研究を極めて大きく促進させたことがはっきりとわかる。

　中国の初期銅器と関連遺物の発見は，最も早くは1930年代まで遡ることができる。1933年，日

本の研究者たちは大連の羊頭窪遺跡で 3 点の銅器破片を発見し（金関・三宅・水野 1942，第四十図），1942 年には，山西省楡次源鍋鎮で 1 点の土器片に銅錬渣が付着しているのを発見した（和島 1943）。当時，中国の先史考古学全体の発展と認識のレベルに制約され，とりわけ中国先史考古学自身の限界は，これら二つの発見の科学的価値にも影響を与えた。特にその年代に関して論争と見解の相違が存在した[3]。

　1950 年代以降は，初期銅器と関連遺物の発見は増加したが，いくつかの発見は，当時は報告されなかった。例えば，1959 年の永靖大何荘発見の斉家文化の銅匕と銅片（中国科学院考古研究所甘粛工作隊 1974），1959 年から 1960 年の甘粛省永靖秦魏家発見の斉家文化の銅器（中国科学院考古研究所甘粛工作隊 1975），1955 年から 1957 年にかけての湖北省石家河羅柏嶺発見の石家河文化の銅器（湖北省文物考古研究所・中国社会科学院考古研究所 1994）などである。1970 年代に入り，先史考古学全体の発展に伴い，とりわけ炭素 14 年代測定のデータの公表により，先史考古学の年代決定はこれまでにないレベルに到達し（夏鼐 1977），50 年代から 60 年代の発見が大量に報告されると同時に，70 年代のいくつかの新発見が迅速に世に出された。1970 年代の末まで，初期銅器と関連遺存の発見地点はすでに 20 数ヶ所に達した。主に次のようなものがある。1948 年甘粛省山丹四壩灘遺跡の四壩文化の銅器（安志敏 1959），1952 年河北省唐山小官荘の夏家店下層文化の銅耳環（安志敏 1954，図版参:1)[4]，1955 年唐山大城山遺跡の 2 点の銅「牌飾」（河北省文物管理委員会 1959)[5]，1957 年洛陽東干溝遺跡の二里頭文化の銅器（考古研究所洛陽発掘隊 1959），1957 年から 1959 年および 1975 年甘粛省武威皇娘娘台遺跡の斉家文化の銅器（甘粛省博物館 1960・1978），1959 年永靖大何荘発見の斉家文化の銅匕と銅片（中国科学院考古研究所甘粛工作隊 1974），1959 年から 1960 年にかけての永靖秦魏家発見の斉家文化の銅器（中国科学院考古研究所甘粛工作隊 1975），1960 年の赤峰夏家店遺跡下層の銅渣（中国科学院考古研究所内蒙古発掘隊 1961），1960 年寧城小楡樹林子遺跡の夏家店下層文化の銅刀（内蒙古自治区文物工作隊 1965），1964 年河北省大廠大坨頭発見の夏家店下層文化の銅鏃（天津市文化局考古発掘隊 1966），1965 年薊県張家園遺跡の夏家店下層文化の銅器（天津市文物管理局 1977），1973 年北京市良郷琉璃河の夏家店下層文化の銅耳環と指環（北京市文物管理処・中国科学院考古研究所・房山県文教局琉璃河考古工作隊 1976），1973 年赤峰四分地遺跡の夏家店下層文化の鋳銅陶范（遼寧省文物幹部培訓班 1976），1974 年敖漢旗大甸子の夏家店下層文化の小形銅器（中国科学院考古研究所遼寧工作隊 1975），1974 年から 1975 年にかけての山東省膠県三里河遺跡の龍山文化の銅錐（昌濰地区芸術館・考古研究所山東隊 1977），1974 年から 1976 年にかけての山西省夏県東下馮遺跡出土の二里頭文化東下馮類型の銅鏃，鑿など（東下馮考古隊 1980），1975 年広河西坪遺跡と斉家坪遺跡の斉家文化の銅刀（甘粛省博物館 1979a），1975 年永登連城蒋家坪馬廠類型の青銅刀（甘粛省博物館 1979a），1976 年甘粛省玉門火焼溝墓地の 200 点余りの四壩文化の銅器（甘粛省博物館 1979a），1977 年から 1978 年にかけての甘粛省東郷林家の馬家窯文化の青銅刀（甘粛省博物館 1979a・1979b），1978 年青海省貴南尕馬台墓地の斉家文化の銅鏡など（青海省文物管理処考古隊 1979），および 1959 年から 1978 年にかけての二里頭遺跡よりしばしば出土した各種の銅器[6]などである[7]。これらの発見は，初期銅器の考古資料の蓄積を一定程度に到達させた。同時に先史考古学の発展と炭素 14 年代測定技術の応用によって，考古学的に発見された

初期銅器の絶対年代が確定した。こうして，初期銅器の総合的研究と中国青銅器起源の探索の基礎が定められ，学界は初期銅器の研究から，青銅器の起源に関する議論へと発展した。

　青銅器の起源に関する問題の議論は，まずは唐蘭の1篇の文章から始まったと言うべきである。1979年，唐蘭の遺作「中国青銅器的起源与発展」が発表され，初期銅器資料の理解と関連する文献記載から，中国青銅器の起源が6000年以上前であることが初めて明確に提言された。かつ，「中国において，先に青銅精錬が発明され，ずっと後になりようやく紅銅，すなわち純銅の精錬が行われた」と認識した（唐蘭1979）[8]。この論文の発表は，学界の関心と論争を引き起こした（本刊編輯部1979）。1981年，安志敏と冶金史学研究者は，『考古学報』の同期に「中国早期銅器的幾個問題」と「中国早期銅器的初歩研究」を発表し，考古学と冶金技術史上から中国の初期銅器について全面的な整理と分析を行った。安志敏は，唐蘭の提示した中国青銅器の起源は6000年以上前であり，中国では先に青銅の精錬ののち紅銅の精錬が発明されたという観点を否定した。安志敏は次のような点を指摘する。

- 「中国は，世界の大部分の地域の歴史発展の規律と同様に，紅銅器から発展して青銅器となった」。
- 仰韶文化遺跡から発見された個別の白銅と黄銅の製品については，「その製品の年代は懐疑するに値する」。
- 青銅器の起源の問題に関して，「龍山文化の中で探求すべきであるが，これまでのところなおヒアタスがある。これまでの若干の発見はすべて龍山文化と無関係であり，おのずから龍山文化を青銅時代と結論することはできない」。
- 「二里頭遺跡では，第1，2より少量の錬渣と坩堝片の発見があり，すでに青銅器時代に入っていたであろう」（安志敏1981）。

冶金史学研究者は，初期銅器の分析鑑定および黄銅精錬の実験研究から，「中国古代における銅器の出現が始まる年代は，斉家文化の時期より早くあるべきで，かつ紅銅，錫青銅，鉛青銅の器物は同時に存在していたとすべきである」とし，「初歩的な研究と模擬実験は，銅亜鉛共生鉱からも黄銅を得ることができることを表明している」とした（北京鋼鉄学院冶金史組1981）。1983年，夏鼐は「中国文明的起源」と題した講演において，二里頭文化の銅器と馬家窯文化，馬廠文化，龍山文化の銅器に論及し，両者の発展段階上には差異があることを指摘した（夏鼐1985）。そののち，1984年，厳文明は「論中国的銅石併用時代」を発表し，中国の初期銅器について詳細に分析し，龍山時代は銅石併用時代に属し，二里頭文化期は中国の初期青銅時代であるとした（厳文明1984）。同年，李先登は「試論中国古代青銅器的起源」を発表し，中国の青銅器の起源について検討し，「中国の銅器の発展過程もまた，紅銅が先に出現し，のちに青銅が出現」し，「仰韶文化後期にはすでに銅石併用時代に入って」おり，「河南龍山文化の後期は，すでに青銅時代に入っている」とした（李先登1984）。1985年，鄭徳坤は「中国青銅器的起源」を発表し，青銅器に関する歴史文献と考古学的に発見された銅器資料について分析し，「中国青銅器の使用は黄河流域において少なくとも紀元前3000年まで遡りうる」とし，中国青銅器の起源は，仰韶文化期の萌芽段階，龍山文化期の発育段階と二里頭・

夏文化期の成熟段階を経ているとした(鄭徳坤(白雲翔訳) 1987)。同年，張忠培は「中国早期銅器的発現与研究」を発表し，初期銅器資料について収集と分析の基礎を行った上で，「黄河流域の仰韶時代には既に精錬と銅器鋳造の技術を掌握していた。(中略) これまでの材料では，龍山時代にはすでに青銅合金の製作の技術が備わっていたとは肯定できない(中略)。夏代には既に，青銅を製作する冶金技術を掌握し，初期青銅時代に入っていた」とした(華泉 1985)。1989 年，滕銘予は「中国早期銅器有関問題的再探討」のなかで，主に冶金学と鉱床学の観点から初期銅器について分析し，甘青地区では初期銅器は，「紅銅・原始銅合金 → 紅銅 → 紅銅・青銅 → 青銅」という発展序列であることを提示し，陝晋豫地区では甘青地区の発展経路と同じであると推測した。同時に，砒素銅とアンチモン銅の問題について検討し，「中国には砒素銅とアンチモン銅を大量に使用した段階が存在しない」とした(滕銘予 1989)。これ以外にも，この時期には多くの中国古代青銅器に関する論著において，初期銅器と青銅器の起源について論及されている。

　1990 年代に入ってからも，初期銅器と青銅器起源の問題に関する議論はなお継続している。1991 年，王韓鋼らは「試論中国古代青銅器的起源」の一文にて，「山東地区は中国の初期銅器の出現と発展および青銅器起源の中心の一つであり，(中略) 河南はその影響下で発展したものであり」，同時にまた中原地区と甘青地区は「中国古代青銅器の起源の二つの中心である」とした(王韓鋼・侯寧彬 1991)。1993 年，安志敏は「試論中国的早期銅器」を発表し，1981 年に提示した観点の論証を進めると同時に，さらに中国青銅器の起源地について推測した。「銅器の起源は，先史期の「シルクロード」を通じて中国に入った可能性が高い。例えば西北地区に偏在する斉家文化は，初期銅器の発展において中原地区よりも盛んであり，最初に銅器の使用に接触し，かつ龍山文化に影響を与えたのであろう」とした(安志敏 1993)。1997 年，孫淑雲らは，甘青地区で発見された初期銅器の冶金学的研究を進め，「中国の紅銅と青銅の精錬・使用の以前に，共生鉱を利用した冶銅技術の探索・実践の段階が存在しており」，「斉家文化の錬銅技術は紅銅の精錬から青銅の精錬へと発展し」，斉家文化後半期には，青銅時代が始まっていたとした(孫淑雲・韓汝玢 1997)。2000 年，李水城らは，四壩文化の銅器を系統的に研究し，四壩文化の銅器の歴史的伝統および特色を検討して，「四壩文化の冶金工芸の発展はおおよそ，純銅 → 砒素青銅 → 錫青銅という一つの変遷過程が推定される」とした。かつ四壩文化の砒素銅の成因について分析を行った(李水城・水濤 2000)。これら以外にも，1980 年代以来，中国文明の起源の問題について大々的に議論される中で，大部分が文明の要素の一つとして初期銅器と青銅器起源について論及している[9]。

　総合的に見て，1970 年代末以来の議論の重点，もしくは論争の焦点は，四つの方面に集中している。一つ目は中国青銅器の出現年代についてである。二つ目は中国青銅器の起源と発展経路についての問題である。三つ目は中国青銅器の起源地およびその伝播の問題である。四つ目は初期銅器の社会生活のなかにおける位置と働きの問題である。これらの問題は，すべて考古学の発見による初期銅器およびその年代の決定と成分鑑定を基礎としている。ただ，こうした議論によって，中国の初期銅器と青銅器起源の研究と認識を，絶えず深めていかねばならないのである。ほかの面においては，こうした議論が，学界の初期銅器の探求・発掘・報告・研究への情熱を大いにかきたて，初

期銅器の発見を日増しに増加させ，深く研究を行うための基礎を築いた。

中国の初期銅器の 70 数年来の発見と研究の歴程において，中国初期銅器の発見と認識は，一つの相当に長い過程を経ており，1930 年代に最初に初期銅器が発見されてから 1970 年代末より集中して議論が展開されるまで，40 数年を費やした，と見ることができる。初期銅器の研究は，初期銅器の考古学的発見を基礎としており，かつ初期銅器の発見と研究もまた，考古学全体の発展を基礎としている。特に先史考古学の進展と炭素 14 年代測定技術の応用が極めて大きな推進作用となった。冶金史学研究者は，各種の科学技術手段を初期銅器の成分の測定や銅器製作技術の研究に利用し，人々の初期銅器の認識に科学的な基礎付けを行った[10]。初期銅器の発見の増加と研究の展開は，青銅器起源の研究を大いに促進させ，かつ中国文明の起源問題の研究に積極的な働きをした。まさに初期銅器の不断の発見と中国青銅器の起源の問題に関連する広範な議論によって，学界は少なからざる問題において，次第に共有認識を得ることになった。例えば，龍山時代以前にすでに銅器が出現していたことや夏王朝時代にすでに青銅時代に入っていたことなどである。ただし，同時に初期銅器に関する認識にはさらなる深化が待たれるべきである。中国青銅器の起源の時期，地域，発展経路などの問題における相違は依然としてあり，初期銅器の文明起源の過程における働きと意義については，さらなる検討が待たれる。これらはすべて，今後真剣に研究し，さらに少しずつ解決しなければならないことである。

3 初期銅器の類型と特徴

これまで，中国の初期銅器はすでに 50 数ヶ所から 500 点余りが発見されており，考古学上は，西北地区の馬家窯文化・宗日文化・斉家文化・四壩文化，北方地区の朱開溝文化・夏家店下層文化，中原地区の仰韶文化・龍山文化・二里頭文化，海岱地区の龍山文化・岳石文化，および江漢地区の石家河文化などに属する（白雲翔待刊，陳国梁（松本訳）2008）。初期銅器の器物類型について，大きく五つに分類される。すなわち装飾品・工具・武器・礼楽儀仗・容器等である。

(1) 装飾品

装飾品は，初期銅器の主要な構成要素の一つであり，数量は比較的多く，分布域も広範にわたる。その中でも紅銅製品がかなり多く，青銅製品は少ない。鋳造製品と鍛造製品は並存する。器物の種類は，主に耳飾・笄・指環・手鐲・環形器・条形飾・穿孔垂飾・扣飾・泡・連珠形飾などである。

　耳飾　主に U 字形・楕円環形・円環形の 3 種がある。U 字形耳飾では，薊県囲坊遺跡出土の囲坊第 2 期文化の 1 点（天津市文物管理処考古隊 1983）は，環身が細長く，一端はラッパの口に類似する（図 1–1）。この種の耳飾は，唐山市小官荘，薊県張家園，および四壩文化でも見られる（図 1–2～4）。楕円環形耳飾は蔚県三関遺跡出土（張家口考古隊 1984）の夏商時期第 1 段階の遺存に 1 点あり（M2010:2），長径 3.6 cm，短径 2.4 cm である（図 1–5）。この種の耳飾は四壩文化によく見られ，1 ヶ所が開いたものと合わさっているものの 2 種類がある（図 1–6～8）。円環形耳飾は，青海省の同徳宗日 M122 出

土の宗日文化の 3 点があり (青海省文物管理処・海南州民族博物館 1998)，細い銅線を湾曲して成形し，直径 3.2～4.2 cm である (図 1–9～11)。敖漢大甸子出土の夏家店下層文化の 26 点はすべて青銅製である (中国社会科学院考古研究所 1998a)[11]。

笄 易県下岳各荘遺跡第 1 期遺存 (H19:5) に見られ，断面は六角形で，残長 7.8 cm，年代は夏代に相当する (拒馬河考古隊 1988)。これ以外に，陝西省西渭南で仰韶文化後期の黄銅笄が発見されたようであるが (孫淑雲・韓汝玢 1997)，いまだ正式報告を見ない。

指環 単環・双環・多環などの類型がある。単環形では，大甸子出土の夏家店下層文化の 22 点は青銅の鋳造製で，帯状円環形である。直径は 2.9 cm か 3.1 cm である (図 1–12)。内蒙古朱開溝の第 3 期と第 4 期から出土した 5 点は (内蒙古自治区文物考古研究所・鄂尓多斯博物館 2000)[12]，細い銅線を鍛造によって湾曲して成形したもので，接合箇所は合わさっており，鑑定によって紅銅製とされている (図 1–13～15)。双環形は敖漢大甸子に見られ，双環を聯鋳して青銅製品としている。多環形は，北京市瑠璃河夏家店下層文化の墓葬より 1 点出土しており (M2:2)，細い銅線をからみつけ螺旋状の環形に成形している (北京市文物管理処・中国科学院考古研究所・房山県文教局琉璃河考古工作隊 1976)。直径 2 cm，幅 0.6 cm (図 1–16)。四壩文化でも発見されている (図 1–17)。

手鐲 円筒形・閉合環形・開口環形など 3 類がある。腕輪として用いられた可能性があるものも存在する。開口環形鐲は，泗水尹家城出土の岳石文化のものが 1 点あり (T216⑦:27)，両端は偏平に幅広くなって合わさっており，直径 6.6～7.4 cm で，鑑定では紅銅の鍛造製品である (山東大学歴史系考古教研室 1990)[13]。四壩文化，朱開溝第 3 期遺存でも発見されている (図 1–18～20)。閉合環形や円筒形の鐲は，朱開溝第 3 期遺存では全部で 6 点出土しており，すべて鋳造で，直径 6.7～7.8 cm である (図 1–21・24・25)。

環形器 内蒙古朱開溝で 2 点採集されており，青銅鋳造の後，鍛造によって成形している。その中で C:190 は長さ 16 cm である (図 1–26)。

条形飾 皇娘娘台出土の斉家文化の 1 点 (H9:3) は，鋳造製ですでに欠損している。細長い形で，両面の長辺は突起状の円棱である。両面には突起状の折線人字紋があり，一端には円孔があり欠損している。残長 6.7 cm で，幅は 2 cm (図 1–33)，垂飾に類似する (甘粛省博物館 1960)。

穿孔垂飾 永靖秦魏家出土の斉家文化の 2 点は，紅銅製である (中国科学院考古研究所甘粛工作隊 1975)。そのなかの H4:1 は，紅銅片から成形されている。楕円形で，一端は一つの小孔が穿たれている。長さは 2.5 cm である (図 1–27)。このほかにも，唐山市大城山出土の 2 点の穿孔器は，穿孔垂飾に類似する (図 1–28)。

扣飾 四壩文化に見られる。一般にキノコ形で，正面は膨らんでおり，背面はくぼんでいる (李水城 1993，李水城・水濤 2000)[14]。直径は 1 cm から 2 cm である。橋形の鈕を持ち，鈕孔は比較的小さい (図 1–29・32)。

泡 四壩文化で発見されている。すべて円形で，大小両種ある。小さいものは偏平に近く，背面は鈕がなく，外縁部に一般には小孔がある。直径は 2.5 cm 前後 (図 1–30)。大きいものは正面がわずかに膨らみ，背面に鈕がある。直径は 5～6 cm (図 1–31)。

第 1 章　中国古代初期銅器と青銅起源に関する諸問題

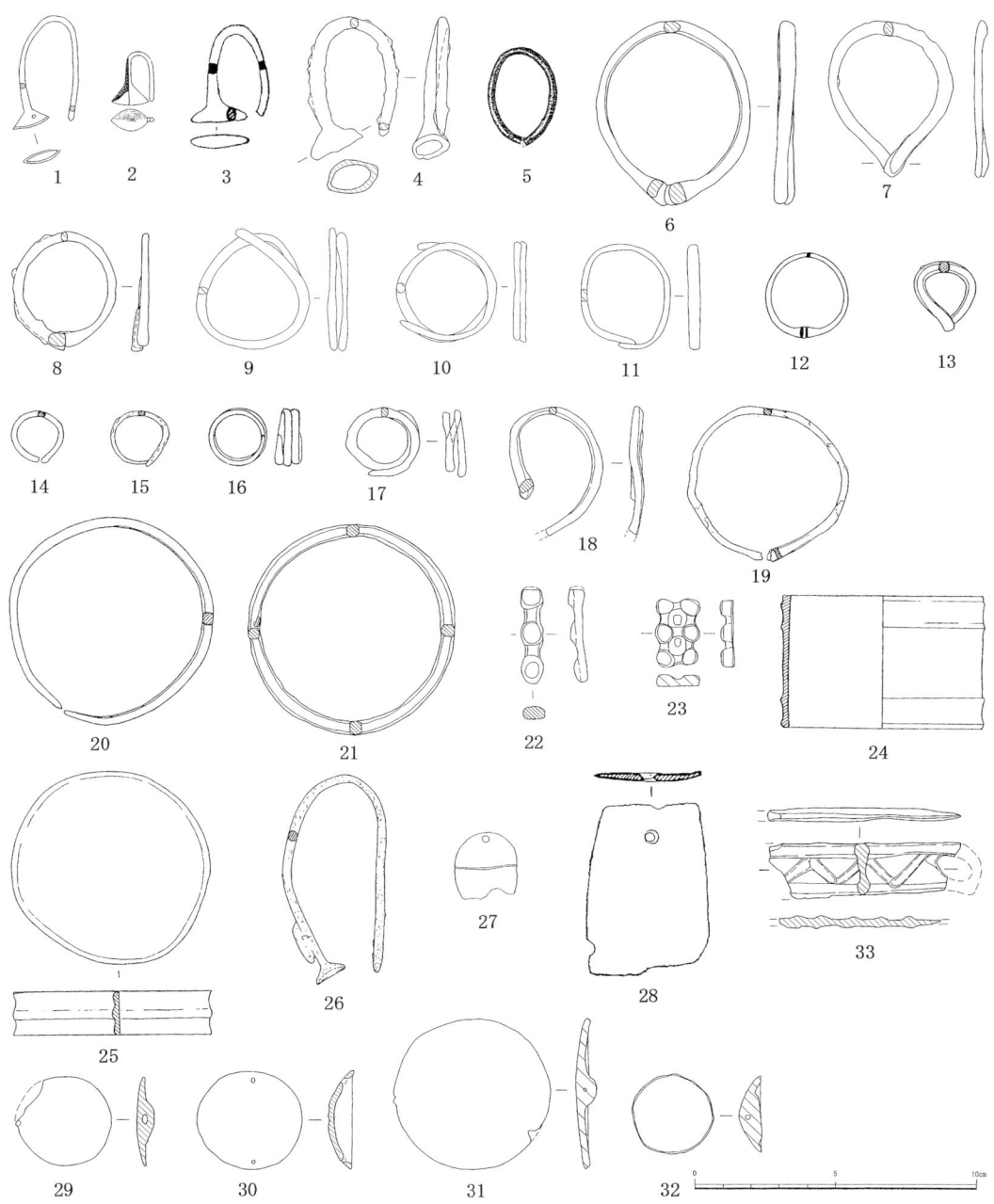

図 1　銅装飾品（3 を除き縮尺 2/5）

1〜4　U 字形耳飾（薊県囲坊 T1 ③:7，唐山小官荘 J:1，薊県張家園，四壩文化），5　楕円形耳飾（蔚県三関 M2010:2），6〜8　楕円形耳飾（四壩文化），9〜11　円環形耳飾（同徳宗日 M122），12　単環形指環（敖漢大甸子 M453:9），13〜15　単環形指環（朱開溝 M4060:6，朱開溝 M6011:4，朱開溝 M4003:1），16・17　多環形指環（北京瑠璃河 M2:2，四壩文化），18〜20　開口環形手鐲（四壩文化，朱開溝 M4035:2，朱開溝 M3028:1），21　閉合環形手鐲（朱開溝 M3019:3），22・23　連珠形飾（四壩文化），24・25　円筒形手鐲（朱開溝 M3028:2，朱開溝 M4035:1），26　環形器（朱開溝 C:190），27・28　穿孔垂飾（永靖秦魏家 H4:1，唐山大城山 T10:2:335），29・32　扣飾（四壩文化），30・31　泡（四壩文化），33　条形飾（皇娘娘台 H9:3）

連珠形飾 四壩文化に見られる。六連珠と三連珠の2種がある（図1–22・23）。そのなかで，六連珠は比較的小さく，全体は長方形である。2珠1列で，3列が相連なり，2列の間には小孔がある。

（2） 工具

工具は，初期銅器の主要な構成要素の一つであり，発見された数量は多く，分布域も広範にわたる。青銅の鋳造製のものを主として，紅銅製のものは比較的少ない。器物の類型は多様で，主に斧・手斧・鑿・刀・錐・鑽頭・針・鋸・紡錘車・釣針などである。

斧 板状斧と空首斧の2種があり，実物は斉家文化と四壩文化のみで発見されている[15]。永靖秦魏家から斉家文化の板状斧（中国科学院考古研究所甘粛工作隊 1975）が1点出土しており（H72:1），偏平梯形で，刃はやや鈍い。刃の幅は 4.2 cm で，残存高は 4 cm（図 2–1）。広河斉家坪出土の1点の斉家文化の空首斧は，長方形の銎（柄の差込穴）と双耳を有し，器身は厚くて重く，刃部は鋭利である。長さは 15 cm，幅は 4 cm（安志敏 1993）。甘粛省岷県杏林斉家文化遺跡でも1点の空首斧が採集されている（甘粛省岷県文化館 1985）。酒泉干骨崖出土の四壩文化の空首斧は，体部は長方形に近く，刃部は比較的まっすぐである。断面はおおよそ弧状を呈し，頂部背面には楕円形の竪銎を有する（図 2–2）。

手斧 数量は少なく，わずかに二里頭文化で発見されているのみである。偃師二里頭第3期 III F2:10 は，器体は偏平で薄く，細長い。平頂で横断面は梯形を呈する（中国社会科学院考古研究所 1999）[16]。刃部は器体部よりもやや広がっており，おおよそ外弧形である。刃は片面のみで，長さは 11.4 cm，幅は 2.9 cm（図 2–3）。

鑿 比較的よく見られ，細長いものが多い。刃部は偏平刃で，頂端部は偏平もしくは尖状を呈している。東下馮 H9:17 は，刃は片面のみで，長さは 11 cm，幅は 1.3 cm，厚さは 0.8 cm である（中国社会科学院考古研究所・中国歴史博物館・山西省考古研究所 1988，図七七）[17]。鑑定によって紅銅製品とされ，東下馮第 III 期に属する（図 2–4）。二里頭 IV T2 ④ :7 は，上端部は狭く，下端部は広がり，刃は両面にある。長さは 5 cm，幅は 1 cm（図 2–5）。二里頭第3期に属する。銅鑿は，武威皇娘娘台，玉門火焼溝，内蒙古朱開溝（図 2–6），駐馬店楊荘などでも発見されている。これ以外にも，東下馮第 IV 期では銅鑿を鋳造する石范も出土している。

刀 数量は最も多く，各地で発見されている。類型は多様で，端刃刀・双刃刀・挟背刀・短柄刀・長柄刀・環首刀および刀の残片などがある。偃師二里頭 IV T21 ⑤ :6 は端刃刀である。体部は偏平で薄く，刃は斜めまっすぐである。残長は 3.9 cm（図 3–16）。二里頭第2期に属する。青海省互助総寨 M7:4 は双刃刀である（青海省文物考古隊 1986）。体部は細長く偏平片状で，両側に刃が付いている。一方は欠損し，もう一方は巻かれて筒形になっており，縄を通して吊るし掛けることができる。長さは 11.4 cm，幅は 1.6 cm（図 3–2）。民楽東灰山出土の四壩文化の双刃刀（甘粛省文物研究所・吉林大学北方考古研究室 1998）は，形態は比較的小さく，中部に小さな穿孔があり，使用時には骨柄や木柄を装着できる（図 3–12・13）。臨夏魏家台子発見の斉家文化の1点の骨梗挟背銅刀は，骨梗の一部に窪みを設け，銅刀片を嵌め込んだものである（田毓璋 1983）。銅刀片は長さ 4.7 cm で，刃部は鋭

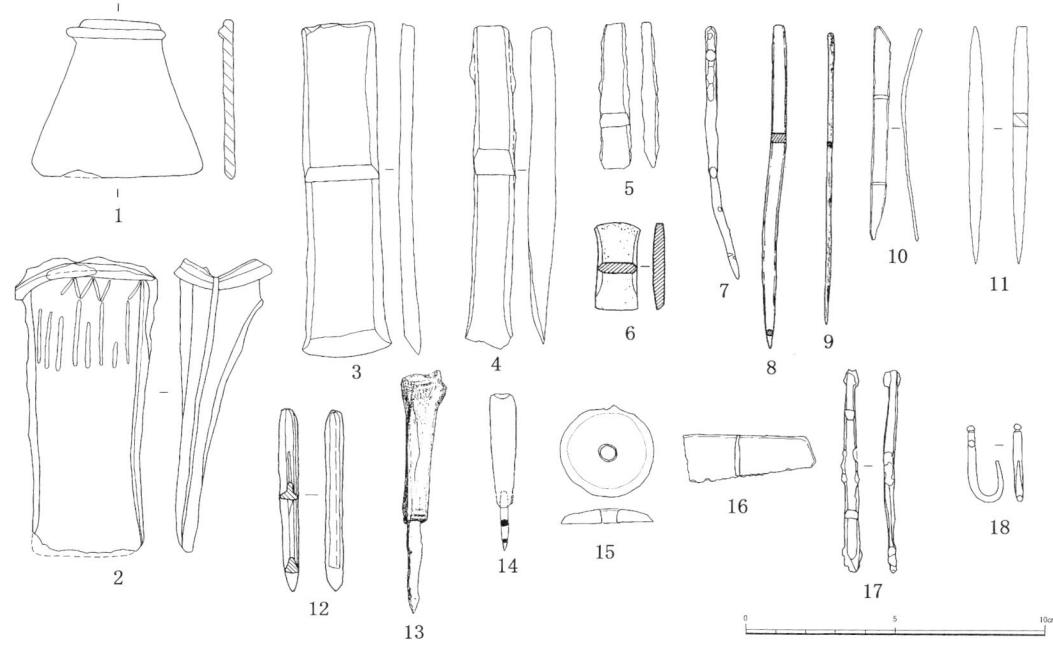

図 2 銅工具（1・13・14 を除き縮尺 2/5）

1 板状斧（秦魏家 H72:1），2 空首斧（四壩文化），3 手斧（二里頭 III F2:10），4〜6 鑿（東下馮 H9:17，二里頭 IV T2 ④:7，朱開溝 T230 ③:1），7・8・10〜14 錐（皇娘娘台 H6 出土，朱開溝 H1044:1，二里頭 IV T24 ④ B:59，秦魏家 T6:2，尹家城 T268 ⑦:4，総寨 M7:6，酒泉干骨崖），9 針（朱開溝 T238 ③:1），15 紡錘車（二里頭 IV H58:1），16 鋸（二里頭 IV H57:84），17 鑽頭（皇娘娘台 75T3:7），18 釣針（二里頭 V H82:9）

利である（図 3-14）。短柄刀は，刀身が長く，柄部は短く，使用時には木柄か骨柄を装着していた。甘粛省東郷林家の馬家窯文化の F20:18 は，錫青銅の合范鋳造製で，短柄長刃である（甘粛省文物工作隊・臨夏回族自治州文化局・東郷族自治県文化館 1984）。柄部は明確に木柄を装着した痕跡がある。長さは 12.5 cm（図 3-4）。偃師二里頭 80 III M2:4 は（中国社会科学院考古研究所二里頭隊 1983a），形態が整然としており，長さは 18.4 cm である（図 3-3）。二里頭 87 VI M57:2 は，刀身は細長く，柄部には木柄の朽痕が残留している（中国社会科学院考古研究所二里頭隊 1992）。長さは 34 cm（図 3-8）。互助総寨 M5:10 は（青海省文物考古隊 1986）体部にやや幅があり，長さは 13.5 cm である（図 3-5）。これ以外にも，青海省互助総寨の斉家文化墓葬より出土した短柄刀を装着した骨柄は動物骨製で（青海省文物考古隊 1986），その一端は刀の破片が装着されている（図 3-17）。長柄刀は，柄が比較的長く，一般には木柄や骨柄を装着しなかった。例えば，東下馮 T1022 ④:19 は，青銅製で，刀部は尖って先端部が湾曲し，柄部は長方形で，長さは 12.3 cm である（図 3-15）。二里頭 V T203 ⑤:3 は，刀身は前部の幅は狭く，後部は広くなっている。刃部は湾曲して鋭く尖り，柄の後部は狭くなっており，先端は方形である。長さ約 12.5 cm，幅 2.2 cm（図 3-1）[18]。皇娘娘台 75T17:5（甘粛省博物館 1978）は，紅銅の鋳造製で，長さ 18 cm（図 3-6）。環首刀は，二里頭文化と四壩文化で発見され，偃師二里頭第 3 期の 80 III M2:3（中国社会科学院考古研究所二里頭隊 1983a）は，長さ 26.2 cm である（図 3-9）。酒泉干

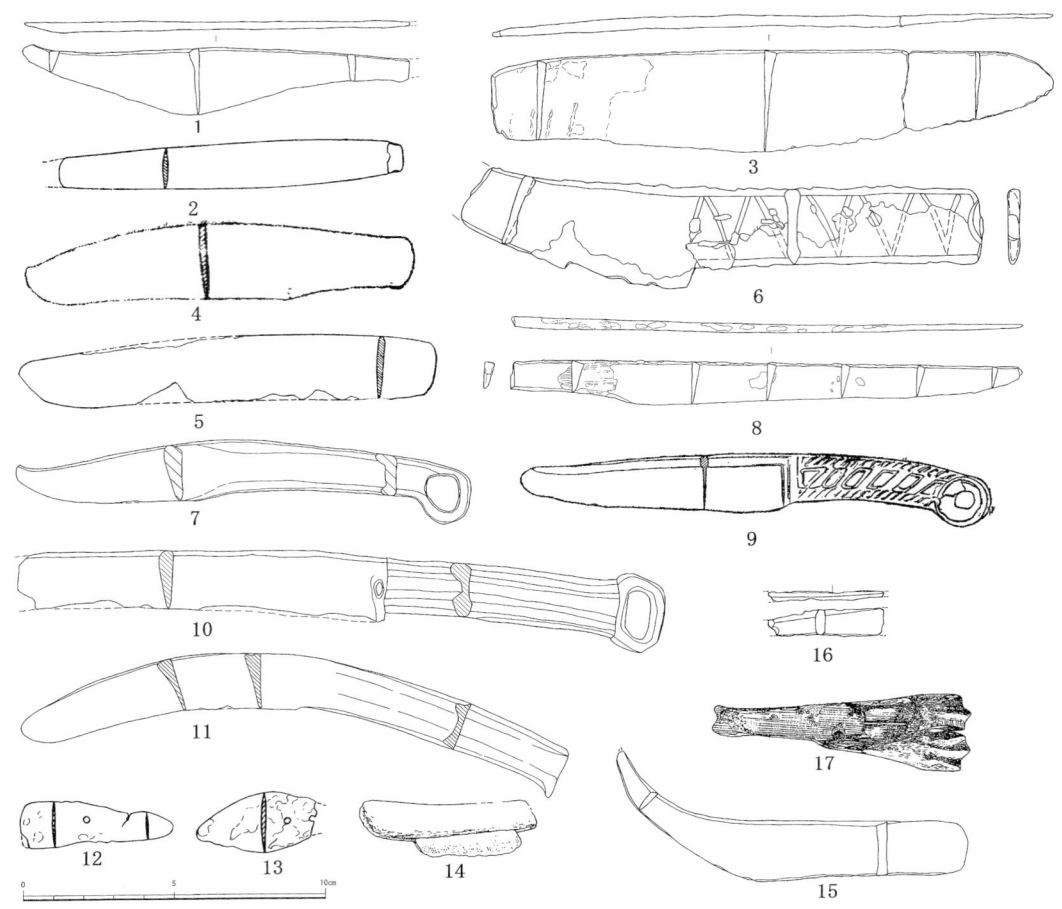

図3 銅刀(8・9・14を除き縮尺2/5)

1・6・15 長柄刀(二里頭ⅤT203⑤:3，皇娘娘台75T17:5，東下馮T1022④:19)， 2・12・13 双刃刀(総寨M7:4，東灰山M127:12，東灰山M218:2)， 3〜5・8 短柄刀(二里頭80ⅢM2:4，林家F20:18，総寨M5:10，二里頭87ⅥM57:2)， 7・10・11 環首刀(四壩文化)， 9 環首刀(二里頭80ⅢM2:3)， 14 挟背刀(臨夏魏家台子)， 16 端刃刀(二里頭ⅣT21⑤:6)， 17 短柄刀骨柄(総寨M7:5)

骨崖の四壩文化中・後期の墓葬出土の環首刀は形態が多様で，弧背直刃・弧背凹刃・直背直刃などの形がある(李水城1993)。一般に長さ10cm以上で，最大のものは長さ20cm以上である(図3–7・10・11)。両者の年代は，おおよそ大差がなく，これまでのところ中国における最古の環首刀である[19]。

 錐 発見された地域は広域にわたり，数量も多く，形態も多様である。細長い棒状のものがよく見られ，断面は四角形・桃形・三角形・円形・楕円形などである。秦魏家T6:2は，器身は細長く，断面は方形で，一方は尖った刃で，もう一方は偏平な刃である(中国科学院考古研究所甘粛工作隊1975)。両端とも使用可能である。長さは8.2cm(図2–11)。皇娘娘台H6の1点は(甘粛博物館1960)，鍛造製で，断面は円形である。長さは9cm(図2–7)。朱開溝H1044:1は，断面は矩形である(図2–8)。二里頭ⅣT24④B:59は，断面は偏平長方形である(図2–10)。泗水尹家城出土の岳石文化の

T268⑦:4は，凹面三角形で，両側面は内凹している。平頂であり，偏平で尖っている。長さは6.1 cm（図2–12）。鑑定によると，少量の錫を含む鉛青銅による鋳造品で，局部を鍛打している（北京科技大学冶金史研究室1990）。考古学的発見から見て，銅錐は一般には骨柄や木柄を装着して使用していたと思われる。例えば，青海省互助総寨の斉家文化の墓葬より出土したM7:6（青海省文物考古隊1986）は，錐本体の長さは6.7 cm，幅0.5 cmで，動物骨製の柄に嵌め込んでいる（図2–13）。酒泉干骨崖でもまた四壩文化の骨柄銅錐が発見されている（図2–14）。

　鑽頭　錐に類似するが，形態は整然としている。刃部は一般に鋭くない。皇娘娘台75T3:7（甘粛省博物館1978）は，鑽頭は三角形で，長さは7 cmである（図2–17）。王城崗遺跡からは二里頭文化第2期の銅鑽頭が出土している（河南省文物研究所・中国歴史博物館考古部1992）。

　鋸　わずかに二里頭文化第3期に1点発見があるのみである（Ⅳ H57:84）。欠損しており，広めの棒状形で，器体は偏平で薄い。一端は比較的広く，刃部の鋸歯は細密である。鋳造痕跡を留める。残長は4.2 cm，幅は1.6 cm（図2–16）。

　針　発見数は少ない。朱開溝から出土した1点（T238③:1）は，錫鉛青銅で鋳造の後，研磨している。器身は細長く，針は鋭利である。針穴が半分ほど残存している。長さは11.7 cm，直径0.15 cm。朱開溝文化第3期に属する（図2–9）。これ以外にも玉門火焼溝でも発見されているという。

　紡錘車　二里頭第3期に1点出土がある（Ⅳ H58:1）。偏平円形で，周辺部分はやや薄くなっている。底部周辺と孔の縁には花稜を有する。直径3.1 cm（図2–15）。

　釣針　二里頭遺跡から多数発見されている。例えばⅤ H82:9は，円頂で，一周する凹状の窪みがあり縄を掛けることができる。針は鋭く上を向く。長さ2.7 cm（図2–18）。

　これ以外にも，玉門火焼溝から四壩文化の銅鎌，錘などが発見されているようだが，いまだ正式な報告を見ない。

(3) 武器

　鏃・戈・鉞・匕首・矛および斧鉞の柄部の銅飾がある。

　鏃　発見された数量は最も多い。各地で出土しており，形態も多様で，主に双翼有銎鏃・双翼柱梃鏃・菱形柱梃鏃・偏平柱梃鏃・偏平菱形柱梃鏃などの形式がある。双翼有銎鏃は，四壩文化でよく見られ，先端の刃の鋒（切先）が三角形もしくは柳葉形で，尾翼の末端も往々にして鋭い鋒を有する。中部は脊の部分が隆起し，末端には銎を備えた梃（茎部）を有している（図4–1～4）。大廠大坨頭遺跡出土の夏家店下層文化の1点（天津市文化局考古発掘隊1966）は，青銅製で，両側に下向きの鋒があり，前部は鋭利な鋒となっている。脊の末端は筒状の銎となっており，内面には朽木が残る。長さは約3.2 cm（図4–7）。双翼柱梃鏃では，薊県張家園T2第4層から出土した1点は，双翼は下向きに刺状になっており，梃は欠損している。長さ約4 cm（図4–8）。張家園第3期に属する（天津市文物管理局1977）。二里頭文化でも多く発見され，二里頭Ⅴ T17B⑤:2は，長三角形で，長く鋭利な鋒である。双翼は下向きにかぎ状になっており，円形の柱梃である。長さは6 cm（図4–6）。二里頭第4期に属する。東下馮T4423③C:11は，双翼で，両面に脊を有する。柱梃の断面は楕円形。長

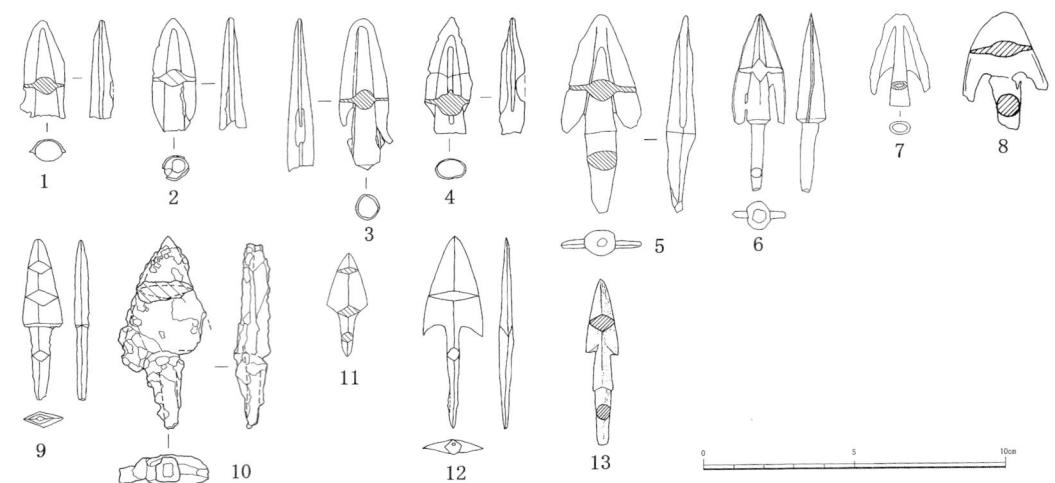

図 4 銅鏃 (縮尺 2/5)

1～4 双翼有銎鏃 (四壩文化), 5・6・8 双翼柱梃鏃 (東下馮 T4423 ③ C:11, 二里頭 V T17B ⑤ :2, 張家園 T2: ④), 7 双翼有銎鏃 (大坨頭), 9・13 菱形柱梃鏃 (東下馮 H525:14, 朱開溝 M4040:1), 10・12 偏平柱梃鏃 (尹家城 T219 ⑦ :30, 二里頭 V T214 ③ A:14), 11 偏平菱形柱梃鏃 (夏邑清涼山 T1 ⑥ :47)

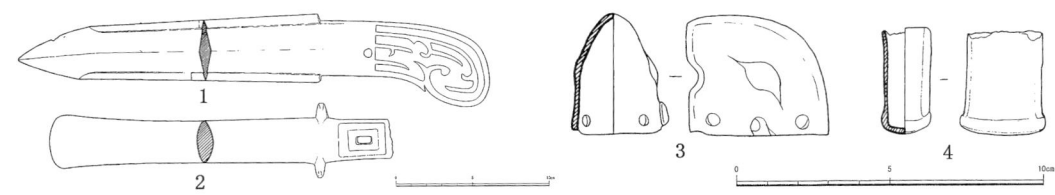

図 5 銅武器 (1・2 縮尺 1/5, 3・4 縮尺 2/5)

1 戈 (二里頭 VI KM3:2), 2 鉞 (二里頭 VI KM3:1), 3 斧柄冒 (大甸子 M683:7), 4 鐏 (大甸子 M715:15)

さ 6.8 cm。東下馮第 IV 期に属する (図 4–5)。菱形柱梃鏃では, 朱開溝 M4040:1 は, 鏃身は細長く, 断面は菱形である。双翼は傾斜し, 関部の断面は菱形である。円柱状の梃を有する。長さ 5.7 cm。青銅鋳造製である (図 4–13)。東下馮 H525:14 もこの類に属する (図 4–9)。

偏平柱梃鏃では, 泗水尹家城岳石文化 T 219 ⑦ :30 は, 鏃身は偏平三角形で, 後部に鋒があり円錐状の梃を有する。長さ 6.3 cm (図 4–10)。二里頭 V T214 ③ A:14 もこの類に属する (図 4–12)。偏平菱形柱梃鏃では, 夏邑清涼山 T1 ⑥ :47 は, 鏃身は三角形で, 断面は偏平菱形である。両面に稜を有し, 翼を持たない。前鋒と側鋒は鋭く, 円錐形の梃を持ち, 鏃身との境界ははっきりしている。長さ 3.6 cm (図 4–11)。清涼山岳石文化第 2 期に相当し, 第 1 期の年代は紀元前 2130 年となっている (北京大学考古系・商丘地区文管会 2000)。銅鏃はすでに動物の狩猟に用いられ, また戦争の射殺にも用いられていた。銅鏃と共存した大量の石・骨鏃を考慮するならば, 銅鏃は当時においては主に戦争武器として用いられたと見ることができる。

戈 偃師二里頭第 3 期の 1 点 (VI KM3:2) は, 直援・曲内で, 闌を持たない。内の中部には円穿があり, 穿と援の間には, 柲 (柄) の朽痕がある。内の後部には突起状の雲紋があり, 紋様の間の凹槽

内にはもともと緑松石が象嵌されていた可能性がある。長さ 27.5 cm（図 5-1）。

鉞 偃師二里頭第 3 期の 1 点(VI KM3:1)は細長く，鉞身の中部は隆起し，刃辺は丸くて鈍い。長方形の内を有し，中部の 1 ヶ所を穿っている。身と内の間に錐形の短闌を有する。長さ 23.5 cm（図 5-2）。

これ以外にも，敖漢大甸子出土で，斧鉞の柄飾となる銅冒と銅鐓があり（図 5-3・4），青銅鋳造製である。玉門火焼溝では，四壩文化の銅匕首，矛などが発見されている（李水城・水濤 2000）。

（4） 礼楽儀仗

発見された数は少なく，楽器に属する鈴，宗教・儀仗用品の権杖頭・鏡・獣面牌飾・円盤形器などがある。

鈴 襄汾陶寺 M3296 出土の 1 点は，全体が楕円筒形である。器体の横断面は菱形に近く，口縁部が比較的大きく，頂部がやや小さい。口縁部の長径は 6.3 cm，器高は 2.65 cm，周壁の厚さは 0.28 cm である。頂部中央に小孔があり，素面である（図 6-1）。年代は中原龍山文化陶寺類型後期で，絶対年代は紀元前 2085 年である（中国社会科学院考古研究所山西工作隊・臨汾地区文化局 1984）。これまでのところ，年代が最も古い銅鈴の実物であり，鑑定によると含まれる銅の量は 97.86% の紅銅鋳造品である（李敏生・黄素英・李連琪 1984）。偃師二里頭でも多く出土している（図 6-2〜4）。

権杖頭 大甸子出土の 1 点は（M43:12），青銅の合范鋳造製である。形は羊角に類似し，断面は楕円形である。銎口の外縁部は，凸稜が一周する。各面とも稜辺に沿って三つの突起状の乳釘と 4 条平行の稜線が横並びになっている。銎口内には，朽木が残っている。高さ 5.4 cm，銎口長径 2.7 cm，短径 1.5 cm（図 6-5）。火焼溝出土の 1 点は四羊首権杖頭である。中空で，外形は倒置した細頸小壺に類似する。頸部には四つの弦紋を施し，腹部は外側に膨らみ，中部には下向きで対称となった四つの盤角の羊頭形飾が鋳造されている。頂径 2.4 cm，口径 2.8 cm，腹径 5 cm，高さ 8 cm（図 6-6）。部落首長が使用した特殊器物とするべきであろう（李水城・水濤 2000）

鏡 斉家文化において発見されている。貴南尕馬台 M 25 より出土した 1 点は（青海省文物管理処考古隊 1979），鈕の外側と鏡縁の内側にそれぞれ凸弦紋が一周する。弦紋の間に不規則の七角星の図案と斜線紋を飾る。鏡縁に 2 ヶ所の梨形の穿孔があり，両孔の間に吊るし溝がある。掛けて使用した可能性がある。直径 8.9 cm，厚さ 0.3 cm（図 6-7）。これまでのところ年代が最も古い銅鏡である。鑑定によって，錫の量が 10% に近い青銅であるとされている（李虎侯 1980）。広河斉家坪でも 1 点の出土があり，鏡背面は素面で，橋形鈕を持つ。直径 6 cm。青銅であるという（甘粛省博物館 1979a，安志敏 1981）。銅鏡は，一般に顔を映すのに用いられるが，初期の銅鏡の用途は，さらに多くの宗教的な意義を有していた可能性があり（宋新潮 1997），宗教儀仗用品に属していたとするべきである。

獣面牌飾 偃師二里頭の墓葬で発見されているのみである。81 V M4:5 は，円角束腰の長方形で，器体は偏平で，断面は弧形である（中国社会科学院考古研究所二里頭工作隊 1984a）。両側にはそれぞれ二つの穿孔を持つ鈕がある。高さ 14.2 cm，幅 9.8 cm。凸面には各種異なった形状の緑松石片を象嵌して組み合わせ，獣面紋をなしている。出土時には人骨の胸部に置かれており，二里頭第 2 期に属

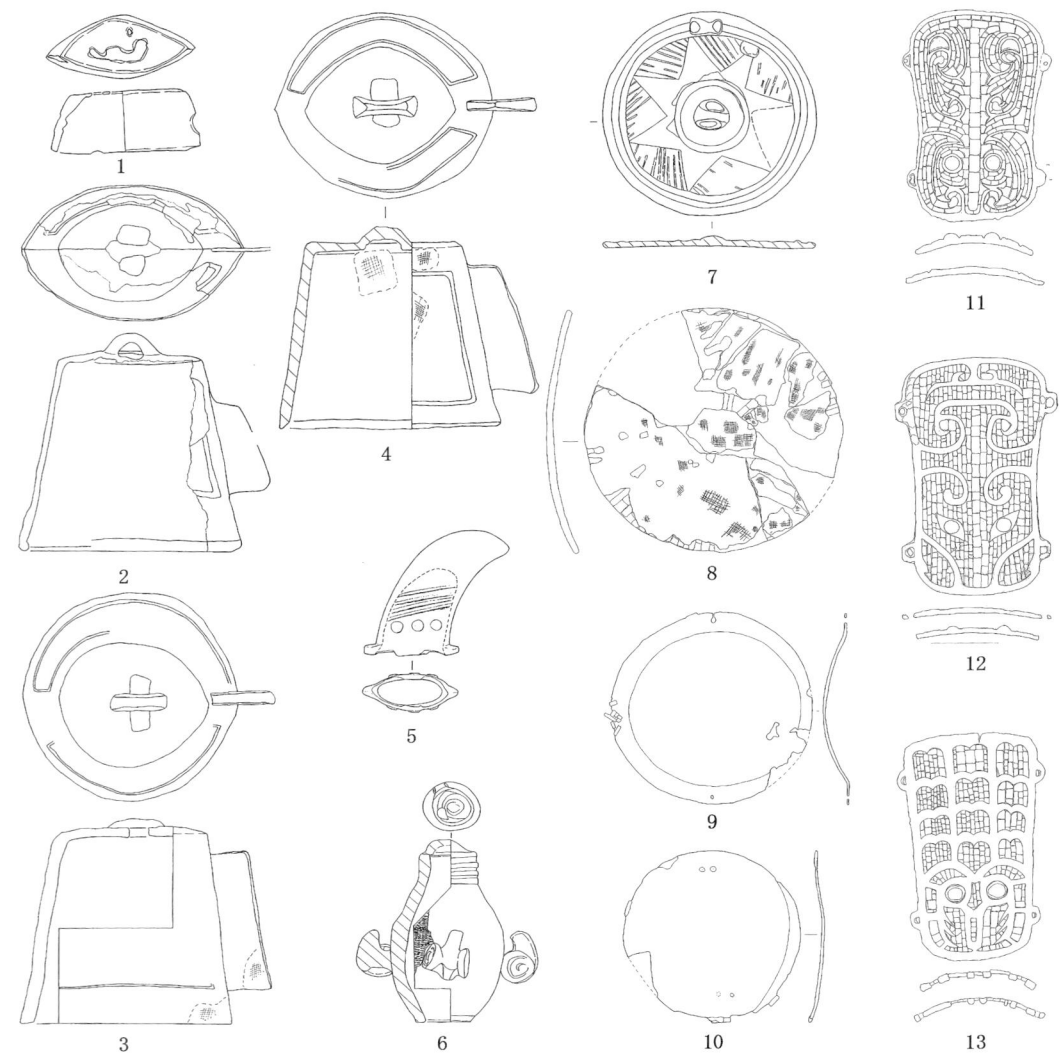

図 6 銅礼楽儀仗器（1〜7 縮尺 1/3，8〜13 縮尺 1/5）
1〜4 鈴（陶寺 M3296 出土，二里頭 V M22:11，二里頭 V M4:8，二里頭 VI M57:3）， 5・6 権杖頭（大甸子 M43:12，火焼溝出土）， 7 鏡（貴南尕馬台）， 8〜10 円盤形器（二里頭 V KM4:2，二里頭 VI KM3:9，二里頭 VI KM3:16）， 11〜13 獣面牌飾（二里頭 81VM4:5，二里頭 84VI M11:7，二里頭 87VI M57:4）

する（図 6–11）。二里頭遺跡からはさらに第 4 期の獣面牌飾 2 点が出土しており，形態・構造はおおよそ同じである（図 6–12・13）。ただ 87 VI M57:4 のみは青銅鋳造により獣紋の透かし彫り状の枠組みを製作し，そのうえで緑松石を象嵌している。高さ 15.9 cm，幅 7.5〜8.9 cm，厚さ 0.25 cm である（中国社会科学院考古研究所二里頭隊 1992）。その図案紋様，製作の精巧さ，出土状況からみて，この種の銅牌は一般的な装飾品であったのではなく，何らかの特殊の意義を持った儀礼器具であったと考えられる。

　円盤形器　偃師二里頭の墓葬で発見され，主に 3 種が存在し，すべて二里頭第 3 期の遺存である。

一つ目は，平板状で，正面に緑松石を象嵌する（ⅤKM4:2）。周辺部には61点の長方形緑松石片を象嵌する。緑松石片の大きさは同じで，配列も均等である。中間部には，十字形の緑松石片を二重の円形に象嵌する。外周はやや大きめで，内周はやや小さい。両周ともそれぞれ13点で，交互に配列している。出土時には，正面，背面に朽ちた布の痕跡があった。直径17 cm，厚さ0.5 cm（図6-8）。二つ目は，傘の頂部のような形状で，四周に緑松石片を嵌める。ⅥKM3:16は，両側に対称となる四つの小孔があり，そのうち三つの孔の背面には，欠損した釘の痕跡や木質痕が残る。直径11.6 cm，厚さ約0.1 cm（図6-10）。三つ目は，泡状で，中央部は円弧状に隆起し，周縁は偏平である。緑松石片を象嵌した痕跡が残り，縁辺部には二つの対称となる小円孔がある。直径13.3 cm，厚さ約1 cm（図6-9）。これらの円盤形器は獣面牌飾と同じで，一般的な装飾品ではなく，同じようにある種の特殊な意義を具有した儀礼器具であったと考えられる。

(5) 容器

すべて偃師二里頭の墓葬より発見され，器類は爵・斝・鼎・盉などがある。

爵 数量は最も多い。二里頭ⅢKM6:1は，狭くて長い流を持ち，尾は鋭い。口縁部はわずかに内凹している。腰部はやや太く，楕円形の平底を有する。把手は幅があり，上下にそれぞれ長細い透かし状の孔があり，把手はH形をしている。三角形の錐状の足は，少し外側を向く。器体は薄く，尾部には修復した痕跡がある。高さ13.3 cm。二里頭第3期に属する（図7-1）。84ⅥM11:1は，流と尾が長く，流と口縁が接する箇所には，二つの短い柱がある（中国社会科学院考古研究所二里頭工作隊1986）。腰部は締まり，長方形を引っ張ったような形態である。平底である。高さ20.7 cm。流と尾の間は26.2 cm，二里頭第4期に属する（図7-2）。

斝 すべて二里頭第4期に属する。84ⅥM9:1は，素面で，口縁は外側に開く。口縁上に二つの三角状の低い柱がある（中国社会科学院考古研究所二里頭工作隊1986）。単独の把手が付き，腰部は締まり，平底である。三足は三角錐状である。高さ30.5 cm，口径17～18cm（図7-4）。87ⅤM1:2は，口縁は外側に開き，薄い口唇部の内面に厚い外縁部が一周する。頸部は長く，腰部は締まり，下腹部は丸く膨らむ。円底で，偏円状の空錐足が付着する。頸部側面には耳が一つ付着し，耳と相対して口縁上に二つの柱がある。器壁は比較的薄い。高さ26.8 cm（図7-3）。二里頭Ⅴ区で採集されたほかの1点は，腰部に四つの凸弦紋を飾り，弦紋の間には円圏紋を飾る。高さ22.5 cm（図7-6）。

鼎 二里頭で発見された1点（87ⅤM1:1）は，口縁は横に折れ，薄い口唇部の内面に厚い外縁部が付着する。口縁上に二つの環状耳が付着する。平底で，空心の四角錐状の足が付着する。腹部には帯状の網格紋を飾る。器壁は比較的薄く，修復痕跡があり，製作は比較的粗雑である。高さ約20 cm（図7-5）。二里頭第4期に属し，これまでのところ年代が最も古い銅鼎である（中国社会科学院考古研究所二里頭工作隊1991）。

上述の銅容器以外にも，登封王城崗龍山文化第4期のH617より銅器残片が発見されている（WT196 H617:14）。残存幅6.5 cm，高さ5.7 cm，厚さ0.2 cm。器表に煙に燻された痕跡がある。観察から，鬹か斝の残片と推測され，鑑定によって錫青銅の鋳造物であるとされている（河南省文物研

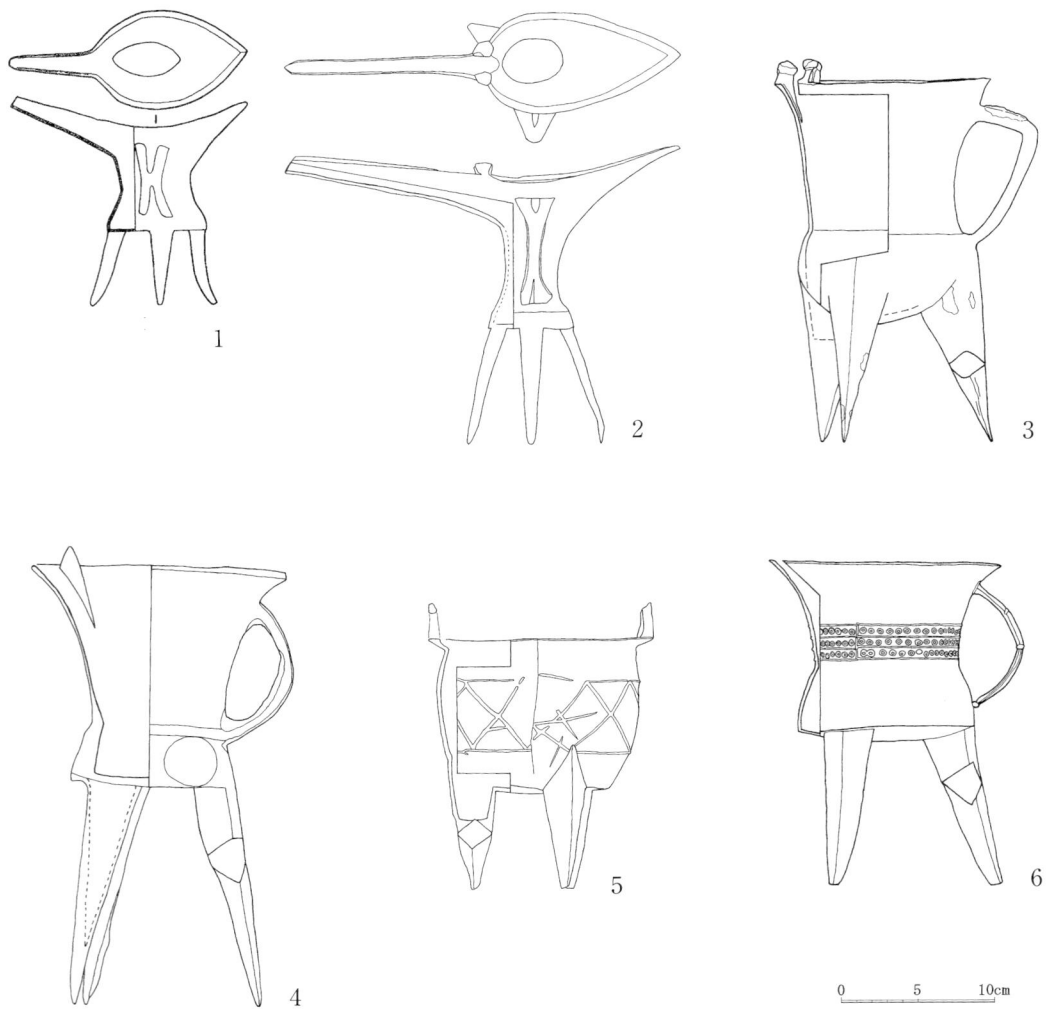

図7 銅容器（縮尺 1/5）
1・2 爵（Ⅲ K M 6:1，84 Ⅵ M 11:1），3・4・6 斝（87 Ⅴ M1:2，84 Ⅵ M9:1，Ⅴ CM:66），5 鼎（87 Ⅴ M1:1）（すべて二里頭遺跡出土）

究所・中国歴史博物館考古部 1992，図五〇 –5）。偃師二里頭遺跡からは第4期の銅盉がさらに出土しており，これまでのところ年代が最も古い銅盉の実物である（中国社会科学院考古研究所 1993）。

　総じて，中国の初期銅器の器類構成は，小型装飾品と小型工具が中心であり，数量も多く，類型も多様で，発見された地域も広い。かつ，出現する時代が下るにつれて，銅器全体の中に占める割合が少しずつ低下する傾向がある。武器，礼楽儀仗器と容器類は相対的に少なく，種類は比較的簡単で，地域分布は一定の範囲に限定される。とりわけ大型武器と礼楽儀仗器，容器などは一定の地域のみで発見されている。ただし，出現する数量は，少しずつ増加する傾向にある。器物の形態において，多くの遺物の形態は比較的簡単なものであり，定型化していない。紋様を持つものは少な

く，たとえ紋様があっても比較的簡単なものである。質料に関しては，紅銅が比較的多く，青銅が一定の比率を占め，同時に少量の砒素銅や黄銅がある。鍛造と鋳造は並存しており，製作は一般に比較的粗雑であり，初期銅器の技術上の原始性を反映している。初期銅器の一般的特徴はこのように見なすことができる。当然ながら，器種構成，形態や紋様は，材質などにかかわらず，すべてにおいて明確な時代差や地域差が存在しており，かつこうした差異は，初期銅器の発生と発展および青銅器起源の問題を探索する上での手がかりとなる。

4　中国初期銅器と青銅器起源の問題についての考察

　初期銅器の不断の発見に伴い，とりわけ1970年代末以来の議論により，すでに初期銅器についての基本的な理解と認識が得られている。しかし，中国の初期銅器の発生と発展の過程と規律をいかに認識するか，および中国の青銅器の起源とその社会生活における働きと意義についていかに認識するかについては，考古学的発見による初期銅器に基づき，さらなる分析と深い考察を進めねばならない。

（1）　中国初期銅器の発展段階とその特徴について

　中国でこれまで発見された初期銅器の年代について，最も古いものは臨潼姜寨遺跡出土の第1期文化遺存の銅片1点と管状物1点で，鑑定によって黄銅製品とされている（半坡博物館・陝西省考古研究所・臨潼県文化館1988）。姜寨第1期文化遺存の性質は，仰韶文化半坡類型で，絶対年代は紀元前4675～4455年（年輪較正年代）とされている。ここから紀元前16世紀まで，年代は約3000年近くに跨がり，初期銅器は少なくとも3000年近くの発展過程を経ているともいえる。初期銅器の時代的特徴に基づき，考古学文化の系譜と変遷をあわせ，初期銅器の発展過程を三つの大きな段階に区分することができる。

　第1段階　おおよそ紀元前約4500～2500年で，おおむね仰韶文化期に相当する。この時期の銅器は，臨潼姜寨遺跡発見のもの以外に，甘粛省東郷林家出土の銅刀1点（F20:18）があり，鑑定によって錫青銅の合范鋳造とされている。馬家窯類型後期遺存のもので，絶対年代は紀元前2900～2740年とされる（甘粛省文物工作隊・甘夏回族自治州文化局・東郷族自治県文化館1984）[20]。これ以外にも，陝西省渭南でかつて仰韶文化後期の黄銅笄が発見されているという。泰安大汶口墓地M1出土の骨鑿上から銅銹が発見されているが，大汶口文化の銅器実物は今日まで発見されていない。この時期の銅器の発見は限りがあり，基本的な特徴はいまだ不明である。鉛砒素鉱を含む銅鉱石から比較的低温（950～1000度）で黄銅を精錬によって抽出でき，また銅錫共生鉱を利用して錫青銅を精錬することができるという冶金史学研究者の意見を参考にし，林家遺跡で銅鉄酸化共生鉱の精錬の砕渣遺物などが伴出した状況を併せみると，当時の人々はすでに金属精錬の探索と実践を始めていたが，冶金の方法は原始的で，銅の酸化共生鉱の利用はいまだ原熔錬段階に置かれていた。共生鉱の種類は異なっており，砒素を含む黄銅や錫を含む青銅などの原始合金を精錬した。この段階は，原始的な

銅合金を精錬した「雑銅段階」に置かれており，初期銅器の発生期と見ることができる。

第2段階　おおよそ紀元前2500～2000年で，おおむね龍山文化期に相当する。この時期の銅器は，宗日文化・馬廠類型・斉家文化・山東龍山文化・中原龍山文化・石家河文化において発見されており，銅器の種類は主に，耳飾・指環・条形飾・穿孔垂飾などの小型装飾品，斧・刀・錐・鑽頭・鑿などの工具，鏡・鈴などの礼楽儀仗器具である。その素材が，紅銅が大きな比重を占めるが，一定数量の青銅と少量の黄銅も存在する。鑑定された26点の斉家文化の銅器のうち，紅銅器は22点，錫青銅は2点，鉛錫青銅は1点，鉛青銅は1点であった(孫淑雲・韓汝玢1997)。山西省陶寺出土の銅鈴は，銅の含量が97.86％の紅銅であった。これ以外にも，河南臨汝煤山(中国社会科学院考古研究所河南二隊1982)，鄭州牛砦などからは，龍山文化後期の坩堝の残片が発見された。明らかであるのは，この時期は銅器の発見地域もしくは数量にかかわらず，すべてにおいて前段階と同じように見ることはできない。銅器の社会生活における応用も，一定の程度に発達している。同時に，「斉家文化期における紅銅の精錬と製作の技術は少しずつ成熟していったが，銅の合金化に対する認識はなお充分ではなく」，黄河中・下流域では，「紅銅の精錬と製作は，龍山文化後期に発展し成熟した」(孫淑雲・韓汝玢1997)ことから，銅器の精錬と製作技術は一定の発展に達したことが明らかである。この段階は，主に紅銅の精錬と使用による「紅銅段階」に置かれており，初期銅器の発展期に属する。

第3段階　おおよそ紀元前2000～1600年で，おおむね二里頭文化期に相当する。この時期の銅器は，二里頭文化・岳石文化・夏家店下層文化・朱開溝文化・四壩文化の広域において発見されている。銅器の種類は，前段階の各種器類以外にも，手鐲・扣飾・泡・連珠形飾などの装飾品，手斧・鋸・環首刀・針・紡錘車・釣針などの工具，鏃・矛・戈・鉞および冑と鐓などの武器，獣面牌飾・円盤形器・権杖頭などの儀仗器具，爵・斝・鼎・盉などの容器といった新出現の器類がある。前段階の末に出現した銅鈴も多く見られるようになる。材質は，個別の遺跡を除き，青銅の占める比重が紅銅を超過する。朱開溝文化第3期と第4期の鑑定された13点の銅器のうち，紅銅器は5点，青銅器は8点であった。二里頭遺跡の蛍光X線分析を行った33点の銅器のうち，25点は青銅製品であった。東下馮第Ⅳ期出土の7点の銅器のうち，4点は明確な青銅製品であった。鑑定を行った泗水尹家城遺跡出土9点の岳石文化の銅器のうち，青銅器は6点で，紅銅器は3点であった。火焼溝遺跡出土の200点余りの銅器のうち，65点の鑑定を行い，そのなかで紅銅器と青銅器の比率はそれぞれ約50％を占めた。これ以外にも，少なからざる遺跡で銅器を冶鋳した際の坩堝残片，石范，陶范などが発見された。明らかなことは，この時期の初期銅器の精錬と製作がまさに成熟に向かおうとしていたことであり，すでに青銅器段階に入っていたということである。そのため，この段階は初期銅器の成熟期であると言うことができる。すなわち青銅器の形成期である。

　初期銅器の三つの発展段階から中国青銅器の起源に論及すると，中国青銅器の起源の年代は，紀元前2700年以前，ひいては紀元前4500年の仰韶文化期にまで遡りうる。しかし，この時期はいまだ萌芽期に過ぎず，成熟した技術は形成されていない。龍山文化期の400～500年間の銅器の精錬と製作の技術的発展を少しずつ経て，青銅冶鋳技術はしだいに形成され，紀元前2000年前後の龍

山文化後期と斉家文化後期には，青銅時代に入っていた。中国の青銅器起源へと至る道のりは，青銅器が紅銅器に先行するのではなく，紅銅器の出現の後に発展して青銅器になるのでもない。銅の酸化共生鉱の利用や黄銅，青銅など原始銅合金の原熔錬という「雑銅段階」から始まり，紅銅器の精錬と製作を主とした「紅銅段階」を経て，最後に青銅の精錬を主とした「青銅段階」に発展するのである。

（2） 中国初期銅器の地域的特徴および青銅器起源地について

これまでの発見から見ると，中国初期銅器は明確な発展段階の差異があるのみならず，明確な地域差も存在している。地域差についての分析は，青銅器起源地についての検討にも有益である。初期銅器が発見された広範な地域内において，その特徴に考古学文化の系譜と文化的特徴を併せた分析によると，西北地区（甘青地区を指す），北方地区（内蒙古中南部，燕山南北，遼西地区を指す），海岱地区（山東，豫東地区を指す），中原地区（関中東部，晋南，河南中南部および冀南地区を指す），江漢地区におおよそ区分できる。江漢地区は天門石家河からのみ発見されているが，その具体的な状況はなお不明であり，ひとまずここでは議論しない。西北地区は中国初期銅器の発見が最も多い地区であり，甘青一帯の馬家窯類型・宗日文化・馬廠類型・斉家文化・四壩文化の広域において発見されており，年代は紀元前2900年から紀元前1600年までである。数量は多く，種類も多様で，各種の小型装飾品，小型工具，銅鏡・権杖頭などの宗教儀仗用品などを特徴とし，礼楽器と容器は見られない。銅器のなかで紅銅が終始高い比重を占め，かつ四壩文化の銅器において，かなりの比率で砒素銅合金製品が存在している。北方地区では，初期銅器は朱開溝文化・夏家店下層文化，およびそれらと同時期の文化で発見されており，年代は一般的に紀元前19～16世紀とされている。紀元前2000年以前の銅器が存在しているか否かは，なお有力な根拠に欠けている。銅器の類型は，小型装飾品・小型工具・小型武器および杖首など儀仗用品を特徴とし，大型武器・礼楽器・容器は見られない。銅器のなかで青銅の占める比重は紅銅よりやや多く，年代が比較的新しいことと関係がある。海岱地区では，初期銅器は龍山文化と岳石文化において発見されており，年代は紀元前2400年から紀元前1600年までである。さらに古い時期の銅器が存在しているかどうかは，いまだ証拠を得られていない。出土した地点は比較的多いが，数量は限られる。主に小型装飾品や小型工具があるが，礼楽儀仗器や容器は見られない。銅器は青銅器以外には，少量の紅銅や個別の黄銅製品がある。中原地区は，初期銅器の発見がより多い地区で，仰韶文化・龍山文化・二里頭文化において発見されている。その年代は，紀元前4500年から紀元前16世紀までである。銅器のなかで中小型の装飾品は発達せず，各種の工具や武器がよく見られ，とくに礼楽儀仗器や容器の発達が最も特徴的である。銅器のなかで，個別の黄銅製品と少量の紅銅製品を除けば，青銅製品が多い。異なった地区の初期銅器の間に，一定の共通性と明確な差異があるため，各地の銅器の発展過程および相互のつながりの一種を反映していると見なすことができる。

各地の初期銅器の共通性と個別性を総合的に分析してわかることは，江漢地区がなお不明である点を除き，上述の4地区は，実際のところ二つの大地区にまとめることができることにある。すな

わち，西北を代表とした西北－北方区，中原を代表とする中原－海岱区であり，二つの大地区の間の差異はなおさら明確である。器物類型においては，西北－北方区は小型装飾品が発達し，空首斧・鏡・権仗頭などにすこぶる特色があるが，大型武器・礼楽器・容器は見られない。中原－海岱区は小型装飾品が発達せず，鏡・権杖頭など宗教儀仗具は見られないが，獣面牌飾・礼楽器・容器に独自の特色がある。銅器の材質について，初期銅器の発生と発展段階の最初は，両区でおおよそ類似している。しかし，発展段階の後半期以降は，西北－北方区は，紅銅製品が終始一定の比重を占め，四壩文化においては比較的多くの砒素銅製品がある。中原－海岱区は青銅製品を主とし，砒素銅製品はまれである。両区が各々独自の発展経路を経てきたことは明確である。

初期銅器の地域的特徴と発展の特質から，中国青銅器の起源地について考察すると，西北－北方区と中原－海岱区の初期銅器はそれぞれ独立した起源であり，それぞれの発展過程を経て，各自の特質を形成したと見ることができるかもしれない。言い換えれば，その発生と発展の過程においても何らかの知識や情報の交流があり，さらに成熟段階およびそれ以降において両区の間には確実に交流と影響が存在していたとしても，中国青銅器の起源について，甘青一帯の西北地区と晋豫陝一帯の中原地区は，二つの主な独立した発生地なのである。こうしたあり方は，次のような認識を提示する。すなわち，両地の初期銅器が各自の特質と伝統を備えており，かつ両地の初期銅器は相互の影響の形跡が見られないため，両地の間の広い空白地帯においても，両地の銅器をつなぐ手がかりは発見できていないのである。

(3) 初期銅器の国家の起源と形成過程における位置と働きに関する考察

青銅器の出現は，人類の歴史上における重大な出来事である。これは人類が自然を改造する過程における一大進歩の指標であるばかりでなく，社会歴史の発展過程を極めて大きく推進させるのである。そのため，青銅器の社会歴史の発展過程における働きについて，特に国家の起源と形成過程における働きと意義については，これまで学界で重視されてきており，現在では一般的に青銅器は文明の諸要素のなかの一つの重要な要素とされている。筆者もまた同様に考えている。しかし問題は，次のような諸点である。青銅器の出現の実質はどのようなものであるかという点。青銅器の出現と国家の起源・形成の間には，いかなる内在関係が存在しているのかという点。国家起源と形成における青銅器の働きと意義を具体的にどのように認識するのかという点。この種の問題はたくさんあり，すべて真剣に考察しなければならない問題である。

青銅器の出現は，それそのものはいわば一種の技術の進歩と変革であり，科学技術の一種の突破であり，社会生産力が一定のレベルに発展したことの指標であると，理解できる。国家，もしくは文明社会は，一定の社会構造と社会形態を指しており，一定の生産関係を反映している。そのため，両者の間には直接的なつながりは存在しないとするべきであろう。しかし，同時に，生産力が生産関係を決定し，経済基盤が上部構造を決定するというマルクス主義の学説を参考にすれば，国家の起源と形成は必ず一定の社会生産力の発展レベルを基礎としている。青銅器の出現もまた社会生産力が一定のレベルに発展したことによる産物である。そのため両者の間には一定の内在的関係が存

在している，と見るべきである。社会歴史の実際の観察から世界の範囲について言えば，「青銅の精錬のみならず錬鉄技術まで掌握した多くの民族は，依然として「野蛮」民族であり，「文明」民族には入らない」(夏鼐1985)とされる。しかし中国についていえば，商周文明の物質文化上の最も突出した特徴は，高度に発達した青銅冶鋳技術であり，青銅器の起源と国家の起源と形成は密接な内在的関係が存在するのである。青銅器起源と国家の起源と形成の間のつながりは，主に以下の三つの方面から表現される。第一に，国家の起源と形成は必ず一定の生産力の発展レベルを基礎としており，青銅器は一種の技術進歩と革新であり，社会生産力が一定のレベルに発展したことの指標である。第二に，青銅器の冶鋳は一つの専門的な技術で，相応する技術レベルを有した専業の人員がいることによって，初めて実行が可能となる。このことは，青銅器の出現は，社会成員においてある種の専業技術を掌握した人員が出現し，相応の専業活動に従事したことを表している。社会の分業が相当の高さに達したことの指標であり，社会生産の専業化と同様に国家の起源と形成の重要な基礎であると言える。第三に，青銅器の専業化した生産は，相応の社会機構か公共権力の組織の存在のもとでのみ初めて実行することができ，国家権力はこのような生産の保証を整えることができるのである。このような意義から，青銅器起源と国家の起源・形成との間の関係を考慮すると，銅器の最初の出現からは国家の発生を説明することはできない。青銅器の冶鋳が一定の専業化生産の程度に達したときのみ，たとえ生産の規模と専業化の程度が限られたものであっても，初めて国家の形成と関係がつながるのである。これ以外にも，中国商周青銅器の大きな特徴は，礼楽器・武器の発達と相対的な装飾品・生産工具とくに農具の停滞と遅れであり，そのため少量の小型装飾品と小型工具の存在のみを根拠とすることは，国家形成の成否の判断にはふさわしくないのである。もし中国初期銅器の発展過程から中国の国家起源を検討するのであれば，国家の形成は紀元前2000年前後の龍山時代末期であると言うことができる。

　最後に説明しなければならないのは，初期銅器は青銅器起源，国家起源の研究にかかわる重要な課題であり，これまで積極的な進展を得ているが，21世紀において解決しなければならない問題はまだ非常に多い。そのため，野外考古における初期銅器の発見を継続して重視し，初期銅器の年代をより具体的に，的確に判断し，初期銅器の科学分析と鑑定をより強化して進め，初期銅器の総合研究と中国と外国の初期銅器と青銅器起源の比較研究を積極的に展開するべきである。このようにしてのみ，私たちは初期銅器の研究を不断に深化させることができるのである。

(丹羽崇史訳)

注
1) 研究成果によれば，夏商王朝の分期は紀元前16世紀になる(夏商周断代工程専家組2000)。考古学文化について言うと，「二里頭文化の主体は夏文化であり，ただその第4期(遅くともその後段)はすでに商代前期に入っている。その特徴は二里頭第1期から第3期の伝統の継承が主流であり，同時に部分的に商文化(およびわずかな岳石文化)の要素を吸収・融合している。商代初年の夏の遺民の遺存と見るべきである」(高煒・楊錫璋・王巍・杜金鵬1998，袁広闊1998)。そのため，二里頭文化第4期は商代以前の遺存には属さない。しかし，年代と文化伝統の両方面を考慮し，ここでは二里頭第4期の銅器を初期銅器として研究を進める。

2) 地域については，新疆地区でも年代が比較的古い銅器が発見されていると言われている（龔国強 1997）。ただし，その年代を確定させることは難しく，よって本章の検討範囲からは外す。
3) 1933 年に，大連羊頭窪遺跡で発見された青銅器残片を，ある研究者は龍山文化と関係があるとし（裴文中 1950），またある研究者は龍山文化とは無関係であるとしている（安志敏 1993）。1942 年，楡次源鍋鎮発見の土器上に付着した銅錬渣は，もともと年代は比較的新しいとされてきたが，のちに龍山文化の遺物と改められた（和島 1962）。ただし，ある研究者は新しい時期の遺存の混入の可能性を認識している（安志敏 1993）。別の研究者は，「源鍋鎮遺跡の文化性質は太原義井遺跡と基本的に一致しており，仰韶文化後期の晋中地区に分布する一種の地方類型であり，年代は紀元前 3000 年前後である」としている（厳文明 1984）。
4) 唐山雹神廟発見の 5 点の鋳造銅斧・刀・矛の石范に対し，これまでその年代は小官荘石棺墓と同じであるとされ，ある研究者は夏家店下層文化の遺物と見ている（厳文明 1984）。しかし，時代的な特徴が明確な矛を分析すると，その年代は両周時期，もしくは夏家店上層文化とするべきである。
5) その年代について，原報告では龍山文化期としており，ある研究者も龍山文化の遺物としている（厳文明 1984）。ただし，ある研究者は龍山文化よりも新しいとする（康捷 1960，唐雲明 1964），ここでは，夏家店下層文化の遺物とする。これら 2 点の銅器の用途については，「牌飾」説と「工具」説の両種の意見がある。
6) 1959～1978 年の二里頭遺跡出土の各種の銅器は，『考古』1961 年第 2 期～1978 年第 4 期に掲載の関連する簡報，正式発掘報告である 1999 年出版の『偃師二里頭』に散見する。
7) 以上に述べた各地の地点以外に，西安半坡遺跡出土の銅片など，いまだ論争が存在するものもある。これら以外にも，1972 年安徽省肥西大墩孜遺跡出土の銅鈴は，二里頭遺跡出土の銅鈴と同じである。しかし，関連する報告では商代前期の遺物と見ており（安徽省博物館 1978），正式報告はなお発表されていない。よって，ここでは初期銅器としては扱わない。
8) この論文の発表以前の 1978 年，唐蘭は「中国有六千多年的文明史―論大汶口文化是少昊文化」（唐蘭 1978）において，大汶口文化において銅工具が発見される可能性を認識している。
9) 文明起源の問題に関する議論の文章は，数が非常に多く，主な観点は「中国文明起源座談紀要」（本刊編輯部 1989）と「中国文明起源研討会紀要」（本刊編輯部 1992）で参閲できる。
10) 北京鋼鉄学院冶金史組 1981，夏鼐 1985 など参照。初期銅器の冶金学研究は，関連する考古発掘報告に見られるが，ここでは一つ一つを紹介することはしない。これ以外にも李京華（李京華 1985）を参照のこと。
11) ここでは大甸子出土の銅器は，すべてこの文献から引用し，改めて注釈しない。
12) ここでは朱開溝出土の銅器は，すべてこの文献から引用し，改めて注釈しない。
13) ここでは尹家城出土の銅器は，すべてこの文献から引用し，改めて注釈しない。
14) ここでは四壩文化の銅器は，注で明記しているもの以外は，すべてこの二つの文献から引用し，改めて注釈しない。
15) 銅斧の実物は，中原地区では発見されていないが，夏県東下馮遺跡では第 III 期に属する銅斧の石范 4 点が出土している。すべて斧の外范で，このことからこれらの石范の鋳造品は斧であり，長方形で，中央には縦向きの凸紋一つを有する。幅 3.5～4.5 cm で，長さは 14 cm 前後。竪銎は長方形である。その年代は東下馮類型第 III 期で，年代はおおよそ紀元前 17 世紀である（中国社会科学院考古研究所・中国歴史博物館・山西省考古研究所 1988，図七八：10～14 を参照）。
16) ここでは二里頭遺跡出土の銅器は注で明記しているもの以外は，すべてこの文献から引用し，改めて注釈しない。
17) ここでは東下馮遺跡出土の銅器は，すべてこの文献から引用し，改めて注釈しない。
18) サイズは『偃師二里頭』（中国社会科学院考古研究所 1999，図 104）に基づき計算した。原典では長さ 4.4 cm，幅 0.9 cm と記述しているが，図と符合しない。よって，図に基づいて調整している。
19) 岷県杏林斉家文化遺跡で 1 点採集されており，柄首は一つの小さい耳があり，環首刀に分類できよう。しかし，この刀は採集品であり，その年代はなお確定するのを待つ必要がある（甘粛省岷県文化館 1985）。
20) 銅刀が出土した F20 は，林家上層の遺存で，その炭素 14 年代測定のデータは，紀元前 3280 年である。しかし，発掘者はより早い時期のものとしており，この年代を採用していない。

第2章　陶寺文化と二里頭文化の銅鈴

宮本一夫

1　はじめに

　陶寺遺跡からは銅鈴が出土している(中国社会科学院考古研究所山西工作隊・臨汾地区文化局1984)。銅鈴は陶寺文化後期の小型墓から出土したものであるが，銅鈴が必ずしもこの被葬者の所有物ではなく，略奪品ではないかとする意見もある[1]。本来は陶寺文化中期の大型墓に伴うという考え方である。このほか，陶寺遺跡からは銅歯輪形器といった銅器が出土している(国家文物局主編2002)。近年では陶寺文化中期(紀元前2100～2000年)の第3層内から紅銅製の銅環が出土した(中国社会科学院考古研究所山西隊ほか2005)。さらに，宮殿区の大型建築基壇の版築土内から銅容器の一部である可能性のある銅器残片が出土している(中国社会科学院考古研究所山西隊ほか2008)。この建築基壇も陶寺中期のものであり，さらに砒素銅製と報告されている。これらの陶寺遺跡において出土した銅器の存在は，中原地域では二里頭文化以前の新石器時代後期に銅器が存在していることを示すとともに，それらが工具や武器といった実用利器ではなく，楽器や装身具といった非実用品であることに特徴がある。銅容器の可能性のある銅片もそのことを追認している。また，二里頭文化第2期の銅成分の中には，四壩文化の火焼溝遺跡など中国西北部の初期青銅器に認められる砒素銅が存在している(梅建軍2005)。さらに時代を遡って陶寺中期においても砒素銅が存在している。砒素銅は四壩文化の青銅器など中国西北部の銅器・青銅器に含まれる成分であり，中原では産出しない銅鉱石である。したがって，中原の青銅器文化は，当初，北方草原地帯や中国西北部の初期青銅器文化との交流の中に，原材料が持ち込まれ，銅器が生産された可能性がある。しかし，原材料はともかく，陶寺遺跡出土の青銅器の器形や器種が中国西北部の初期青銅器文化には認められないことから，このような青銅器生産が陶寺遺跡など中原で独自に始まったことは，間違いないであろう。

2　陶寺文化の銅鈴

　さて，陶寺遺跡出土の銅鈴はどのようなものであろうか。この銅鈴は高さ2.8cm，横6.3cm，幅2.8cmの小型のものであり，頂部平坦面は正円形ではなく偏円形の葉形であることからも，偏平な形態を示している(図8)。この銅鈴の形態は，外范と内范からなる鋳造法であることは疑いない。そのため，内范と外范の型持たせが頂部平坦面(図9-1)と側端面中央(図9-4)に認められる。このこと

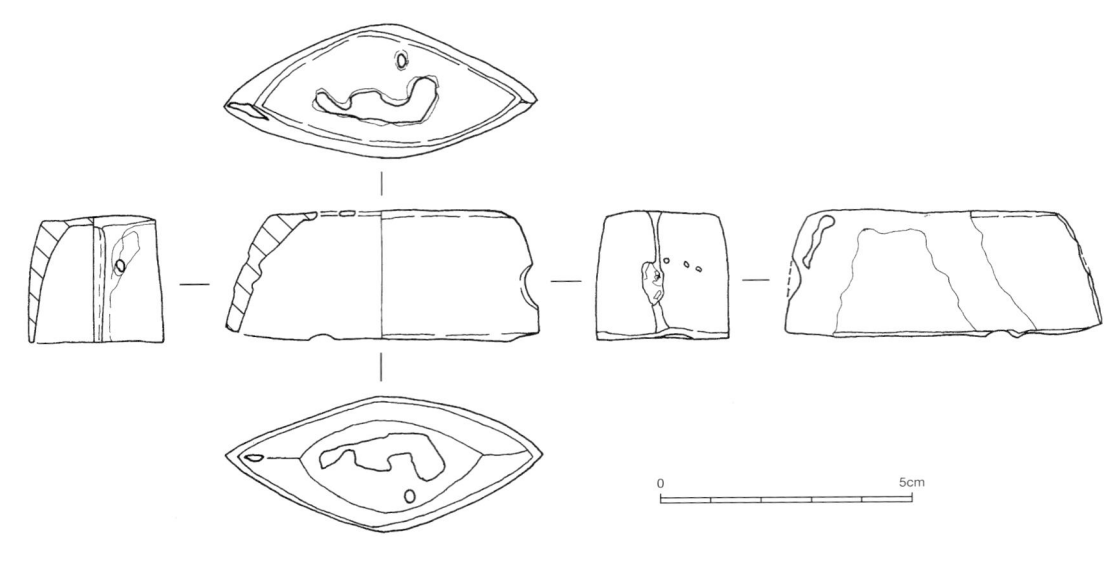

図 8　陶寺遺跡出土銅鈴（縮尺 2/3）

は外范が分割范ではなく一つの范からなっている可能性を示すものである。外范が二つの分割范からなる場合は，頂部平坦面の中央に范線が存在するはずであるが，その痕跡は見あたらないところ（図9-1）からも，外范は一つであった可能性が高い。さらに分割范であるならば銅鈴の側面に存在するはずの范線も見られず（図9-4・5），むしろ銅の湯周りが悪く窪み状を呈している（図9-4）。

　さらに銅鈴の外表面には布の痕跡が認められる。報告では銅鈴が麻布に包まれていたことを示すものとしている（中国社会科学院考古研究所山西工作隊・臨汾地区文化局1984）。確かに包まれた布の一部が銅鈴表面に付着していることが，報告の写真から理解されるが，銅鈴の外表面には布の付着物以外に，銅器表面に凹状に布目が認められる。この布目痕跡は現状でもよく残っている（図9-2）。これは包まれた布の痕跡ではなく，鋳造時にプリントされたものの可能性もあるであろう。そうであるならば，このことは外范に布目がプリントされていたことを示している。外范を作るに際して，模型が存在し，その模型に布を貼ることにより，模型に粘土を貼り付けて外范を作り，模型から外范を外す際に外しやすいあるいは外范を傷つけないで外すことができるという利点が存在したのではないかと推測される。外范に残った布痕跡とはまさしく，外范が1体からなることに起因した范製作方法であったと考えられるのである。

　しかし，そうではなく，報告の通り銅鈴を包んだ布の痕跡であるとする主張も重視せねばならない。その場合，この布痕跡が圧迫によって銅鈴に付着したものであって鋳造時のものではないとしても，先に述べたように銅鈴頂部には范線が存在せず，側面には鋳造時の銅の湯周りの悪さが認められるところから，外范は一つのものであったと考えるべきである。すなわち，外范は二つの分割范ではなかったとすることができる。しかも，外范と内范は土型で製作されたものである可能性は高い。特に銅鈴の形態や屈曲面の鋭さからは，外范は一つであるとすると，土製鋳型以外では製作が不可能である。したがって，外范と内范は土型であったと考えることができる。このように，一

第 2 章　陶寺文化と二里頭文化の銅鈴

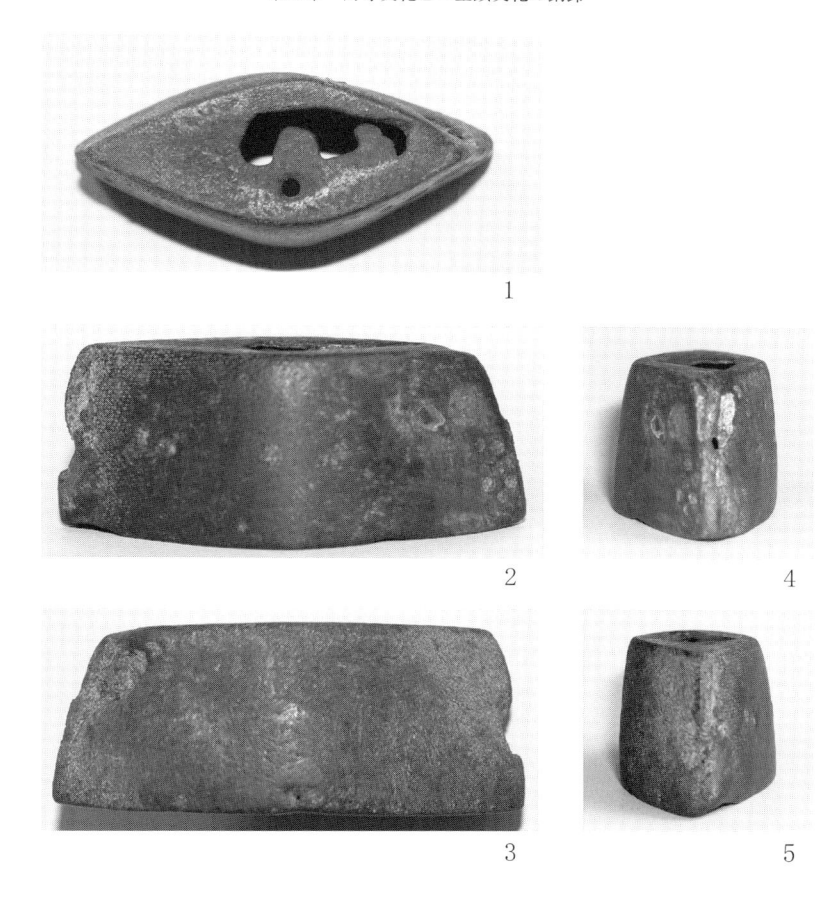

図 9　陶寺遺跡出土銅鈴細部写真

つの外范と内范からなり，外范が分割范ではないという点は原始的であり，初現的な鋳造法であるという認識が成り立つ。おそらくこうした外范と内范からなる鋳造技術は，当時既に存在した鬲や盉などの袋足を型作りによって製作する製陶技術と関係していると推測される。中国西北部などの初期青銅器文化では石製鋳型が一般的であることからも，製陶技術に見られる型作りを応用して外范と内范の鋳造技術が中原で独自に開発されたものと考えられる。

さらに，銅鈴の形態は同時期に存在する陶鈴の形態に類似している。そのための銅鈴の祖形は陶寺文化の陶鈴にあることが予想される。陶鈴は，今村佳子によれば（今村 2006），新石器時代中期前半の大汶口遺跡や龍崗寺遺跡のものを初例として，新石器中期の後半には黄河中・下流域から漢水中・下流域に分布し，さらに新石器時代後期には内蒙古中南部や長江中流域まで拡散する（図 10）。師趙村遺跡や廟底溝遺跡出土の鈕が付く釣鐘形や，客省荘遺跡出土のような鉦に似た鐸形鈴も出土しているが，大半は頂部が平坦でその平坦面が楕円形や葉形をなすものである。陶寺遺跡出土の陶鈴（図 10-13）もこの形態を示している（中国社会科学院考古研究所山西工作隊・臨汾地区文化局 1984）。陶鈴の頂部平坦面には，二つないし一つの孔が認められるが，この孔は吊り下げるためのものであっ

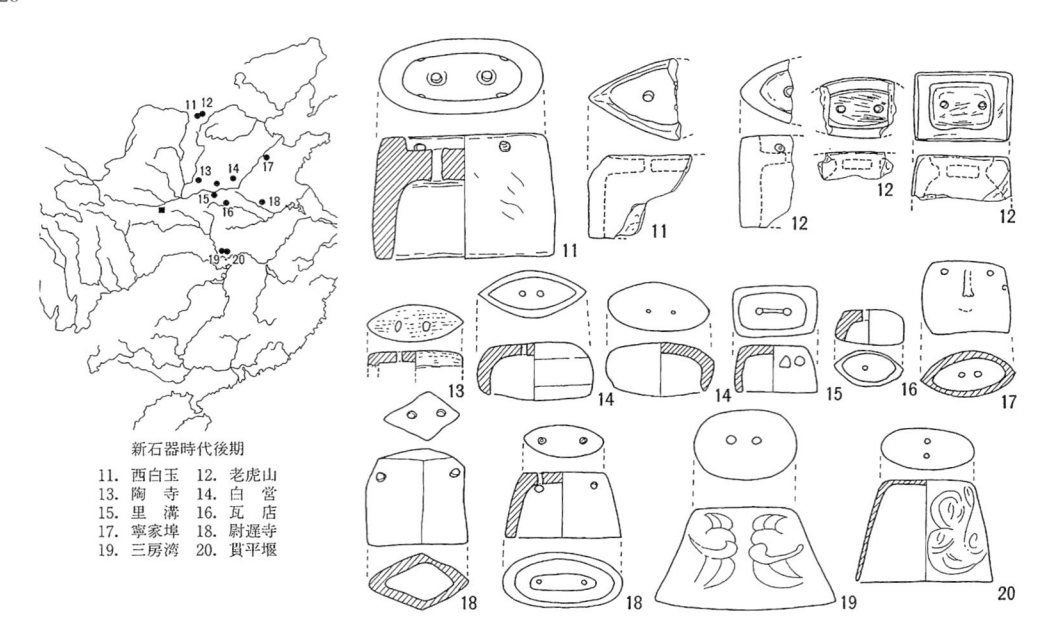

図10 新石器時代後期の陶鈴とその分布（今村 2006）

たり，舌を下げるためのものである。

　ところで，陶寺遺跡出土の陶鈴は頂部平坦面が葉形であり（図10-13），まさに陶寺遺跡出土の銅鈴（図8）と同じ形態的特徴を示し，これが銅鈴の祖形であることは疑いがない。銅鈴の頂部平坦面にみられる孔は，型持たせとしての意味もあるが陶鈴にみられる2孔を意識して製作されたものである。陶鈴全体の形態や機能的な側面をそのまま意識して青銅製品に置き換えたのが，陶寺文化の銅鈴であったということができるのである。

　さらに陶鈴は，新石器時代にあって，その分布の中心は中原にあり，中原を中心とする祭祀具であったと理解することができるであろう。であるとするならば，中原の独特な祭祀具が陶寺文化ではさらに銅製品という，より貴重なものへと転化したと考えることが許されるであろう。

　さて，陶寺文化の墓制は階層構造が明確化している。この中で，鼉鼓や特磬のような楽器も陶寺文化前期の大型墓のみに副葬されており，上位階層の副葬品であることが理解される。これら楽器は威信財であった可能性が高い（宮本1999・2000）。さらに，貴重財である銅製品としていち早く銅鈴が製作されたのは，陶鈴という祭祀具である楽器に貴重財を付加することにより，よりプレミアの高い楽器として製作されることになったためである。鼉鼓や特磬と同じような貴重な楽器と見なされ，威信財としての価値観が働いたと考えられるのである。中原の青銅器製作の転機は，初めから工具のような利器ではなく，威信財として製作されることに特徴があり，ここに中原の青銅器開始の世界的な特殊性が存在しているのである。

3 二里頭文化の銅鈴

　銅鈴は陶寺文化を初源として，その後は二里頭文化第 2 期までは認められない。二里頭文化の銅鈴は表 1 に示したように，7 点ある。表 2 に示すように，二里頭文化の墓葬における副葬品構成からみれば，明確に社会的な階層構造が存在している（宮本 2005）。そして銅鈴が出土する墓葬は，墓葬の階層構造としては上位階層の墓葬に限られている。したがって，陶寺文化段階にみられた威信財としての竃鼓・特磬や銅鈴の価値観あるいは身分標識は，そのまま二里頭文化段階まで連続しているといえよう。近年発見された二里頭遺跡 3 号基址南院の 3 号墓はその典型であり，銅鈴とともに緑松石の龍形器が貴族墓に埋葬されていた（中国社会科学院考古研究所二里頭工作隊 2005）。

　一方で，二里頭文化の銅鈴は一側面に鰭を持つものである（図 11）。鰭を持つ陶鈴は，新石器時代の諸例においては発見されていない。したがって新石器時代の陶鈴をモデルにして二里頭文化内で生まれたというよりは，陶寺文化の銅鈴の系譜の中で青銅製品として自己開発されたものとみるべきであろう。このような観点から，二里頭文化の銅鈴の型式変化を想定するならば，鰭の小さいも

表 1　二里頭文化期の銅鈴集成表

銅鈴出土地点	高さ (cm)	底部長 (cm)	底部幅 (cm)	頂部長 (cm)	頂部幅 (cm)	厚さ (mm)	重量 (g)	型式	陶器年代	文献
偃師二里頭 62V 区 M22	9.1	9.0	5.8	5.7	4.0	3	171.3	I	二里頭 2 期	偃師二里頭
偃師二里頭 02V 区 M3									二里頭 2 期	考古 2005 年第 7 期
偃師二里頭 81V 区 M4	8.6	8.6	8.7	6.0	5.3	5	449	IIb	二里頭 2 期後半	考古 1984 年第 1 期
偃師二里頭 82IX 区 M4	8.4	9.1	7.4	6.0	4.5	5	408	IIb	二里頭 2・3 期	考古 1985 年第 12 期
偃師二里頭 84VI 区 M11	7.6	9.0	7.1	5.5	4.2	4	271.8	IIa	二里頭 4 期	考古 1986 年第 4 期
偃師二里頭 87VI 区 M57	8.4	9.0	7.8	6.0	5.2	5	435	IIb	二里頭 4 期	考古 1992 年第 4 期
安徽省肥西県大墩孜								IIb?	二里頭 4 期?	文物 1978 年第 8 期

表 2　二里頭文化期の副葬品構成から見た階層関係

ランク	青銅器					玉器	漆器	陶器				朱砂
	爵, 斝, 盉	牌飾	鈴	武器				鬹, 盉	爵	その他		
第 1	○	○	○	○		○	○	○		○	○	○
	○	○				○		○		○	○	○
	○					○		○		○	○	○
		○	○			○	○	○		○	○	○
第 2						○		○	○	○		○
第 3								○	○	○		○
								○				
第 4									○	○		
										○		
第 5												

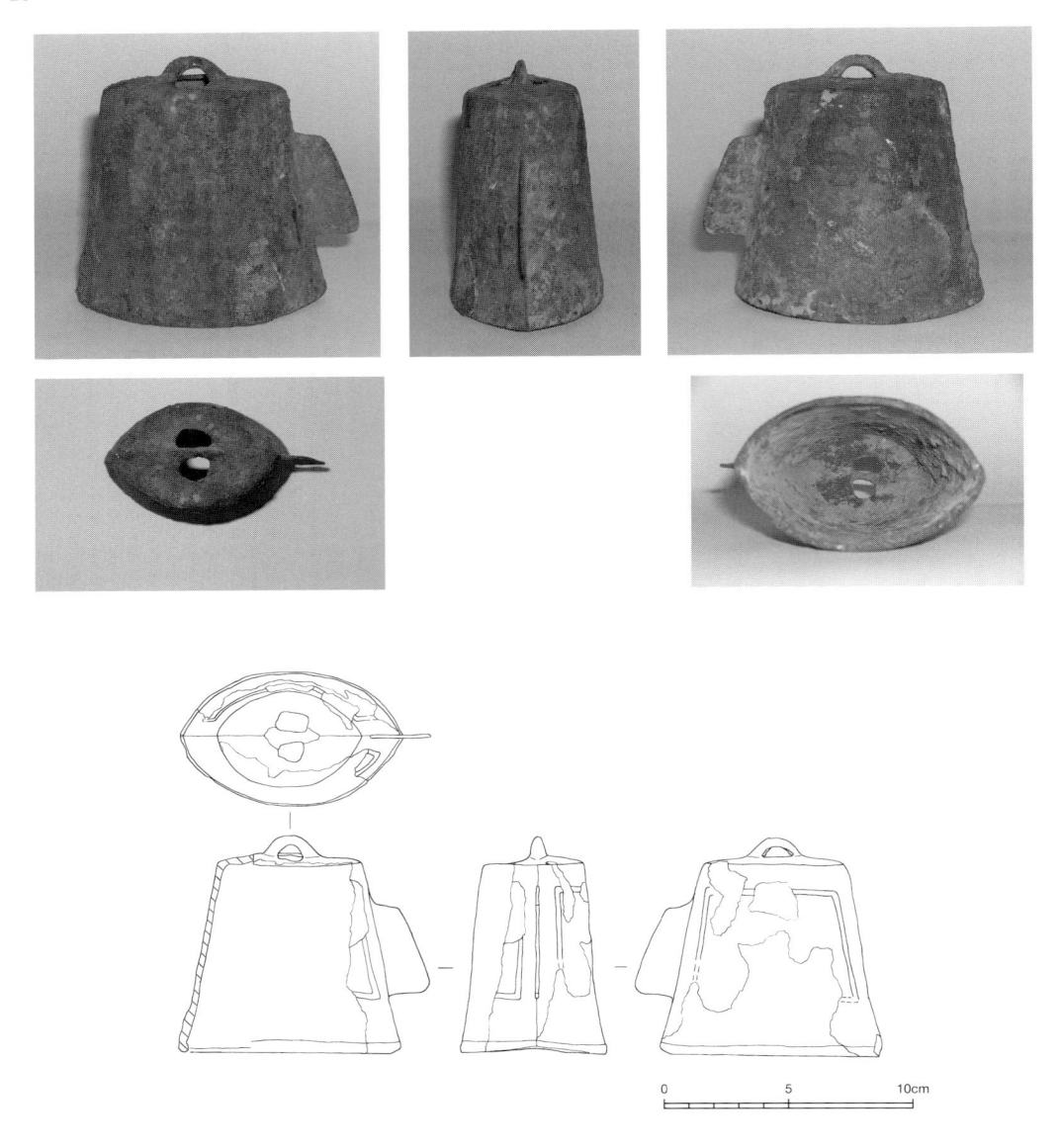

図11 二里頭遺跡Ⅴ区22号墓出土銅鈴(縮尺1/3)

の(図11)から大きいもの(図12〜14)へ,さらには底部平坦面が葉形(図11)から円形(図12〜14)へと変化するのではないかと想定される。後者の底部平坦面の形態が時期差を示すと想定するのは,陶寺文化の銅鈴が,新石器時代の陶鈴を模すように底部平坦面の形態が葉形すなわち偏円形であることから,その系譜にあるものが古い型式であると考えるからである。

ところで,二里頭文化の銅鈴と陶寺文化の銅鈴との違いは,上記の差異以外に鈕を持つ点がある(図11〜14)。この鈕の形態は,新石器時代の陶鈴にみられる釣鐘形鈴や鐸形鈴のものとは異なり,

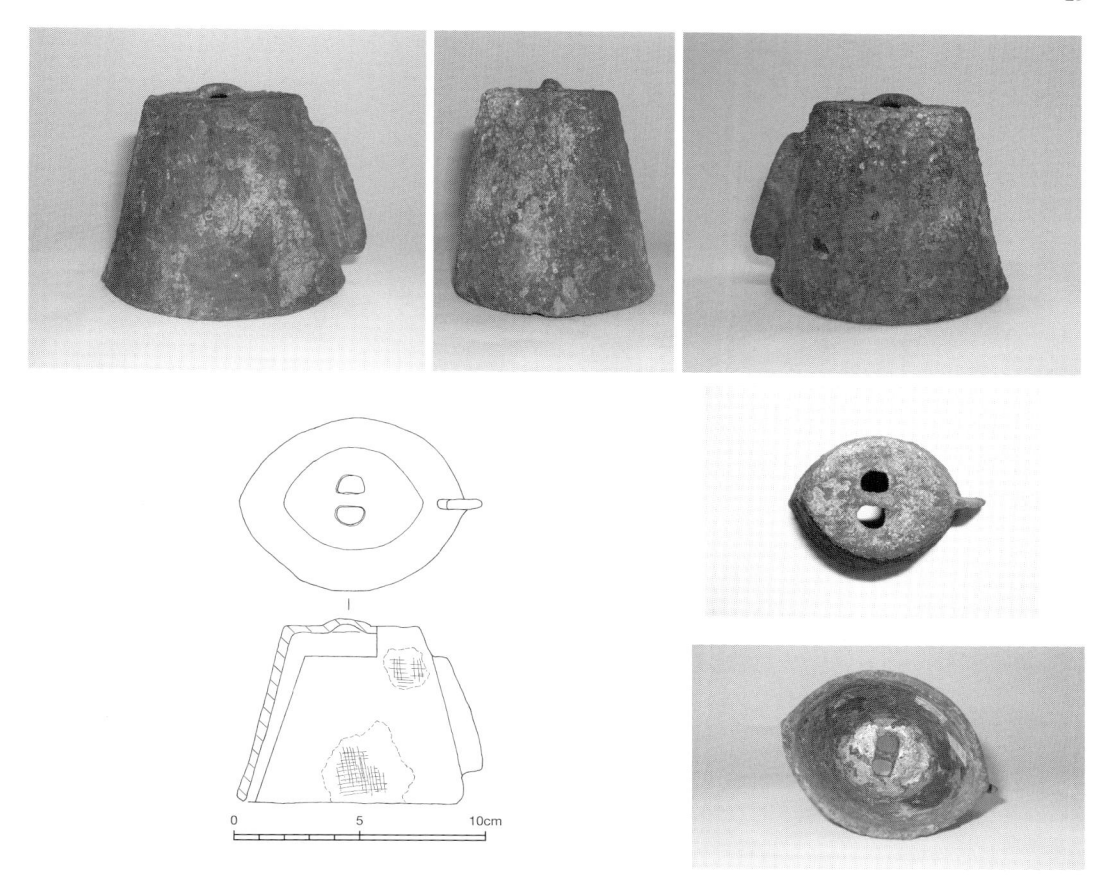

図12 二里頭遺跡 VI 区 11 号墓出土銅鈴（縮尺 1/3）

これらをモデルにしたものではないことは明確である。陶寺遺跡の銅鈴には頂部平坦面の型持たせ用の不定形の孔があり、さらに円孔が鋳造後に外面から穿たれている。これが新石器時代の陶鈴の頂部平坦面にある 2 孔を模したものであることは疑いない。すなわち吊り下げるための孔を模し、さらに型持たせとして利用したのである。また、二つの孔を鋳造時に作れなかったため、もう 1 孔は鋳造後に穿つことになったのである（図 8・9-1）。

一方、陶寺遺跡の銅鈴には、吊り下げるための孔が鋳造時の型持たせ孔として利用されているが、二里頭文化の銅鈴の鈕はまさにこの型持たせ部分を利用して製作されている。この点からも、二里頭文化の銅鈴は陶寺文化の銅鈴の製作技術の延長にあって、自己開発されたものであると理解できるのである。

さて、陶寺文化の銅鈴と二里頭文化の銅鈴との青銅器製作技術としての大きな変化は何であろうか。両者とも内范と外范を使った陶製の鋳型から作られたものである。しかし、二里頭文化の銅鈴には、頂部平坦面に范線が認められ、范線は鈕と銅鈴の側面に直線上に続いている（図 11）。その他のもの（図 12〜14）は器面がよく研磨されているために明確な范線を確認できないが、鰭や鈕の存在

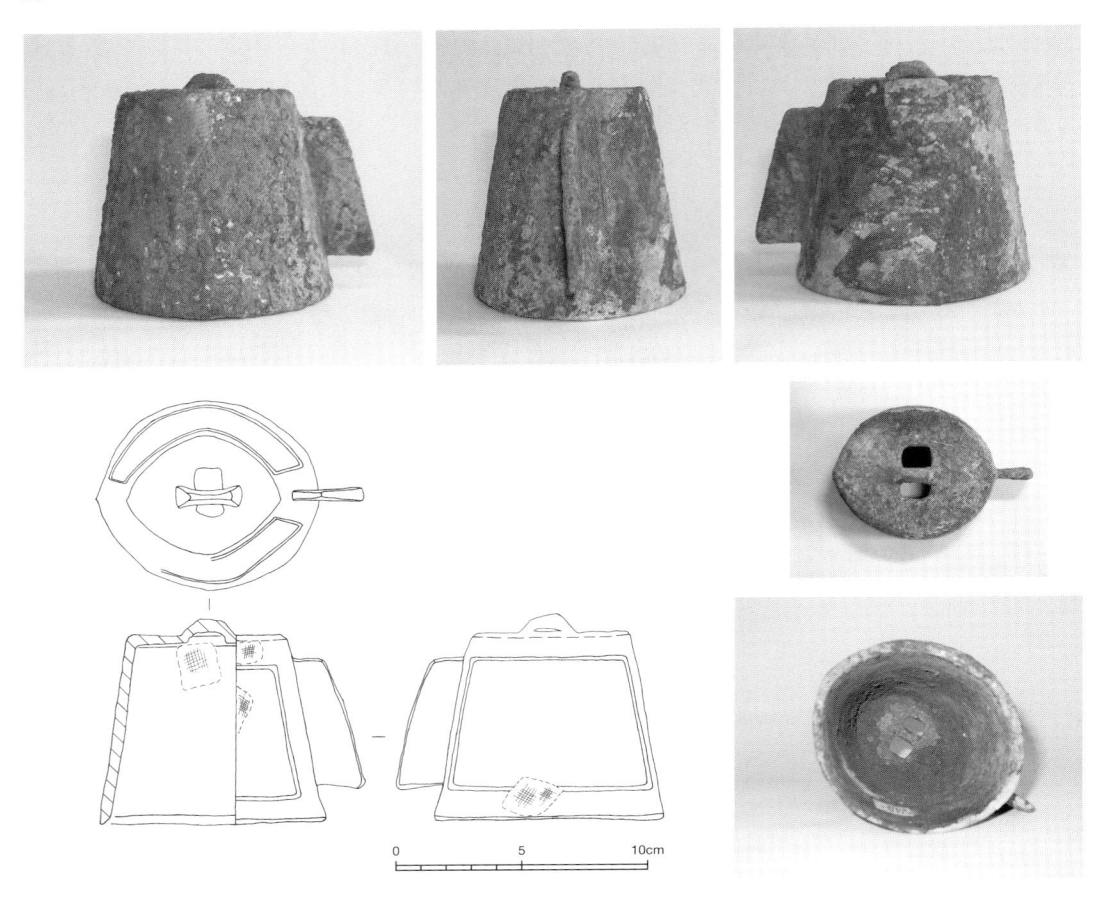

図 13 二里頭遺跡 VI 区 57 号墓出土銅鈴(縮尺 1/3)

からも明らかに二つの分割范からなるものである。このように二里頭文化の銅鈴は，陶寺文化の銅鈴とは異なり，外范が二つからなる分割范であることが明確である。その点で技術的には二里頭文化では陶寺文化より進歩している。さらに外范の分割范と型持たせ孔をうまく利用して鈕を開発製作したものと考えられる。

そこで二里頭文化の型持たせ孔に注目するならば，型持たせ孔が二つからなるものと一つからなるものがある。二つからなるものとは，鈕の下部の頂部平坦面に二つの孔があいているように見えるものであり，それが連結したものである(図 11・12)。一つのものはその二つの孔が一体となって最初から長方形状型持たせとして長方形状の孔になっているものである(図 13・14)。おそらくは前者が陶寺文化以来の作り方であり，陶寺文化の銅鈴のように 2 孔の型持たせが連結して鋳孔を形成している。それをより効率的に作るために長方形状の型持たせとしたのが後者であると考えられる。効率性であるという点からも，前者から後者への技術的な革新が理解され，時間差を認識することができるであろう。

第 2 章　陶寺文化と二里頭文化の銅鈴

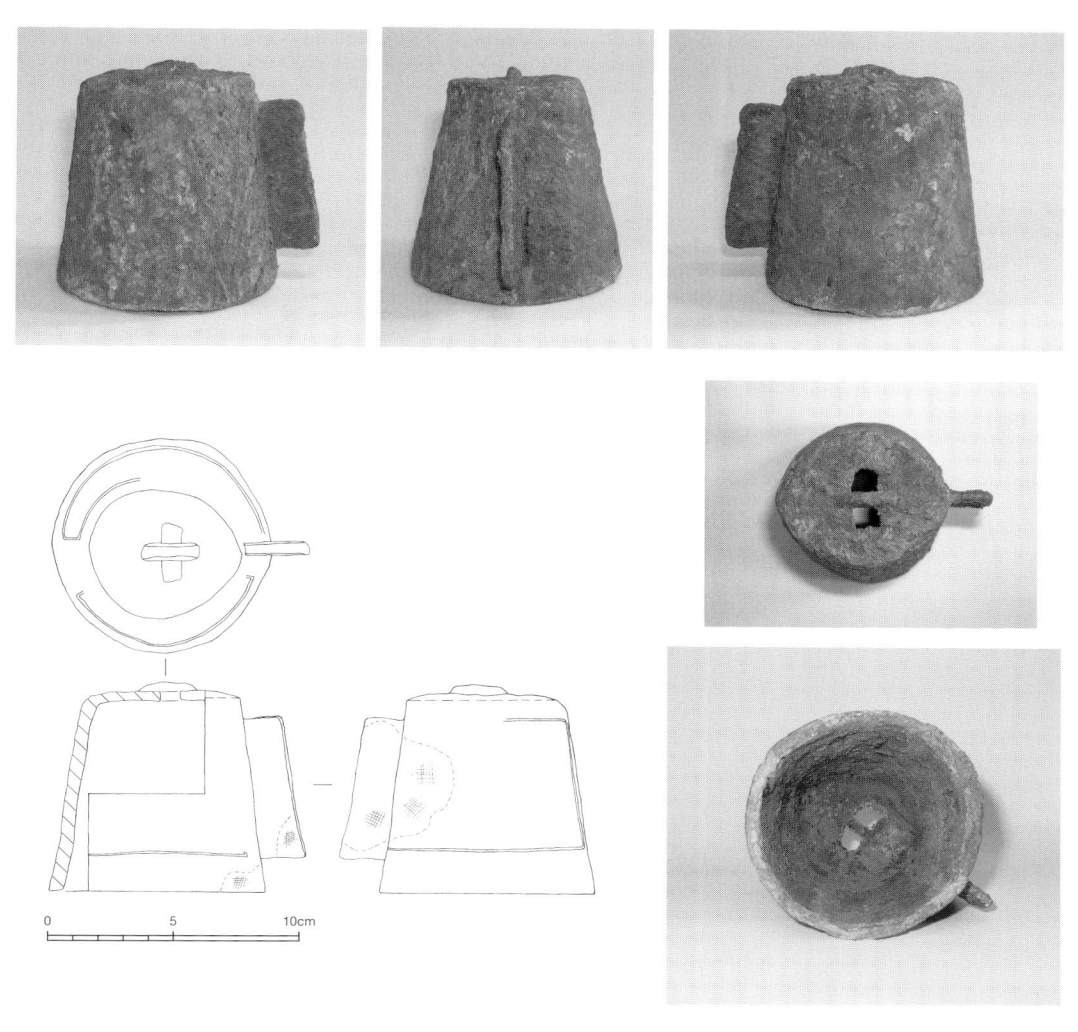

図 14　二里頭遺跡 V 区 4 号墓出土銅鈴（縮尺 1/3）

　以上，陶寺文化の銅鈴から二里頭文化の銅鈴の変化を一連の技術的な変化として考えた場合に，鰭の形態変化，底部平坦面の形態変化，鈕下部にある型持たせ孔の変化という三つの属性から，二里頭文化の銅鈴の形式変化を想定することができるであろう。個々の属性の変化を示すならば，鰭の形態は，小型の鰭である鰭 a 式から長方形状に大型化する鰭 b 式への変化である。さらに鰭 b 式は，やや小型の方形鰭である b1 式からより大型でしっかりした b2 式に変化する。底部平坦面の形態変化は，葉形のような偏平な甲式（図 11）から，より円形に近い偏円形である底部平坦面の乙式（図 12）から，さらに円形に近いないしほぼ円形である底部平坦面の丙式（図 13・14）である。この底部平坦面の形態を数値化して示すならば，底部最大幅と底部最小幅の比を表 3 に示すように，0.7 未満が甲式，0.7～0.8 が乙式，0.8 以上が丙式で表される。型持たせ孔は，二つからなる型持たせ孔 1 式から，長方形状の一つからなる型持たせ孔 2 式へという変化である。これらの型式変化を属性レベ

表3 二里頭文化期の銅鈴の型式

銅鈴出土地点	高さ (cm)	底部長 (cm)	底部幅 (cm)	比 (底部幅/底部長)	重量 (g)	底部型式	鰭型式	型持たせ孔型式	型式
偃師二里頭 62V区 M22	9.1	9.0	5.8	0.64	171.3	甲	a	1	I
偃師二里頭 84VI区 M11	7.6	9.0	7.1	0.79	271.8	乙	b1	1	IIa
偃師二里頭 82IX区 M4	8.4	9.1	7.4	0.81	408	丙	b2	2	IIb
偃師二里頭 87VI区 M57	8.4	9.0	7.8	0.87	435	丙	b2	2	IIb
偃師二里頭 81V区 M4	8.6	8.6	8.7	1.01	449	丙	b2	2	IIb
安徽省肥西県大墩孜						?	b2	?	IIb?

ルでの組み合わせで示すならば，表3のようになる。このような属性の組み合わせから型式を設定すると，表3にあるように，I式（図11），IIa式（図12），IIb式（図13・14）と変化していく。I式とは底部甲式＋鰭a式＋型持たせ孔1式の属性複合，IIa式は底部乙式＋鰭b1式＋型持たせ孔1式の属性複合，さらにIIb式は底部丙式＋鰭b2式＋型持たせ孔2式の属性の組み合わせからなる。こうした属性変化を基に，二里頭文化の銅鈴の型式変化を示すと図15のようになる。また表3に示すように，I式，IIa式，IIb式と次第に重量が重くなる傾向にある。なお，銅鈴の外面には区画状の文様がすべての型式に一貫して存在している。I式からIIb式への変化では，銅鈴の短側面形が長方形状から次第に台形状へと変化していく流れ（図12～14）も理解できるであろう。

こうした型式学的な変化の妥当性を，共伴遺物による墓葬年代から検証するならば，表1にあるように，必ずしも型式学的な変化が時系列を追っているわけではないが，I式とII式の型式変化が時系列を逆転することはない。ただし，I式とIIb式は既に二里頭文化第2期に出現しており，IIa式がやや遅れて出現するというII式内での型式変化は保証されていない。この検証からみるならば，二里頭文化第2期以前に銅鈴I式が出現していた可能性が高い。すなわち新砦文化や二里頭文化第1期段階に銅鈴I式やIIa式が出現していた可能性がある。こうした想定からみるならば，陶寺文化の銅鈴と二里頭文化の銅鈴の間に，それらをつなぐ銅鈴が将来出現する可能性を示しているということがいえるであろう。そしてまた，それらが一連の型式変化の過程にあるものであると想定できるのである。

4 まとめ

中原を中心とする黄河中・下流域には新石器時代中期から陶鈴が存在した。楽器という性格からみれば，何らかの祭祀に伴う道具であるという想定が一般的であろう。新石器時代後期の陶寺文化前期には，ピラミッド的な社会階層構造をもつ首長制社会段階に達しているが，鼉鼓や特磬などの楽器は，階層の最も高い身分の墓葬にのみ副葬が許されるものとなっている（宮本1999・2000）。すなわち鼉鼓や特磬は祭祀に使われるものであり，被葬者の祭祀権をも意味するものである。楽器が階層上位者にのみ副葬されることは，祭祀権を示す楽器が身分秩序と相関していることを物語っている。同じ楽器であり，祭祀に用いられたであろう陶鈴が，より高い威信財として純銅によって作

第2章　陶寺文化と二里頭文化の銅鈴

られたものが陶寺文化の銅鈴であったのである。陶寺文化ではこのほか銅環や銅歯輪形器などの銅器あるいは銅容器の可能性のあるものが発見されているが，それら銅器は楽器や装身具というように，工具や利器ではない。新石器時代の銅器としては中原においては最古段階に位置づけられる青銅器ではあるが，それらが楽器や装身具というような社会身分を示す威信財として作られ始めたところに，中原の初期青銅器文化の特徴が認められる。しかもその特徴は，中国西北地域などの北方青銅器文化と大きく異なっている点であり，さらには世界的にみても固有の初期青銅器文化の特徴を示している。また，銅鈴の分析で示したように，その鋳型が初期段階から内型と外型からなるものであり，陶製鋳型であった可能性が高い点も，中原青銅器文化の特徴である。そしてこの鋳造技術も，製陶技術を利用して自己開発された可能性が高い。

このような陶寺文化の銅鈴の社会的な意味やその技術的な伝統を直接的に引いたのが，二里頭文化の銅鈴であったといえよう。技術的な系譜でいえば，陶寺文化の外范と内范からなる段階から，二里頭文化段階ではさらに外范が二つからなる分割范を採用した点に革新が認められる。さらには頂部平坦面の吊り下げるための孔が，陶寺文化段階では型持たせとしても機能していたが，二里頭文化段階では型持たせと分割外范を合体することによって，鈕を形成することを可能ならしめたのである。

また，陶寺文化前期段階から祭祀権を示す楽器が為政者階層の副葬品として位置づけられていたが，それが青銅器に転化した銅鈴は，二里頭文化期の墓葬構造においても，同じように高い身分の墓葬にのみ副葬されていたのである。楽器が祭祀権を示すように，身分標識としても機能しており，二里頭文化期では銅鈴が威信財として社会的に機能していたのである。

このように，銅鈴からみた場合に，中原を中心とする青銅器文化の特徴が，その初期段階から威信財や身分標識を示すものを生産することに主眼があったのであり，後の殷周文化の母体を形成していたことが示されるであろう。さらには，陶寺文化から二里頭文化への連続性が認められ，銅鈴に関していえば，その中間段階の新砦文化においても生産されていた可能性が高い。また，銅鈴のような楽器によって行われる祭儀は，身分秩

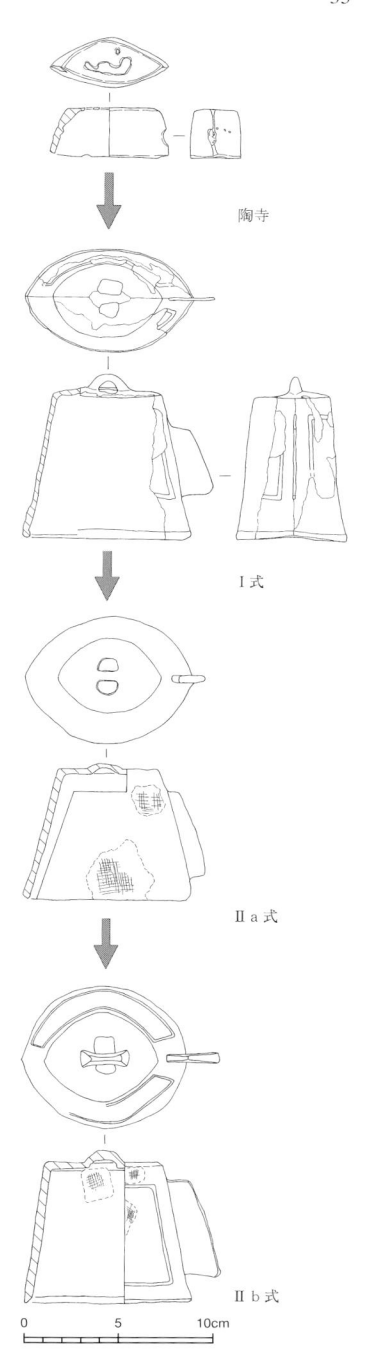

図15　銅鈴型式変遷図（縮尺1/4）

序をただす上でも，殷周社会において重要な政治活動であった。殷周の青銅彝器を中心とする青銅器文化の特徴は，既に陶寺文化段階から存在したということができるであろう。しかも礼楽の基礎が，既に新石器時代末期の陶寺文化にあったことが示され，さらにはその祭儀活動が中原を母体とするものであったことが重要であろう。この点でも，中原が文明形成の重要な位置にあったことが示されたのである。

注
1) 中国社会科学院考古研究所陶寺遺跡考古隊隊長何駑の意見による。

第3章　青銅彝器の製作技術から見た
　　　　二里頭文化から二里岡文化への変遷

宮本一夫

1　はじめに

　前章で問題にした陶寺文化中期の青銅容器の可能性がある銅片を別にすると，確実な青銅彝器は二里頭文化第3期に始まっている。青銅彝器はもともと土器の鬹や盃などの酒器が青銅器に置き換わったものである。中原の青銅器の起源に関しては従来在来説が有力であった。しかし現在では，青銅技術そのものは，ウラル・アルタイ地域のセイマ－トルビノ文化が中国西北地域と文化接触してもたらされることにより，長城地帯から中原の新石器時代中・後期に伝播したものであるという説（李水城 2005）も提出され，次第に北方草原地帯との関係の重要性が注目されている。起源問題は置くとしても，西北地域から長城地帯と，中原地域の青銅器文化はその発達史を異にしており，青銅器文化を担う社会の違いが鮮明になっている（宮本 2005・2008b）。長城地帯では銅剣を中心とする武器と装身具が発達したのに対し，中原では二里頭文化以降武器などに加えて青銅彝器がとりわけ発達していく。これは青銅彝器を使った儀礼や礼制など祭儀が初期国家制度の中心となっていったためである。その起源は，新石器時代の山東などに見られる酒器を中心とした身分秩序と関係しており，酒器を中心とした儀礼行為が，複雑化した社会の階層構造の安定に必要であったのである（宮本 2006a）。こうした酒器を中心とする身分秩序の概念は，大汶口文化の影響関係の西漸を通じ，さらにその影響を受けた河南龍山文化王湾3期を経て，二里頭文化に受け継がれていく。さらには土製酒器が青銅器に置き換わることになる。これが青銅彝器である。

　青銅彝器の鋳造技術は，新石器時代終末期に見られる青銅鋳造技術ならびに青銅短剣を中心とする長城地帯の青銅技術に比べ格段に進歩したものである。長城地帯の青銅技術は滑石など石製鋳型を使い，双范あるいは単范である場合が普通であるが，二里頭文化の青銅彝器の場合，外范のみならず内范が必要である点，さらに複雑な形を鋳出すために土製范である点などが大きく異なっている。二里頭文化の青銅彝器の技術が核心となり，その後の殷周社会では，青銅彝器の土製分割范の青銅技術が発展してきたことは一般的に認められている。こうした殷代を中心とする青銅鋳造技術に関しては，石璋如（1955），ノエル・バーナードと佐藤保（Barnard & Sato 1975），林巳奈夫（1979），郭宝鈞（1981）を中心としてこれまで復元されてきている。さらに難波純子によって，二里頭期から二里岡期における鋳型鋳造方法の復元（難波 1989）が行われている。本章では，これまでの中国社会科学院考古研究所との共同研究の過程で得られた，二里頭文化の青銅器や青銅彝器の実測調査によ

る新知見を基にして，新たな二里頭文化の青銅彝器に関する鋳造技術の復元案を提示することにある。さらには，二里頭文化から二里岡文化へと文化変化していく段階に鋳造技術上いかなる技術的な変化があるかにも注目するところである。

2 二里頭青銅彝器の製作技術に関する問題点

　二里頭青銅彝器の細かな観察を最初に記録したのは，ノエル・バーナード(Barnard & Cheung 1983)であった。この観察を基に，二里頭文化から二里岡文化にかけての段階的な青銅技術の変化を明らかにしたのが，難波純子である(難波1989)。難波は二里頭文化の青銅器を2時期に細分し，二里岡文化への発展的な過程を明らかにした。その段階的な技術変化は，例えば爵などに示されたように，脚部を中心とする外范が二范から三范へと変化するものであり，説得力のあるものであった。ただし，二里頭文化の青銅技術を復元するにあたっては，ノエル・バーナードの青銅彝器に残された范線に関する観察を基にしたものであり，必ずしも本人の観察によるものではなかったことが大きな問題を残すことになった。そのノエル・バーナードは，二里頭遺跡VIII区第22トレンチ3層出土の青銅爵の脚部に范線が残ることを指摘した(Barnard & Cheung 1983)。二里岡文化の青銅爵の脚部には，外面中央に范線が残ることは一般的な観察により誰しも分かるところである。そこで難波は，図16に見られるように，二里頭文化段階から青銅爵の脚部外范の三分割范が生まれたと考えたのである。すなわち，二里頭文化の青銅爵は当初外部范が二范からなり脚部は内范により形成されていたものから，脚部外范が三范に変化する腹部と脚部の分割范が出現したと考えた。さらにこの技術的伝統が二里岡文化では変化し，青銅爵の腹部と脚部は分割范であるが，脚部が内范を持たず三分割の組み合わせ范からなることを想定したのである。

　しかし，ノエル・バーナード自身は，その後の論文において二里頭遺跡VIII区第22トレンチ3層の青銅爵脚部における范線そのものを指摘しておらず(Barnard 1993)，難波が論拠とする事実認識が存在しないことになる。この度の共同調査における観察においても，こうした青銅爵の脚部外范線は二里頭文化のものには認められなかった。すなわちこうした外范線が存在しないということは，難波の言うような二里頭文化期における青銅爵の脚部外范三分割という鋳造技術は存在しないことを示すことになる。したがって二里頭文化の青銅彝器の鋳造方法も再考する必要があろう。本章では共同研究による青銅彝器の直接の観察により，この問題に関する新たな展望を述べることにしたい。その際，まずは墓葬を中心とする出土年代をもとに青銅彝器の変遷を概観してから，さら

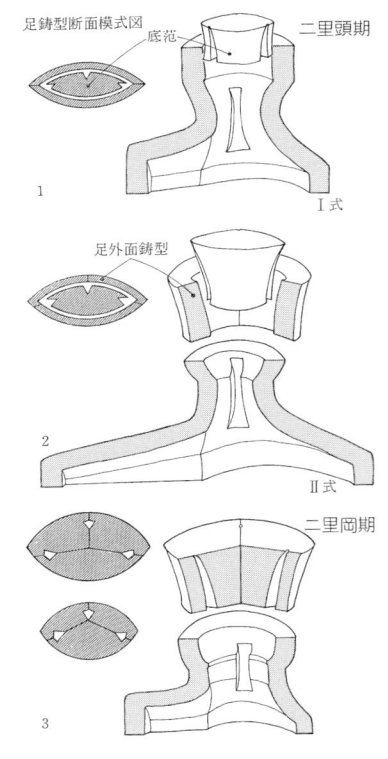

図16 二里頭文化から二里岡文化への青銅爵の鋳造復元(難波1989)

に鋳造方法の復元とその変化の問題を考えてみたい。特に，二里頭文化から二里岡文化に向けて青銅彝器の青銅技術の変化に関して検討してみたいと考えるのである。

3 二里頭文化期の青銅彝器の変遷

二里頭文化期の青銅彝器と考えられるものを，出土品や伝世品などを含めて表4に示す。これらの内，まず墓葬出土一括遺物などを中心に，その伴出する土器などの二里頭文化の分期に応じて青銅彝器の形態的な変遷を理解したい（図17）。

青銅彝器は二里頭文化第3期から出現するが，二里頭文化第3期には青銅爵しか存在しない。この段階の爵の特色は，柱が存在せず，注ぎ口に相当する流も比較的短く，全体的な器形は小型で背の低いものである（図17-3）。これを爵1a式とする。この他，この段階には爵腹部と脚部の間にスカート状に中空の段部が作られているものがある（図17-4）。この中空段部には型持たせ状の円孔が開いている。これを爵2式とする。

二里頭文化第4期になると青銅爵の場合，流と口縁の境界部分に二つの柱が出現していく。また，爵の器形は全体にひょろ長くスマートになる傾向を示しており，それに応じて流も長くなっていく（図17-5・9）。これが爵1b式である。

二里頭文化第4期には青銅爵以外に青銅斝が出現する。二里頭遺跡Ⅵ区第4トレンチ9号墓で

表4 二里頭文化期の青銅彝器集成表

青銅彝器	出土場所	型式	時期	出典
爵	河南省偃師二里頭遺跡Ⅷ区22トレンチ3層（1973YL8T22 ③:6）	爵1a	二里頭3期	考古75-5
爵	河南省偃師二里頭遺跡Ⅳ区K3号墓（1975YL Ⅵ KM3:4）	爵1a	二里頭3期	考古76-4，偃師二里頭
爵	河南省偃師二里頭遺跡Ⅲ区K6号墓（1975YL Ⅲ KM6:1）	爵1a	二里頭3期	偃師二里頭
爵	河南省偃師二里頭遺跡Ⅴ区K8号墓（1978YL Ⅴ KM8:1）	爵1a	二里頭3期	偃師二里頭
爵	河南省偃師二里頭遺跡Ⅲ区2号墓（1980YL Ⅲ M2:1）	爵1a	二里頭3期	考古83-3
爵	河南省偃師二里頭遺跡Ⅲ区2号墓（1980YL Ⅲ M2:2）	爵2	二里頭3期	考古83-3
爵	河南省偃師二里頭遺跡Ⅵ区6号墓（1984YL Ⅵ M6:5）	爵1a	二里頭4期	考古86-4
爵	河南省偃師二里頭遺跡Ⅵ区57号墓（1987YL Ⅵ M57:1）	爵1a	二里頭4期	考古92-4
爵	河南省偃師二里頭遺跡Ⅶ区K7号墓（1975YL Ⅶ KM7:1）	爵1b	二里頭4期	偃師二里頭
爵	河南省偃師二里頭遺跡Ⅵ区9号墓（1984YL Ⅵ M9:2）	爵1b	二里頭4期	考古86-4
爵	河南省偃師二里頭遺跡Ⅵ区11号墓（1984YL Ⅵ M11:1）	爵1b	二里頭4期	考古86-4
爵	上海博物館蔵	爵1a		
爵	河南省新鄭京楼	爵1b		考古81-4
爵	河南省偃師二里頭遺跡Ⅳ区16号墓（1983YL Ⅳ M16:3）	爵1b		
爵	河南省偃師二里頭遺跡1974年採集（1974YL採集:65）	爵1b		偃師二里頭
爵	伝商丘出土（天津歴史博物館）	爵2		
角	伝洛寧出土（陝西省博物館）			
角	不明（上海博物館蔵）			
斝	河南省偃師二里頭遺跡Ⅵ区9号墓（1984YL Ⅵ M9:1）	斝1	二里頭4期	考古86-4
斝	河南省偃師二里頭遺跡Ⅴ区1号墓（1987YL Ⅴ M1:2）	斝2		考古91-12
盉	河南省偃師二里頭遺跡Ⅱ区2号墓（1986YL Ⅱ M2:1）		二里頭4期	考古清華
鼎	河南省偃師二里頭遺跡Ⅴ区1号墓（1987YL Ⅴ M1:2）			考古91-12

38

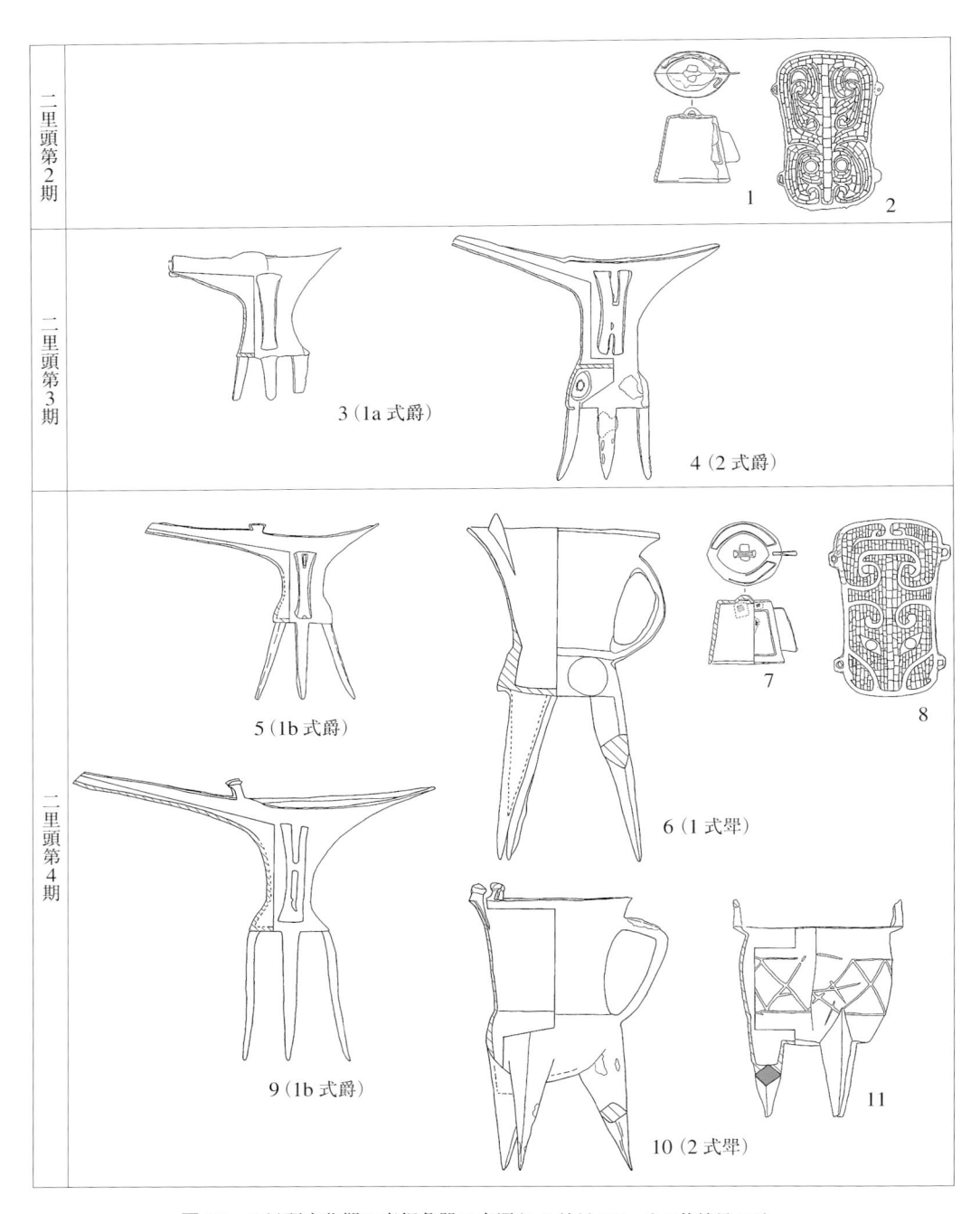

二里頭第2期	1　2
二里頭第3期	3（1a式爵）　4（2式爵）
二里頭第4期	5（1b式爵）　6（1式斝）　7　8 9（1b式爵）　10（2式斝）　11

図17　二里頭文化期の青銅葬器の変遷（1・7 縮尺 1/8，その他縮尺 1/6）

は，爵とともに斝(図17-6)が共伴して二里頭文化第4期の墓葬の副葬品とされている。この斝は腹部のくびれ部が段をなし，柱も未発達である。これを1式とする。さらに，副葬陶器の盉と様式的に同じである青銅盉も二里頭文化第4期のものである可能性が高い。また，正式な発掘ではないが，二里頭遺跡出土でおそらく墓葬出土のものと考えられるもので，二里頭遺跡Ⅴ区1号墓出土の斝(図17-10)と鼎(図17-11)が存在する。これらには副葬陶器などの共伴関係が不明であるものの，二里頭遺跡出土であることと，その斝の形態などから二里頭第4期に収まる可能性が想定されている(鄭光1991)。この斝は1式斝に比べ柱が発達し，かつくびれ部の段部もなく曲線的な腹部をなすところから，これを2式斝とする。形態的には，1式斝から2式斝へと変化していると想定できる。鼎も二里頭第4期に属するものと鄭光によって考えられている。

4　青銅鋳造技術の変遷

　二里頭文化の青銅葬器は大半が爵である。爵の鋳造は基本的に外范が双范からなり，脚部は底部内范の切り込みによって形が作られる。これは腹部にみられる対称の范線と底部に范線が認められないことから，知ることができる。これは嘗て難波純子が考えた鋳造型式Ⅰ式に相当する。ところでこの場合問題となるのが，二里頭遺跡Ⅷ区第22トレンチ3層出土の爵である(図18，図版4)。これに関してノエル・バーナードは，脚部に范線があることから脚部三分割外范を想定した(Barnard & Cheng 1983)。さらにこの場合底部には范線がないところから，腹部と脚部の外范が分割范であり，さらに底部内范が存在すると考えられた。これは難波純子が言うⅡ式である。この青銅爵は型式学的には既に示した1a式に属する古いタイプのものであり，二里頭第3期段階の爵である可能性が高くなる。仮にこの鋳造法の解釈が正しいとすれば，難波の言うⅡ式が二里頭第3期から既に存在することになる。この点，矛盾が存在することになる。

　さて，この問題の爵で范線が脚部に見えるのは一つだけであり，他の二つの脚には認められない。しかもこの范線が見える脚部は腹部との境に破断面の跡がみられ，破損した後に修理されたものと考えられる。もう一つの脚部も，鋳造後の補修が明瞭である。ただし，范線が認められる脚部は，断面が菱形であるが，他の二つの脚部は断面が三角形を呈している。基本的に二里頭文化期の爵は，脚部が外范と内范によって作られるため，外范面に接する脚部外面がやや弧状を呈した断面三角形を呈している。その点，范線を持つ脚部は特異である。しかも腹部の外面と脚部外面は一般的に同じ面をなすのが二里頭文化期の青銅爵の特徴であるが，この問題の脚部のみが腹部より外側にはみ出してつけられている。この点なども，この脚部が後に補修によって再接合されたものと考えられる重要な根拠となろう。

　范線が脚部外面に認められる脚は，断面が菱形を呈することからも容易に推定できるように，双范によって脚部のみが作られ，その後，腹部に溶接されたものと判断される。おそらくは使用時に脚部が破損し，脚部を別に作ったのち補修したものと考えられる。二里頭遺跡では銅三棱器と呼ばれるような不明青銅器が鋳造遺構から出土している(中国社会科学院考古研究所1999)が，こうしたも

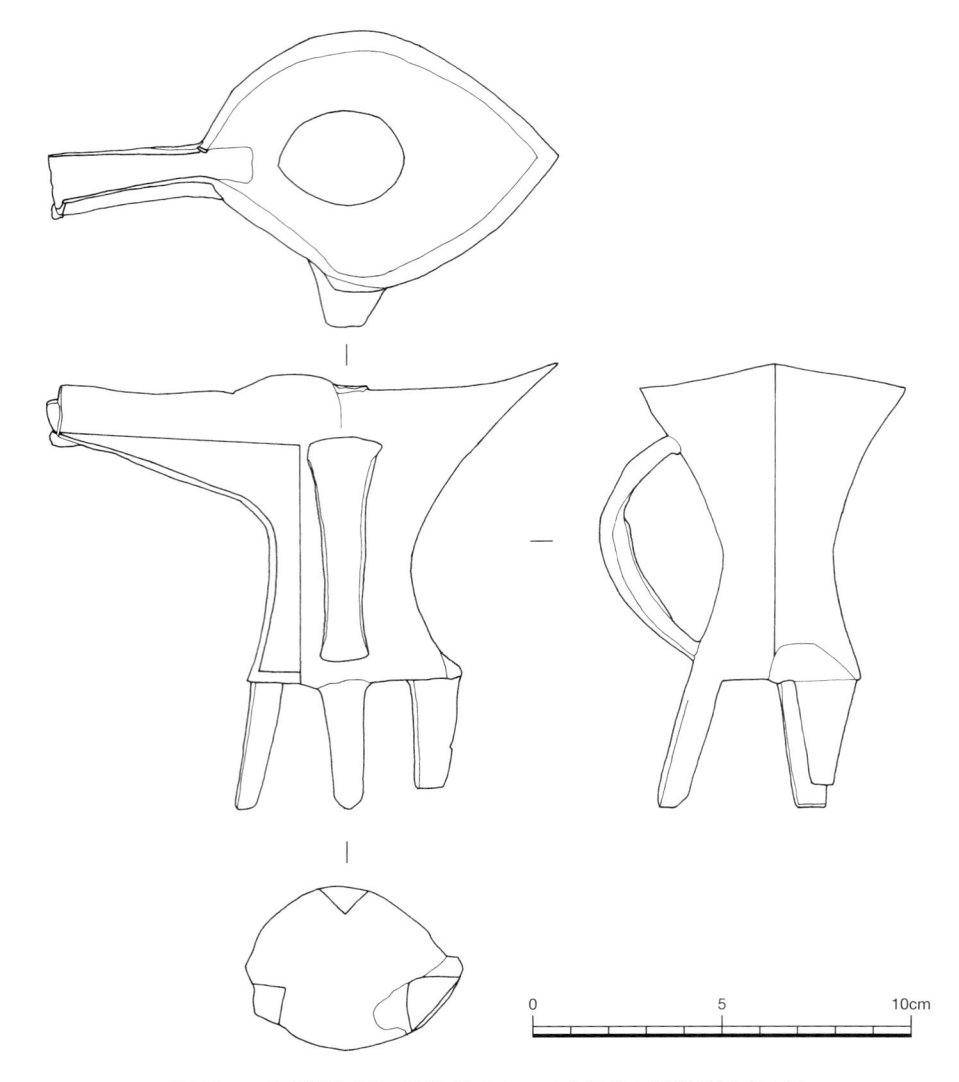

図 18　二里頭遺跡 VIII 区第 22 トレンチ 3 層出土青銅爵（縮尺 1/2）

のが補修用の材料である可能性もある．実際に脚部の補修は複数の爵に認められるところから，こうした補修用の脚部を作ることは容易にできたものと判断される．

　さらに外范を三范と想定したノエル・バーナードですら後にこの想定を否定し，双范鋳造であることを述べている（Barnard 1993）ところからも，爵の脚部三范は存在しないことになるのである．したがって，難波が想定した腹部と脚部が分割された外范で脚部三外范からなる鋳造型式 II 式は，二里頭文化期には全く存在しないことになる．先にも述べたように，二里頭文化期の爵の脚部は，外范に接する面の断面が弧状を呈し，他の 2 面は断面直線を呈している．すなわち，脚部断面で外側の一辺が弧状を呈した三角形を呈しているのである．この脚部断面の外面が弧状を呈し，腹部外面と一致している特徴は，まさに腹部から脚部までの外范が一連のものであることを示しているので

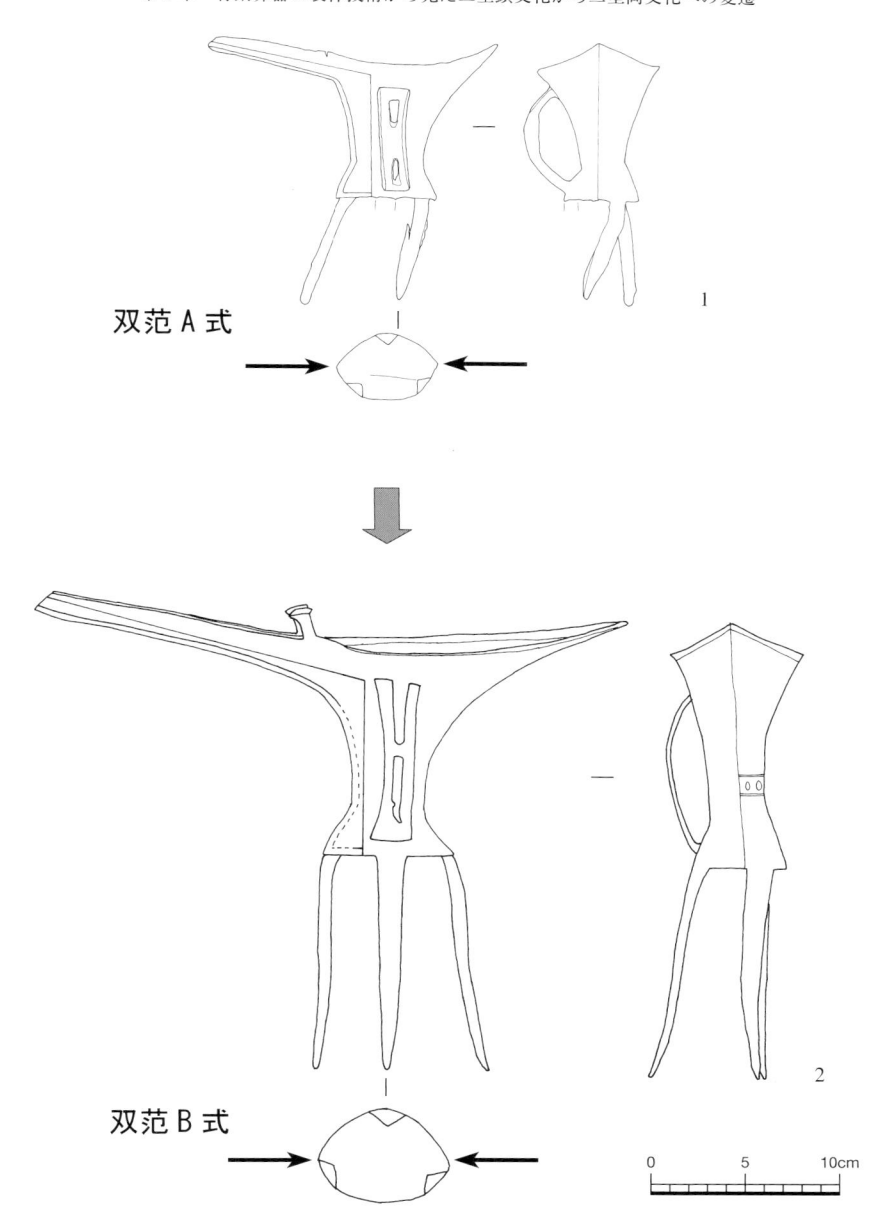

第 3 章　青銅彝器の製作技術から見た二里頭文化から二里岡文化への変遷　　41

双范 A 式

双范 B 式

図 19　二里頭文化期の青銅爵における脚部位置の変遷(縮尺 1/4)

ある。
　二里頭文化期の青銅彝器はそのほとんどが爵である。爵に関する鋳造方法は，以上からも，基本的に外范が双范であり，脚部を内范の刳り込みによって形作るものであることが明白である。これを双范鋳造と呼んでおきたい。次に，そうした技術内での変化を考えてみたい。先に示したように，二里頭文化第 3 期から第 4 期にかけて，爵は次第に柱が形成され，流が延び，全体に細長くスリム化する方向にある。その中でも，二里頭文化第 3 期には既に底部の下半が空洞化して脚部に繋がる

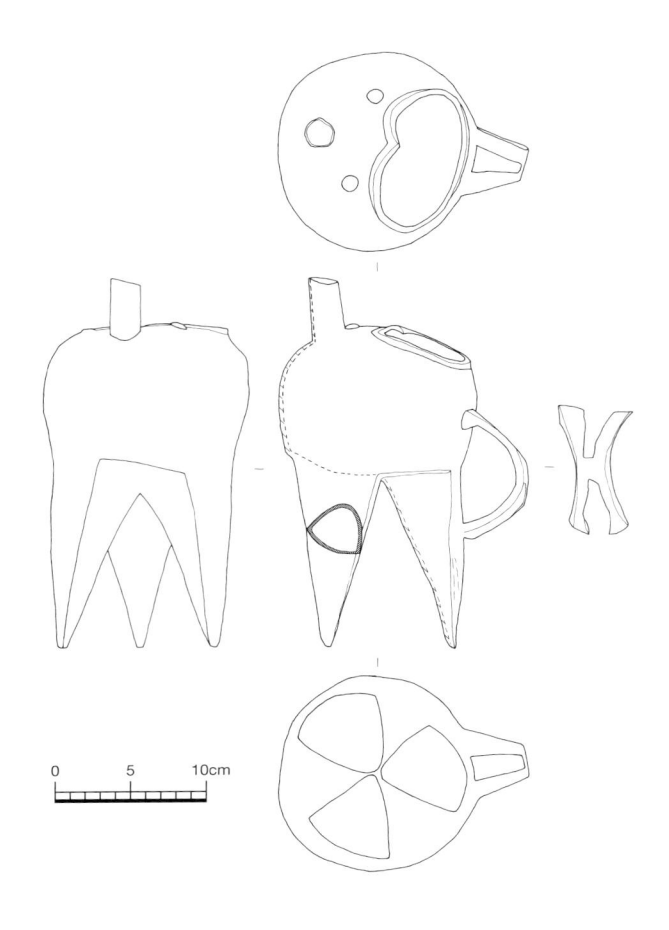

図 20　二里頭遺跡 II 区 2 号墓出土青銅盉（縮尺 1/5）

爵 2 式（図 17-4）が存在した。この鋳造方法も基本的に双范鋳造であるが，底部内范を分割して二段にすることにより，腹部と脚部の間にスカート状段部を持つような複雑な器形を作ることが可能となっている。なお，底部内范を二段に分割したため，腹部側の内范を固定するための型持たせが必要である。そのため，型持たせ部分として腹部には装飾的な円孔が存在している。

　さて，爵の双范鋳造では，器形が全体にスリム化していく傾向の中で，脚部の位置も次第に変化している。1a 式段階の爵は，三つの脚の位置関係はほぼ等距離にあり正三角形状を呈している（図 19-1）。一方，1b 式段階の爵の一部には二つの脚が腹部范線の位置に接するようになり，三つの脚部の位置関係は二等辺三角形状になり，爵を設置した際，構造的には不安定である（図 19-2）。こうした傾向は 1b 式内でも器形が特にスリム化したものによく認められる傾向であり，双范鋳造内での一定の変化傾向を示している。すなわち爵に見られるような底部内范における脚部位置が正三角形状の位置関係を呈する双范 A 式段階から，腹部范線を基準とした底部中心線に接するように二つの脚部が取り付き，脚部の位置関係が二等辺三角形状を呈する双范 B 式に移行するのである。

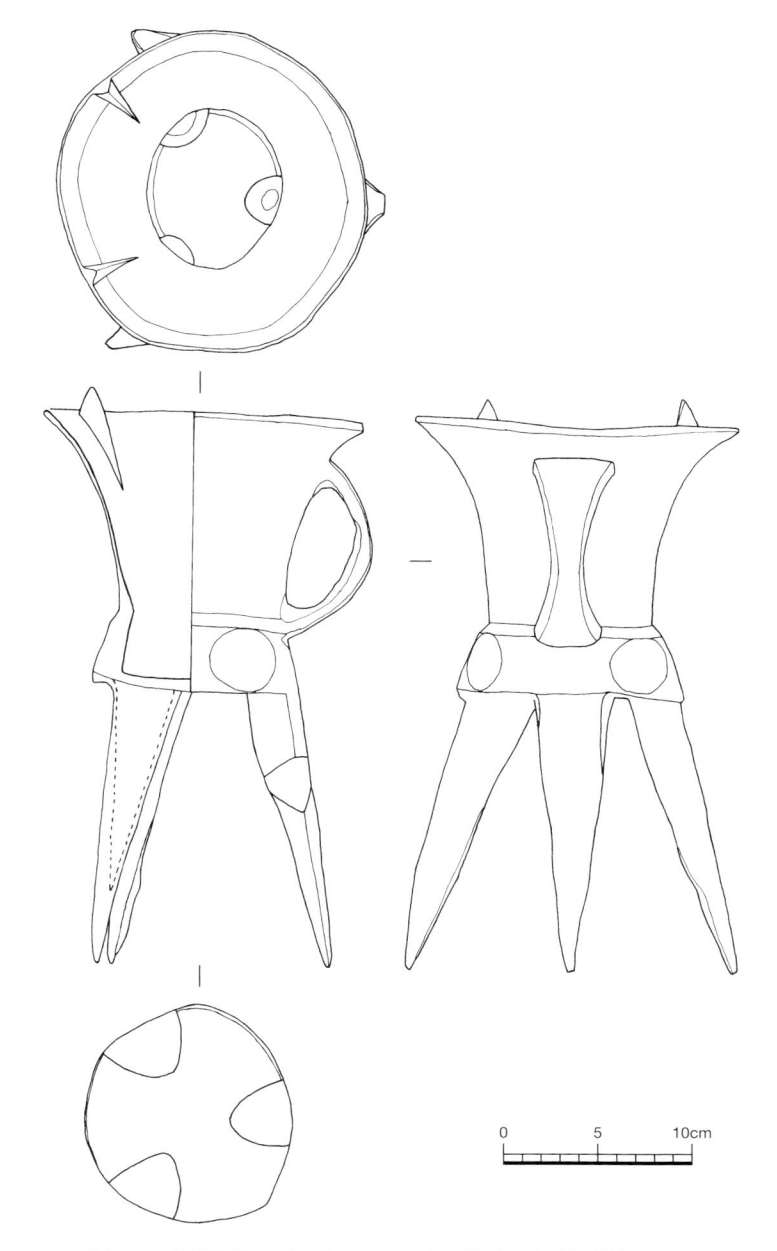

第 3 章　青銅彝器の製作技術から見た二里頭文化から二里岡文化への変遷　　　43

図 21　二里頭遺跡 VI 区第 4 トレンチ 9 号墓出土青銅斝（縮尺 1/4）

　ところで，二里頭文化第 4 期には，青銅盉も出現する（図 20）。爵や斝と同じ酒器であり，陶器にも盉が存在しており，この段階に青銅器の盉が出現することには問題がないであろう。今のところ二里頭文化期の青銅盉は 1 点しか知られないが，現代の補修が著しく，盉の外面には范線の痕跡が見いだせない。脚部は袋状をなすため，底部は三つ又に分かれているが，そこには三范の場合見いだせる范線が存在していない。一方，底部が平底をなさない点は，二里頭文化期の青銅彝器として

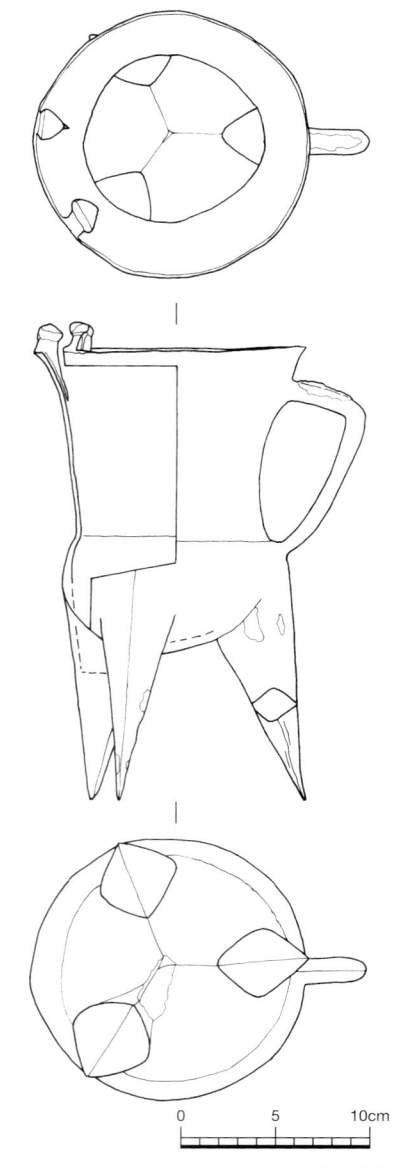

図22　二里頭遺跡Ⅴ区1号墓出土青銅斝
（縮尺1/4）

は特異な存在である。しかし，脚部の外面は断面弧状を呈し，二里頭文化期の爵の脚部と同じ特徴を示しており，脚部外面と腹部外面が連続し同じ外面を呈している。このことは，外范が腹部から脚部まで連続している可能性を示しており，二里頭文化期の外范の特徴を示している。ただし，それら外范が双范であるかどうかは，范線が見いだせないため不明といえよう。ともかく，この盉も二里頭文化期の鋳造技術の範疇に含めて考えることができるが，一方で底部の特徴は特異な傾向をも示している。

また，二里頭文化第4期には，二里頭遺跡Ⅵ区第4トレンチ9号墓で爵とともに1式斝が出土している（図21）。これらの一括遺物が二里頭文化第4期であることは，伴出する副葬陶器から明白である。この斝も，腹部范線は二つしか確認することはできず，また底部にも脚部范線は認められない。したがって，外范が双范で底部内范によって脚部が形づけられる双范鋳造である。また，脚部の位置は，范線を基準にした底部中心線に対して接するものであり，二等辺三角形状を呈する爵の双范B式と同じものである。したがってこの斝も双范B式という鋳造技術の分類にあてはまるであろう。

ところで，これら以外の青銅彝器として二里頭遺跡Ⅴ区1号墓出土の鼎と斝が存在する。これらは科学的な発掘を経たものではなく，農民によって採集されたものである。伴出する土器などからは年代が決定できないものであり，これまで鄭光によって二里頭文化第4期とされていた（鄭光1991）。この二里頭遺跡Ⅴ区1号墓出土の2式斝は，先の二里頭遺跡Ⅵ区第4トレンチ9号墓出土の1式斝とは異なり，外范が三范からなるものであることは，范線の痕跡から明瞭である（図22）。腹部から脚部に范線が延び，底部中心で結節している。典型的な三つの外范から作られる三范構造の鋳造技術である。

さらに一緒に出土したとされる鼎は，范線からみると複雑な複合外范を想定することができる。まず腹部にみられる范線を検討すると，腹部の一つの范線は明確に認められる（図24-3）。それに対向する180度反対の面では写真では明確ではないものの，かすかな范線の痕が認められ（図24-1），実測図に示すように文様が切れており，ここが范の境であることは明瞭である（図23）。また，明瞭な腹部范線の右側3cm位の部分にさらに縦の線がみえるようにも思える（図24-3）。これを本書第8

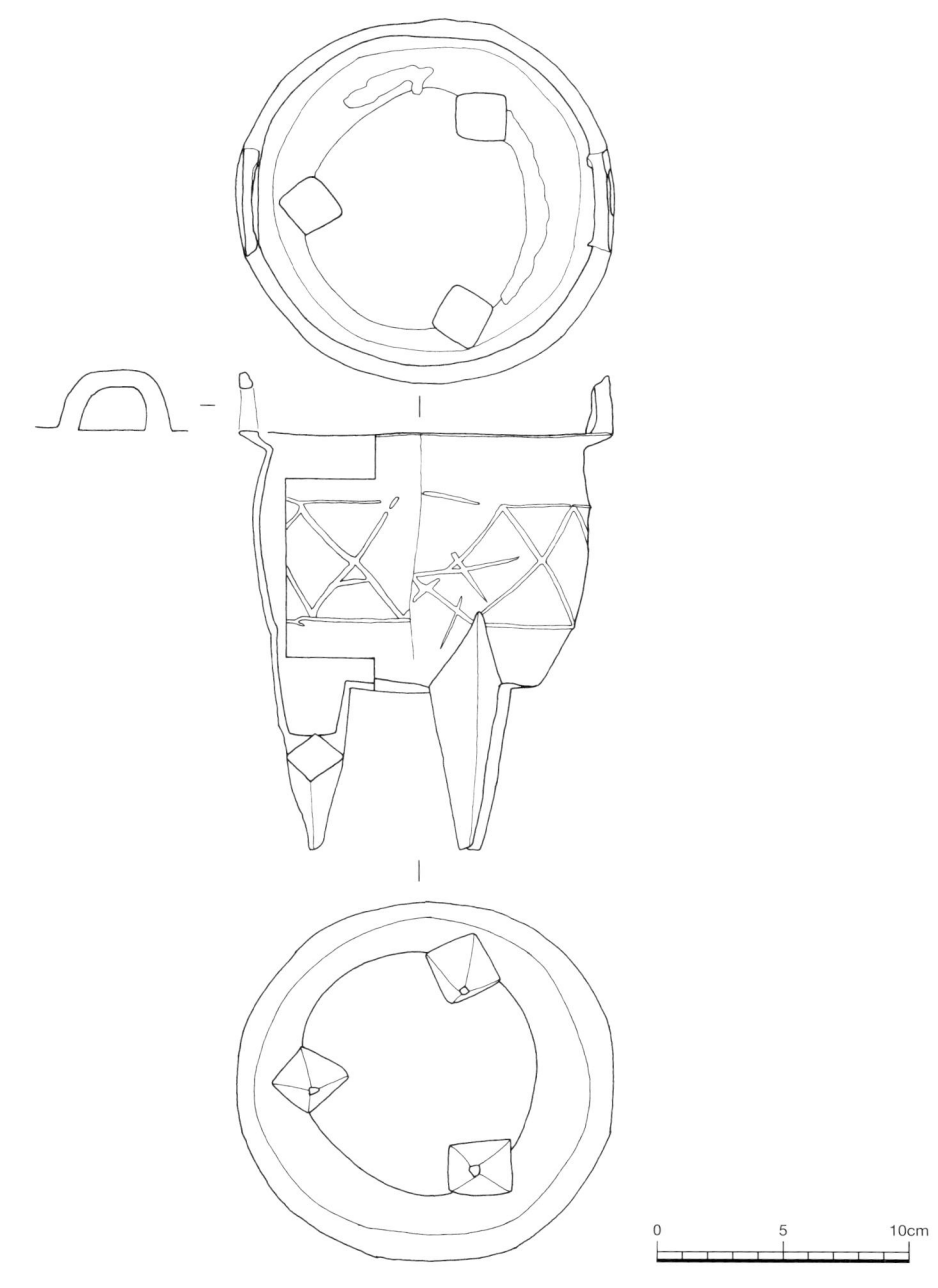

図 23　二里頭遺跡 V 区 1 号墓出土青銅鼎（縮尺 1/3）

章では范線とするが，これは范の傷かあるいは復元に伴うものであり，范線とは認めることができない。仮に范線とすればこのような位置にこのような小さな范を埋める機能的な意味は存在せず，范線と判断することはできない。したがって，対向する二つの范線から，腹部は双范で作られていた可能性がある。

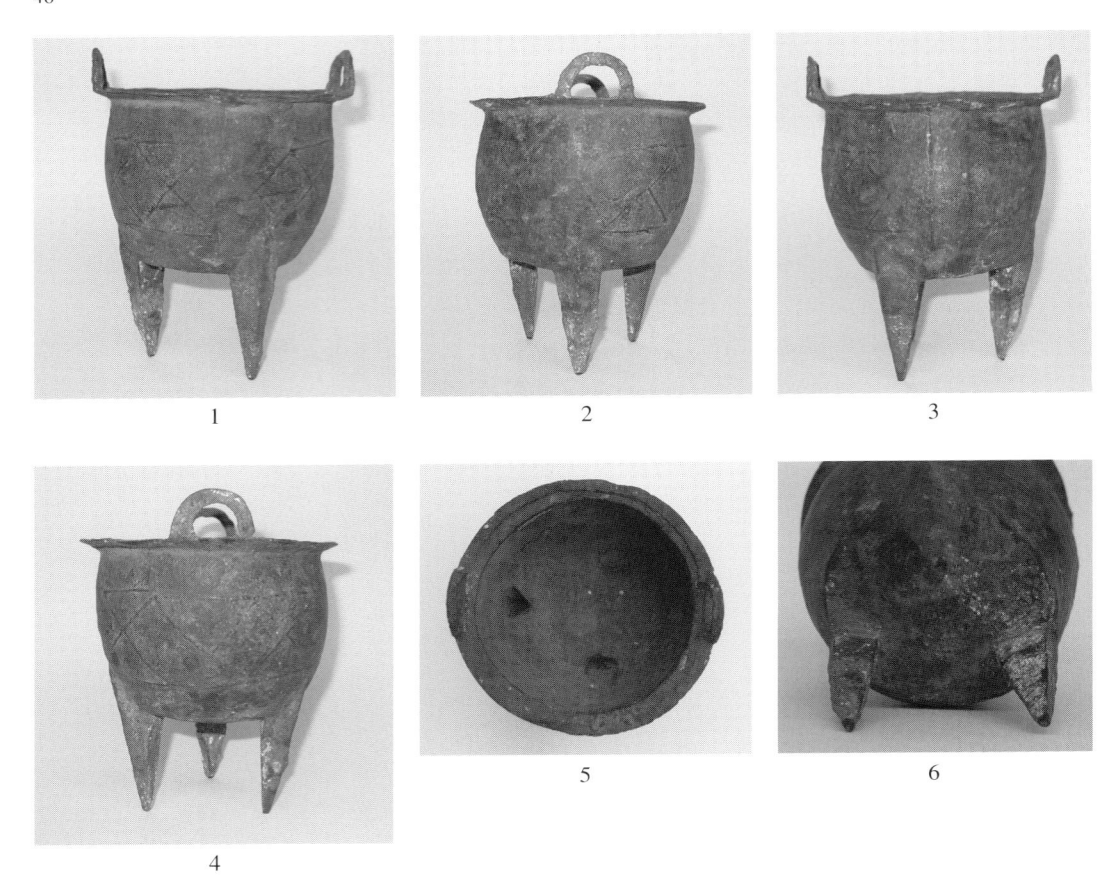

図 24　二里頭遺跡 V 区 1 号墓出土青銅鼎細部

　一方，脚部底部には范線は認められず，脚部は内范によって作られているのは明瞭である。脚部は断面菱形を呈しており，脚部外范が三范から成り立っていて，その継ぎ目がそれぞれの脚部の稜線にあたり，脚部三外范と腹部二外范の二里岡文化期に認められる複合范の可能性も存在する。なぜなら，二里頭文化期の爵あるいは斝・盉では脚部が腹部と同一面をなすように側面が弧を描いているのに対し，この鼎の脚部は腹部より外面に突出して稜線を呈しているからである。しかしながら，腹部と脚部を境とする范線は認められない。しかも，腹部范線位置近くに取り付けられた脚部の稜線は丸みを帯びており，やはりこれらの二つの脚部は最初から外范に彫り込まれていたものである可能性が高い。この点はこれらの脚部の稜線が腹部文様帯まで割り込んでいる点（図24-1・3）からも認めることができるであろう。しかしもう一つの腹部外范に相当する脚部には范線状の稜線が明瞭である（図24-2，巻首図版4-4）。この稜線はこのまま腹部まで延び腹部上部にも范線があるような感じもするし，さらには耳にもこれに相当する部分に線状の痕跡があるような気もする。しかし明瞭ではなく，明確に言えることは脚部の稜線のみが范線である可能性が高いことである。この点では他の二つの脚部の稜線が丸みを帯びているのと完全に異なっている。その点で言えば，この脚

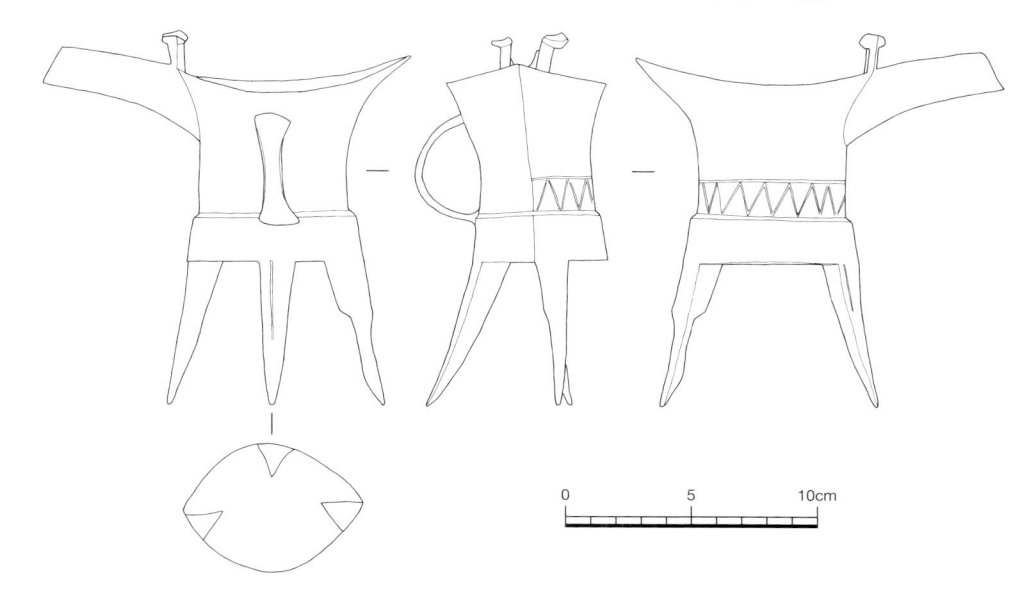

第 3 章　青銅葬器の製作技術から見た二里頭文化から二里岡文化への変遷　　　　　　　　　　47

図 25　鄭州北 27 路 2 号墓出土青銅爵（縮尺 1/3）

部稜線から腹部に延びる位置の腹部文様は乱れており，腹部文様の横線が必ずしも直線上をなしておらず途切れているようにも見てとれる．このような状況証拠とさらに脚部稜線の状態から，ここに范線が存在していると考えることができるであろう．すなわち他の二脚が一つの外范で整形されていたのに対し，もう一つの脚部ではその稜線部分で外范が分割されていた可能性があるのである．これはおそらくもともと外范を二里頭期以来の双范で作ろうとしていたものが，比較的大きな脚部内范と腹部内范を固定する際に不便であり，双范の一方をさらに分割することによって内范を均等に固定することが可能になったと想定するのである．

　したがって鼎の場合，范線の位置関係から外范はＴ字形の関係にあり，范線間の角度は 180 度と 90 度・90 度の関係になっており，典型的な三范の范線における均等な 120 度どうしの関係にはなっていないのである．さらに底部には范線が認められず平坦面をなすものであり，脚部は底部内范から形作られている．こうした点から見ると，この鼎の鋳造技術は，外范は三范ではあるがＴ字形の三范構造であり，かつ底部内范を持つという三范構造としては極めて特異なものである．しかも，二つの脚部の位置は二つの明瞭な范線に近い位置に取り付けられており，双范Ｂ式の伝統に極めて近いものである．すなわち双范Ｂ式を基に改良を加えられた鋳造方式であると理解できるのである．これをＴ字形複合外范（外型三范Ａ式）と呼びたい．

　以上のように，二里頭遺跡Ⅴ区 1 号墓出土の鼎と斝は，二里頭文化の爵や斝と比べ，外范三范からなるものとして例外的存在であり，かつ鼎の場合，外范三范構造でありながら底部内范を持つという意味では，技術的に双范鋳造と三范鋳造の中間的な様相を示している．ところで，外范が三范でありながら底部内范を持つ鋳造方法は，二里岡下層期の爵においては認められるものである．そのため，ここで二里岡文化における爵について眺めてみたい．

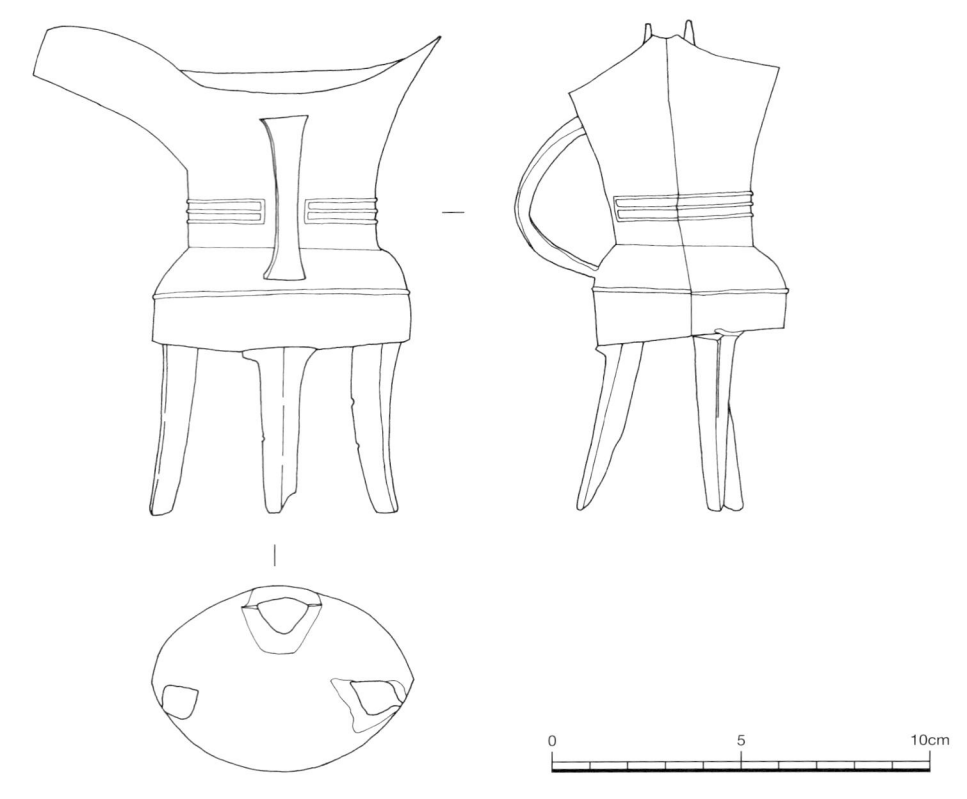

図 26　脚部三范 A1 式爵（奈良国立博物館蔵，縮尺 1/2）

　二里岡下層期の爵として，現在北京大学サックラー考古芸術博物館で展示されている鄭州北 27 路 2 号墓の資料がある（図 25）。この爵は器形的に見ても典型的な二里岡下層期の爵であり，二里頭第 4 期のものに比べ全体に背が低く流も短く，腹部は横方向に広がったがっしりしたタイプである。この爵の場合には，腹部に文様を持つが片面だけに文様を持つ点が特徴的である。基本的に二里頭期の爵には文様がないことからも，新しい傾向を示している。この爵の鋳造法を復元するにあたって注目すべき点は大きく二つある。一つは二里頭期のものと同じように底部に范線が認められない点である。もう一点は脚部の外面（外范が接する部分）中央部に縦方向の范線が認められることである。鄭州北 27 路 2 号墓の爵の場合，脚部の范線は二つの爵において確認できるが，後の一つでは確認することができなかった。この場合，後の一つは鋳造後に研磨によってきれいに取り除かれたか，錆等によって現在明瞭でないということであろう。とすれば，もともと脚部の外面には縦方向の范線が三つの脚すべてに残っていたと想定できる。腹部に双范の范線を残し，底部に范線を持たず，さらに三つの脚部に范線を持つとすれば，この爵は外范が腹部と脚部で分割されており，腹部は双范の外范であり，脚部は三范の外范で底部范と組み合わさることにより脚を形成していると理解することができるであろう。この鋳造方法は嘗て難波純子が二里頭文化期で設定した鋳造型式 II 式に相当する（難波 1989）。

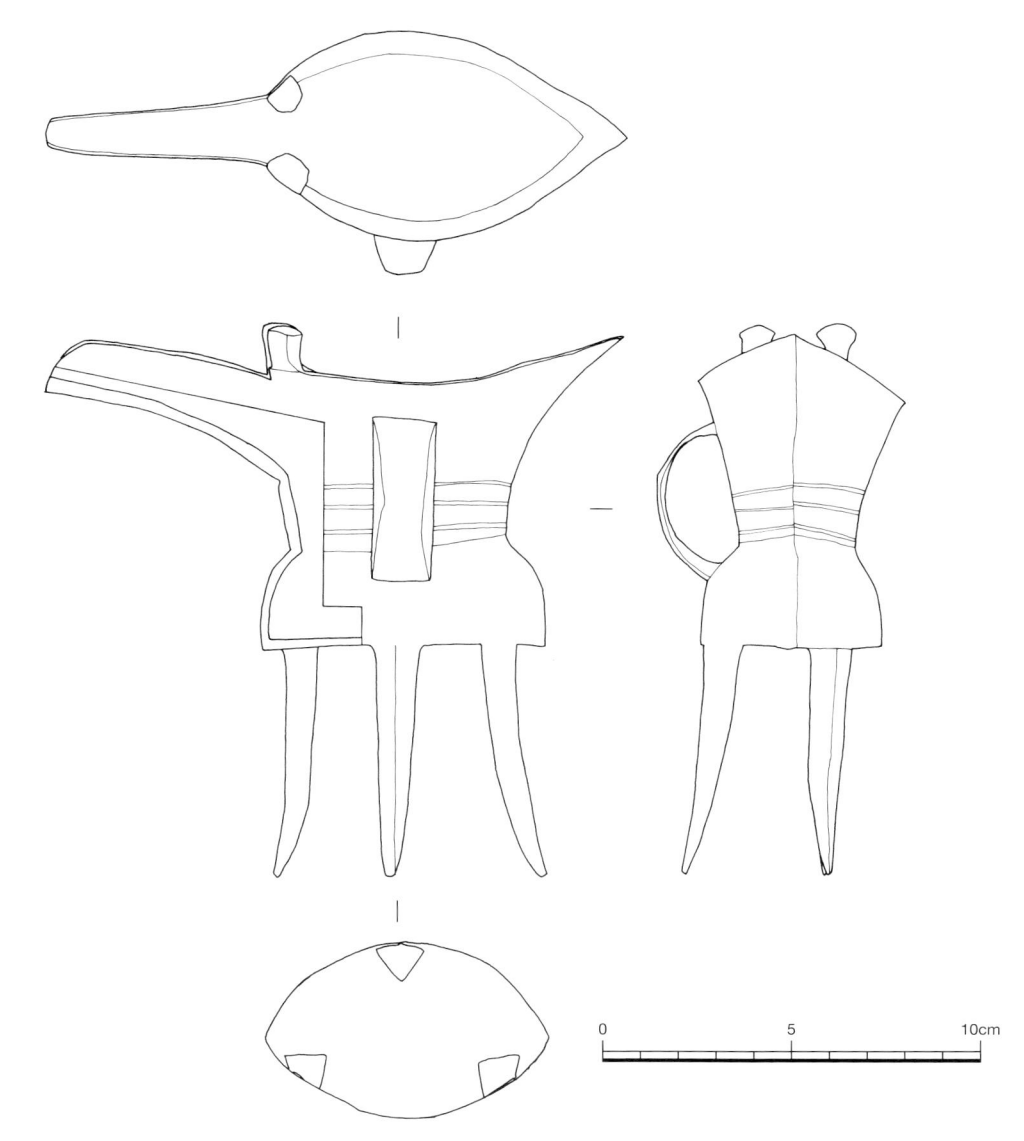

図 27　脚部三范 A2 式爵（奈良国立博物館蔵，縮尺 1/2）

　その意味では二里岡上層期から一般化する爵の腹部双范，脚部三范といった分割范による鋳造方法とは異なっている。それは底部内范を使用せずに三つの范で脚部を形作るものである。そのため，底部には范の合わせ目である范線が残るとともに，脚部の断面は菱形を呈している。それは合わせ型によってできたことを明示しているのである。このような状況からすれば，この典型的な脚部三范と，二里岡下層期に見られる底部内范を持つ脚部三范とは区別されるべきであろう。そこで後者を脚部三范 A 式，典型的な三范構造である前者を脚部三范 B 式とする。
　脚部三范 A 式である鄭州北 27 路 2 号墓の爵について，さらに特徴を述べるならば，二つの脚部

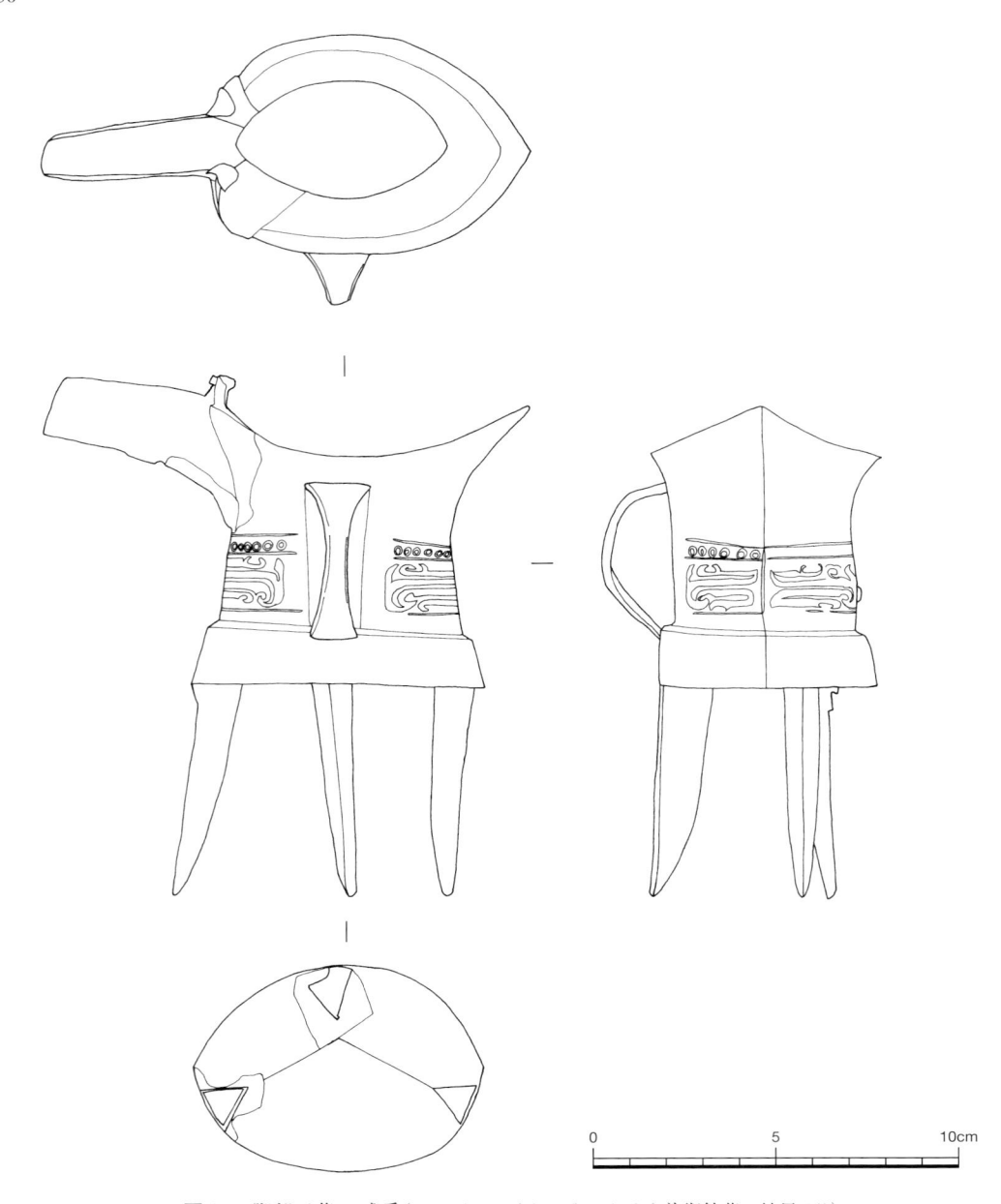

図 28　脚部三范 B 式爵（カナダ・ロイヤルオンタリオ美術館蔵，縮尺 1/2）

の位置が腹部范線を基準とした底部中心線に接していることである。これを脚部三范 A1 式とする。奈良国立博物館蔵の坂本コレクションには，二里岡期の爵がみられるが，二つの脚部位置が腹部范線位置と一致する脚部三范 A1 式が存在する（図 26）。一方，同じ坂本コレクションの別の二里岡期の爵には脚部の位置関係が均等である脚部三范 A 式が存在し，これを脚部三范 A2 式として脚部三范 A1 式と区別したい（図 27）。この脚部三范 A2 式の特徴は，脚部三范 B 式（図 28）の脚部位置の特

色と同じものである。脚部三范A式は，腹部と脚部が分割范であることが大きな特徴であるが，鄭州北27路2号墓の爵のように脚部の位置は底部中心線と一致しているものであり，双范B式に連続した変化であると想定できるであろう。脚部は外范の三范ではあるが，底部内范を持つ点から見ても，脚部三范A式は双范B式から連続する鋳造技術の過程にあることを予想することができる。また，脚部の位置関係が均等である脚部三范A2式は，内范を設けずに脚部の外形を作り出す脚部三范B式に連続していくものと想定される。すなわち，双范B式→脚部三范A1式→脚部三范A2式→脚部三范B式という変化を示すと考えることができるのである。

　ここで問題とすべきは，こうした脚部三范A式の特徴が，二里頭遺跡V区1号墓出土の鼎の三范の特徴とよく類似している点である。もとより爵の場合は，腹部双范と脚部三范という分割范で外范が構成されている点，鼎とは異なった特徴を示している。しかし爵の脚部三范A式の古い段階である脚部三范A1式の特徴として，二つの脚部位置が底部中心線と一致することがあり，脚部間の位置関係は二等辺三角形の関係にある。このような三范の位置関係は，鼎の范線で見られたT字形の范の位置関係とまさに類似しているといえるであろう。決して三つの范が均等の関係にはないのである。鼎の場合，二つの脚部の位置は腹部の双范線とほぼ一致しており，もう一つの脚部は腹部双范の一方をさらに分割した中央に位置している。すなわち，爵の場合の二つの脚部を直線とするとそれに直角する位置という二等辺三角形の関係に一致している。いわば爵の場合も腹部双范の一方に対応するように二つの脚部が双范范線付近に位置し，さらに残りの脚部が腹部双范のもう一方側の中央部に位置しているのである。鼎のT字形複合外范とは，爵にみられる脚部の外范が三范であるものの底部内范を持つ脚部三范A1式と同じ特徴を示しており，双范B式から脚部三范A式へ変化する試行錯誤の段階を示しているように思える。

　これらの特徴から，鋳造技術の変化過程に見られる段階性という立場から眺めるならば，二里頭遺跡V区1号墓の鼎にみられたT字形複合外范と，爵の脚部三范A1式とは同じ段階にあると考えることができる。T字形複合外范の鋳造法を，爵の脚部のみに当てはめた鋳造法が脚部三范A1式と考え得るのである。そこでT字形複合外范を外型三范A式と呼ぶこともできる。

　さらに鼎と一緒に出土した2式斝(図22)は，二里頭遺跡VI区第4トレンチ9号墓の斝(図21)とは異なり，完全な外部三范であった。これが外型三范B式である。爵の脚部三范型式でいえば脚部三范B式と同じ特徴を示すものであり，斝の技術的な面から見れば二里岡下層期に属するものである可能性がある。そうであるならば，この鼎も，爵の脚部三范A1式と同じように二里岡下層の最も古い段階に属する可能性が存在するのである。

　少なくとも鋳造技術の変化の段階性から見れば(図29)，二里頭期には双范A式から双范B式へと変化し，この変化に応じて爵1a式から1b式へと器形変化している。この段階に爵のみではなく，1式斝が加わることになる。1式斝の鋳造的特徴は双范B式と同じものであり，年代的な位置付けも調和的である。そして，二里頭期として明確なのはこの段階までである。土器の形態から見てこの段階に存在する可能性のある二里頭遺跡II区2号墓出土の盉は，残念ながら出土後の復元過程で范線などの鋳造技術を復元するための痕跡がほとんど残されていないため，双范であるのか三范で

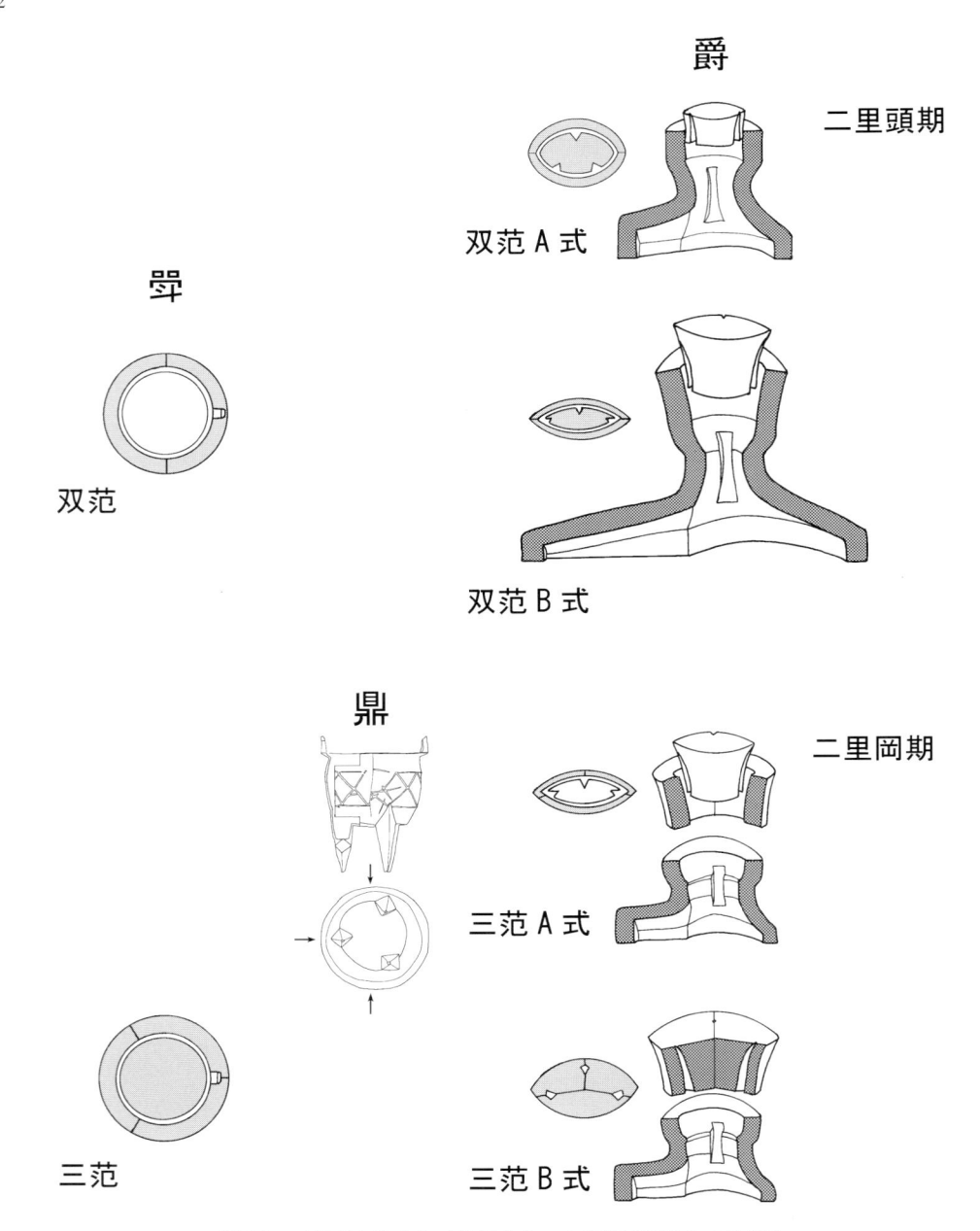

図 29　二里頭文化から二里岡文化への鋳造技術変化の段階性

あるのか判断ができない。ただ管状の流は中心軸から片方に偏っており，脚部も外范に接する部分が緩い弧状をなした断面三角形状を呈するところからも，外范が双范である可能性が高い。しかし，底部は平底ではなく袋状の脚部が結節しており，范線は認められない。現状では，二里頭期の可能性もあるが，その時期にあるとしても最末期のものであることは確かであろう。一方，こうした段階の次に来るのが双范と三范の折衷的な段階である。それが爵の脚部三范 A1 式であり，三

範からなるT字形複合外范（外型三范A式）の鼎である。この後，脚部三范A2式を経て脚部三范B式へと展開するが，脚部三范B式はまさしく典型的な外型三范B式であり，二里岡期の一般的な鋳造范の形態を示しているといえる。概念的には脚部三范A2式から脚部三范B式という段階に併行して，斝などの外型三范B式が出現するものと考えられる。

5　二里頭文化から二里岡文化への変遷に関する問題

このような范の構造に見られる双范から三范へという変化が，双范において2段階，脚部三范において3段階に分かれると考えられ，双范から三范へと移行する段階が，まさしく二里頭文化第4期から二里岡下層期への移行期であると考えられた（図29）。これが妥当であるならば，少なくとも爵や斝・盉は二里頭期に出現しているが，鼎は二里岡下層期以降に出現することになり，これまでの考え方と異なっていく。

仮に鼎が二里岡下層期に出現したとすれば，同じく二里岡下層期の鼎と考えられる上海博物館蔵の鼎（図30）など，二里頭遺跡V区1号墓の鼎から型式的な連続性が存在していると思われる。二里頭V区1号墓の鼎は深めの腹部を呈しているが，それが発達するように上海博物館蔵のものは深めの丸底に変化しており，さらに脚部の断面形は菱形から楕円形へ

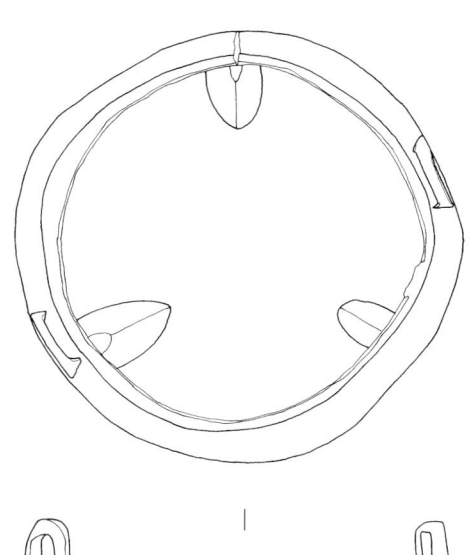

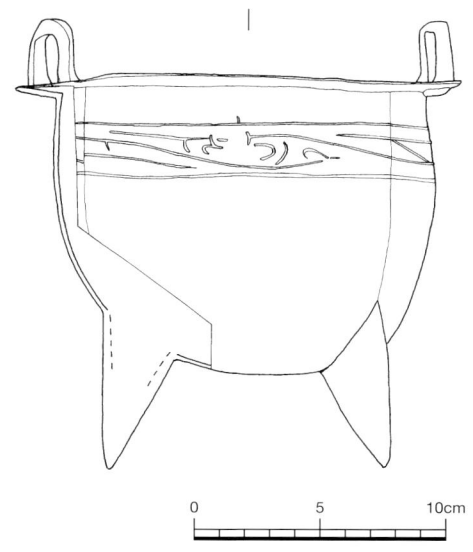

図30　上海博物館蔵二里岡下層期鼎
　　　　（縮尺1/3）

変化している。また，脚部が空足であるという変化は連続しており，さらに腹部の突線からなる文様も両者共通した特徴となっている。また興味深いことに，上海博物館蔵の鼎の場合，二つある耳の内の一方が脚部位置と一致している。すなわちこの耳の部分に脚部から一体となった范の継ぎ目である范線が存在するはずである。このような耳部分の范の接合関係は，T字形複合外范（外型三范A式）の二里頭遺跡V区1号墓の鼎と同じであり，両者には連続した技術的な関連が存在している。したがって二里頭遺跡V区1号墓の鼎は明確に二里岡下層期の鼎が連続して変化していく最古型式のものであるということができよう。

そこで，このような仮説がより蓋然性をもつものとして，青銅の鼎や斝の原型となった土器に注

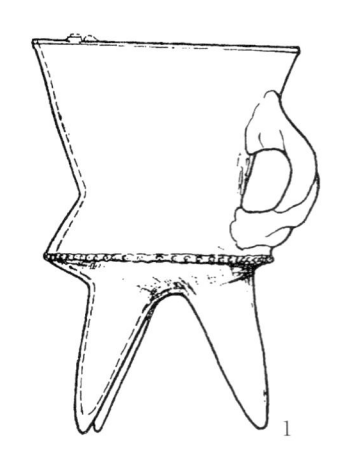

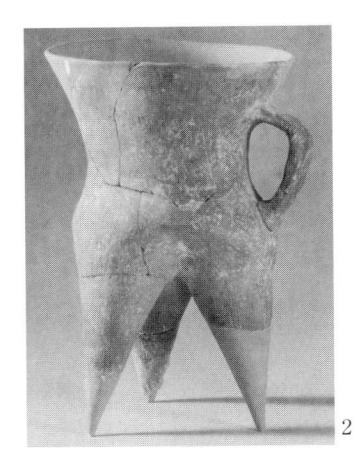

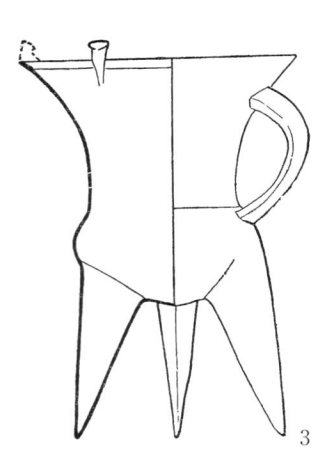

図 31 青銅斝との形態的な比較
1 二里頭遺跡 IV 区灰坑 13 出土陶器斝, 2 二里頭遺跡 V 区灰坑 4 出土陶器斝, 3 王城崗遺跡二里岡下層文化期 49 号墓出土青銅斝

目してみたい。すなわち原型がいつの時代のどこのものであるかによって青銅彝器の年代に関する考え方は異なっていく。

　まず斝であるが，二里頭期とした二里頭遺跡 VI 区第 4 トレンチ 9 号墓出土の 1 式青銅斝 (図 21) は，腹部がくびれて屈折し直線的に広がるタイプのものである。こうした青銅斝に類似した形態は，二里頭文化第 3 期の IV 区灰坑 13 に見られ (図 31–1)，二里頭期にこうした土器の形態が青銅斝のモデルになっていたことを理解することができる。一方，二里頭遺跡 V 区 1 号墓出土のような三范によって製作された 2 式青銅斝は，二里頭期の土器には類似したものを認めることができない。嘗て二里頭文化第 5 期として分類された土器の斝 (図 31–2) は，脚部が空足で腹部が湾曲しており，脚部の形態といい，腹部から後円部の形態といい，ここで問題としている 2 式青銅斝の形態的特徴とよく類似している (中国社会科学院考古研究所 1995)。さらに王城崗遺跡の二里岡下層文化期とされる 49 号墓からは，典型的な二里頭下層期の青銅爵とともに青銅斝が出土している (河南省文物研究所・中国歴史博物館考古部 1992)。この青銅斝 (図 31–3) は，二里頭遺跡 V 区 1 号墓出土の 2 式青銅斝 (図 22) とほぼ同じである。これらの点から見れば，二里頭遺跡 V 区 1 号墓出土の 2 式青銅斝は二里岡下層期の土製斝をモデルにして，二里岡下層期に製作されたと考えることができよう。既に論じたように青銅斝の技術的な変遷から見た時期変遷に沿うように，二里頭期の陶製斝のモデルから二里岡下層期の陶製斝のモデルへと変遷しており，矛盾が存在しない。

　さて，問題となるのが鼎である。二里頭遺跡 V 区 1 号墓の鼎の脚部は，断面が菱形に近い方形を呈しており，深めの腹部をなしている。一般的に二里頭期の鼎は偏平足が基本であり，銅鼎の脚部形態と大きく異にしている。商代には偏足銅鼎が存在するように，偏平な足を模した銅鼎を作ろうと思えば，こうした銅鼎を二里頭期においても作り得たと想定できよう。むしろこの銅鼎のモデルが二里頭期にはなかったと考えてみては如何であろうか。鄭州における二里頭期併行期の洛達廟類型や商代の南関外類型には，充足の断面円形の鼎が一般的であり，偏平足の鼎は存在しない。二里

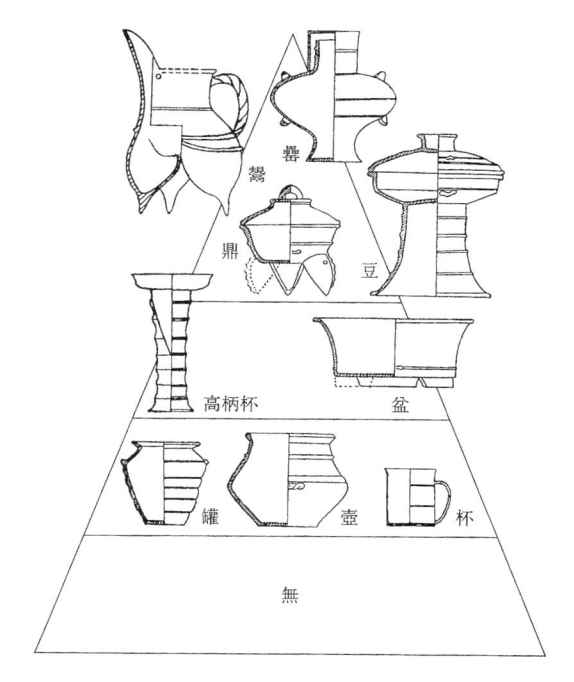

第 3 章　青銅彝器の製作技術から見た二里頭文化から二里岡文化への変遷　　55

図 32　山東龍山文化の副葬土器に見られる社会階層規範モデル

頭遺跡 V 区 1 号墓の鼎は，洛達廟類型や南関外類型あるいは岳石文化の陶製鼎がモデルにあり，腹部の深い点などもそうした陶製鼎がモデルになっていた可能性が高い。あるいは銅鼎の足部は空足であり（図 24-5），鬲を意図した鬲鼎であったのかもしれない。したがって二里頭遺跡 V 区 1 号墓の銅鼎も決して二里頭文化の土器にそのモデルがあったとはいえないのである。むしろ商社会やさらに東方の岳石文化など他地域文化に，鼎形態の原型があったと考えられるのではないだろうか。そうであるならば，この銅鼎も二里岡下層期の最古段階に位置付けてみても何ら問題がないということになる。したがって一括して出土したとされる二里頭遺跡 V 区 1 号墓の鼎と斝はともに二里岡下層期のものと考えることができるのであろう。そしてまた，この段階に商王朝として爵や斝・盉といった酒器に加えて，さらに炊器である鼎を加えた儀礼具を生み出したのではないだろうか。

6　おわりに

ここまで鋳造技術の変遷と青銅彝器のモデルとなった土器の所属時期あるいは文化系統を推定することにより，二里頭遺跡 V 区 1 号墓出土の鼎と斝が二里岡下層期最古段階に属する可能性を推定してきた。仮にこれが正しいとすれば，二里頭期までの青銅彝器は爵や斝などの酒器のみからなるが，二里岡期になって初めて炊器である鼎が青銅彝器に加わることになる。これは大きな祭儀における観念の変化を示すものである。また，青銅彝器は既に二里頭期から階層標識として利用されており，階層上位者の墓葬にしか副葬されないものであった。二里岡期は一般的に酒器以外に鼎や甗

など炊器なども含んだ形で青銅葬器が構成され，それらが階層標識として墓葬の副葬品にも利用されている。その意味では青銅葬器を含めて祭儀の内容や位階表現は，二里頭期と二里岡期では大きく異なっている。それ故，二里頭期に鼎が青銅葬器の中に組み込まれているか否かは重要な問題なのである。私は既に述べてきた根拠により，銅鼎の出現を二里岡下層期最古段階と考えている。これがまさに商王朝成立期に相当しているのである。さらにこのような銅鼎の原型となった陶製鼎が，鄭州洛達廟期や南関外期あるいは岳石文化の系統にあるとすれば，自ずと二里頭文化とは異なった系統から生まれてきたことは確かであろう。ここで鼎や甗など炊器や鬹など酒器が墓の副葬品として階層表現を示している山東龍山文化期の事実（宮本2006a）を思い起こしてみる必要があるであろう。山東龍山文化の副葬品の中では，鼎や甗の炊器と鬹などの酒器は社会階層の最高階級の墓に納められるものであり（図32），位階表現の最も最高位に挙げられるものである。こうした事実から類推するならば，商社会は元々東方に由来する階層標識や儀礼観念を新たに王朝成立期に採用し，二里頭文化領域を含めた広領域にわたる新たな統治システムとして利用したものと想定できるのである。

　一方で，このような変化を王朝の交代に起因した祭祀儀礼やそれに伴う青銅葬器の変化と捉えた場合，青銅器の製作技法そのものからいえば連続した変化であるということができる。確かに爵や斝にみられる形態的な変化は存在するものの，これは王朝側の好みによる器形変化であり，技術や形態の基本形そのものは連続しているということができるであろう。このことはおそらくは技術集団の連続性を示すものと理解される。二里頭期から二里岡下層期へと変化し，王朝が交代したとしても技術集団は連続していたものと理解することができるのである。さらにいえば商王朝成立以降も，商王朝は二里頭遺跡の青銅器製作集団を使って青銅葬器の生産を行わせていたと考えることができるのではないだろうか。

第4章 二里頭遺跡における青銅器生産体制

田尻義了

1 はじめに

　二里頭遺跡は，河南省偃師に所在する遺跡である。これまで数多くの調査がなされており，1999年には『偃師二里頭』(中国社会科学院考古研究所1999) という報告書も刊行されている。報告書には，1959年から1978年までの調査を総括し，基壇建物址(宮殿址)や数多くの墓葬が報告されている。1978年以降も二里頭遺跡の調査は継続しており，これまでに基壇建物を取り囲む内城壁や計画的に配された道路状遺構などが検出されている。このような調査結果から，二里頭遺跡は二里頭文化の中心的な遺跡とされ，新石器時代末期の王湾3期文化に継続する初期青銅器時代に位置付けられ，文献に記載されている夏王朝に想定されている。

　遺跡からは初期青銅器の製品とともに，青銅器の生産に関わる遺物が数多く出土している。報告書では，二里頭遺跡の調査区IV区から多くの青銅器生産関連遺物が出土することを根拠に，その調査区を鋳造工房区と称して報告しており注目される。

　しかしながら，刊行された報告書の記載が不十分であることから，遺跡のどの地点からどの遺物が出土しているのか全く不明瞭である。また，報告書の記載が，遺物の種別のみの記載であり，遺構別に整理されておらず，遺物同士の共伴関係が明らかではない[1]。

2 本章の分析対象と方法

　そこで，本章では，まず二里頭遺跡のどの地点から，どの遺物が出土していたのかを明らかにする。その結果，遺物の空間的出土状況や共伴関係を検討し，二里頭遺跡内における青銅器生産体制に関して考察することを目的としたい。調査は2004年5月31日から6月3日までの4日間，中国社会科学院偃師二里頭工作站において，二里頭遺跡から出土した青銅器・青銅関連遺物を対象に，実測・計量・写真撮影・ラベルチェック・注記チェックを行った。

　二里頭遺跡から出土した青銅器はこれまでのところ，小さな破片を含めて177点である。そこで本章では，まず青銅製品(容器・円盤形製品・獣面牌・銅鈴などを除く)の形態分類を行い，それぞれの形態から想定される用途を考察する。その結果，それぞれの遺物がどのような行為を行った際に形成され廃棄されたのかを遺物の形状から推定し，

① 鋳造時に破損したもの
② 使用によって破損したもの
③ 補鋳などを行うパーツ品として取り扱われた可能性のあるもの

の三つに分類する。そして，鋳型・銅滓・青銅製品の出土分布変遷を空間的に捉える。その出土分布を時期別に示し，製作地が存在したであろう地点（IV区）の具体的な様相とその変遷を示す。

また，李京華（李京華 2004）によって示された緑松石との関係を空間的関係から捉え直す。李京華は，緑松石の出土分布と鋳造関連遺物の出土分布が類似していることから，IV区（鋳造工房区）内において，緑松石製品の生産が行われていたとしている。しかしながら，緑松石製品にも，完成品や未製品，破損品などがあり，李京華の分析はそれらを十分に区分していない。そこで，本章では緑松石の未製品を対象として出土状況の把握を行う。本章で扱う未製品とは，製品を製作する際に生成される剥片状や原石状のものと，完形品でない破損した製品を含んでいる。未製品という名称を付けながら，破損品を含めることに若干問題があるかと考えるが，破損品は使用時における破損と，製作時における破損が想定され，資料数が少ないことから，あえて今回は未製品に含めて取り扱った。

さらに，鋳型の製作に使用した可能性のある骨器（骨錐・骨針・骨簪・骨鑿・骨刀）との共伴関係を検討し，鋳型製作との関連性を検討する。時代背景は異なるが，錐や針状の骨製品が青銅器の製作などの生産活動に使用されたことが，戦国時代の燕下都の調査（河北省考古研究所 1996）や山西省侯馬鋳造遺跡（山西省考古研究所 1993）などでも指摘されている。今回の分析では，これら骨製品の使用方法の一つを，青銅器の鋳型製作と想定して，これまでの検討から導き出されている IV区の青銅器生産との関連について考察したい。

なお，本章では 1999 年に発刊された『偃師二里頭』に記載されている時期区分を使用する。

3　二里頭遺跡出土鋳造関連遺物の実態

（1）　青銅製品の形態分類

二里頭遺跡から出土した青銅器は先述したように 177 点であるが，今回は青銅容器や円盤状製品，獣面牌，銅鈴などの製品を除外している。また，明らかに墓から出土した遺物に関しては，製作地を特定することとは直接関係がないので，同じく除いている。その結果，対象となる青銅製品は 91 点である。

青銅製品はまず，刃部を持つものと，刃部を持たないものに大きく二分し，そのなかで形態によって細分を行った（図 33）。まず，刃部を持つものに関しては，製品に対して刃が長辺に付くのか，短辺に付くのかにより細分できる。長辺に刃部を持つ製品を A とし，短辺に刃部を持つ製品を B とした。A は刃部と反対側の側面が直線的なもの（A1）と曲線的なもの（A2）にさらに細分される。B は刃部が一つのもの（B1）と刃部が二つのもの（B2）に同じく細分できる。

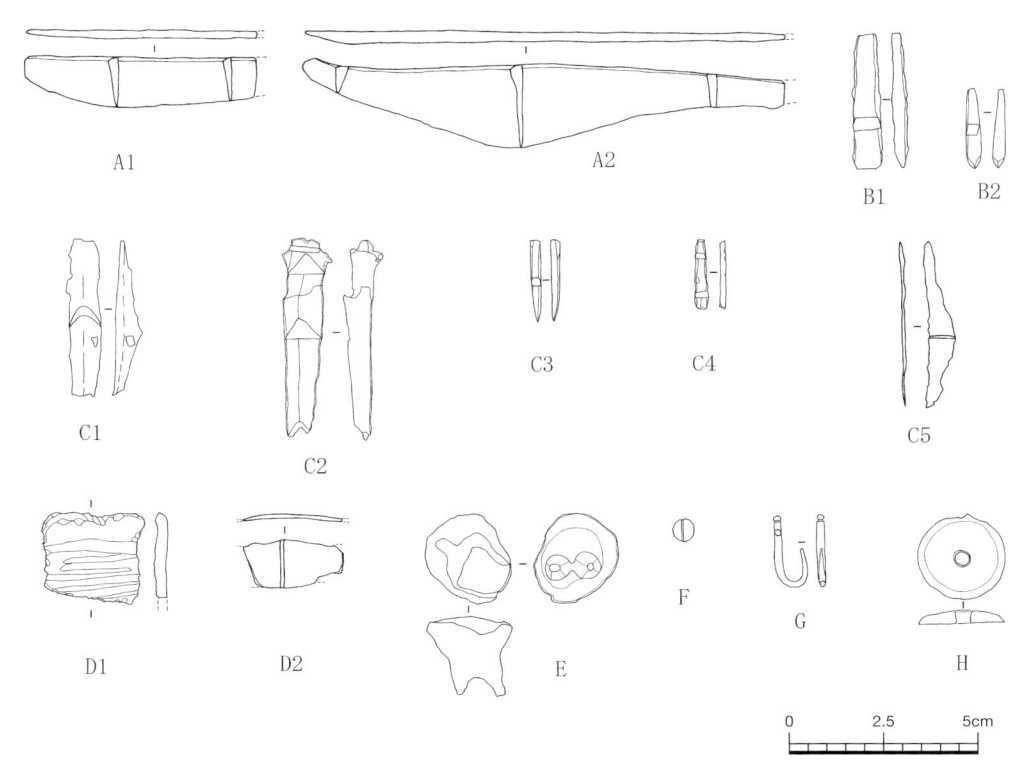

第4章　二里頭遺跡における青銅器生産体制　　　　　　　　　　　　　　　　　　　　　59

図33　二里頭遺跡出土青銅製品の形態分類(縮尺1/2)

　刃部を持たない製品には形態によって縦長棒状のものと，平板状のものに分けられる。縦長棒状のものの中には，さらにその断面形によって，断面三日月状で内側に凹むもの(C1)，断面三角形のもの(C2)，断面四角形で厚いもの(C3)，断面四角形で薄いもの(C4)，断面が偏平なもの(C5)に細分できる。

　また，平板状のものでは，湾曲部をもつもの(D1)，全体に平らなもの(D2)に細分することができる。

　さらに，刃部を伴わないが，全く別の形状のもので，二又状の形態のもの(E)と円盤状のもの(F)が存在する。

　最後に，釣針状のもの(G)と，紡錘車状の形態(H)がある。

(2)　青銅製品の機能分類

　上記で青銅製品をそれぞれ形態ごとに分類したが，ここでさらにそれぞれの形態から推定される機能を想定し，また，破損状況から，それぞれの製品が①鋳造時に破損したもの，②使用によって破損したもの，③補鋳などを行うパーツ品として取り扱われた可能性のあるものの三つに分類する（表5）。

　まず，Aに関しては刀子と考えられ，②使用によって破損したものと想定できるであろう。A1と

表5 形態分類とその機能・用途対応表

	刃部の位置	刃の数	背の湾曲	分類名称	想定される機能・用途	想定される破損状況
刃部を持つ	長辺	1	無し	A1	刀子・刀子の破片	②
			有り	A2	刀子・刀子の破片	②
	単辺	1		B1	鑿状工具・鑿状工具の破片	②
		2		B2	その他の工具	②

	平面形の形態	断面形	断面の厚さ	分類名称	想定される用途	想定される破損状況
刃部を持たない	縦長棒状	断面三日月		C1	湯道	①
		断面三角形		C2	錐状工具の破片・脚部の破片	①②③
		断面・四角形	厚い	C3	鑿・錐状工具の破片・脚部の破片	②③
			薄い	C4	鑿・錐状工具の破片・刀子の破片	②
			さらに薄い	C5	鋳張り	①
	平板状	湾曲部をもつ		D1	容器の破片	①②③
		平らなもの		D2	容器の破片・刀子の破片	①②③

形態		分類名称	想定される用途	想定される破損状況
二又状		E	湯口部	①
円盤片		F	装飾品？・部品	③
釣針状		G	釣針	②
紡錘車状		H	紡錘車	②

想定される破損状況について，①は鋳造破損品，②は使用時破損品，③は補鋳品を示す。

A2との区分に関しては，直刃と曲刃の刀子として捉えられる。B1に関しては，鑿状工具に復元され，同じく②使用によって破損したものであろう。B2に関しても，工具であるが，刃部が二つあり先端が尖っているので，三稜錐状工具とする。この製品も，②使用によって破損したものとして考える。

C1は湯道の残片と考えられる。縦長の破片で，断面が三日月状を呈しており，湯道に残った青銅が固まってしまったものではないだろうか。①鋳造時に破損したものと考えられる。C2は断面が三角形で，錐状工具の破片や爵の脚部片と考えられる。①や②および③の破損状況が想定される。C3は鑿，錐，爵の脚部片が想定される破片である。②や③の破損状況が考えられる。C4も鑿や錐の破片や刀子片と考えられ，②使用によって破損したものであろう。C5は鋳型同士を合わせた際，その隙間に湯がはみ出して凝固した鋳張りと考えられる。厚さが薄く製品とは考えられない。①の鋳造段階で生み出された遺物であろう。

D1は青銅容器の破片と考えられる。①・②・③の段階で破損・出現した破片であろう。D2は同じく青銅容器の破片かもしくは，刀子の破片であろう。刃部が認められないので，容器片の可能性が高い。破片が小さく，①・②・③の各段階で生み出された可能性がある。

Eは二又状に分かれた形態の破片で、湯口と湯道の一部であると考えられる。独特の形態をしており、湯を流し込んだ湯口の形状が想定できる。したがって、①鋳造段階で生み出されたものであろう。Fは小さな薄い円盤である。装飾品か何かのパーツとして考えられ、ここでは③の補鋳品として分類する。GとHは形態が釣針と紡錘車の形状をしているので製品として捉え、以下の分析では使わない。

ここまで形態による分類と、それから推定される破損状況を推定してきた。したがって、青銅器の製作に関わりがあると想定されるのは、①・③の状況で破片資料になった可能性のあるものである。すなわち、C1・C2・C3・C5・D1・D2・E・Fの形態の破片資料が、青銅器の鋳造に関わり合いの深い形態であることが判明した。以下では、この8種類の資料が出土した空間的様相を把握し、青銅器生産が行われた場所を示したい。

(3) 青銅器関連遺物の空間的分析

二里頭遺跡は、調査区ごとにⅠ区からⅨ区などと名称が付けられている(図34)[2]。その内、Ⅳ区においてこれまで鋳造関連遺物が出土しており、鋳造工区と称されてきた。2004年に李京華は、二里頭文化第3期・第4期において、青銅器の出土量が増加することから、生産規模が拡大したこと、また製品の出土状況の変遷から二里岡期にはⅤ区に製作地が移動すること、さらにトレンチ番号の分析より、Ⅳ区の中においても3ヶ所の調査区が鋳造地であるという見解を示した(李京華2004)。しかし、製品自体を十分に分類しておらず、鏃や工具類の出土なども鋳造地の認定に使われてしまっていた。さすがに鏃の出土地が、青銅器製作地と関わり合いがあるとは考えられない。したがって、前項にて検討したように、青銅製品でも鋳造時に破損した遺物や、補鋳などを行うパーツなどの出土地が、より製作地に近いと想定できる。

しかし、工具類などの製品が出土した場所を、青銅器製作地でないと完全に言い切ることはできない。青銅器製作に際してそれらの工具が使用された可能性もあり、また、別の生産活動に使用された可能性もある。しかしながら、今回の分析では先述したように、より青銅器製作に関係したと想定される遺物を対象とする。また、使用時に破損したものがまとまって出土する場合には、再利用するため破損品を回収した可能性もあり、付近に製作地が存在するかもしれない。こうした点も考慮したが、破損品ばかりが集中するような傾向は二里頭遺跡では認められなかった。そこで、以下の分析では、工具類などの製品の出土分布に関しては分析対象からはずしておく。

また、青銅製品だけでなく、銅滓や鋳型の出土分布が青銅製品の製作地を直接示すであろう。鋳型や銅滓は製作工程において直接使用され廃棄されるものであり、それらの出土地付近において青銅器の生産が想定できる。そこで、以下の分析では、資料調査によって明らかになった銅滓や鋳型の新資料も加え検討を行う。

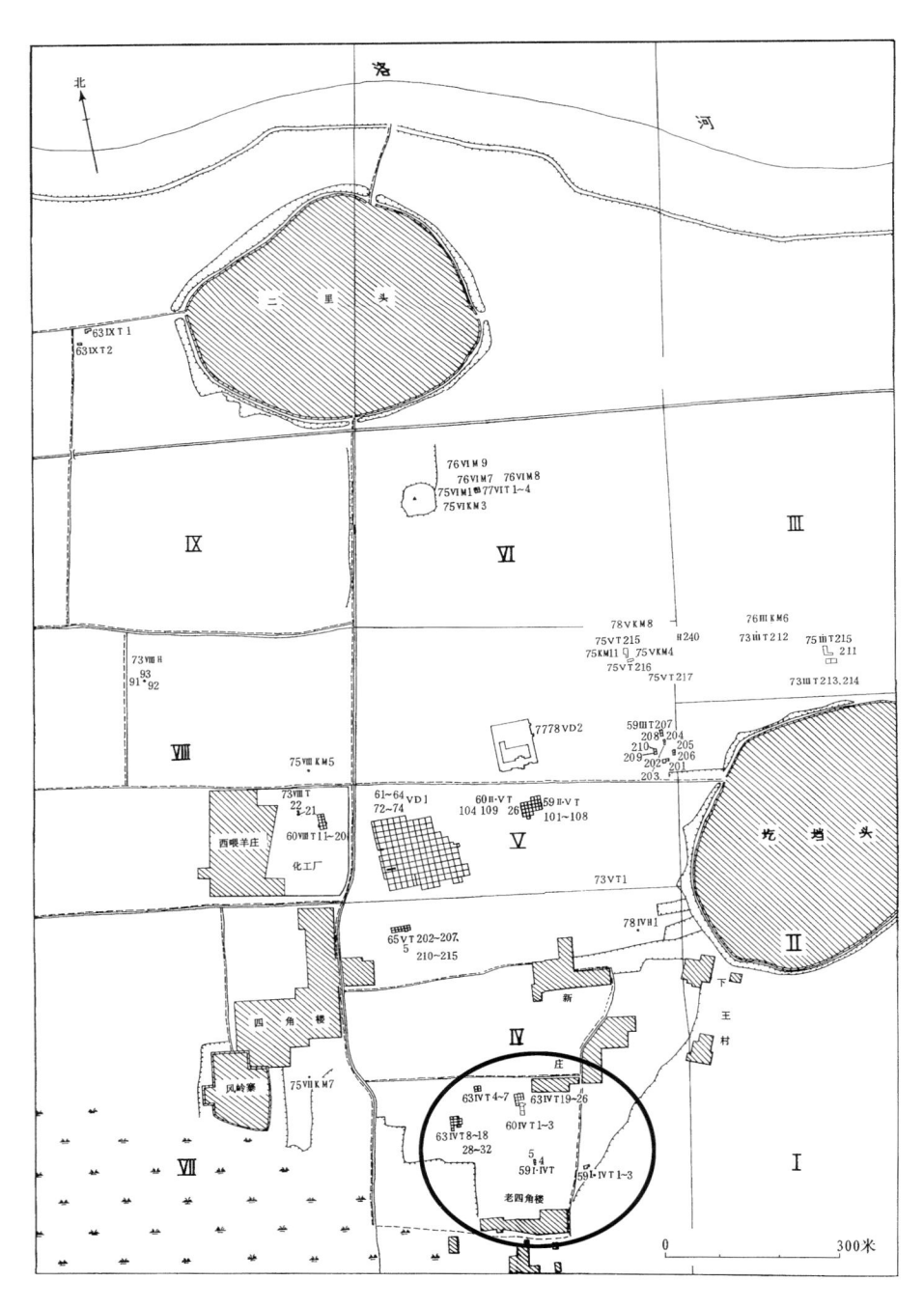

図 34　二里頭遺跡調査区

（4） Ⅳ区における青銅器生産

　Ⅳ区の中には，四つの調査区が存在するが，遺物が集中するのは東側調査区・北側調査区・西側調査区である。二里頭文化第1期には鋳造関連品の出土はない（図35）。遺物が確認できるのは二里頭文化第2期以降である。第2期では，東側調査区においてのみ鋳造関連遺物が出土する（図36）。T（トレンチ）2より鋳型片2点，T3より坩堝片1点，T21より坩堝片1点である。坩堝や鋳型が出土することから，この東側調査区に青銅器製作地が存在していたことが判明する。第3期では引き続き東側調査区より遺物は出土するが，北側調査区からも出土しはじめる（図37）。東側調査区ではT2より銅滓2点・坩堝片2点，T3より鋳型片2点・坩堝片1点・銅滓1点，T21より銅滓4点・鉛滓1点・鋳型片2点が出土する。北側調査区からは，T6より鋳型片1点・坩堝片2点，C1・C5が各1点，T7より銅滓2点・坩堝片1点が出土している。この第3期は東側調査区で第2期に引

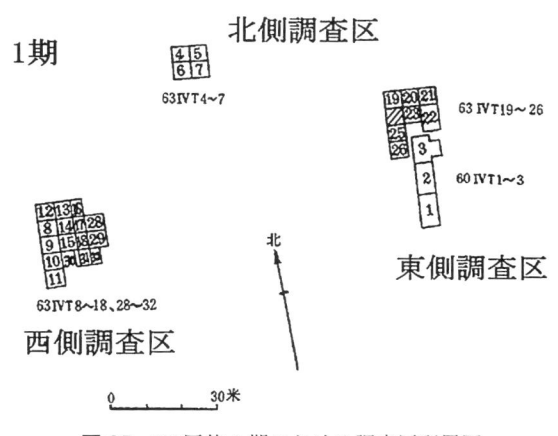

図35　Ⅳ区第1期における調査区配置図

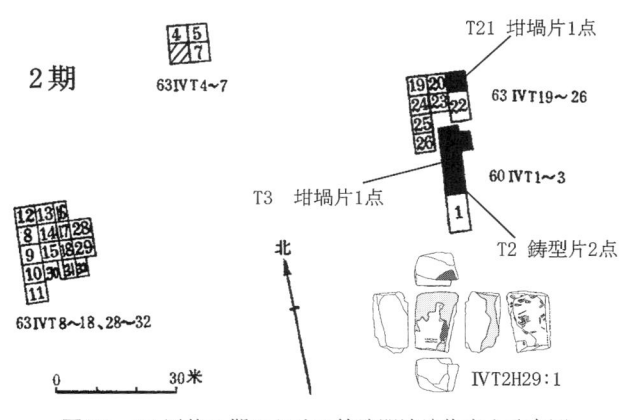

図36　Ⅳ区第2期における鋳造関連遺物出土分布図

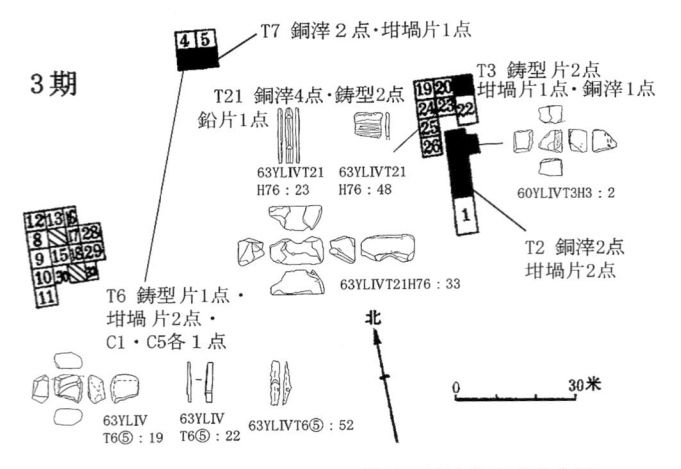

図 37　IV 区第 3 期における鋳造関連遺物出土分布図

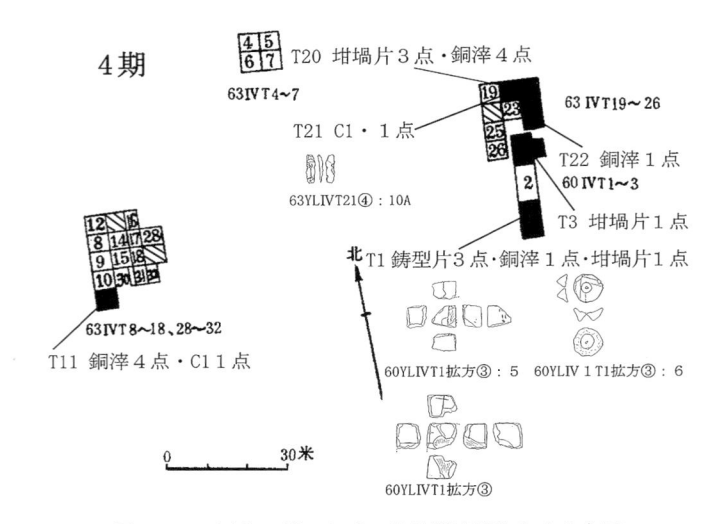

図 38　IV 区第 4 期における鋳造関連遺物出土分布図

き続いて青銅器が製作されていることと，北側調査区に製作地が広がる点が特徴であろう。また，出土している鋳造関連遺物の量を比較すれば，増加していることも分かり，李京華が指摘したように生産量が増えている可能性もある（李京華 2004）。第 4 期は第 3 期に引き続いて東側調査区から鋳造関連遺物が出土するが，北側調査区からの出土はなく，代わって西側調査区から出土している（図 38）。東側調査区では，T1 より鋳型片 3 点・銅滓 1 点・坩堝片 1 点，T3 より坩堝片 1 点，T20 より坩堝片 3 点・銅滓 4 点，T21 より C1 が 1 点出土している。また，西側調査区では T11 より銅滓 4 点・C1 が 1 点出土している。第 3 期と第 4 期の間では，北側調査区からの出土がなくなり，西側調査区において，新たに鋳造関連遺物が出土することから，製作地が一方的に拡大するのではなく，時期変遷の中で製作地が変遷している可能性が指摘できる。また，西側調査区と北側調査区の

第 4 章　二里頭遺跡における青銅器生産体制

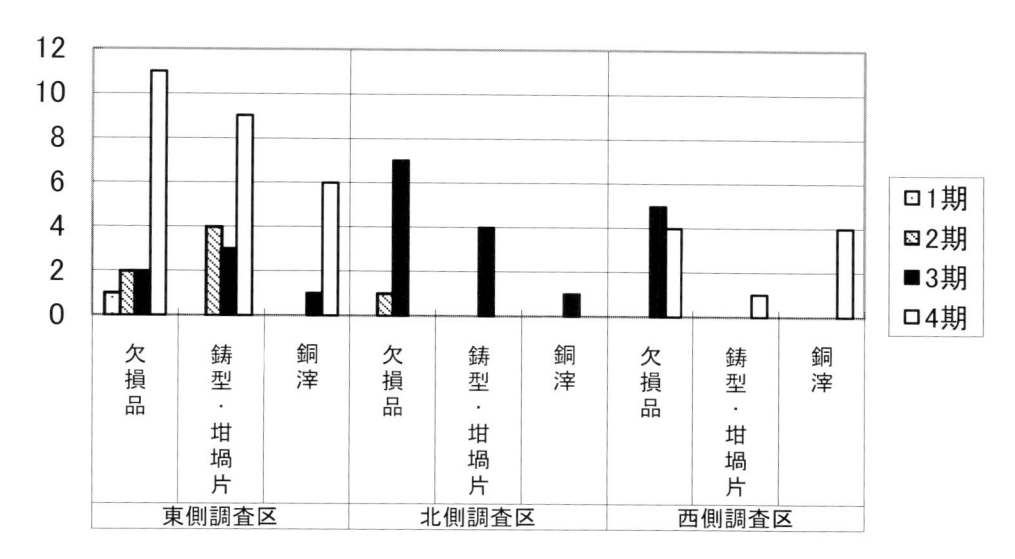

図 39　調査区別鋳造関連遺物の出土量変遷

　鋳造関連遺物の出土量に関しては，第 4 期が最大量になるのではなく，第 3 期と横ばいかもしくは若干減少しているようである。鋳造関連遺物の出土量が，そのまま青銅器の生産量や鋳造回数に比例するとは言えないが，興味深い傾向を示している(図 39)。また，東側調査区は第 2 期から第 4 期まで，一貫して鋳造活動が行われているようである。各期の鋳造関連遺物の出土量もこの調査区から多く出土しており，現状では，二里頭遺跡における青銅器生産は，Ⅳ区東側調査区において継続的に行われていたと結論付けることができよう。

　最後に，このⅣ区からは，二里岡期の遺物が出土しておらず，二里岡期にはⅤ区に製作地が移動するという李京華の指摘を裏付けている。しかしながら，Ⅳ区の調査区はほとんど未調査区が多いことも事実である。二里岡期にこの地区において青銅器生産が行われていなかったとはまだ言い切れないであろう。

(5)　Ⅴ区(1 号宮殿区)における青銅器生産

　Ⅴ区では 1 号宮殿建物と称される基壇建物と，それを取り囲む壁が検出されている。鋳造関連遺物はその内，第 1 期において回廊南東部から銅滓 1 点と，第 4 期において宮殿より南側に若干離れた調査区より銅滓が 1 点確認されているのみである(図 40)。この 1 号宮殿建物は第 3 期に属しており，それぞれの鋳造関連遺物とは共伴しない。したがって，この地区において宮殿建物と関係なく青銅器生産が行われた可能性もある。しかしながら，先述したⅣ区と比較して，圧倒的に遺物量が少ないことが指摘できる。仮に青銅器の生産がこの地区において行われていたのであれば，数多くの鋳造関連遺物が出土するはずであり，銅滓 1 点という出土量では根拠が少ない。したがって，このⅤ区において青銅器生産が行われた可能性は低いであろう。

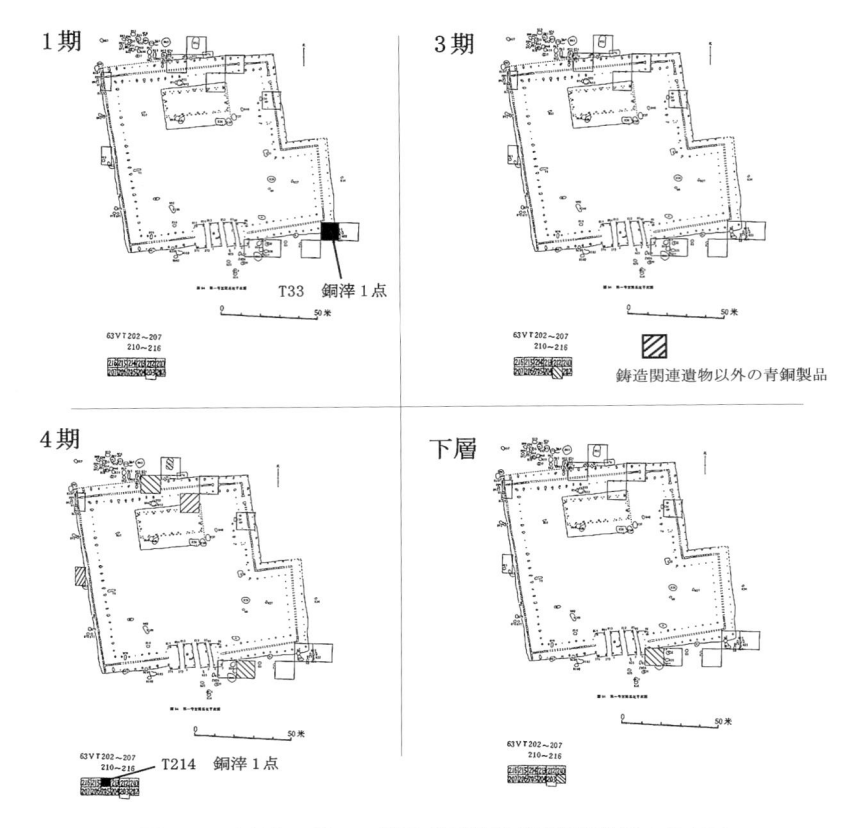

図 40　Ⅴ区(第1期〜二里岡下層期)鋳造関連遺物出土分布図

(6)　Ⅱ・Ⅴ区における青銅器生産

Ⅱ・Ⅴ区はⅡ区とⅤ区の中間地点に設定されているため，このような名称がつけられている。この調査区からは青銅製刀子などの工具が発見されているが，鋳造関連遺物は検出されていない（図41）。したがって，この調査区においても青銅器生産が行われていたとは言えないであろう。

(7)　小結

以上の検討から，青銅器生産はⅣ区において行われており，第2期より東側調査区において鋳造が開始され，第3期になり製作地の北東方向へ拡大，第4期では北側でなく西方向へ拡大という結果が得られた。第2期から第4期まで，東側調査区では継続的な生産が行われ，また，若干疑問もあるが，現状では二里岡期には青銅器は製作されないことが指摘できる。さらに，Ⅴ区（1号宮殿区）とⅡ・Ⅴ区では，どの時期においても積極的に青銅器の製作が行われたとは考えにくい。

また生産量の問題に関しては，Ⅳ区全体の鋳造関連遺物の出土量から判断すると，第2期から第4期にかけて量的な増加が認められるが，西側や北側調査区では第4期への生産量が単純な増加傾

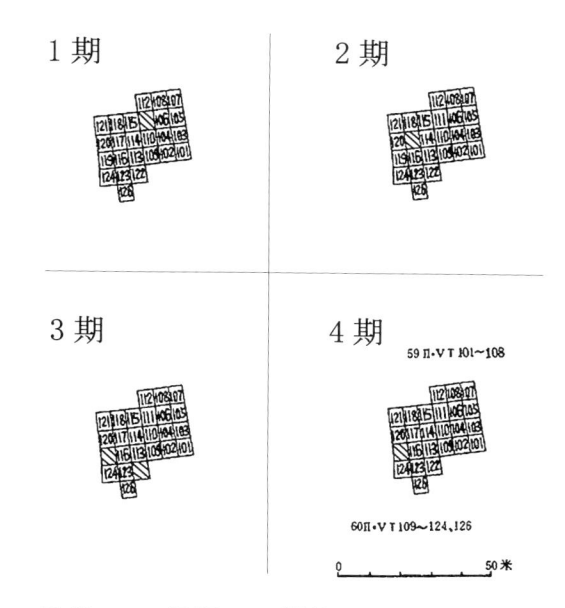

図 41　II・V区(第1～4期)鋳造関連遺物出土分布図

向ではなく，横ばいか低下という変遷が追える。この点は，継続する二里岡期の二里頭遺跡が，どのような状態であったのかという疑問に対しても興味深い結果である。

いずれにしても，今回の分析によって，IV区が鋳造工房であるという従来の漠然とした指摘を一歩進めて，その内部における空間的考察が行えた。この結果の評価については後述する。

4　二里頭遺跡における青銅器生産と緑松石加工について

(1)　緑松石製品の空間分析

李京華は2004年の論文において，青銅器生産と緑松石製品の生産には一定の関係が存在すると指摘している(李京華2004)。そこでは，李京華は二里頭遺跡から出土する緑松石には，製品と未製品が存在していることを指摘した。また，上述したようにIV区から多くの緑松石が出土しており，青銅器の製作と緑松石製品の製作は関連する可能性があるのではないかということであった。二里頭文化の青銅製品には，緑松石の象嵌を行った青銅器がこれまでのところ獣面牌17点(楊美莉2002)，円盤形製品4点が知られており，それらの製品が存在することからも青銅器生産と緑松石製品生産に一定の関係が存在するという点は十分納得できる指摘である。しかしながら，先述したように李京華は論中で緑松石に製品と未製品の区分があると指摘したにもかかわらず，IV区から出土した緑松石に全てを含み込んで分析を行っている。したがって，製作地の議論に完成品の出土状況を当てはめるという奇妙な分析となってしまった。そこで，ここでは李京華の指摘通り，緑松石

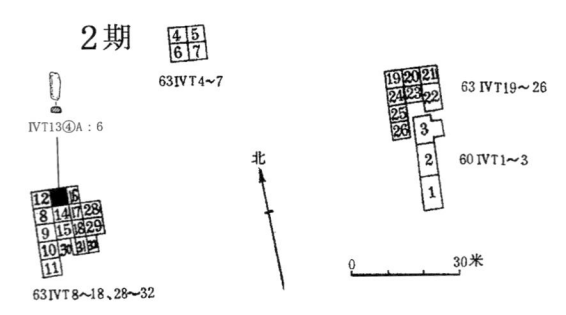

図 42　Ⅳ区第2期における緑松石未製品出土分布図

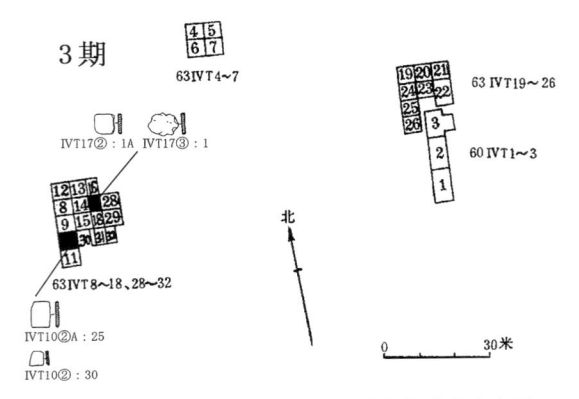

図 43　Ⅳ区第3期における緑松石未製品出土分布図

製品を製品と未製品に区分し，未製品のみを分析対象とする。なお本章で扱う未製品には上述したように，完形品以外の製品を含めることとする。

今回使用する緑松石の未製品は，報告書に記載されている52点である。それらの資料の出土状況を空間的に捉えた。

(2)　Ⅳ区における緑松石製品の生産

二里頭文化第2期から未製品が出土する。西側調査区から1点小片(ⅣT13④A:6)が出土している(図42)。これは，何か製品を製作する際に生成された剝片のようである。第2期はこの1点のみしか報告されていない。第3期には，出土量が増加するが，同じく西側調査区である。T10より平板状の小片が2点(ⅣT10②A:25・ⅣT10②:30)，T17より平板状の小片1点(ⅣT17②:1A)と円盤状の小片1点(ⅣT17③:1)が出土している(図43)。第2期から第3期にかけての変遷は，西側調査区において継続的に緑松石の加工が行われている可能性が高い。第4期になると西側調査区からは1点剝片資料(ⅣT12②:23)が出土するのみである。その代わりに東側調査区のT19より，方形の石片で中央に穿孔が認められるが，穿孔から破損してしまったもの1点(ⅣT19④:16)，またT23より小剝片が1点(ⅣT23④:28)，T24より棒状の形態をした小片1点(ⅣT24④B:44)と小剝片1点(ⅣT24④:

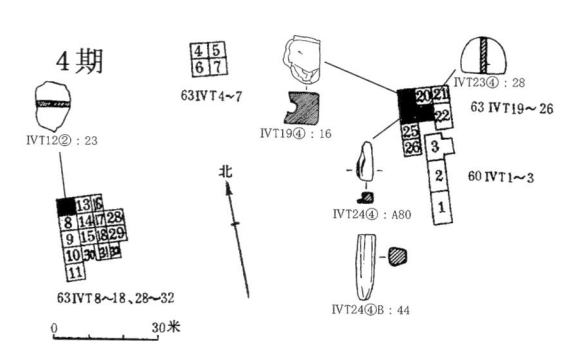

図44 Ⅳ区第4期における緑松石未製品出土分布図

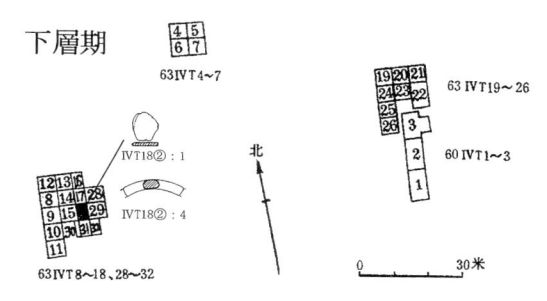

図45 Ⅳ区二里岡下層期における緑松石未製品出土分布図

A80)の計4点が出土している(図44)。第3期からの変遷を捉えると，西側調査区での出土量が減少し，新たに東側調査区から出土量が増加する。したがって，現状での出土変遷からすると，主要な製作地が西側調査区から東側調査区へ移動した可能性がある。二里岡下層期には，出土量が減少し西側調査区のT18より剝片1点(ⅣT18②:1)と環片1点(ⅣT18②:4)の計2点が出土している(図45)。第4期と比較すると，東側調査区における緑松石の未製品の出土がなくなり，再び西側調査区においてのみ出土する。

以上の検討からⅣ区における緑松石製品加工地の変遷は，西側調査区において第2期から二里岡下層期にまで継続的な生産が想定でき，第4期には生産量の増加に伴って，東側調査区において加工が行われているとまとめることができよう。

(3) Ⅴ区(1号宮殿区)における緑松石製品の生産

Ⅴ区においては，二里頭文化第4期に調査区の北側に位置するH57より緑松石残片が1点(ⅤH57:26)出土している(図46)。何か製品を製作した際に生成されるような形状であるが，1点のみであり，製作地と想定するには出土量が少ない。したがって，この地区において，緑松石製品の生産が行われたとは考えにくいだろう。

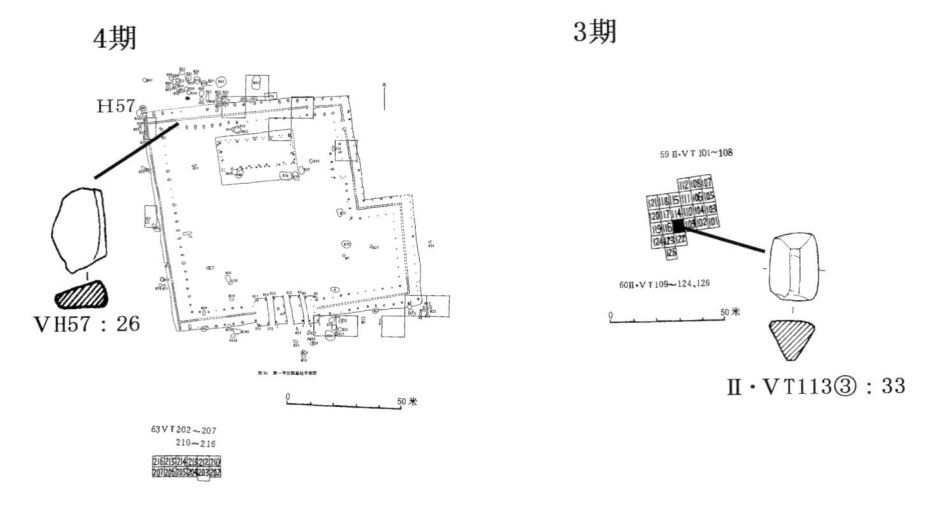

図46 Ⅴ区（1号宮殿区），Ⅱ・Ⅴ区における緑松石未製品出土分布図

（4） Ⅱ・Ⅴ区における緑松石製品の生産

Ⅱ・Ⅴ区においては，第3期にT113より三角形柱状の形態をした緑松石片が1点（Ⅱ・VT113③:33）出土している（図46）。製品の一部か未製品の可能性がある。しかしこの調査区からもこの1点のみの出土であるので，Ⅴ区と同様に製作地として評価することはできない。したがって，この地区においても緑松石の製作は行われていなかったであろうと結論づけることができる。

以上の検討から，緑松石の製作に関しては，Ⅳ区（鋳造工房区）において製作地が存在することは確認できた。Ⅳ区の内部では，西側調査区に継続的な製作地が存在したと考えられる。また，第4期に生産量が増加し，製作地が拡大するようである。生産量の増加と製作地の拡大が比例していることも興味深い。

なお，2004年の調査により，宮殿区南側のT85において，数千点におよぶ緑松石加工破片が廃棄坑と想定される灰坑（04VT85H290）より出土した（許宏（久慈訳）2004，中国社会科学院考古研究所二里頭工作隊2004）。穿孔に失敗した石珠なども確認されており，付近に緑松石製品の製作地が存在していたと想定される。時期は二里頭文化第4期後半に比定されており，第4期にはⅣ区以外の場所でも緑松石の加工が行われていたことが明らかになった。

（5） 青銅器生産と緑松石の加工について

さて，ここで青銅器生産と緑松石製品加工との関係を考察したい。そこで，これまでの検討から明らかになったことをまとめてみる。

まず，青銅器製作地と緑松石加工地は，従来から指摘されてきたが，Ⅳ区に存在するということである。Ⅳ区以外からも製作に関連する遺物の出土が認められたが，少量に過ぎず，積極的に生産が行われたと推定することはできなかった。また，Ⅳ区の中を詳しく見ると，青銅器製作地はⅣ

区内の東側調査区で，緑松石加工地は西側調査区で継続的に生産が行われており，両者の製作地は大きく位置が異なっていることが明らかとなった。したがって，このことから青銅器の生産と緑松石製品の加工が，同じⅣ区内で隣接して行われていたと評価することができる。また，第4期には青銅器製作関連遺物が西側調査区から一部出土し，緑松石加工関連遺物が東側調査区から出土する。このことから，第4期において青銅器生産と緑松石製品加工という二つの手工業生産が，一部融合している様子がうかがえる。この点は，緑松石を象嵌した青銅製品が第3期から出土を始めるが，出土量としては第4期に多くなる現象と合致している。また，両者の生産量を製作関連遺物の出土量から比較すると青銅器では第2期と第3期の間に急激な増加が認められるが，緑松石製品に関しては第3期と第4期の間に増加が認められた。現状での出土量であるが，この二つの手工業生産に関して，生産量のピークが異なる可能性が認められた。

　これらのことから，二里頭遺跡における青銅器生産と緑松石の加工という二つの手工業生産の位置づけが明らかとなる。Ⅳ区内で業種ごとに製作地を別にしているという点から，それらの生産に携わる人々以外に，手工業生産全体を統括し差配する人々が存在していたことが明らかである。この点は，二里頭遺跡全体をみた場合，手工業生産地がⅣ区に所在するという点からも補強される。

　また，まだ詳細は不明であるがⅣ区以外でも緑松石加工が行われていたことが明らかになりつつある。特に第4期では二里頭遺跡全体の中で複数箇所の緑松石加工場が存在していたようであり，第4期における手工業生産全体の位置づけに注目したい。

5　骨製品から見た製作工具の分析

　最後に，二里頭遺跡から出土した骨製品にスポットを当ててみる。骨製品は様々な形状の遺物が出土しているが，何らかの工具であった可能性がある。時代背景や社会の状況・技術レベルなどが異なるが，先述したように戦国期の燕下都(河北省考古研究所 1996)や晋の侯馬鋳造遺跡(山西省考古研究所 1993)などでは，骨製品が主に鋳型の製作において使用された工具であると報告されている。そこで，二里頭遺跡における骨製品を分析し，青銅器生産や緑松石加工に使用されていたのかどうかを明らかにしたい。今回の分析で用いるのは，報告書に記載されている骨製品の内，先端が尖った錐・針・簪と報告されている錐状製品と，先端が若干幅広い鑿や匕と報告されている鑿状製品，さらに刃部をもつ刀(横刀・刀)と報告されている横刀状製品の計199点である。

　まず，上記した三つに形態分類[3]を行い，それぞれの出土位置を検討した。また，錐状製品・鑿状製品・横刀状製品は，それぞれ用途が異なり，製作工程で異なる段階に使用するものであると想定できる。そこで，Ⅳ区におけるこれら3種の工具と青銅器鋳造関連遺物や緑松石加工関連遺物との空間的相関状況を検討した。

(1)　Ⅳ区における骨製品の様相

　第1期においては，東側調査区において鑿状製品が2点(ⅣVT24⑥A:5・ⅣVT24⑥A:6)のみ出土し

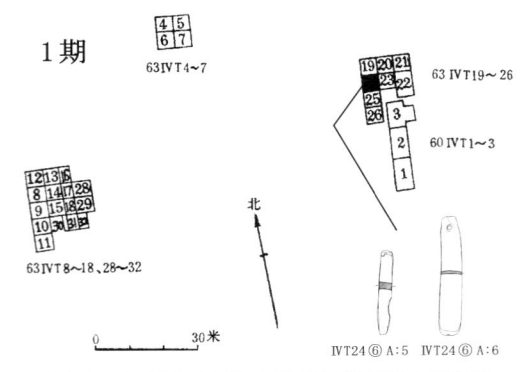

図47　Ⅳ区第1期における骨製品出土分布図

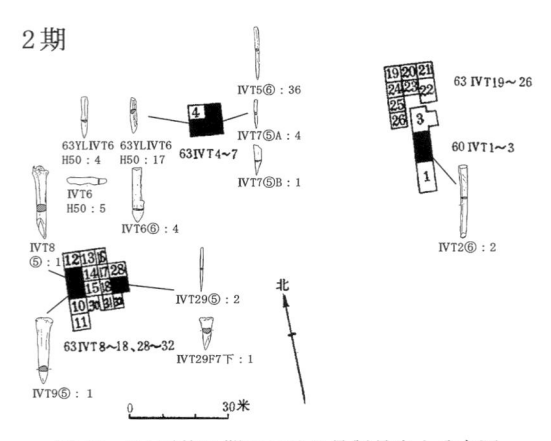

図48　Ⅳ区第2期における骨製品出土分布図

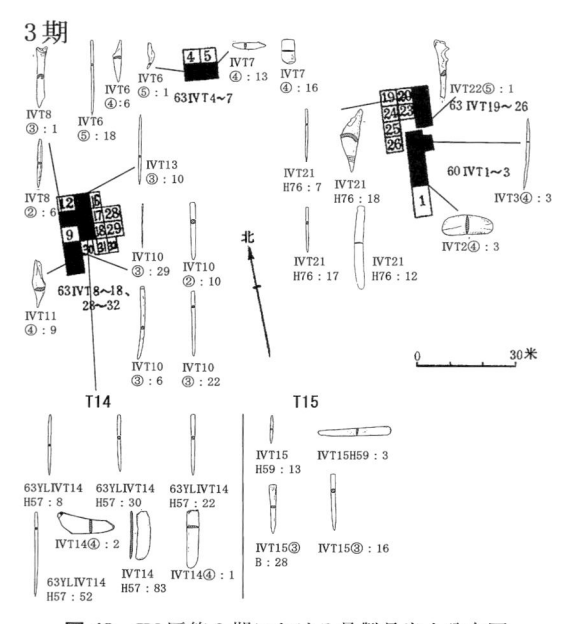

図49　Ⅳ区第3期における骨製品出土分布図

第4章　二里頭遺跡における青銅器生産体制　　73

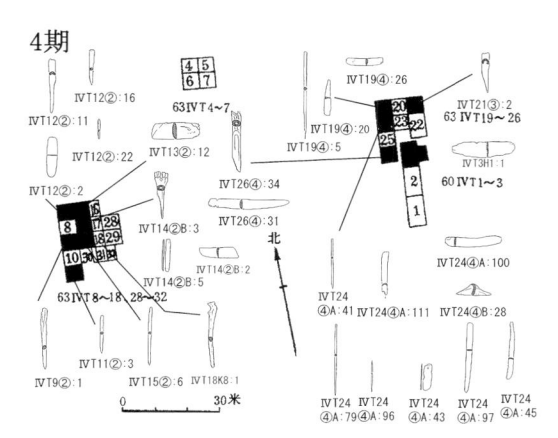

図50　Ⅳ区第4期における骨製品出土分布図

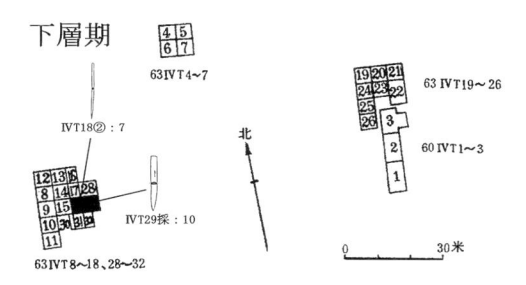

図51　Ⅳ区二里岡下層期における骨製品出土分布図

ている(図47)。青銅器鋳造関連遺物などもこの時期は出土しておらず，他の生産と直接的な関わりは見出すことができない。

　第2期には，出土量が増加する(表6)。まず，東側調査区ではT2より鑿状製品が1点(ⅣT2⑥:2)出土している(図48)。北側調査区においては錐状製品が5点(ⅣT5⑥:36・63YLⅣT6H50:4・63YLⅣT6H50:17・ⅣT7⑤A:4・ⅣT7⑤B:1)，鑿状製品が1点(ⅣT6⑥:4)，横刀状製品1点(ⅣT6H50:5)が出土しており，その内T6では3種の工具が共伴している。西側調査区では，錐状製品が4点(ⅣT8⑤:1・ⅣT9⑤:1・ⅣT29⑤:2・ⅣT29F7下:1)が出土している。第2期を全体で見ると，北側調査区と西側調査区で一定量の骨製品が出土している。

　第3期には，さらに骨製品の出土量が増加し(表6)，東側調査区より，錐状製品5点(ⅣT3④:3・ⅣT21H76:7・ⅣT21H76:17・ⅣT21H76:18・ⅣT22⑤:1)・鑿状製品1点(ⅣT21H76:12)・横刀状製品1点(ⅣT2④:3)が出土する(図49)。同一トレンチ内で3種類の骨製品の共伴例はないが，隣接トレンチではそれらの製品が出土している。北側調査区では錐状製品3点(ⅣT6④:6・ⅣT6⑤:1・ⅣT6⑤:18)・鑿状製品1点(ⅣT7④:16)・横刀状製品1点(ⅣT7④:13)が出土している。西側調査区からは錐状製品15点(ⅣT8②:6・ⅣT8③:1・ⅣT10②:10・ⅣT10③:6・ⅣT10③:22・ⅣT10③:29・ⅣT11④:9・ⅣT13③:10・63YLⅣT14H57:8・63YLⅣT14H57:22・63YLⅣT14H57:30・63YLⅣT14H57:52・ⅣT15③:16・ⅣT15③B:28・ⅣT15H59:13)・鑿状製品2点(ⅣT14④:1・ⅣT14H57:83)・横刀状製品

表6　二里頭遺跡 IV 区出土骨製品の時期変遷

二里頭文化第1期

	錐状製品	鑿状製品	横刀状製品
東側調査区		T24⑥A:5　T24⑥A:6	
西側調査区			
北側調査区			

二里頭文化第2期

	錐状製品	鑿状製品	横刀状製品
東側調査区		T2⑥:2	
西側調査区	T8⑤:1　T9⑤:1　T29⑤:2　T29F7下:1		
北側調査区	T5⑥:36　T6H50:4　T6H50:17　T7⑤A:4　T7⑤B:1	T6⑥:4	T6H50:5

二里頭文化第3期

	錐状製品	鑿状製品	横刀状製品
東側調査区	T3④:3　T21H76:7　T21H76:17　T21H76:18　T22⑤:1	T21H76:12	T2④:3
西側調査区	T8②:6　T8③:1　T10②:10　T10③:6　T10③:22　T10③:29　T11④:9　T13③:10　T14H57:8　T14H57:22　T14H57:30　T14H57:52　T15③:16　T15③B:28　T15H59:13	T14④:1　T14H57:83	T14④:2　T15H59:13
北側調査区	T6④:6　T6⑤:1　T6⑤:18	T7④:16	T7④:13

二里頭文化第4期

	錐状製品	鑿状製品	横刀状製品
東側調査区	T19④:5　T21③:2　T24④A:41　T24④A:79　T24④A:96　T26④:34	T19④:20　T24④A:43　T24④A45　T24④A:97　T24④A:111	T3H1:1　T19④:26　T24④B:28　T26④:31
西側調査区	T9②:1　T11②:3　T12②:11　T12②:16　T12②:22　T14②B:3　T15②:6　T18K8:1	T12②:2　T14②B:5	T13②:12　T14②B:2
北側調査区			

二里岡下層期

	錐状製品	鑿状製品	横刀状製品
東側調査区			
西側調査区	T18②:7　T29採:10		
北側調査区			

2点（IVT14④:2・IVT15H59:3）が出土している。このうちT14では，錐状製品・鑿状製品・横刀状製品の3種が共伴している。なお，第3期では西側調査区において，より多くの骨製品が出土していることが分かる。

　第4期では，出土量は第3期とあまり変わらない（図50）。東側調査区では，錐状製品6点（IVT19④:5・IVT21③:2・IVT24④A:41・IVT24④A:79・IVT24④A:96・IVT26④:34）・鑿状製品5点（IVT19④:20・IVT24④A:111・IVT24④A:43・IVT24④A:97・IVT24④A:45）・横刀状製品4点（IVT3H1:1・IVT19④:26・IVT24④B:28・IVT26④:31）が出土している。北側調査区からは出土していない。西側調査区からは，錐状製品8点（IVT9②:1・IVT11②:3・IVT12②:11・IVT12②:16・IVT12②:22・IVT14②B:3・IVT15②:6・IVT18K8:1）・鑿状製品2点（IVT12②:2・IVT14②B:5）・横刀状製品2点（IVT13②:12・IVT14②B:2）が出土している。第4期では東側調査区からの出土量が増加し，北側調査区からは出土しなくなる。

　最後に二里岡下層期では，錐状製品2点（IVT18②:7・IVT29採:10）のみが西側調査区から出土している（図51）。その他の調査区からは出土していない。

（2）　生産工具としての骨製品

　これまでの時期変遷では，西側調査区において継続的に骨製品が出土している。このことから，西側調査区を中心にして骨製品を使用した手工業活動が行われていた可能性が高い。そこで，これまでの分析を振り返ると，西側調査区において主に行われていたのは緑松石の加工である。緑松石の加工関連遺物と骨製品は，高い割合で同一トレンチから出土している。また，二里岡下層期において，このIV区から青銅器鋳造関連遺物は出土しないが，緑松石加工関連遺物は西側調査区において出土し続ける。こうした二里岡下層期における継続性も緑松石加工と骨製品の相関が高いことを示している。しかし，全ての骨製品が緑松石加工と結びつくのではないだろう。特に東側調査区から第3期に出土する骨製品は，1点を除いてすべて，青銅器鋳造関連遺物と共伴しており，青銅製品製作との関連もうかがえる。錐状製品・鑿状製品・横刀状製品が隣接トレンチからセットで出土しており，青銅製品製作に使用された可能性もあろう。

　骨製品の出土分布からは，緑松石加工との関連がうかがえた。当初は，青銅器鋳造関連遺物と共伴するのではないかと考えていたが，それほど相関関係が強くはない。IV区全体の調査が行われるとまた別の傾向が現れる可能性もあるが，現状では，骨製品が様々な生産に使用された工具であるという結論を導くことができる。

6　二里頭遺跡における青銅器生産体制の評価

　二里頭遺跡における青銅器生産に関して，今回の分析によって，その具体的空間的な様相が明らかになった。従来から指摘されていたIV区において，青銅器生産と緑松石の加工が行われていたが，それぞれ空間を別にして作業が行われていたことが明らかとなった。また，骨製品は各種生産

活動に用いられていたことが明らかとなった。

　これらのことから，二里頭遺跡において青銅器生産を含めた手工業生産が，特定の製作地で集中して行われており，そうした製作地を統合・差配する人々の存在がうかがえた。では，こうした二里頭遺跡における青銅器生産はどのように位置付けられるのであろうか。ここで，青銅器の製作に関する議論をおき，二里頭文化における青銅器の使用・消費のあり方を見てみる。宮本一夫は二里頭文化に属する墓の分析を行い，副葬品の組み合わせから，五つのランクを読み取っている（宮本2005）。その結果，青銅器が副葬されるのはＡランクの上位層の墓のみとしている。また，飯島武次（飯島1985）や岡村秀典（岡村2003）など多く先学によって指摘されているが，二里頭文化期には宮殿区において，青銅酒器を用いた儀礼が成立していた可能性がある。したがって，そうした特定の階層者への副葬品や，特定の儀式に使用するなどの一定の目的をもった青銅器がこの二里頭遺跡では製作されていたと考えられる。それとは別に，生産工具として捉えられる鑿や錐などの青銅製品も出土が確認されており，実際に製作されている。二里頭遺跡で製作される青銅製品は，こうした二重性を持っていることが明らかとなる。製作された器種の出土状況を見ても，爵や斝・鼎などの青銅容器や，銅鈴・獣面牌・円盤形製品・鉞などは墓から出土し，その他の錐や鑿などの青銅製品は包含層などからの出土が多い[4]。徳留大輔は二里頭文化における鋳造関連遺物の検討から，容器の製作・使用に関しては二里頭遺跡のみに集中しており，それに関わる管理・規制が二里頭遺跡を中心に広がっていた可能性を指摘している（徳留2004）。

　ここまでの議論から，二里頭遺跡における青銅器生産体制は一定の規制のもとに，製作される器種や使用目的を想定して生産されていたことがうかがえる。したがって，二里頭遺跡における青銅器生産は，製作者側が使用者・消費者の意図を十分に汲んでおり，その指示や要望に応える形で生産が行われていた，ある種オーダーメイド型の生産であると考える。また，この場合，使用者・消費者が製作を促す立場になっており，特定器種の生産に関して規制がかかっている。このことは青銅器生産体制だけでなく，緑松石加工地との空間的区分からも規制の存在がうかがわれた。したがって，これらの検討から，二里頭遺跡で製作された青銅容器などは青銅製威信財として生産され，機能していると言える。威信財の特徴として，その生産（供給の独占）と使用（対象物の価値の理解）に規制がかかるとされる（穴沢1985・1995）。すなわち，他者への威信・権威を示し，社会の安定化を図るための再生産アイテムとしてこれらの青銅製品は製作されているのである。付け加えて言うならば，威信財の安定した供給が確保されなければ，その社会システムは崩壊してしまう極めて不安定な性格も含んでいる（辻田2006）。威信財は貴重財と同義ではなく，社会の再生産アイテムである点を強調しておく。

　さらに，武器形遺物についても若干論じたい。二里頭文化においては，今回の青銅製品の出土分布の分析では除いたが，銅鏃をはじめとする武器形青銅器が出土している。器種は，銅鏃・銅刀・銅鉞・銅戈・銅斧が認められる。このうち，銅刀・銅鉞・銅戈・銅斧は二里頭遺跡からしか出土しておらず，すべて墓からの出土である。このことから使用に関する規制が想定され，青銅容器と同じように威信財として製作され機能していたと考えられる。問題となるのは銅鏃であるが，これま

第4章　二里頭遺跡における青銅器生産体制　　77

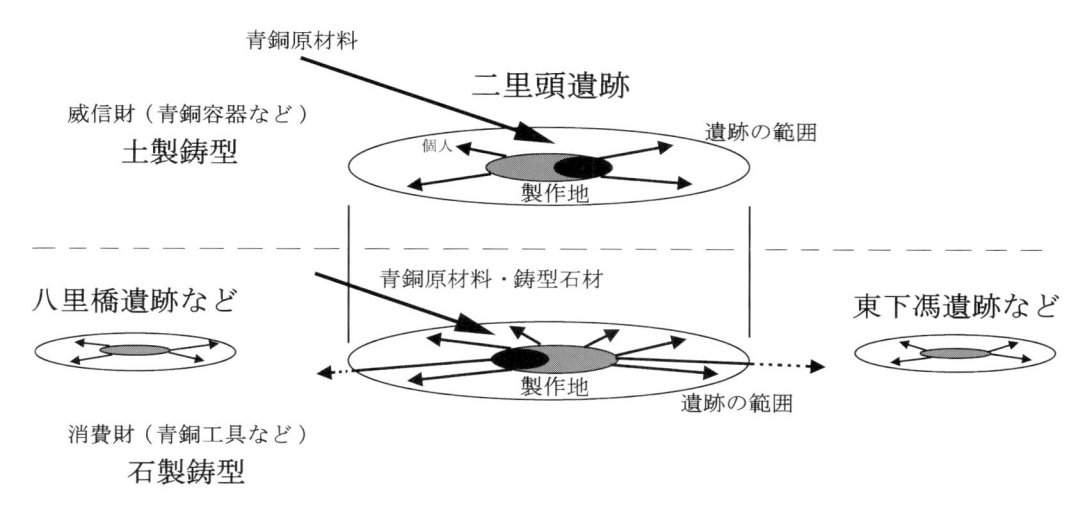

図52　二里頭文化における青銅器生産体制

で二里頭遺跡では22点が報告され，東下馮遺跡など，その他の周辺遺跡からも出土が報告されている。二里頭遺跡以外から出土すること，また数も多いことからすべてが実戦用ではないが，ある程度は実際に使用されたものとして，工具類と同じような扱いになるのではないだろうか。なお，二里頭遺跡ではこれらの銅鏃が現状では墓から出土しておらず，すべて灰坑や包含層からの出土である。二里頭文化における武器形青銅器の評価としては，戦争の激化の証拠と結びつける考え方も示されている（岡村2003）。したがって，武器形青銅器は威信財として機能した可能性のある銅刀・銅鉞・銅戈・銅斧と，実用品的な扱い方をした可能性のある銅鏃に大きく分けることができよう[5]。

　そこで，銅鏃と同じように実際に使用する製品として取り扱われたものには，生産工具などの一般消費財があり，これらも二里頭遺跡において製作されている。その場合の生産について言うと，製作者は消費者・使用者の要望は反映するが，製作者が製品の使用状況を規制することなく，また，これらの製品の使用・消費によって社会の安定化を図るものではない。

　こうした二重性をもった青銅製品を二里頭遺跡では生産していたのである。これまでの分析では明らかにできなかったが，遺構ごとの分析をより詳しく行えば，おそらく青銅器生産の中でも，器種ごとに製作場所が異なっていた可能性もある。すなわち，IV区の東側調査区内でもさらなる区分が可能になるはずであるが，ここではそうした見通しを示すに留めておきたい。

　最後に，二里頭遺跡における青銅器生産体制についてまとめる。二里頭遺跡における青銅器生産は，これまでの分析から第2期以降継続して安定的にIV区東側調査区を中心として行われていたことが明らかとなった。さらには，緑松石製品の生産が隣接する西側調査区を中心に行われており，両者の生産が時期とともに変遷はするが，空間的に固定化している点が明らかとなった。こうした空間的区分が二里頭文化第2期にあたる青銅器生産の当初から想定されることも重要であろう。また，二里頭遺跡における青銅製品は，威信財として扱われ副葬されて出土することから，主として個人を対象として製作された青銅容器や銅牌飾・銅鈴などの装飾品，銅刀・銅鉞・銅戈・銅

斧などの武器形青銅器と，実用利器として製作された可能性のある銅鏃や各種工具などに大きく区分することができる。こうした区分も第2期以降認められ，とくに威信財として想定される製品は社会の安定化のために作用したのであろう。

　また，青銅器製作技術から捉えた二里頭遺跡を取り巻く他の遺跡間との関係についても述べておく。図52は二里頭遺跡と周辺の青銅器製作が行われた遺跡間の関係を示したものである。二里頭遺跡においては主として土製鋳型による威信財生産と土製・石製鋳型による消費財生産が行われており，重層的な生産体制が想定される。さらに予察ではあるが，製作地内を若干トーン分けしているように，緑松石生産との関係から威信財の製作場と消費財の製作場が異なっていた可能性も指摘できる。二里頭遺跡における生産体制としては，このような重層的な生産体制を復元することができるが，周辺の遺跡ではそうした重層性のある生産体制を復元することはできない。図の左右に示した八里橋遺跡や東下馮遺跡においては鋳型が出土しており，青銅器生産が行われていたことは明らかである。しかしながら，製作された製品は消費財である工具類であり，また鋳型の材質も石製鋳型である。したがって，二里頭遺跡のような重層的な生産体制は認められない。現状で二里頭遺跡と周辺の遺跡間においてどのような関係があったのか具体的に復元することはできないが，東下馮遺跡は二里頭遺跡と土器様式が異なっており，いわゆる東下馮類型として区分もされる（徳留2004など）。これらの遺跡間の関係や，製作された製品の搬出先に関する議論に関しては今後の資料増加に期待したい。

謝辞

　本章を作成するにあたり，宮本一夫先生には中国における初期青銅器に関する研究に参加させていただき，また多くの御教授をいただきました。また，岩永省三先生と溝口孝司先生からは威信財をはじめとするいくつかの問題点について，懇切丁寧な御指導をいただきました。また，田中良之先生・中橋孝博先生・佐藤廉也先生・辻田淳一郎先生・石川健先生・岡田裕之先生の諸先生方にも個別に多くの御教授をいただきました。さらに中国社会科学院考古研究所の白雲翔先生・許宏先生・陳国梁氏・趙海濤氏にも資料の便宜を図っていただくなど様々な面でお世話になりました。最後に徳留大輔氏・佐野和美氏・谷直子氏・村野正景氏をはじめとする九州大学考古学研究室の先輩・後輩・同僚諸氏とは，日頃から研究について様々な議論を通じ，自分の論旨をまとめることができました。末筆でありますが，深く感謝申し上げます。

注

1) 報告書の記載が不十分であることに関しては，李京華によって適切に10点の問題点としてまとめられている（李京華2004）。
2) 遺跡全体ではXV区まで調査区はあるが，遺跡の中心部となるのはIX区までである。
3) 報告書の記載に基づいて分析を行っているので，3種類の製品が，名称の通り錐や鑿や横刀の機能を持ちうるのか，今回の分析では十分に明らかにできていない。使用痕などを実見すれば，より詳細な分類が可能であると考える。
4) 青銅製鏃は墓からも包含層からも出土する。
5) 1984年調査において，M5より被葬者の胸骨に銅鏃が突き刺さっているとの報告がされている（中国社会科学院考古研究所二里頭工作隊1986）。

第5章　二里頭遺跡文化分期再検討
——墓地出土の銅，玉礼器を中心に——

許　宏・趙　海濤

1　はじめに

　二里頭遺跡は東アジアにおける青銅器時代で最古の大型都邑遺跡であり，さらにこの遺跡に代表される二里頭文化は東アジアで最も古い「核心文化」である。これまでに前例のない都邑の広大さと広範にわたる文化的拡散はその最も重要な特徴である（許宏 2004）。二里頭遺跡で発見された東アジアで最古の青銅礼器群，玉製の礼器は華夏文明形成と早期文明発展に強い影響を与えている。ここでは，青銅器を研究する上でも重要な基礎となる二里頭文化の時間軸の細分，その中でも特に二里頭遺跡における二里頭文化の分期が重要な尺度となる。本章ではこの問題について，検討を行う。

2　二里頭遺跡分期に関する研究史

　二里頭文化遺存の認識は，1950 年代「洛達廟類型文化」が初めて発見されたことにある（中国科学院考古研究所 1961）。1959 年秋，中国科学院（現中国社会科学院）考古研究所洛陽発掘隊により二里頭遺跡の発掘が開始されて以降，断続的に発表されてきた簡報において，「二里岡上層」以前の遺存を前・中・後の 3 期に細分した。そして各段階の特徴について，前期は，河南龍山文化後期に属するが，しかしいわゆる河南龍山文化とは連続的でなく，空白が存在する。また中期は若干龍山文化の要素は残るが，基本的には商文化に近く，後期は洛達廟商文化であると位置づけた。しかし，「前・中・後三期の文化遺物は異なる特徴であるが，しかし各段階に継承関係が存在するのは明らかである」と認識している（中国科学院考古研究所洛陽発掘隊 1961）。二里頭遺跡の文化内容は洛達廟遺跡よりもさらに豊富で典型的であることから，夏鼐は「二里頭類型文化」と呼称し，後に「二里頭文化」と称するようになった（夏鼐 1962・1977）。1964 年には，二里頭遺跡の発見における総括として，「前期は河南龍山文化後期である」と位置づけた（夏鼐 1964）（表 7）。

　1965 年には中国科学院考古研究所洛陽発掘隊は，二里頭遺跡での 1960～64 年の発掘調査に関する簡報を発表し，その中で層位と土器の形態変化をもとに，二里頭遺跡の「二里岡期」よりも古い遺存を前・中・後の 3 期に細分し，「各段階の特徴には一定の差異が認められるが，一つの文化類型に属するものである」と位置づけた（中国科学院考古研究所洛陽発掘隊 1965）。この簡報では，前期はま

表7 発掘簡報，報告等における編年対応表

61簡報		65簡報		74簡報	83簡報	略論	偃師二里頭
前期	龍山後期	前期	二里頭類型	1期	1期	1期	1期
中期		中期		2期	2期	2期	2期
後期	洛達廟類型	後期		3期	3期	3期	4期
				3期	4期	4期（二里岡下層）	4期
							二里岡下層（後半）
二里岡上層		二里岡期		二里岡期	二里岡上層前半	5期（二里岡上層）	二里岡上層

61簡報（中国科学院考古研究所洛陽発掘隊1961），65簡報（中国科学院考古研究所洛陽発掘隊1965），74簡報（中国科学院考古研究所二里頭工作隊1974），83簡報（中国社会科学院考古研究所二里頭隊1983b），略論（鄭光1995），偃師二里頭（中国社会科学院考古研究所1999, pp. 27–28）。

さに「二里頭類型文化」として認識されている。ここで注意しておきたいのは，より古い年代に発掘された二里頭文化遺存を含む鄭州洛達廟遺跡は，第1〜3期の遺存が確認されているが，現在の認識としてそれらは二里頭文化第2〜4あるいはそれよりも若干新しい段階のものであるとの理解がされている（河南省文物研究所1989，河南省文物考古研究所2001）。もともとこの遺跡名から命名されていた「洛達廟類型文化」は，二里頭遺跡前期つまり後の二里頭文化第1期遺存は含まない。ただし，上述した簡報の報告者は執筆段階ではこれを整理・論証するにはいたっていなかった。

1970年代初頭，中国科学院考古研究所二里頭工作隊はさらに二里頭遺跡1号宮殿基壇の発掘成果をもとに，「二里頭遺跡第4期」遺存を設定した（筆者の考えとしては，二里頭文化第4期と呼称すべきと考える。詳細は後述）。そしてここで前述の前・中・後期は，それぞれ第1，2，3期遺存（中国科学院考古研究所二里頭工作隊1974）という呼称に代わっている。これにより，二里頭遺跡の二里頭文化4期編年案が正式に提出され，最終的に4期編年が確立されるにいたった。現在のところ，多くの学者によりこの編年案は共通認識となっている。

全体的に見ると，二里頭文化は第1〜4期まで連続的な継承関係が存在することは明確であり，この件については大きな論争は存在しない。しかし，各時期遺存における変化の過程に極めて明らかな連続性が存在するため，細分するための絶対的な画期は見出しにくい。そのため，各遺存がどの細分時期に属するのか，その中でも連続する前後のどの段階に属するのかという問題についての議論は，現在でも継続している。

3 分期概念に関する若干の分析

最初に，我々は遺跡の編年・時期細分と文化の編年・時期細分とは二つの異なる範疇の概念であると理解しておかなければならない。「遺跡の分期の検討とは，異なる考古学文化の同一遺跡内における堆積の前後関係を探るということである。考古学文化の分期とは，考古学文化を歴史における相対年代として分け，位置づけるということである」（張忠培1986）。

1959 年秋の二里頭遺跡第 1 次発掘中に，既に仰韶文化と廟底溝第 2 期文化遺存が発見されていることから(中国社会科学院考古研究所 1999，p.15)，これらは，二里頭遺跡第 1，2 期遺存に相当する。その後の二里頭文化第 1～4 期遺存はそれぞれに遺跡第 3～6 期遺存ということになる。ただし，これ以降二里頭文化の編年について，論述者はこの遺跡分期と文化分期の違いを厳格には区別しておらず，ますます混乱を引き起こした。先述した 1 号宮殿基壇発掘簡報もその一例である。発掘報告書として正式出版された『偃師二里頭』において，遺跡の文化堆積は 6 期に細分されている。その中の第 1～4 期は二里頭文化第 1～4 期であり，第 5，6 期は二里岡文化に属する(中国社会科学院考古研究所 1999，pp. 27–28)。既に先学により指摘されているように，「いわゆる「第 5 期」，「第 6 期」とは遺跡の文化分期ではなく，また二里頭文化分期中の適した序数であるとも言えない」(杜金鵬 2000)。

後の発掘担当者が「二里頭 5 期」の概念を提出しているが(鄭光 1985・1995)，これもまた二里頭遺跡第 5 期であるのか二里頭文化第 5 期であるのか明言されていない。「二里頭 5 期」は二里頭文化第 4 期よりも新しいが，それは二里頭遺跡第 5 期ではなく，二里頭文化第 5 期をさしているものであり，現在のところ学界ではこの遺存は二里頭文化の範疇ではなく，二里岡文化に属するという認識が一般的である(中国社会科学院考古研究所 2003，pp. 69–70，靳松安 2004)。このことから，この概念はまだ学界で確認されたものとはいえないのである。

我々は二里頭遺跡の集落形態の変遷を検討した際に，遺跡分期と文化分期の概念を明確に区別して用いている(許宏・陳国梁・趙海濤 2004)。本章で述べる時期の名称に関しては，二里頭遺跡中における二里頭文化の細分時期である。

以前使用されてきた，二里頭文化前・中・後期と第 1～4 期の対応関係に関しては，一つはっきりさせておかなければならない問題がある。それは，二里頭文化第 4 期は 1970 年代「新発見以前に知られていた第 3 期のかなり新しい段階の遺存である」(中国社会科学院考古研究所 2003，p. 69)という記述は正確ではないということである。なぜなら『偃師二里頭』で第 4 期とされている遺存は，1950～60 年代に発掘されていたからである(統計では，その中での文化層単位が 29 個，墓が 5 基，灰坑 11 基である)(中国社会科学院考古研究所 1999，pp. 260–346)。上述した 1 号宮殿基壇の発掘簡報では，「最近，二里頭遺跡第 4 期の文化を発見し，(中略)これは二里頭遺跡第 3 期(つまり後期)の土器と比べて大きな変化をしており，鄭州二里岡期の土器とも顕著に異なる」(中国科学院考古研究所二里頭工作隊 1974)とある。正確に述べるならば，「1974 年の簡報では，(中略)初めて二里頭第 4 期の文化概念が提出された。すなわちこれは，近年の発掘における宮殿基壇と切りあい関係を有する灰坑，井戸，墓葬などの文化遺存について，以前言われてきた第 3 期遺存の中から分離して第 4 期遺存を設定したのである」(鄭光 1995)ということになる。

4　銅，玉礼器出土墓葬をもとにした分期の検討

現在のところ，二里頭文化出土の銅器自身の編年に関しては，資料不足のため，十分に検討する

ことが難しく，体系だった時間軸は形成されていない。同時に，当時青銅器は大変貴重なものであり，器形の変化のスピードは土器ほど速くなく，また使用する期間も長い。このことから，1点の銅器の有する時間幅には，もちろん鋳造年代は含まれるが，使用と副葬された年代も含まれており，銅器の鋳造年代は最後に所属する遺構の年代を代表しているとは限らない。それゆえ，ただ銅器自身の特徴から遺構の年代を決定することには問題があり，研究において十分に留意する必要がある。

本節では墓葬から出土した銅，玉礼器（儀礼に関わる装飾品を含む）を分析対象とするが，分期に際しては，各器物が出土した遺構のコンテクストを考慮する必要がある。一般に，墓葬，住居，灰坑，および層位などの諸遺存は，共存遺物の共時性に差異が存在する。器物自体にもレベル差があり，土製の容器と銅製の容器，そしてその他の器物では年代決定においても差異が存在する。このことから，変化のスピードが速く，時間軸を反映しやすい土器を主要な編年軸の根拠とし，墓葬から出土する銅器，玉礼器を検討する。これにより，相対的に墓葬の年代決定ができるものと考える。

既に発表されている二里頭遺跡で銅，玉礼器を出土する墓地資料は20基を超えているが（李志鵬2005），その中で土製の容器が共伴し，さらに図面が公表されているのはわずか11基である（表8）。

1980年代以来，二里頭遺跡における二里頭文化の土器群に関する研究はさらに進んでおり，二里頭文化の4期区分の枠組みをもとに，各時期の墓葬から出土する土器によって具体的に各段階の最も早い時期，あるいは最も新しい時期へと位置づけられるにいたっている。なお，分期の依拠する資料の詳細に関しては，本章では割愛する。

若干の分析をしておく必要があるのは62VM22と75VIKM3である。

62VM22は『偃師二里頭』では第2期と認識されている（中国社会科学院考古研究所1999，pp. 124–137）。しかしその他の報告ではこの墓の土器は二つの時期に細分されている。例えば『中国社会科学院考古研究所考古博物館洛陽分館』の展示図録においては，爵，鬹は第2期，觚は第3期とされている（中国社会科学院考古研究所1998b，pp.39–40）。さらにはこの墓出土の觚，爵に関しては「どの時期に属するかさらに検討が必要」（杜金鵬2000）との見解をもつ学者もいる。この墓に副葬された土器には時間の前後関係を有するものが存在するが，しかし考古学における層位学的原理の基本にたつと，遺構が所属する時期は遺構内出土遺物の最も新しい時期のものが，その遺構の時期を決定する尺度になるものと判断される。

簡報（中国科学院考古研究所洛陽発掘隊1965）をさらに精査すると，その中で発見されたM22出土の鬹，小罐（簡報中では高頸罐と呼称）について（この簡報では遺構単位の器物は未発表），この2点の器物は当時「後期」と認識されており，発掘担当者はこの墓が所属する年代は第3期と認識している。土器の特徴から見ると，その中の觚，爵は他の器物と比べるとより新しい時期のものであり，第3期前半の特徴を備えており（図53），M22の年代を断定する根拠となる。近年，この墓を第3期前半に位置づける学者もおり（李志鵬2005，陳国梁2005），妥当な見解だと考える。二里頭文化の陶鬹は第2期後半には盉に取って代わられており，第3期には基本的には見られない。この墓地出土の土製の鬹は二里頭遺跡出土中で最も新しい時期の事例である。

第 5 章　二里頭遺跡文化分期再検討

表 8　二里頭遺跡における銅，玉礼器出土墓地の年代（ただし，編年可能分のみ）

墓	銅礼器	玉石礼器	土製容器	元時期	試案	出典
60IVM11		柄形器	爵, 角, 盉, 平底盆	2 期	2 期後半	中社考 1999, pp.122–123, 128–137
62VM22	鈴		鼎, 鬹, 爵, 觚 2, 豆 2, 折沿盆, 罐, 高頸甕	2 期	3 期前半	中社考 1999, pp. 122–123
73IIIKM2		柄形器	盉	3 期	3 期前半	中社考 1999, pp.240–241, 253–259
80IIIM2	爵 2	鉞, 圭	爵, 盉, 平底盆	3 期	3 期後半	中社考二 1983
80VM3		鉞, 璋 2	爵, 盉, 盆, 単耳罐, 高頸甕	3 期	3 期後半	中社考二 1983
82IXM8		柄形器	爵, 盉, 豆 2, 三足盤, 杯 2	3 期	3 期後半	中社考二 1985
75VIKM3	爵, 戈, 戚, 象嵌円形器 2, 円泡形器	圭, 戈, 璧戚, 石磬	盉	3 期	4 期前半	中社考 1999, pp.241–242, 249–259
84VIM6	爵	柄形器	盉	4 期	4 期前半	中社考 1986
84VIM9	爵, 斝	柄形器	盉, 簋, 高頸罐, 大口尊 2, 器蓋	4 期	4 期前半	中社考 1986
84VIM11	爵, 鈴, 牌飾	刀, 圭, 璧戚, 柄形器 3	爵, 盉	4 期	4 期後半	中社考 1986
87VIM57	爵, 鈴, 牌飾	戈, 刀, 柄形器 2	盉, 簋, 円腹罐, 盆	4 期	4 期後半	中社考 1992

中社考は中国社会科学院考古研究所の略，二は二里頭工作隊の略。

　75VIKM3 は発掘報告中では第 3 期とされている（中国社会科学院考古研究所 1999，pp. 240–242, 249–259）。この墓地からは銅爵，銅戈，銅戚，玉戈と石磬などの重要な遺物が出土し，これまでも注目を浴びてきた（図54）。容器の銅爵以外に，土製の盉が 1 点出土している。銅爵の形態的特徴から，時期としてはやや古く，第 3 期に属する可能性がある。ただし前述したように，貴重で比較的長い期間使用される可能性があることから，鋳造の年代と副葬される時期が同時期であるとは保証できず，このことから墓葬の年代を第 3 期と確定することは難しい。土製の盉からの年代により，この墓地の年代を検討する必要性がある。

　この土製の盉（75VIKM3:10）は細砂灰陶である。頂部付近には沈線文が見られるが，しかし，一般に第 3 期は盉の頂上部に凸状の注口は見られない。全体的に正面側に傾斜し，脚部が細くなり，実足で，脚部の先が高くなる。この特徴は，第 3 期にも見られるが，より胴部は真直で，脚部はやや太く，脚部の先端は無実足で，全体的に小型になりつつある点が，第 4 期の土製の盉の特徴である（図55）。我々としては，このような器物は第 4 期前半として位置づけることから，KM3 も第 4 期前半に収まるものと考える。もちろん，土器の組み合わせの資料が少ないので，将来的には再検討

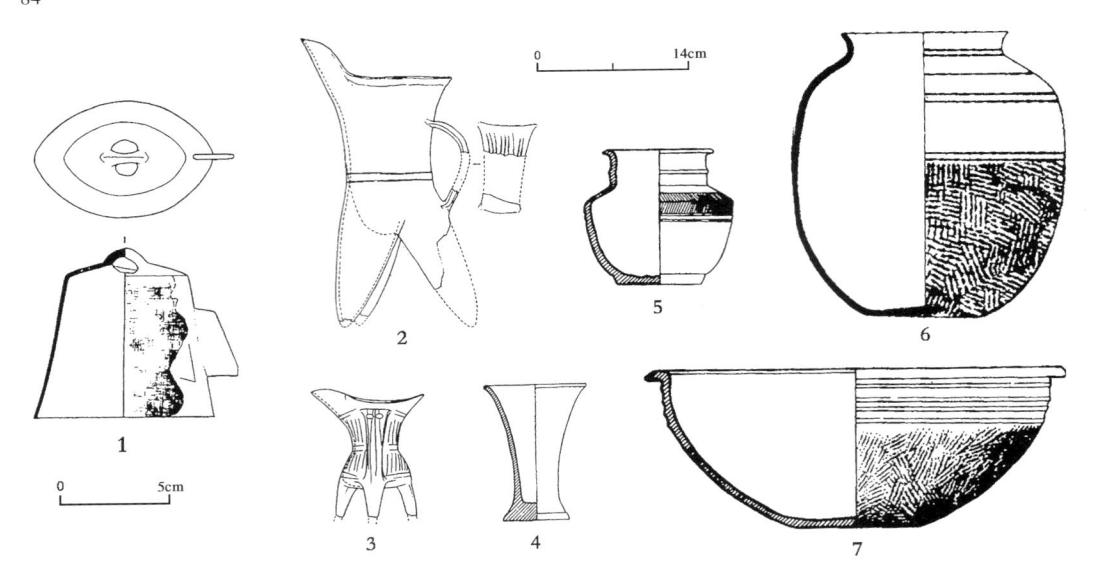

図53 中型墓62VM22出土器物組み合わせ
1 銅鈴(M22:11), 2 鬶(M22:8), 3 爵(M22:1), 4 觚(M22:3), 5 高頸罐(M22:10), 6 蛋形甕(M22:9), 7 盆(M22:5)

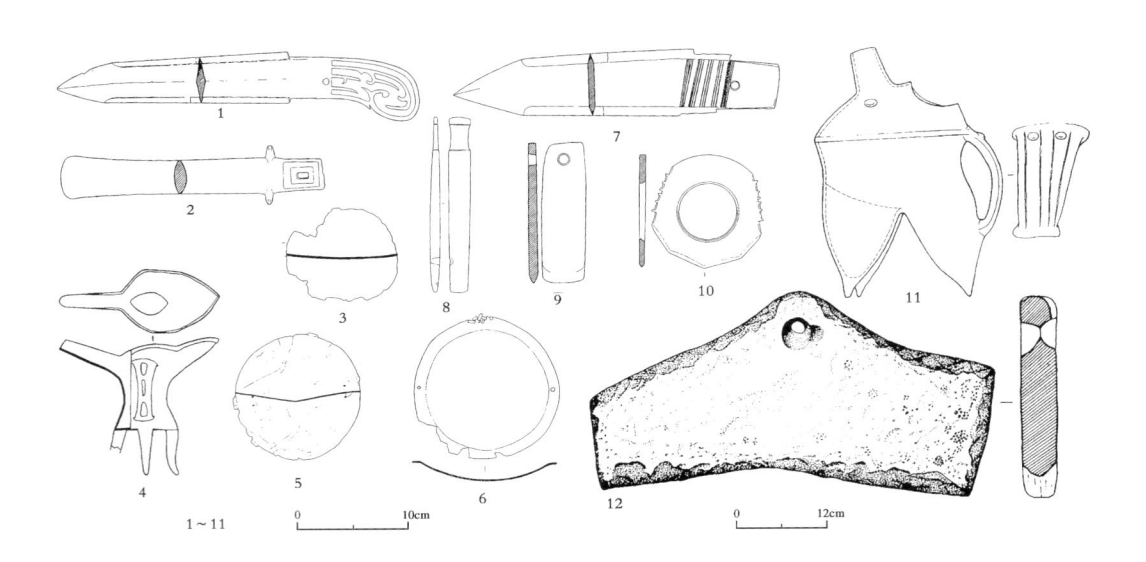

図54 中型墓75VIKM3出土器物組み合わせ
銅器　1 戈(KM3:2), 2 戚(KM3:1), 3・5 円形器(KM3:17, 16), 4 爵(KM3:4), 6 円泡形器(KM3:9)
玉器　7 戈(KM3:11), 8 柄形飾(KM3:3), 9 鏟(KM3:12), 10 璧戚(KM3:13), 11 陶盉(KM3:10), 12 石磬(KM3:21)

が必要になると考えている。

　以上，共伴関係の情報が少ない墓に関しても，上述の銅，玉礼器出土墓の検討から，それらの時期を知る上でも重要な材料となるといえる。

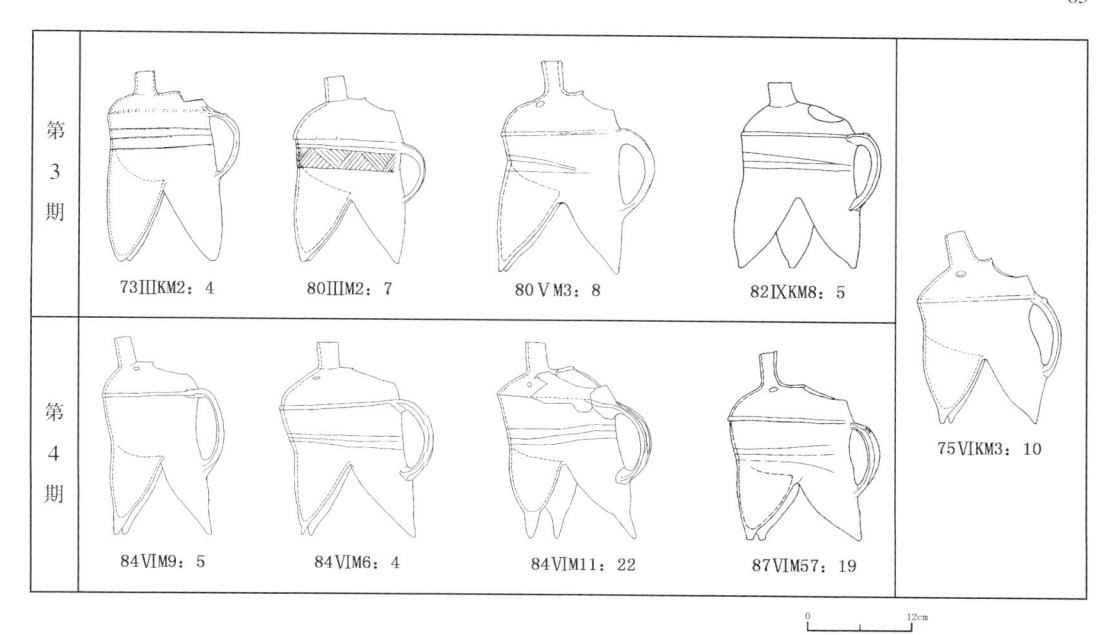

第 5 章　二里頭遺跡文化分期再検討

図 55　第 3・4 期陶盉の形態特徴による分期

5　銅，玉礼器の年代に関する若干の討論

　上述した銅，玉礼器出土墓における共伴土器の分析の結果，いくつかの銅，玉礼器の年代を検討することができた。現在の資料からすると，二里頭文化第 3 期に青銅容器と大型玉礼器である圭と璋などが既に出現しているが，しかし青銅武器に関しては二里頭文化第 4 期に属するものが最も古いものである。多孔玉刀，戈，璧戚など大型玉礼器の出現時間は遡っても二里頭文化第 4 期である。

　これまで確定できる最古の青銅武器（戈 75VIKM3:2，戚 75VIKM3:1）は二里頭文化第 4 期前半に属する。二里頭遺跡発見のもう 1 点の銅戈（75III 採 :60）は採集品であり，『偃師二里頭』では第 3 期とされているが（中国社会科学院考古研究所 1999, p. 169），層位学的・型式学的根拠には乏しい。

　大型玉礼器は，例えば戈（75VIKM3:11，87VIM57:21），璧戚（75VIKM3:13，84VIM11:5），多孔玉刀（87VIM57:9）もやはり最古のものでも二里頭文化第 4 期に属する。そのほか，玉刀，戈，圭，板，柄形器を出土する墓葬，例えば 67IIIKM1，玉璧戚を出土した 75VIIIKM5 はいずれも農民が土取りの最中に発見したものであり，やはり層位的関係や完全な形での器物の組み合わせ（土器はないが，銅容器を共伴しているようである）についてははっきりしない。簡報と『偃師二里頭』では第 3 期（中国科学院考古研究所二里頭工作隊 1975・1976，中国社会科学院考古研究所 1999）となっているが，根拠はない。さらに玉刀を出土した 82IXM5 は第 3 期（中国社会科学院考古研究所二里頭隊 1985）となっている。また簡報では土製の盉が共伴しているとの記載があるが，実測図が公表されておらず，検討ができない。

　このほか，『偃師二里頭』中には，層位関係が判然としない銅，玉器およびそのほかの採集品につ

表9 『偃師二里頭』報告中層位関係が見られない遺物の分期

器物名称	遺物番号	報告時期	報告図
陶舌足三足盤	採:1	1期	32–6
陶短頸尊	II 採:2	2期	62–9
銅戈	III 採:60	3期	103
銅鑿	V 採:61	3期	104–9
旋文轉陶片	II 採:2	3期	126–9
陶花辺鬲	採:41	3期	133–1
陶平底盆	III 採:2	3期	136–9
陶斂口尊	III 採:6	3期	138–15
陶大口尊	VIII 採:8	3期	139–7
陶圈足盤	II 採:3	3期	141–6
陶壺	III 採:5, 10	3期	143–1, 2
陶水管	III 採:1	3期	147–3
玉柄形器	III 採:61, 62	3期	148–24, 23
陶蛤蟆	採:42	3期	151–3
石戈	採:64	4期	186–1
石鉞	III 採:11	4期	186–2
銅爵	採:65	4期	197
方点文陶片	採:13	4期	198–3
瓦棱文陶片	採:11	4期	198–5
三角文陶片	採:33	4期	198–9
花蔓文陶片	採:44	4期	199–4
目文陶片	採:16	4期	199–3
変形獣面文陶片	採:26, 43	4期	199–5, 7
魚文陶片	採:10	4期	199–9
雷文陶片	採:35	4期	200–2
蝶文陶片	採:40	4期	200–6
巻雲文陶片	IV 採:1, 採:31, 45, 30, 36, IV 採:2, 採:37	4期	200–8〜12, 14, 16
樹葉文陶片	採:34	4期	200–17
刻符陶片	採:20, 44, 27, 41, 28	4期	201–12, 16, 18, 22, 24
小陶甑	III 採:1	4期	215–2
陶円杯	採:42	4期	215–10
陶水管	VIII 採:12, 13	4期	218–2, 3
銅罕	V 採 M:66	4期	240
陶甑	IV 採 M:1	4期	242–3
石鏟	II・VT105 採:10	二里岡下層	246–1
陶網墜	VIII 採:11	二里岡下層	249–6
緑松石飾	VIII 採:1	二里岡下層	255–6
骨墜	採:63	二里岡下層	255–8
陶水管	VD2 北墻外:1, 2	二里岡上層	271–1, 2

表10 原簡報と『偃師二里頭』報告分期案の変化

遺存単位	報告分期	原簡報分期	簡報出典	備考
59II・VH102	1期	中期（2期）	『考古』1961–2	
59II・VH105	1期	中期（2期）	『考古』1961–2	
60II・VM57	1期	中期（2期）	『考古』1965–5	
63IVM26	1期	中期（2期）	『考古』1965–5	
63IVT8 ③	3期前半	中期（2期）	『考古』1965–5	
63IVH43	3期	中期（2期）	『考古』1965–5	
63VT210 ④ B	3期	中期（2期）	『考古』1965–5	龍文陶片
63VT212 ⑤	3期	中期（2期）	『考古』1965–5	蛇文陶片
59IIM105	2期	後期（3期）	『考古』1961–2	
63IVM14	2期後半	後期（3期）	『考古』1965–5	
62VM15	2期	後期（3期）	『考古』1965–5	
62VM22	2期	後期（3期）	『考古』1965–5	
72VT13C ⑤	2期	1期	『考古』1974–4	
72VH80	3期	4期	『考古』1974–4	未発表遺物，報告中では番号
64VM27	3期	4期	『考古』1974–4	無遺物
72VM52	3期	4期	『考古』1974–4	H80付近，無遺物
72VM54	3期	4期	『考古』1974–4	H80付近，無遺物
72VM55	3期	4期	『考古』1974–4	H80付近，無遺物
73VM57	3期	4期	『考古』1974–4	無遺物
73IIIH236	二里岡下層	4期	『考古』1975–5	
73IIIM214	二里岡下層	4期	『考古』1975–5	
77VD2T204 ④	二里岡上層	4期	『考古』1983–3	
爵（採:65）	4期	未分期	『考古』1976–4	

いていずれも時期が決定されているが(表9)，この年代決定に関しては，確実な資料が得られるまでその検証をまたなければならない。同時に我々が注目すべきは，簡報と比べて『偃師二里頭』の分期には若干の変化が見られ(表10)，これによると発掘担当者は青銅容器などは二里頭遺跡第3期に興隆し，第4期に衰退するという認識，すなわち王朝交代と密接な関係があると考えている（許宏 2006）。

分期が可能な最古の銅爵は二里頭文化第3期後半(80IIIM2:1, 2)である。平底銅斝，柱状の爵の最古のものは第4期前半に出現している(84VIM9:1, 2)。銅爵の口部（流）の柱はおそらく第3期に出現したものであろう。1974年IV区で採集した銅爵（採:65）には，短い柱があり，簡報には年代は記されていないが（中国科学院考古研究所二里頭工作隊1976），『偃師二里頭』では第4期に帰属している。しかし，その根拠の詳細はない（中国社会科学院考古研究所1999, p.299）。朱鳳瀚はその形態から第3期

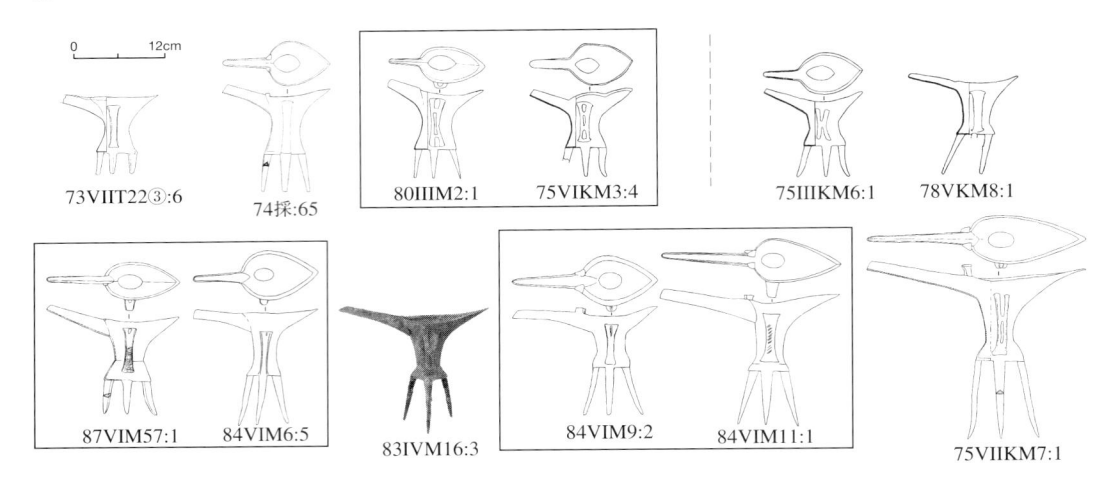

図56 青銅爵の変化方向の可能性
上段の破線は第3・4期のおよその境界。内側の四角は遺存内で分期可能と考えられるもの。その中で80IIIM2は第3期後半，75VIKM3，84VIM6，84VIM9は第4期前半，87VIM57，84VIM11は第4期後半。75VIKM3，87VIM57中の銅爵の鋳造年代はより古い。

と考えているが(朱鳳瀚1995，p. 601)，そうであると思われる。現在の資料から見ると，柱があるなしの2種類の銅爵は第4期には共存しており，両者は確実な前後関係があるものなのかはっきりしない。これにより，層位関係や器物の組み合わせがはっきりしない柱のない青銅爵は，すべて第3期に属するものであり，柱があるものはすべて第4期に属するものであるということは言えないのである。

分期が可能な墓葬資料から見て，我々は銅爵の変化の方向性を分析することができる。全体的に見て，銅爵の形態は短く小さいものから細く高いものへと変化する。そして短い流が長くなる。流と胴部の接する部分の境がより明確化してくる。三足も短いものから長くなり，脚部先端部が徐々に外側に広がっていく。口縁部の俯瞰図がより丸に近い形態から偏円形になる。口縁部の柱はないものからあるものへと変化し，さらに，短く小さいものから高くなっていく(図56)。

銅爵以外，二里頭遺跡出土の青銅容器には盉が1点(86IIM1:1)，斝が3点(84VIM9:1，87VM1:2，V採M:66)，鼎1点(87VM1:1)がある。その中で，平底銅斝84VIM9:1だけが銅爵とその他の土器と共伴して墓から出土しており，二里頭文化第4期前半のものであることがわかる。前述したように，そのほかの4点中の3点は墓葬番号がついてはいるが，非科学的な出土資料であり，墓葬出土資料であることは推測可能であるが，共伴遺物もない。これらの銅容器は二里頭文化第4期に属すると推定されているが，もう少し検討する必要があると考える。

銅盉86IIM1:1 (中国社会科学院考古研究所1993，p. 120，中国社会科学院考古研究所2003，p. 105)の頂部は丸みをおびており，三足はかなり細く，稜線を帯びており，一般的に見られる土製の盉や二里岡文化の銅盉の類でもない。封口盉の鋳造技術からしておそらくかなり広口状の容器を作ることは困難であり，二里頭文化の銅盉と同時期の土製の盉の形態が異なる原因の一つなのであろう。

銅斝87VM1:2と銅鼎87VM1:1 (図57)も農民により発見され売買されたものであるが，調査を通

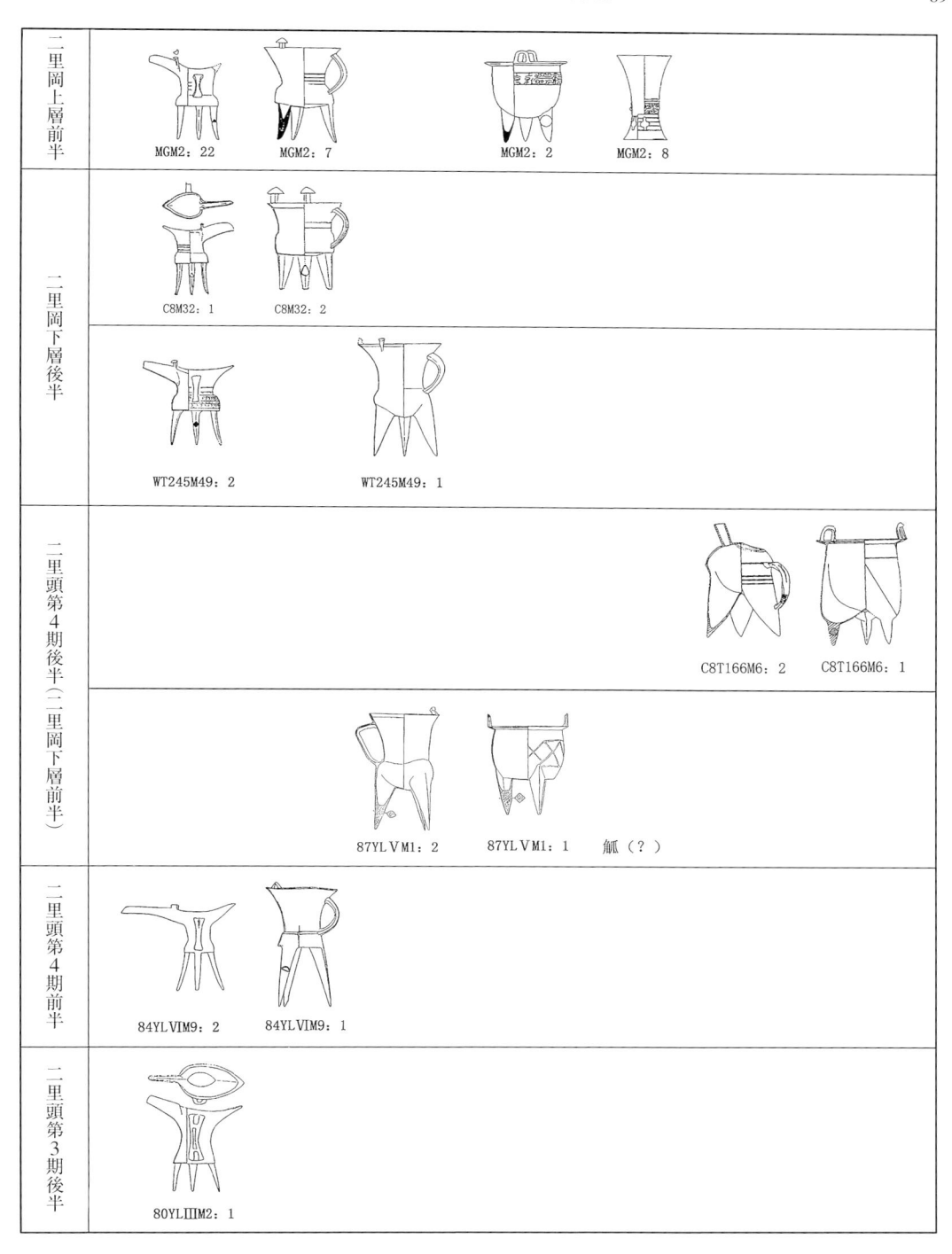

第 5 章　二里頭遺跡文化分期再検討

二里岡上層前半	MGM2:22　MGM2:7　MGM2:2　MGM2:8
二里岡下層後半	C8M32:1　C8M32:2 WT245M49:2　WT245M49:1
二里頭第4期後半（二里岡下層前半）	C8T166M6:2　C8T166M6:1 87YLVM1:2　87YLVM1:1　斝（？）
二里頭第4期前半	84YLVIM9:2　84YLVIM9:1
二里頭第3期後半	80YLⅢM2:1

図 57　二里頭文化から二里岡文化への青銅容器の変遷
WT245M49 は王城崗遺跡，C8T166M6，C8M32，MGM2 は鄭州商城，その他は二里頭遺跡。

じて，さらに銅觚（?）と石玉器片が1点ずつと土器片が若干出土しているようであり，報告者は両者が同一墓葬から出土したものと推測しているようである（中国社会科学院考古研究所二里頭工作隊 1991）。

　銅斝87VM1:2の形態と鋳造技術は，前述の平底銅斝84VIM9:1とは異なる。これは二つの柱，丸底状を呈しており，登封王城崗WT245M49:1（河南省文物研究所・中国歴史博物館考古部 1992, p. 152, 図80）に類似する。ただし，胴下部が凸状に膨らんでいる程度と口縁の外反の程度は後者に及ばず，後者よりも若干古い時期なのであろう。観察を通じて，この器は製作において三范が用いられており，底部の中心部から三足に向かって范線がのびており，さらに脚部と把手の部分に范線がまっすぐに連なっていることがわかる。これは現在のところ知られている青銅器中で外范に三つの范を採用した最古の事例であり，このような製作技術は二里岡文化期に一般化する。

　現在，掌握している銅礼器の資料の中で，銅鼎87VM1:2と形態・製作技法が類似するものはない。二里頭文化の銅爵と銅斝はいずれも外范は双范による鋳造であり，このことから三足の横断面が弧状を呈する三角形となっている。鼎の足の横断面は菱形を呈しており，上述の特徴とは明らかに異なっている。一方で二里岡下層文化の銅爵と銅斝は三つの外范による鋳造であり，脚部の横断面が菱形を呈する特徴は鼎と同じであるが（宮本一夫 2006, p. 217, 図10），胴部外側と底部には范線は見られない。

　形態と鋳造技術の両方の視点から見ると，銅斝87VM1:2と銅鼎87VM1:1の年代は二里頭文化と二里岡下層文化が交わる時期であり[1]，銅斝V採M:66（中国社会科学院考古研究所 1999, p. 342, 図240）はおよそ同時期にある段階であるといえ，形態と二里岡下層後半の銅斝が類似することから，その年代はさらに新しい可能性がある。

（徳留大輔訳）

注
1) 筆者は既に以下のことを指摘している。二里頭文化第4期と二里岡下層文化前半の年代に関する遺存単位の文化帰属の問題については，異なる見方が存在する。その理由として，既に発表されている資料の中で，両者の前後関係を証明する層位的関係が明確になっていないからである。現在のところ，型式学的研究から検討する以外にない（許宏・陳国梁・趙海濤 2004）。私見としては，両者は一部共存，重複している時期があると考えている。

第 6 章　青銅鼎の出現時期とその背景

村野正景

1　はじめに

　本章は，中国初期青銅器の考古学的研究の一環として，最古の青銅鼎に関する検討を行うものである。本調査中国側主任の白雲翔は，初期青銅器を研究する大きな課題の一つとして，国家形成過程における青銅器および青銅器生産が果たした役割についての検討をあげている（白雲翔 2002）。この検討に関して白雲翔は，ただ単に文明・国家の一つの要素として存否を問題にするというのではなく，青銅器およびその生産が果たした具体的作用や意義の検討の必要性を述べている。このような検討を行うためには，従来漠然と認識されてきたこと，すなわち年代論や機能論など基本的事柄を一つ一つ確認していき，その上でより抽象的な議論に進む必要がある。特に鼎は，これまでこれに着目し検討することが行われておらず，その出現の意義が十分に取り上げられているとはいえない。そこでこのような立場から，一つには鼎の時間的位置づけ，もう一つは青銅鼎の出現の要因や社会的背景について検討してみたい。

2　先行研究の概括と問題の所在

　青銅容器全体を見渡せば，古くから編年は行われていたけれども，1973 年の二里頭遺跡における爵の出土以来，ようやく二里頭期における青銅器の存在が確認された。これ以降，張長寿や雛衡あるいは林巳奈夫によって青銅容器の時間的位置づけやそれ以降の体系的編年の基礎が組み立てられている（張長寿 1979，雛衡 1980，林 1984）。さらに難波純子は客観的に属性変異の相関を示し，より編年を精緻にするとともに，製作技法の変遷を想定している（難波 1989）。しかしその後資料の増加があり，大まかな変遷観は妥当と考えるが，いくつかの変更を余儀なくされている。そのうちの一つが鼎である。

　鼎に関しては，当時の資料をもとに，初現が二里岡期とされていた。ところが，1987 年に二里頭遺跡で鼎が発見され，二里岡期を遡る時期に存在が確認されることになったのである（鄭光 1991）。そして，その報告中で二里頭第 4 期に相当すると考えられたことから，現在はそれが再検討されることなく一般化しているようである。ただし，報告から分かるように発掘出土品ではなく，また共伴したとされる斝も二里岡下層期の古段階に位置づけられる新鄭望京楼の斝との類似性が指摘され

ており，年代観をそのまま用いてよいか問題があると思われる。

　よって初期青銅器に関する基礎的研究の一環として，当時青銅鼎製作にあたって模倣したと考えられる土製鼎あるいは後続する二里岡期の土製鼎・青銅鼎と比較するなど，時間的位置づけに関して一定の検討を行っておく必要があると考える。さらに，難波（難波1989）や蘇栄誉ら（蘇栄誉ほか1995）などの見解を踏まえ，本研究の課題の一つである製作技法の点からも時間的位置づけの検討を行いたい。

　もう一つ取り上げたいのが，時間的位置づけと密接に関連することであるが，青銅鼎出現の要因，すなわちなぜ鼎が土製のものから銅製に変化したのか，あるいはなぜ鼎が選ばれたのかという問題である。土製から青銅製へという変化は単なる材質転換にとどまるものではなく，銅原料の入手から製作・管理などに関わる時間と労力の大きさからくる当時の青銅器の希少性や，何よりもそれに付された意義・価値の高さなど，当時の社会において大きな意味をもつ変化として検討すべき問題と考えるからである。これまで爵や斝などの酒器類が青銅器として出現することに関しては，それらが階層上位者の副葬品であることや，土器の爵や盉が精製品であるなどの事象や文献をふまえ，飲酒儀礼を媒介とした一部の有力者の権益を維持する装置の一つとして生み出された，という見解がある（岡村2003）。もちろん，銅器の熱伝導の点から見た機能の向上や鋳造における技術的発展という要因も挙げられる（難波1989，岡村2003）。しかし，酒器が選ばれて早く銅器化したのは，階層上位者にとって儀礼における酒器の意義・役割が銅器化する以前から重要であったから，という点が重視されているように思われる。

　鼎については周代以降，「用鼎制度」（兪偉超・高明1985）に見られるように社会の中でも非常に重要な位置を占める器種になっていく。しかし二里頭期に同様の社会的位置づけができるかは検討を要する。さらに鼎は酒器ではないため儀礼における役割は異なり，そのため酒器に見出したような価値観を鼎に対して単純に敷衍することは問題がある。したがって上記のような酒器の銅器化への説明を，鼎に対してそのまま用いるわけにはいかず，儀礼における役割とともにそれ以外の要因・背景も考慮に入れる必要があると考える。これまでの研究では酒器と鼎を区別し，鼎の取り扱われ方を検討した上で，銅器化の過程・要因に言及されたことはほとんどないが，両者の差異をあいまいなままにせず検討することが必要であろう。

　こうした問題について，現在のところ扱うことができる資料の数が1点のみという状況で解明することは難しいが，本章では基礎的研究という目的から一定の見通しを立てたい。以下では，まず酒器と機能の異なる鼎が銅器化する前にどのように扱われていたのかを把握したい。そこで，まず土製鼎・酒器類の墓や生活遺構での扱われ方に関する検討を行いたい。その上で先行研究の成果によりつつ，青銅鼎の出現の過程・意義，およびその要因や背景を探ることにする。

3 分 析

(1) 時間的位置づけに関する検討

　ここでは，a) 形態の比較と b) 製作技法の比較によって，時間的位置づけについて検討したい。a)では，二里頭期・南関外期・二里岡期の土製鼎，および二里岡期の青銅鼎と比較する。b)では，二里頭出土の青銅鼎以外で出土量の多い器種(爵)，および二里岡期の青銅鼎と比較することにする。

　a) 形態の比較

　土製鼎（図58～60）　二里頭出土の青銅鼎以外の二里頭期の青銅容器は，土製容器を模倣したことが指摘されている(岡村 2003 など)。二里頭出土の青銅鼎についても，土製鼎が存在しないならば話は別であるが，他の容器と同様，実際に当時存在した土製鼎を模倣して作られたと考えることはできよう。それならば，土製鼎と比較することにより，二里頭出土青銅鼎の年代を知ることができるはずである。ここでは，徳留大輔の最新の土器編年成果(徳留 2004)によりつつ，検討を進めたい。

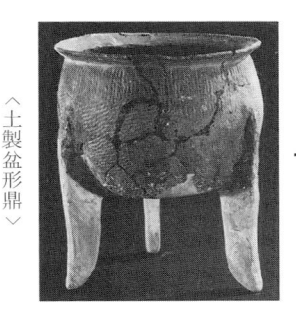

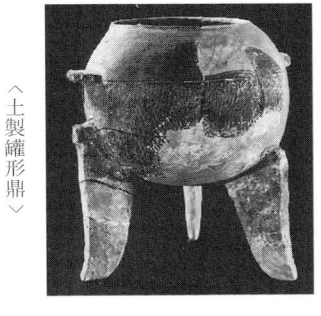

図58　二里頭の青銅鼎と二里頭期の土製鼎の比較(縮尺不同)
徳留 2004 を参照して作成。二里頭の青銅鼎：中図版 1，土製盆形鼎左：偃図版 37-3，同右：二図版 412，土製罐形鼎左：偃図版 9-1，同中：偃図版 38-1，同右：二図版 291 より引用。
中は中国青銅器全集編輯委員会 1996『中国青銅器全集 1　夏商 1』文物出版社，偃は中国社会科学院考古研究所 1999『偃師二里頭』中国大百科全書出版社，二は中国社会科学院考古研究所 1995『二里頭陶器集粋』中国社会科学出版社を示す。図59・61・62 も同様。

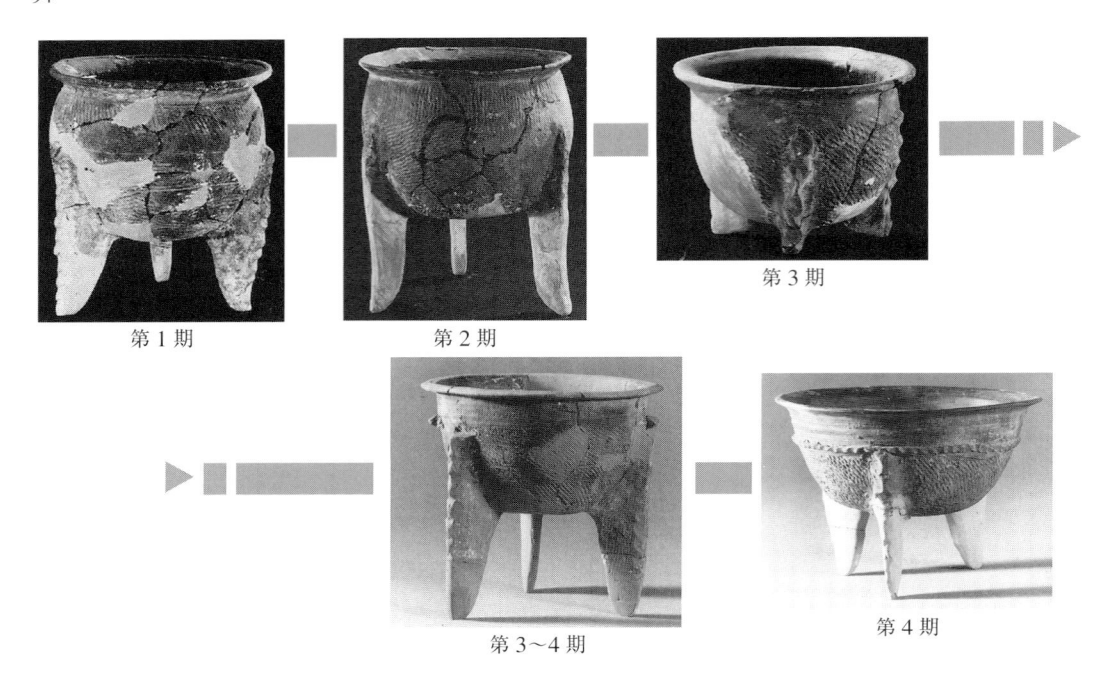

図59 盆形鼎の変遷（縮尺不同）
徳留2004を参照して作成。第1期：偃図版9–5，第2期：偃図版37–3，第3期：偃図版144–4，第3～4期：二図版412，第4期：二図版348より引用。

　まず，二里頭期の土製鼎は器身部形態から大きく盆形と罐形に分けられる。盆形は口縁部径が胴部最大径よりも大きく，罐形は口縁部径が胴部最大径より小さい。また罐形は盆形より相対的に法量が大きく，器身の深さが15 cmを超えるのに対し，盆形はほぼ15 cm未満である。この二つの細別器種は，胴部最大径の位置や胴部および口縁部の形態の変化によって，時間的変化を示しており，型式分類の基準となる。

　以上を踏まえると，口縁部径が胴部最大径より大きいこと，器身の深さが10 cm程度であることなどから，二里頭出土の青銅鼎は，細別器種としては盆形の範疇に含まれると考えられよう。

　しかし，それでは土製盆形鼎の第4期と同様のプロポーションを二里頭出土青銅鼎が見せているかというとそうではない。第4期の土製盆形鼎は非常に偏平化が進んでおり，二里頭出土青銅鼎は，むしろ第4期より古い段階の型式によく似ていると言える。もちろん，型式変化は漸移的なものである。資料の存否のみではなく頻度によって量的変化を想定し，時間軸を設定する立場に立てば，古い型式が新しい型式と併存することは想定可能である。よって，二里頭出土青銅鼎製作の年代も即座に第4期より古いと断言できない。また，すでに第3期に青銅鼎の製作は開始されており，土製鼎は形態的に偏平化が進んだけれども，続いて第4期に製作された青銅鼎はその段階でもあまり形態変化をしていないとも考えることができる。

　いずれにせよ，第4期における主体の型式よりも，第4期より古い時期に主体であった型式を模倣した可能性があると考え，青銅鼎以外の青銅容器が第3期から製作され始めたとするならば，青

第 6 章 青銅鼎の出現時期とその背景

図60 南関外期(左端)・二里岡下層期(左端以外)の土製鼎(縮尺不同)
左端：鄭図版22-1，盆形鼎：鄭図版32-2，罐形鼎：鄭図版32-1，盆形立耳鼎：鄭図版117-4より引用。
鄭は河南省文物考古研究所2001『鄭州商城』下冊，文物出版社を示す。図61も同様。

銅鼎製作の時期を第4期に限定せず，第3期から第4期という時間幅で考えるべきだろう。

また二里頭文化期と一部併行あるいは後続すると考えられる南関外期や後続する二里岡文化は，広く知られているように土製鬲主体の文化であって，土製鼎の出土量は少ない。出土する土製鼎をみても，南関外期のものは罐形のみでまったく器身部の形態は異なり，二里岡下層期の盆形・罐形も形態的に異なる。また二里岡下層期の耳を持つ土製鼎も丸底であり，耳直下の胴部外面に二里岡上層期の青銅方鼎にみられる2本の縦突線を有しており，全体に丸みを帯びた形態はやはり二里岡期の青銅鼎に近く，二里頭の青銅鼎とは異なっている。むしろ二里岡期の青銅鼎を模倣した可能性を考えるべきだろう。また図60のすべての土製鼎を通じて脚部の断面形態は円形あるいは楕円形であって，二里頭の青銅鼎が明確な稜と面をもつやや不整形な四角形であることとも異なっている。二里頭期の土製鼎の脚部が偏平なものであることは二里頭の青銅鼎の脚部と形態的には異なるものの，両者ともに明確な稜と面をもつものであり，そこへの意識の点では共通している。これらのことは，二里頭の青銅鼎の製作時期を二里岡期まで新しくする必要はないことを物語っている。

二里岡期の青銅鼎(図61) 次に青銅鼎自体の変遷過程から，二里頭の青銅鼎の時間的位置づけを確認しておきたい。

二里岡期の青銅鼎には，偏平足をもつ鼎，獣足をもつ鼎のほか，二里頭と同様の錐形足をもつ鼎の3種類がある。また器身部で分類すれば，円鼎のほか，方鼎や鬲鼎もみられる。ここでは，二里岡期の青銅鼎の編年が目的ではなく，二里頭の青銅鼎の時間的位置づけが問題であるから，二里頭の青銅鼎と同様の錐形足をもつ円鼎を特に取り上げることにする。

二里岡期の青銅鼎に関する編年は，報告書『鄭州商城』(河南省文物考古研究所2001)で行われており，二里岡下層期には鼎は存在しないとされる。しかし先行研究であげた難波あるいは安金槐によると，層位的根拠はいまだ薄弱であるけれども，型式学的には二里岡下層期と考えられる青銅鼎は存在すると指摘されている(難波1989，安金槐1992)。層位的根拠が薄弱であることは，全ての青銅鼎を二里岡上層段階とする見解にも言えることで，型式学的見地から，難波らの指摘は妥当と考える。

そこで，難波や安金槐の考える二里岡下層期から上層期への変化を見ると，文様が単純なものか

二里岡下層期　　　　　　　　　　　　　　　二里岡上層期

図 61　二里岡期の青銅鼎(縮尺不同)
二里岡下層期左：中図版 26，同右：鄭彩版 18-3，二里岡上層期左：中図版 28，同右：中図版 27 より引用．

ら複雑な饕餮文へ，器壁が薄手のもの(0.2 cm 前後)から厚手のもの(0.3〜0.4 cm 程度)へという変化が見られる．二里頭の青銅鼎は 2 本の横突線の中に×字状の突線が描かれた非常に単純な文様であり，器壁は 0.2 cm 程度の厚みしかもたない．これらは二里頭の青銅鼎が，すくなくとも二里岡上層期よりは古い時期であることを示唆していよう．

ただし，形態的には二里頭の青銅鼎は底部がやや丸みを帯びつつも平底であり，二里岡期の青銅鼎がすべて丸底であるのとは異なっている．また脚部も，二里頭の青銅鼎がほぼ垂直に接地するのに対し，二里岡期の青銅鼎はやや開き気味に接地する．したがって，ここでは，二里岡期の古い段階の鼎と類似性はあるけれども，それに含めることはできず，異なる分類単位として扱う必要があることを確認しておきたい．これは，積極的な証拠ではないが二里岡期の青銅鼎と二里頭の青銅鼎の時期が異なることの傍証となるだろう．

b)　製作技法の比較

青銅器全体の製作技法については，難波や，中国では古くは李済・万家保や郭宝鈞，最近では蘇栄誉らや李京華などによって，すでに多くの知見が得られている(難波 1989，李済・万家保 1970，郭宝鈞 1981，蘇栄誉ほか 1995，李京華 2004)．ここでは，これら先行研究の成果を参照し，二里頭の青銅鼎と比較することにする．二里頭の青銅鼎は，すでに蘇栄誉の調査成果(蘇栄誉ほか 1995)があるが，氏が述べておらず，今回の調査で得られた知見もあるため，まず二里頭の鼎について見ておきたい．

二里頭の青銅鼎(図 62)　青銅器には，鋳型の合わせ目に生じる鋳張りの痕跡が残ることが多く，逆にこの痕跡の観察から，鋳型の数やその構造を知ることができる．二里頭の青銅鼎にも，鋳張りの痕跡が残されており，蘇栄誉は 2 − 1 + 1[1] の鋳型構造と指摘している(蘇栄誉ほか 1995)．鼎胴部外面に見られるような鋳張りの痕跡が底部には見られず，胴部外面の鋳張りが底部上には達していないこと，また胴部から底部にかけて強い屈曲を有する形態であることから，独立した底部范の存在を認めることができる．また鼎器身部内面は補鋳があるものの，器壁は比較的平滑であって，そのことから内范は分割されず，一つであったことを示している．また脚部内面は底部から約 2 cm く

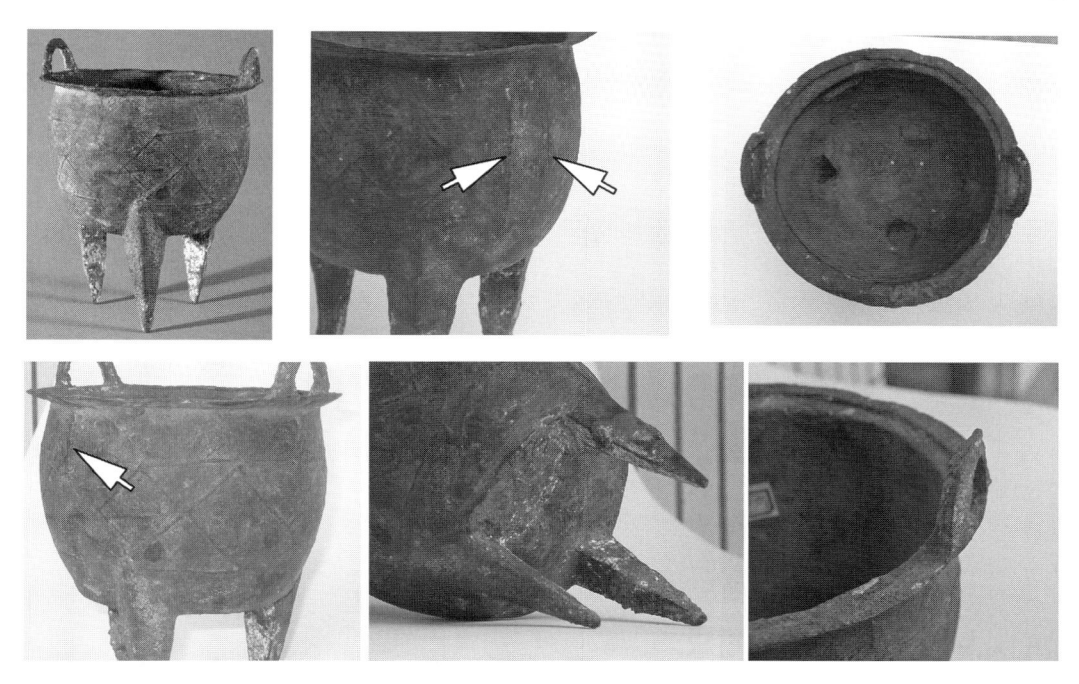

第 6 章　青銅鼎の出現時期とその背景　　　　　　　　　　　　　　　　　　97

図 62　二里頭の青銅鼎
左上：中図版 1。左上以外は田尻義了撮影。⇧：鋳張りの痕跡。

ほんでおり，器身部の内范上に設けられた脚部の内范の存在を示している。また文様は非常に単純で，場所によっては線が途切れシャープとは言いがたい質の突線であることから，フリーハンドで外范に直接施されたとみられる。

　これらは，すでに蘇栄誉によって指摘されていることと同様であるが，器身部の外范については若干の違いがある。鼎の脚部や胴部外面を横位に走る鋳張りの痕跡はないことから，胴部と脚部を境にして上下に外范を分割するようなことはされず，器身部の外范が口縁部から脚部までをカバーするものであったことは分かる。この点に異論はない。ただし蘇栄誉は器身部外范を左右二つの范とするけれども，実際に観察してみると，胴部外面には鼎を普通においた場合の縦方向に 3 本の鋳張りの痕跡が確認できる。そのうち 2 本は比較的隣接しており，幅約 2 cm の空間を隔てて，鼎を図 62 左上の写真のように置いた場合の縦方向にほぼ平行に存在しているのが確認できる。そして鼎を上から見た場合，2 本の鋳張りに挟まれた部分が，突出したり，くぼんでいたりせず，全体にやや不整形ながらもなだらかな円形を描いている。つまり，別々に鋳造されて接合されるためにできる厚みの違い・段差は確認できず，青銅器器身部は一度に鋳造されたことが分かる。したがって，器身部外范は，鼎を上から見た場合，約半分ずつの割合を占める大きめの范が二つと，1/10 にも満たない割合を占める小さめの范が一つ，合計三つで構成されていると考えざるをえない。これら外范の構成を，ほぼ均等に三分割あるいは二分割された後代の外范の構成と比べるならば，やや歪な構成という印象をうけるのである。

　これは，デザイン的な意味と機能的な意味の二つの側面から，なぜこのように器身部外范が構成

されるのか考える必要がある[2]。しかし，製品の胴部に突線で表現された文様が，2本の鋳張りに挟まれた部分で消えていることから見ると，デザイン的な意味ではなく，なんらかの機能的意味があったと考えるべきであろう。機能的意味として，一つの候補は湯口としての機能である。殷墟期以降の一鋳法で製作された青銅鼎には，脚部の裏側に湯口を設けるものが一般的と見られるが（蘇栄誉ほか1995），二里頭の青銅鼎脚部は錐状であって，先端は非常に小さくなっているため，湯口にはむかない。残るは耳上，口縁上あるいは外范の合わせ目上に設けるかである。しかし，耳や口縁に湯口の痕跡は確認できなかった。磨いて痕跡を消し去った可能性は残るものの，胴部の鋳張りの痕跡は残されたままであることから見れば，もともと湯口が設置されていなかったと考えることができよう。したがって，湯口を耳・口縁・脚部以外の部分に設ける必要があり，結果として器身部外范の合わせ目上に設けた蓋然性が高いと考えるのである。外范の合わせ目上に湯口を設けることは，後の時期にも見られることであり，湯口と考えることに，それほど不都合はない。ただし，なぜ二つの器身部外范を用い，その合わせ目の空間を湯口とせず，二つの外范とともに小さめの外范をわざわざ用いたのかについては，はっきりしない。一つの可能性として，小さめの外范を用いることによって，それらの外范の合わせ目上に2ヶ所の空間を設け，一つを湯口，もう一つをガス抜きのためのガス口としたと考えることはできよう。ただし，実際には一つの湯口でガス口も兼ねることは可能であるため，検討の余地を残す。ここでは，2本の鋳張りを有する意味は今後の課題としておきたい。

　また湯口の位置は，湯が流れるための外范と内范の空間をいかに保つかということとも関連する。この点に関して，蘇栄誉は，器身部内面に容易に観察できる補鋳の範囲が広いことなどから，注湯時に外范と内范の空間を保つ技術に難があった可能性を指摘している（蘇栄誉ほか1995）。今回の調査でも器表面の肉眼観察ではスペーサーは認められなかった。補鋳が一部分に面的に広がっていることも併せて考えると，器身部外范の合わせ目上に湯口を設けた場合，鼎を横方向に置いた形で鋳造することになるため，内范が鋳造時に湯の影響で動き，外范と接着してしまい，その部分が後に補鋳を行うことになった部分と考えられるかもしれない。もちろん幅置は設けられていたであろうが，それでも幅置から遠く，鼎底部に近い部分の内范は十分に固定できていなかった可能性があろう。

　また，耳部は側面の外縁に鋳張りの痕跡を残しており，二里岡上層期によく見られる側面の内縁に鋳張りの痕跡を残すものとは異なっている。これは一鋳法の場合，耳部を内范に設けるか，外范に設けるかという差を示し，鋳造技法の差異を示している。二里頭の青銅鼎は，内范に耳を設けていることを指摘しておきたい。

　二里岡期の青銅鼎（図63・64）　先行研究（郭宝鈞1981，蘇栄誉ほか1995）を参考にすれば，鋳型構造は3－N＋1である。このことからすぐ知られるように，二里頭の青銅鼎との大きな違いは底部范をもたないことである。図63はその一例であり，図64は殷墟の鼎鋳型の復元である。図64の湯口の位置は二里岡期の青銅鼎にそのまま適用できないが，鋳型の構造を視覚的に分かりやすく知るために参考資料として示した。この3－N＋1という鋳型構造は二里岡上層期の鼎だけではなく，二

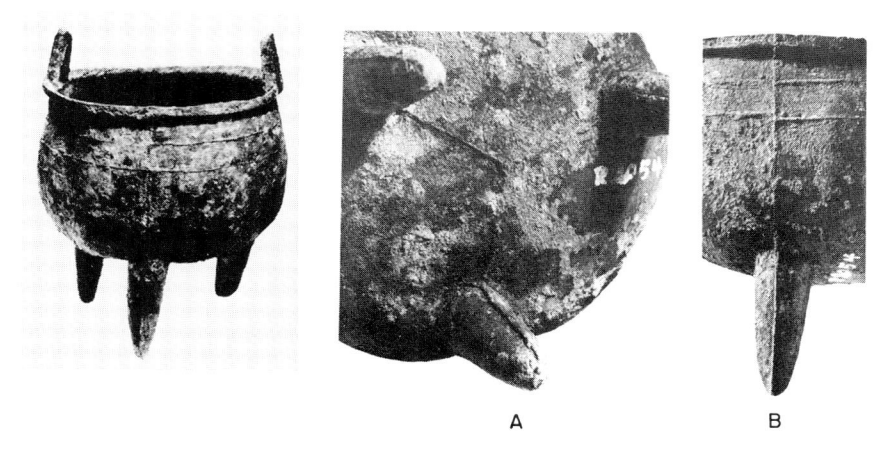

第6章　青銅鼎の出現時期とその背景

図63　二里岡期の鼎に見られる鋳張り（縮尺不同）
李済・万家保 1970，図版3より引用。

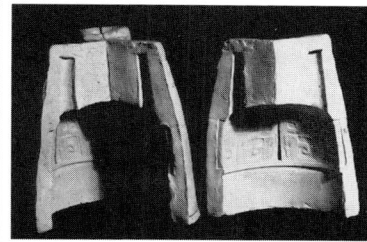

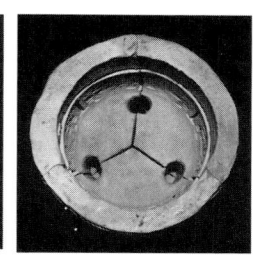

図64　3－N＋1の鋳型（縮尺不同）
左から順に，李済・万家保 1970，挿図 13・12・11 より引用。

里岡下層期とされる鼎でも同様である。

　二里岡期の青銅鼎の湯口が器身部外范の合わせ目上に湯口を設置すると考えられること（蘇栄誉ほか 1995，胡家貴ほか 2001），二里岡下層期の鼎の文様が外范に直接描かれたと考えられることや，耳部を，内范に設けることなどは，二里頭の青銅鼎と共通点をもつ。しかしそれにもかかわらず，鋳型の設計や製作手順に関わる相違となる底部范の不在という，大きな差異をもっているのである。次に述べるように底部范をもつという二里頭の青銅鼎の鋳型の設計は二里頭期の青銅爵の鋳型の設計をふまえたものと考える。二里岡期の青銅鼎はそれを離れて製作手順の簡略化・効率化が行われていると考えるのである。

　鋳型構造の相違は，それのみをもって時間差と決定できるものではないが，少なくとも二里岡期の青銅鼎と二里頭の青銅鼎を同じ分類単位にはできないことを示しており，また鋳型構造の差異が技術的向上によるものと考えられるならば，両者を時間差とすることの一定の根拠となろう。ちなみに殷墟期以降，再び底部范をもつ鋳型構造が主体になるが，これはまた別に検討が必要であろう。

青銅爵 以上の二里岡期の青銅鼎に対し，二里頭期の青銅爵は器種すなわち形態が二里頭の青銅鼎とまったく異なるにもかかわらず，鋳型構造に共通点を見せる。鋳型構造について先行研究では若干の見解の相違は見られるが，時期的変化として共通のことが指摘されている（難波1989，蘇栄誉ほか1995，李京華2004など）。すなわち，底部范の有無に関する変化である。爵と鼎では形態が異なるため，器身部や脚部の鋳型の形状や組み方に相違があるものの，二里頭期の青銅爵の鋳型構造は底部に独立した范を設けるという点において，二里頭の青銅鼎と共通しているのである。しかも，青銅爵は時期を下り二里岡期になると一般的に独立した底部范をもたなくなるのである。このことは強調されてよかろう。この鋳型構造の変化は，二里頭の青銅鼎が底部范をもち，二里岡期の青銅鼎が底部范をもたないことと共変動していると考えるのである。

c） 小結

以上，製作技法の観点からは，二里岡期の青銅鼎と二里頭の青銅鼎は底部范の有無という点で異なっており，逆に二里頭期における青銅鼎以外の青銅器（爵）と同様の特徴をもっていることを示した。このことは，青銅鼎の形態的比較で述べた以外にも二里頭の青銅鼎と二里岡期の青銅鼎では相違があることを示しており，土製鼎と二里頭の青銅鼎の形態比較から得た結果と同様，二里頭の青銅鼎は二里頭期の器物として考えられることを示していよう[3]。製作の時期が第4期か第3期かという点を解決することはできないが，第4期でも主体的な土器型式よりも古い時期に主体的な土器型式を模倣したということから，製作の時期すなわち出現の時期は第3～4期という時間幅を与えておくのが現在のところ妥当であると考える[4]。

（2） 鼎の扱われ方に関する検討

以上の検討では青銅鼎出現の年代が二里頭期にある蓋然性が高いと判断した。次に二里頭期における土製鼎の扱われ方の検討を行い，青銅鼎出現の背景について考察するための材料としたい。

a） 社会の階層性と鼎の位置づけ

すでに先行研究によって，青銅器が階層上位者に所属することが指摘されているが（李肖ほか1995，岡村2003，佐野2004，宮本2005），中でも鼎はどのように位置づけられるのであろうか。先行研究では墓地分析を行い，墓を構成する諸要素の中でも階層差を示す蓋然性が高いと考えられる墓の規模・副葬品構成・副葬品点数などを取り上げる。そして各要素の入手・製作などにおける労力や念入りさの度合いが高いものを価値が上位とし，各要素で上位のものが相関している場合，被葬者が階層的上位者であることを示すと考えている。ここでも同様の基準を用い，社会の階層性の観点から，鼎の位置づけについて酒器と比較しつつ検討する。

二里頭第3期（表11） 先行研究を参考にすれば，第3・4期を通じおおよそ4～5区分程度の階層性が認められる。ここでは，前述の岡村の区分（岡村2003）を参考に，以下の4区分を行う。1類は，銅器副葬墓で墓規模も比較的大きく，玉器も伴う墓。2類は，青銅容器はもたないが，精製土器や儀礼用玉器を副葬する墓。3類は青銅容器・儀礼用玉器ともに持たないが，それ以外の副葬品を有する墓。4類は副葬品を持たない墓である。区分した数字が若いほど階層的に上位と考えられる。1類

第6章 青銅鼎の出現時期とその背景

表11 二里頭第3期の墓の様相

墓番号	面積(m²)	備考	総数	銅器 総数	爵	他	玉器	トルコ石	土器 総数	鼎	盉	爵	他	石器	その他	出典
大墓M1	22.3+	被破壊	?												卜骨・陶龍頭	考古83-3
VIKM3	2.9	朱砂・二層台	16	5	1	4	4	○	1		1				骨串飾・貝・円陶片	二里頭・考古76-4
81IIIM2	3.1	墓底部砂層・木漆棺・腰坑	13	4	2	2	2	3			1		2		円陶片・漆器	考古83-3・考古84-7
IIIKM6	3.2	被破壊・木棺朱砂・漆	4+	1	1		1		1		1				円陶片	二里頭
VM11	1.8	被破壊	3+	1		1		○								二里頭
80IIIM4	2.8+	被破壊・墓底部砂層・木漆棺	6+	?		○	○	○	?		○	○	○		円陶片(漆)	考古83-3
80VM3	2.8	墓底部砂層・木漆棺・二層台	12				3	2	6	1	1		4		円陶片	考古83-3
IIIKM2	6.0	被破壊	5+				1	1	1		1				骨鏃・円陶片	二里頭
82YLIXM11	0.8+		3				1	1							円陶片	考古85-12
VKM10	3.2	木棺朱砂・漆	3					○							円陶片	二里頭
82YLIXM8	2.0+	被破壊	9+						7		1	1	5	石柄形	円陶片	考古85-12
87VIM28	1.8	木棺朱砂	10						4	1	1		2		亀甲・貝・漆器・円陶片	考古92-4
VIM7	1.6	木棺朱砂	5						5	1	1	1	2			二里頭
IVM17	1.1		5						5	1	1		3			二里頭
87VIM44	0.9	朱砂	8						6	1	1		4		漆器・円陶片	考古92-4
82YLIXM14	0.7		5						4	1	1		2	石刀		考古85-12
81YLMVM3	0.9	棺下に砂	9						6	1	1		4		骨簪・円陶片2	考古84-1
82YLIXM9	1.2		3						3				3			考古85-12
87VIM41	1.1		6						6				6			考古92-4
IVM16	0.7		1						1				1			二里頭
87VIM25	0.6	朱砂	6						6	1			5			考古92-4
82YLIXM13	0.6	朱砂	2						1	1					漆器	考古85-12
87VIM20	0.6	朱砂	6						6				6			考古92-4
87VIM23	0.5		4						4				4			考古92-4
82YLIXM18	0.7		0													考古85-12
83YLIXM21	0.6	子供・朱砂	0													考古85-12
82YLIXM19	0.2	子供	0													考古85-12

出典の二里頭は『偃師二里頭』（中国社会科学院考古研究所 1999），考古は雑誌『考古』を示す．
墓の規模・副葬品の内容ともに判明している墓のみ取り上げている．○は存在することを示す．

の副葬土器は多くて3点と, 2・3類に比べて相対的に少ない. 土器が青銅器に置き換わっているためであろう. 2・3類は, ①酒器を持つ墓と②持たない墓に細分できる. これは, 墓規模などで差異はそれほど見られないこと, 資料は限定的だが酒器が男性の墓にのみ存在することから, 性差を表現していた可能性がある（岡村2003）.

ここで注意するのは, 1類で少ない土器の中でも選択されるのは, 酒器であることである. 少なくとも1類から3類まで基本的に酒器を副葬品の基本的品目としており, その量や質, または日常土器を加えるか, それとも玉器や銅器を加えるかによって, 階層的格差を表現していたのである.

鼎は1類の銅器副葬墓からは出土せず, 3類の墓の副葬品である. ただし, 副葬品として用いられる頻度はそれほど高くない. 灰坑や文化層から多く出土しており, あくまで日常的に用いられる土器なのである. また副葬された酒器は精製品であることが多いのに対し, 鼎は粗製である. つまり鼎は墓の扱い・土器の造りの点で, 酒器のような特別な扱いをうけていないことが改めて確認できるのである.

二里頭第4期（表12）　表12を見ると, 墓の数が少ないためやや不明確であるが, 第3期で見られた階層区分は存続していると見られる. 土製酒器は引き続き2類の墓で見られる. 1類の墓では酒器である爵は青銅製ばかりで土製爵をもっていない. 1類は青銅, 2類以下は土製を用いるという青銅と土製の区別がより明確化しており, 酒器の中でも材質による価値の位相差が第3期に比べて広がっているように見える. いずれにせよ, 酒器が日常土器と異なり, 墓の扱いや土器の造りの点で, 第3期に引き続き特別な扱いをうけていることに変わりない.

鼎は墓の副葬品の品目からも基本的にはずれ, 日常的に使用する場でしか存在しない. 鼎と同じく煮炊きに用いられる, 鬲・罐は副葬品として存在するので, いずれ副葬品としてもう少し発見される可能性は残るが, 土器の造り・墓の扱いの点で酒器と異なることは明らかであろう.

二里頭の青銅鼎は報告（鄭光1991）によると青銅斝や青銅觚, 玉石器, 土器破片とともに出土したとある. もしこれが実際に同一墓から出土したものであれば, 階層上位者の墓の一つである蓋然性は高い. この点は事実とすれば非常に注目すべきであろう. 土製鼎が一般的に粗製で, 副葬品としてもあまり用いられていないことから見れば, 土製鼎と青銅鼎の扱われ方には比較的大きな飛躍が見られるからである. 副葬品かどうかにかかわらず, 土製から青銅製へという変化は, はじめにも述べたように単なる材質転換にとどまるものではなく, 鼎に与えられた価値や意義の変化にも関わる大きな変化と考えられ, また青銅器が階層上位者のみに所属することを考えれば, これまで精製器種でなかった鼎の銅器化には階層上位者のなんらかの意図が窺えよう. この点に関する参考資料として, 後続する時期の様相も見ておきたい.

二里岡期（図65, 表13）　難波や安金槐の見解を参照すれば, 報告書の時期決定を鵜呑みにすることはできないが, 墓の出土資料がすべて図示されているわけではないので, ひとまず報告書の下層・上層の時期区分にしたがい, 両者ともに検討する.

図65から分かるように, 完全に相関しているわけではないけれども, 酒器は墓の規模が大きいほど銅製であって数も多い. そしてやや小さめの墓は銅製酒器の数量は少なく, かわりに土製酒器を

表12 二里頭第4期の墓の様相

墓番号	面積(m²)	備考	総数	銅器 総数	爵	斝	他	玉器	トルコ石	土器 総数	鼎	爵	盉	他	石器	その他	出典
84VIM9	2.2		13	2	1	1		○		6			1	(漆盉)4		円陶片・鹿角・貝	考古86-4
87VIM57	2.1	木棺朱砂	30+	4	1		3	7+	2+	4		1		3	1	円陶片・漆器・貝	考古92-4
84VIM11	1.9		27	3	1		2	7	2	2	1	1				円陶片・漆器	考古86-4
84VIM6	1.3	朱砂	7+	1	1			1	○	1		1				円陶片	考古86-4
84VIM5	1.1+	被破壊	2	1			1			1	1						考古86-4
80VIM6	0.8		6						○	3		1		2		円陶片	考古83-3
IVM12	1.1		4							3	1	1		1		円陶片	二里頭
IVM20	0.4		2							2		1		1			二里頭
VM21	1.5	朱砂層	4							4			1	3			二里頭
VM59	2.1	板灰	1							1				1			二里頭
84VIM3	0.6		6							5				5		円陶片	考古86-4
75VIM1	0.6		3							3				3			二里頭
81YLMVM2	0.9	合葬墓	0														考古84-1

出典の二里頭は『偃師二里頭』（中国社会科学院考古研究所1999），考古は雑誌『考古』を示す。
墓の規模・副葬品内容ともに判明している墓のみを取り上げている。○は存在することを示す。

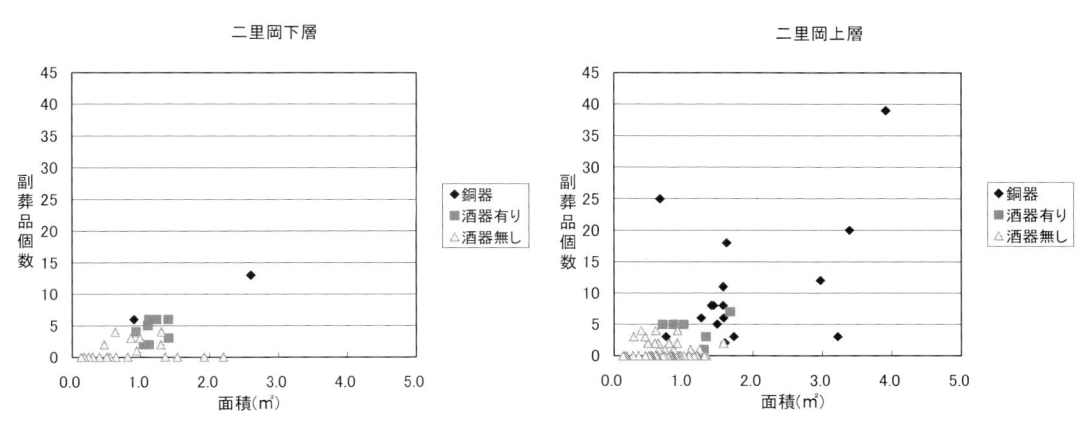

図65 二里岡期の墓の様相

もつか，あるいは他の土器をもつにすぎない。したがって銅器を持つ墓が相対的に上位に位置づけられよう。また酒器を有する墓が酒器無しの墓より相対的に上位であることも見て取れる。

　青銅鼎は階層上位の墓の副葬品として存在する。ただしそれが数量的に主体となる様相は見られない。それに対し酒器は数量的に多く，表13に示した銅製容器副葬墓の中でもほとんどの墓に副葬

表 13 二里岡期の青銅器副葬墓(『鄭州商城』では上層段階)

墓番号	面積 (m²)	総数	銅器				玉器	トルコ石	土器			石器	その他	出典
			総数	鼎	酒器	その他			総数	鼎	酒器			
BQM1	3.9	39	9	1	斝3・爵1・觚2	刀1・片1	11		0			10	円陶片3・骨器5・牙飾1	p.585
C8M3	3.4	20	10	1	鬲2・斝2・罍1・觚2・爵1・爵流1		3		0			3	瑪瑙1・象牙1・円陶片1・貝片1	p.586
BQM2	3.0	12	5		斝2・爵1・觚1	刀1	2		0			4	印紋硬陶1	p.585
C11M126	1.7	3	1		斝1		1		1					p.439
C11M148	1.6	18	1		爵1		2		4		斝1・觚1		骨匕7・貝飾2・骨飾1・円陶片1	p.439
C7M46	1.6	2	1		爵1		1		0					p.586
C11M146	1.6	6	1	1			1		3		斝1・觚1		円陶片1	p.439
C8M2	1.6	11	5	1	斝1・爵1・罍1・盤1		0	2	0				象牙觚1・円陶片1	p.586
C7M25	1.6	8	4		爵1	鏃2・刀1	2		1	斝1			原始磁器1・占骨1	p.586
BQM4	1.4	8	1		爵1		1		5		斝2・爵1		紡錘車1	p.585
C11M125	1.4	8	1		爵1		1		4	斝1		1	円陶片1	p.439
C11M150	1.3	6	1		斝1		1		2	斝1			紡錘車1・円陶片1	p.439
MGM2	0.7	25	8	1	斝2・爵2・觚1	戈1・刀1	4		0				原始磁器1・円陶片1・骨器4・貝器6・陶盆片1	p.583
C8M39	0.7	3	2	1	斝1		1		0					p.585

出典は『鄭州商城』(河南省文物考古研究所 2001),数字はページ番号を示す。

されている。青銅器の種類や量は二里頭期と比べて格段に増加しているものの,酒器を基本的副葬品の品目とすることは変わらず,酒器の量や材質それに他の青銅器や玉器などを加えることで階層間での差異化が図られていると思われる。さらに,二里岡期では二里頭期と同様に土製鼎の副葬はほとんど見られない。「用鼎制度」に関して,二里岡期にも副葬品として鼎の多寡が認められ,それが階層に関係していると考える見解もあるが(兪偉超・高明 1985),青銅鼎を階層区分の基準として用いたというよりは,あくまで酒器以外に追加された副葬品の品目の一つとして鼎を考えるべきであろう。もちろん,青銅鼎の副葬が増加していること自体,二里頭期とは大きな違いであり,鼎の扱われ方に変化が見られる。しかし,鼎が副葬品として社会全体に浸透したわけではない。むしろ鼎は,下位階層集団が用いないものの中から上位階層によって副葬品の一つに選択されており,さらに青銅で製作されるようになっている。つまり,下位階層との差異をさらに明確化しようとする意図が推測できるのである。

第6章　青銅鼎の出現時期とその背景

このことは二里頭の青銅鼎の出現を考える上で示唆的と考える。第4節で二里頭の青銅鼎出現の背景について考察する際，参考としたい。

b）　墓地出土以外の鼎の位置づけ（表14～19）

本来ならば詳細に，例えば鼎の出土遺構とその他の出土遺構を比較検討したいところであるが，情報が限定されており，出土状況が不明確である。また，宮殿区内とそれ以外の地区などの様子が特に知りたいところであるが，土器の報告がほとんどない。よって遺跡全体における分布の偏りを検討することで代用する。今後の調査では土器やそのほかの器物の詳細な出土位置を発掘時から記録していくことが望まれる。

表14は，墓以外で出土する鼎とその他の土器について，時期ごとに出土状況を示したものである。一見して分かることは，鼎が特別な出土状況を示さず，一般に土器が存在する場所では，鼎も同様に出土するということである。発掘地域の範囲とほぼ相当するところから出土しており，どこででも普通に見られるものであることを示している。酒器や卜骨が明らかに偏った出土状況を示す

表14 鼎の出土状況

	Ⅰ区	Ⅱ区	Ⅲ区	Ⅳ区	Ⅴ区	Ⅵ区	Ⅶ区	Ⅷ区	Ⅸ区	Ⅹ区
第1期		※		○	※			○	○	
第2期		○	○	○	○				○	
第3期		○	○	○	○	○				
第4期		※	○	○	○					

※：別の区とまたがって存在。　　：鼎以外の土器が出土。

表15 酒器（爵・盉・鬹・觚）の出土状況（副葬品除く）

	Ⅰ区	Ⅱ区	Ⅲ区	Ⅳ区	Ⅴ区	Ⅵ区	Ⅶ区	Ⅷ区	Ⅸ区	Ⅹ区
第1期										
第2期		※			※					
第3期		※		○	※					
第4期				○	○	○				

※：別の区とまたがって存在。

表16 卜骨の出土状況

	Ⅰ区	Ⅱ区	Ⅲ区	Ⅳ区	Ⅴ区	Ⅵ区	Ⅶ区	Ⅷ区	Ⅸ区	Ⅹ区
第1期		※		○	※					
第2期		※		○	※					
第3期				○						
第4期				○	○					

※：別の区とまたがって存在。

表17 墓の分布状況

	Ⅰ区	Ⅱ区	Ⅲ区	Ⅳ区	Ⅴ区	Ⅵ区	Ⅶ区	Ⅷ区	Ⅸ区	Ⅹ区
第1期		○※		○	○※					
第2期		○	○	○	○	○			○	
第3期			○	○	○	○		○	○	
第4期				○	○	○	○?		○	

※：別の区とまたがって存在。　▨：銅器出土墓。　?：採集。

表18 罐形鼎と盆形鼎の出土状況（副葬品以外）

	Ⅰ区	Ⅱ区	Ⅲ区	Ⅳ区	Ⅴ区	Ⅵ区	Ⅶ区	Ⅷ区	Ⅸ区	Ⅹ区
第1期		。+		○	。+			＊	○	
第2期		。＊	○＊	○＊	○+	○			○	
第3期		。＊	○＊	○＊	。＊					
第4期		。		○	＊	○＊				

○。：罐。　＊+：盆。　。・+：別の区とまたがって存在。

表19 罐形鼎と盆形鼎の出土状況（副葬品）

	Ⅰ区	Ⅱ区	Ⅲ区	Ⅳ区	Ⅴ区	Ⅵ区	Ⅶ区	Ⅷ区	Ⅸ区	Ⅹ区
第1期		。		○	。					
第2期		○			○	○			○	
第3期				○		○				
第4期						＊				

○。：罐。　＊+：盆。　。・+：別の区とまたがって存在。

ことと大きな相違である（表15・16）。銅器をもつ墓やその他の墓の分布状況と相関を見せるわけでもない（表17）。鼎の細別器種で見ても，生活遺構から両者ともに出土し，基本的に偏りは見られず，両者ともに用いられたことが分かる（表18）。鼎は墓において特別な扱いを受けていないと指摘したが，一般の生活の場でも酒器ほどの特別な扱いは受けていないことが分かる。ただし，罐形鼎が基本的に副葬品として選択されていた可能性があるが（表19），資料が少ないため，今後の資料の増加をまって，有為な差であるのか検討し，その差の意味について考察する余地があろう。いずれにせよ以上のことは，土製鼎が一般的に使用される実用器であることを示している。このことはもちろん鼎が儀礼の場で使用されないということを示すのではない。むしろどこででも使用される可能性があることを示すものと考える。

　c）鼎の用途・役割

　それでは，実際に鼎にはどのような用途・役割があったのであろうか。上記までの分析で階層性の観点などから，鼎の社会的位置づけがそれほど高いものでないことを確認したが，もう少し鼎の

性格を明らかにするために，鼎の用途・役割の観点からも検討しておく必要があろう。一般に煮炊き用として考えられていることはもちろんであり，また二里頭遺跡出土の青銅鼎および二里頭期の土製鼎の内部に肉やスープの類が残存しているわけではないが，あらためて形態や文献などから用途・役割について検討しておきたい。ここでは，土製鼎の銅器化の要因を探ることを目的としていることから，煮炊き用の器種と差異を比較しつつ検討する。

　まず形態の点では以下の点に注目したい。煮炊き用としては鼎のほか罐が多く出土している。両者を比較すると，土製罐は平底から丸底へと変化し，熱伝導の観点からより機能の向上がはかられているのに対して（岡村2003），分析で述べたように，青銅鼎の模倣対象と考えた土製盆形鼎の形態変化は，平底のままであって，深い寸胴タイプから浅い盆型タイプへと偏平化している。つまり土製鼎は煮沸可能な量を大幅に減少させている。しかも土製鼎胴部の形態は同時期の土製盆に近い形態へと変化している（徳留2004）。盆の用途はもちろん盛食であろう。よって，罐と鼎という同様の用途を持つ器種が併存しているのではなく，異なる用途にも用いられたのではないかと推測できる。つまり盆形鼎は盛りつけに向いた形態への変化の表れとも考えられよう。もちろん煮沸に用いることがまったく不可能なわけではなく，器身部が罐形の鼎も存在することから，鼎という器種が煮沸具としての用途をまったく失っているわけではない。しかし，煮沸具としての用途とともに，盛食具あるいは温食具[5]（林1984）としての用途が推測できることを確認しておきたい。

　岡村秀典は二里頭遺跡のⅤ区3号建物跡を取り上げ，宮廷での饗宴を準備する厨房と考えている（岡村2003）。そこでは焼肉料理の他，罐が用いられ，調理が行われたとされる。調理された食物は，盛食具に盛りつけられて，饗宴の参加者に供されたであろう。鼎が厨房で調理にも用いられたのか，また別に調理された物を入れたのかは断定できないが，少なくとも二里頭の青銅鼎に耳が作られていることは，持ち運びを当初から考慮に入れたためであることは明らかである。文献からもそうした耳の用途が窺われる（林1984）。よって，罐の使用は基本的に厨房にとどまるのに対し，盛食具あるいは温食具としての鼎は饗宴の場にも持ち出され使用されるという，両者の相違が推測できる。

　文献にも例えば，以下のような記述が見られる。
・『儀礼』小牢饋食礼「雍爨は門の東南に在りて北を上とす」。
・『儀礼』小牢饋食礼「三鼎は羊鑊の西に在り，二鼎は豚鑊の西に在り」。
・『儀礼』特牲饋食礼「羹の飪へたるを鼎に實す」。
・『儀礼』小牢饋食礼「鼎，序もて入る」。

ここでは雍爨（かまど）上に設置した鑊で作った肉類のスープを鼎に移し，その後，その鼎を儀礼の参加者が居並ぶ堂の中に運び入れるということが描かれている。そして，鑊は基本的に堂の外に設置され，中に入ることはない。二里頭期の土器相からみて，罐は鑊に相当しよう。もちろん鼎が鑊に相当する機能を有していたことも否定しない。しかし，この文献資料や土製鼎・青銅鼎の形態的観点から見ても，煮炊きのみではなく，別の場所に運び，中身を供することにも用いられたことが窺われるのである。二里頭期の儀礼の詳細は不明だが，二里頭期の鼎においても，このような古代の儀

礼における鼎と類似した役割を推測することも可能かもしれない。こうした点は，今後遺跡発掘時の土器の詳細な出土位置や分布の調査で検証することが必要である。

　c）小結

　ここまでの分析をまとめると，まず青銅器自体は階層上位者に所属するものであることは分かるものの，鼎という器種が酒器のような特別な扱いを受けているとは言い難いことが分かる。また，鼎は必ずしも副葬品として酒器とともにセットとして用いられるものではなく，副葬される比率も低い。墓以外の出土傾向や土器の造りからみても日常土器および粗製土器として考えられるのであり，青銅器である以前から精製品が存在した酒器とはやはり大きく一線を画していると言わざるを得ない。つまり酒器と鼎では与えられた役割や価値が大きく異なることは明白であって，役割・用途および用いられる場面やタイミングが異なっていたことを推測させるのである。そうした役割・用途については，煮沸具のほか食器あるいは温食器としての機能も推測される。また形態的特徴からは，青銅鼎の使用は厨房のみではなく，人々の目に触れる場での使用が推測できる。

　以上から，青銅器が階層上位者に所属するならば，従来は特別な価値が与えられていなかった煮沸具あるいは温食器である鼎に対して階層上位者が新たな意義づけを必要としたことが考えられる。その背景・要因には，酒器は鼎と異なる社会的位置づけ・扱われ方であったことから，酒器のような儀礼における役割以外のことも考慮に入れる必要があることが改めて指摘できる。以下では，これをふまえた上で，先行研究を参考にしつつ，青銅鼎出現の背景・要因について考察してみたい。

4　考　　察──銅器化の背景──

　先行研究によれば，二里頭第 3 期以降特に初期国家とも評価されるような社会体制が現れてくる（岡村 2003）。その中で土製鼎は上記の分析結果から見る限り階層上位者に限って用いられるような傾向にはない。それにもかかわらず第 4 期を前後する時期に鼎は特に選ばれて階層上位者のみが有する青銅器群の中の一つになる。この青銅鼎出現を遡ると，精製土器の主体であった酒器からまず青銅製になる。こうした青銅器の出現背景について，岡村秀典は王権による王権維持のための装置の創出・整備が行われていたとする（岡村 2003）。また宮本一夫も，青銅酒器の製作は階層秩序の新たな革新を示すのであり，二里頭文化の青銅器生産は，土器構成の差異で表現していた従来の位階標識をより高める方向で発展したと述べている（宮本 2005）。このようにある集団が他の集団とのさらなる差異化を図ろうとしたことが青銅器出現の背景に考えられているのである。しかし，それではなぜ階層間・集団間でのさらなる差異化を図る必要があったのであろうか。この点も一考の余地があろう。そしてそこに青銅鼎出現の要因を解く鍵があるように思われる。

　青銅鼎出現までの過程を振り返ってみると，まず青銅器出現以前に用いられ上位に位置づけられていた土器は酒器であり，中でも白陶が上位のものとして挙げられている。白陶については，二里頭遺跡やそれ以外に見られる白陶にやや粗製のものも見られることから，少なくとも一部は各遺跡

で製作されていたと見られる[6]。このような，ある階層の集団が上位階層の標識である器物を模倣しようとする行為には，それによって自分たちよりも階層下位集団との差異を明確化すると共に，より階層上位の集団を目指す意図も推測可能である。したがって，階層上位者の側に立てば，二里頭第3期における土製酒器の銅器化は，階層下位集団が模倣できないものを作り出し，そのことによって階層間・集団間のさらなる差異化を明確にしたとも考えられる。さらに第4期では階層最上位集団の墓に土製爵はなく，青銅爵が見られた。これらの集団よりも階層下位集団が副葬している土製爵はあえて用いられていないのである。その中で第4期を前後する時期に青銅鼎が出現する。これは副葬品かどうか不明確であるが，二里岡期には上位層の位階標識の一つとしての青銅鼎が確実に存在している。そして二里岡下層時期には副葬品ではないが，青銅鼎を模倣したと見られる土製鼎も現れているのである。

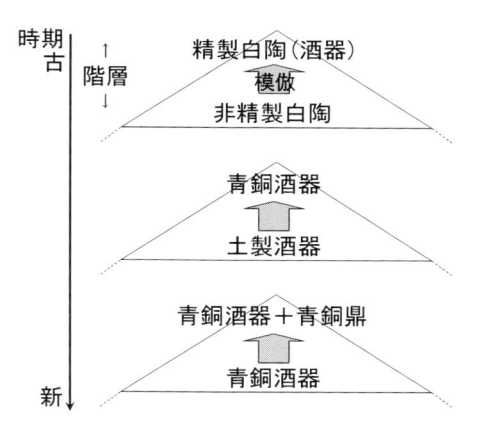

図66　位階標識の模倣と変遷の概念図

　以上のような過程は，より一般的にはエミュレーション emulation (Miller 1981) の過程での事象として把握可能であろう。筆者はこのことから，初期王朝とも評される二里頭期の社会といえども，階層秩序や階層間の関係が必ずしも安定的でなく，階層間あるいは集団間である種の競争的関係にあると推測するのである。

　第2節の問題の所在で述べたように，青銅鼎の出現を酒器と同様に，儀礼における重要性という脈絡で説明するのはやや難がある。また副葬品における位階標識としての土製鼎の位置づけがそれほど上位のものではなかった点も酒器と同様の説明を困難にする。しかし筆者はむしろ土製鼎が位階標識としてあまり価値が与えられていなかったという事実に注目したい。すなわち，上記のような階層間の関係性を想定するならば，他集団・階層とのさらなる差異化を図るために新たなものを取り入れる必要があり，そこで見出されたのが従来副葬品の品目にすら入らなかった鼎であったと考えたいのである。よって，青銅鼎の出現あるいは土製鼎の銅器化は鼎に対する価値の飛躍的な変化であって，従来から価値の高いものがより希少な材質で製作されることでより価値を高めるといったような連続的発展とは異なったと考えるのである。これが本章で推測する青銅鼎出現の社会的背景である。もちろんこの解釈は社会内部における内在的変化としての解釈であり，地域間の交流の結果など外部の影響を考慮に入れたものではない。しかし，それを否定するものではなく，こうした説明は今後確実な資料の増加をまって検証を行っていく必要があろう。ここでは一つの解釈の仕方として提示しておきたい。

　ただし，上記の解釈が正しかったとしても，青銅鼎出現の要因，特に酒器に次いでなぜ鼎が選択され銅器化したのかという点はもう少し説明されなければならないだろう。確かに酒器の儀礼における重要な役割が，酒器の早く銅器化した要因であろうが，階層関係など社会的諸関係の維持・再

生産の装置として，古代の儀礼の場で使用されるのは酒器や鼎だけではないからである。例えば『儀礼』によれば，酒器や鼎の他，鑊・豆・俎・鉶などが様々な儀礼の中で用いられている様子が窺われる。二里頭期の儀礼が明らかにされているわけではないが，これらの道具はすべて潜在的に銅器化する条件を有していたと考えられよう。

そのような様々な道具の中で酒器に次いで鼎のみが銅器化の対象として選択されたのである。それがまったく無作為に選択されたと考えるのでなければ，どのように考えることができるであろうか。一つ注目できるのは，酒器(爵・斝・盉)と鼎の機能的共通性である。つまり酒器(爵・斝・盉)とともに鼎は火にかける道具であって，それが銅器化の対象として選ばれているのである。第3節で述べたように，鼎は一般的に煮沸具として扱われることが多く，また温食具としても考えられるが，豆や俎が基本的に盛食具として火にかけられることはないことと大きな相違があろう。二里頭期の土器では，実際酒器・鼎ともに煤の付着が認められるとのことである。火にかける容器として，土器よりも熱伝導の効率化が図られたことも理由の一つかもしれない。

ただ注意するのは，二里頭期の土器では，煮沸具として罐が鼎よりも主体的に用いられている点である。よって同様の機能をもつ罐がなぜ銅器化しないのかについて説明を要する。この点に関して，分析で述べたように，青銅鼎の一般的に言われる煮沸具のほか食器あるいは温食器としての機能にも注目しておきたい。文献上の古代の儀礼をそのまま二里頭期の儀礼に敷衍させることはできないが，形態的特徴からは，青銅鼎の使用は単に厨房にとどまらず，人々の目に触れる場での使用が推測できるからである。これに対し，罐は形態的特徴から見てその使用が厨房にほぼ限られるのではなかろうか。つまり罐は人々の目に触れる機会は少なく，所有者が貴重で価値の高い器物を他者に示すことによって所有者の権威を示すといったことにつながらないのである。

以上から，階層上位者の副葬品でもなく，日常生活の場でも特別な扱いを受けていない鼎が銅器化を果たしたのは，①使用される場において，青銅器を儀礼などの参加者に目の当たりにさせることで，希少な青銅器の所有者としての権威を示すという役割とともに，②様々な道具の中でも火にかける容器として機能の向上が図られたことを重要な要因と考えたい。しかし罐は①の条件を満たしておらず，そのため銅器化が行われなかったと考えたい。鼎は二つの条件を満たすという点が，罐や豆との大きな相違であろう。もちろんこのことはまったく現状資料での推測・想定にすぎず，今後の調査によって使用法・機能が検証される必要がある。

5　まとめ

以上をまとめる上で再度注意しておきたいが，分析結果で述べたように鼎は酒器に比べて，それほど特別な扱いを受けているわけではない。少なくとも飲酒儀礼および葬送儀礼において酒器のような重要な道具ではないことが窺われ，鼎という器種自体が，青銅器として出現する以前に価値の高いものとして認識されていたとは言い難いのである。つまり青銅鼎の出現は，階層上位者によってこれまで特別な扱いを受けていない器種の新たな意義づけがなされたためと考えられる。上述の

第 6 章　青銅鼎の出現時期とその背景　　　　　　　　　　　　111

ように，様々な器種の中で鼎が選択された直接的要因は，儀礼など鼎使用の場でそれが人々の目に触れ，また火を受けるという機能上の特徴を備えていたからではないかと考える。しかしその背景には，階層間の差異をより明確化するための階層上位者の意図が想定され，また明確化を必要とした社会的背景が想定される。その社会的背景こそが，やや突然な出現とも見られる青銅鼎出現の要因の一つと考える。その背景とは，階層秩序・階層間の関係が安定化せず，階層間あるいは集団間でのある種の競争関係（emulation）が存在する社会を推測した。その証拠には下位階層による上位階層の標識の模倣と，上位階層によって下位階層がこれまで用いていない器種を選択し，そして模倣できない青銅器を新たに製作していることなどが傍証として挙げられた。こうした行為の一環として青銅鼎の出現を本章では想定したい。

　岡村秀典は二里頭第 3 期からしだいに，階層関係の維持・再生産のために，様々な場面で用いられる複数の種類の装置が生み出され整備され始めたと指摘するが（岡村 2003），青銅鼎の型式学的見地や 1 回限りの使用とは考えにくいことなどからは，青銅鼎は第 4 期の古い段階，あるいはより古い時期に製作され，比較的長期間使用されていた可能性も考慮に入れておく必要があろう。

　第 2 節の研究史でふれた周代の「用鼎制度」について，周文化以前の客省荘第 2 期文化には基本的に土製鼎は見られず，はじめは商の影響を受け，取り入れたと考えられている（兪偉超・高明 1985）。しかし，商文化自体でも，土製鬲が主体となる文化であって，土製鼎は少ない。土製鼎はむしろそれを遡る二里頭文化では主体であって，その際に階層関係の維持・再生産の装置の一つとして作り出された青銅鼎が商文化に受容され，さらに周に引き継がれたと考える。それは，岡村の指摘するように（岡村 2003），二里頭文化期に整い始めた王権の象徴としての役割あるいは儀礼を行う上での重要な役割を，後続する社会でも認め，後続する社会自体も自らの社会の維持・再生産に活用したのであろう。

　ただし，以上の想定は，周代の「用鼎制度」のような意義を，二里頭期の鼎に与えるものではない。また二里岡期にも副葬品として鼎の多寡が認められ，それが階層区分に関係しているという見解もあるが，青銅鼎を副葬する墓にはほぼ青銅製の酒器が入っており，あくまで酒器へ追加された副葬品の品目の一つとして鼎があると考える。階層差が，酒器を基本としてその質・量や他の品目を加えることで示されるあり方と，鼎が基本となりその質・量や他の品目で示すあり方では，鼎の位置づけが異なり，後者が周代の「用鼎制度」であろう。よって，周代と商代（二里岡期）では鼎の位置づけに質的相違があり，二里頭期の鼎も周代の鼎とは質的に異なるのである。

　以上のような青銅鼎の歴史的・社会的位置づけは，数量的妥当性の問題もあり，いまだ推測にとどまる部分が非常に大きい。鼎の扱われ方についても，実際の使用痕跡の証拠を挙げる必要があるし，また宮殿あるいは儀礼を行う場と日常的な場で用いられる鼎の造りや器形に差はあるのか，出土量の違いはないかなど，資料の細かな分析が必要とされよう。基礎的研究としての本章が今後の発掘や調査に対して一つの視点となれば幸いである。

謝辞

　この調査に参加させていただき，また演習等を通じてご指導いただいております宮本一夫先生にまず感謝申し上げます。また中国側の白雲翔先生をはじめとして，許宏・王輝の両先生，陳国梁・趙海濤の両氏には調査・研究会で様々なご教示をいただきました。私の中国留学中に蘇栄誉先生や三舟温尚先生には鋳造技法についてご教示をいただきました。また九州大学の田中良之・中橋孝博・岩永省三・溝口孝司・佐藤廉也・辻田淳一郎・石川健の諸先生方には演習・講義を通じてご指導いただいております。本章の一部は日本中国考古学会九州部会（2004年10月）で発表しており，参加者の皆様にもご指摘・ご教示をいただきました。九州大学の徳留大輔・田尻義了・佐野和美・谷直子の諸先輩方には調査中あるいは日常的にご指導・ご助言をいただいております。ここに記して深く感謝の意を表します。

注

1) 左端の2は器身部外范の数，次の1は底部范の数，右端の1は器身部内范の数を示す（蘇栄誉ほか1995参照）。底部范が存在しない場合はNと表記する。左端の数字が3の場合は器身部外范の数が三つであることを示す。
2) もちろん製作者（集団）のくせや，思いつきといったこともあろうが，資料1点のみでは検討できないため省略する。
3) 湯口の位置など技術の連続性が窺われることから見ると，技術がまったく入れ替わってしまうのではない。形態と同様，技術も漸移的に変化していることを確認しておきたい。
4) ただし，二里頭期の終わりの段階と二里岡下層期の最も古い段階の時間的関係によっては，二里頭期・二里岡期の土器の時間的位置づけを一つの根拠にした二里頭の青銅鼎の時間的位置づけも変更する必要が生ずるかもしれない。すなわち，両者が時間的に重なるならば，青銅鼎出現の時期は二里岡期という可能性もあるかもしれない。本章では，二里頭第4期→二里岡下層期と考えておくことにする。
5) 単なる盛食具ではなく，温食器としての可能性も考慮にいれるべきであろう。内容物または容器の温度が高くなければ，耳を設置しなくても，盛食具としての機能は十分に果たすからである。底部の若干熱を受けた痕跡は，温食器として使用されたための痕跡かもしれない。
6) 徳留大輔氏のご教示による。

第7章　威信財から見た二里頭文化の地域間関係

徳留大輔

1　はじめに

　二里頭文化の空間的広がりは中国最初の王朝である夏王朝の核心的な地区（伊洛地区）の土器文化と，その同系統の土器文化が広がる地域として認識されてきた。そしてその空間的広がりの背景として夏王朝・二里頭政体の政治的領域を示すものであると理解されている（張立東1997，秦小麗2003，Liu and Chen 2003，西江2005など）[1]。しかし，物質文化の諸相の実態を観察するとその内容は多層的かつ複雑である。これまで，筆者は主に土器の様式構造的視点から，煮沸具の分析を通じていわゆる二里頭文化・類型の広がりを検討してきた。その結果それは，相互に密なコミュニケーションネットワークを形成する基礎的集団が存在し，隣接する同様な集団とのコミュニケーションを通じて，土器文化・製作に関わる情報を共有し，それらが共生しながら二里頭類型という同一の土器文化を形成していたことを明らかにした（徳留2003・2004）。本章では，二里頭文化の中心的な遺跡である二里頭遺跡と周辺の遺跡の関係・統合のあり方を明らかにするために，威信財としての要素が見られる器物を中心に，通事的動態に着目し検討を行う[2]。

2　研究史および問題の所在

　中国初期王朝期の研究において威信財を主要な対象とする研究は大きく二つ，①社会発展段階論的研究，②社会の複雑化・統合のあり方を解明する研究，に分けることができる。①に関しては，マルクス主義，あるいは新進化主義の枠組みの中で二里頭文化の社会発展段階の位置づけを行うことを主目的としている。そのため社会の複雑化あるいは文明・国家段階の指標の一つである青銅器について着目し，その社会の発展段階を検討することが多い（李民・文兵1975，陳旭1980，許宏2006など）。②に関しては，威信財の原材料の獲得やその使用の背後にある集団間の関係を明らかにすることを目的している（Friedman and Rowland 1977，張光直（小南・間瀬訳）1989，Liu 1996・2003，小川2001，Liu and Chen 2003，宮本2005，西江2005など）。もちろん両者はともに二里頭文化あるいは中国初期王朝の実態を明らかにしようとする研究であり，相互補完的であることは言うまでもない。ただし，①の研究に関しては社会進化論にかかわる概念的整理なども検討する必要がある[3]ことから，本研究は主にこの②に関する研究として位置づけられる。この②に関する研究は近年，特に注

目されており，それら威信財の原材料の獲得における二里頭政体の政治経済的戦略に伴う貢納経済システムの成立や都市と農村の関係が存在したというかなり複雑化した社会の統合モデルが提示されるにいたっている (Liu and Chen 2003)。またその中で威信財の広がりが二里頭政体の領域的支配権の広がりを示しているといった見解(秦小麗 2003, 西江 2005 など)も示され，多くの新しい社会モデルが構築されるにいたっている[4]。

しかし，一方で上記の研究では特に以下の 2 点の問題点が必ずしもクリアにされているわけではない。一つは，二里頭文化は少なくとも土器の編年研究からは 3 期あるいは 4 期に細分可能であるが，威信財を用いた研究では，この段階性を考慮した検討がほとんどなされていない。岡村秀典は祭祀儀礼の定形化に着目し，その成立は二里頭文化第 3 期と指摘している(岡村 2003 など)。また宮本一夫も青銅容器の空間的広がりに着目し，その広がりには段階性があることを指摘している(宮本 2005)。そしてその背景については二里頭遺跡を中心とする政体の広域的な階層秩序の形成と関連している可能性を指摘[5]しており，やはり二里頭文化期における社会統合の過程に段階性が存在していたと想定される。また，もう一つには，二里頭文化内において，特に二里頭遺跡で威信財として使用される器物が，同一文化内，あるいは類型内において同様の社会的位置づけとして存在するということが前提で研究が進んでおり，その意味づけが未検証であるということである。以上の問題点を踏まえ，本章では以下の資料，分析の方法・手順で，二里頭文化における社会の統合のあり方を検討する。

3 資料と方法

主要な検討資料は，二里頭文化において威信財と考えられる資料である。威信財とは，「それを持つものと持たざるものとの間に，政治的・経済的格差を伴う，階層的な上下関係を取り結ぶ財，あるいは実体的でなくともそのような交換財を持つ財」と位置づけられる (河野 1998, 辻田 2006)。二里頭文化の場合，二里頭遺跡の墓地の様相から階層格差が生じることが指摘されている。その中でも階層上位者の墓群は，墓坑の規模が大きいばかりでなく，青銅容器，玉器に加えて，鬹, 盉，爵，觚などのいわゆる酒器と呼称される器種[6]が，社会的階層の上下を示すアイテムとなっていることから，これらを威信財的要素[7]を有する器物として位置づけることが可能である。

また A 群精製土器は数量的に青銅器よりも多く，かつ，広く分布が確認されることから威信財を介した集団間関係を把握しやすいものと考える[8]。そこで本章では，主に拙稿(德留 2004)にて分類した A 群精製土器および，墓地からはほとんど出土しないが，青銅容器で威信財として位置づけられる罍についても，主な分析対象とした。この A 群精製土器について分析の方法としては，考古学的型式学的手法で分類・編年を行っている。手順としては①威信財と想定される器物の抽出と分類，②時間軸上での位置づけ，③通時的な空間分布と出土状況の整理，④同一遺跡内における型式の連続性の有無を通して製作規模の検討，をもとに⑤各地区での墓坑の規模・副葬品組成から二里頭文化内でそれらの器物が斉一的な階層秩序を示すものなのか否かを考えることによって，A 群精

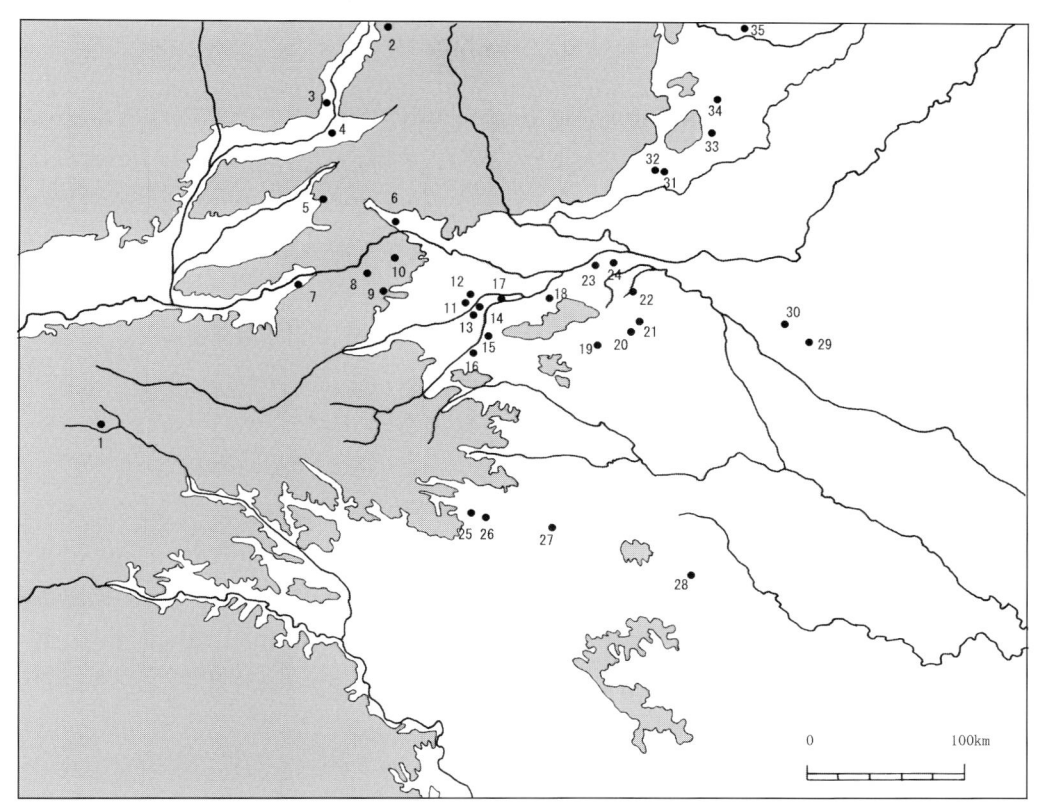

第 7 章　威信財から見た二里頭文化の地域間関係　　　　　　　　　　　　115

番号	地域	遺跡名	番号	地域	遺跡名	番号	地域	遺跡名	番号	地域	遺跡名
1	12	東龍山	11	2	東馬溝	21	3	曲梁	31	10	孟荘
2	11	尹村	12	2	東干溝	22	5	洛達廟	32	10	瑠璃閣
3	7	大柴	13	2	銼李	23	5	西史村	33	10	宋窯
4	7	上馬	14	2	皂角樹	24	5	大師姑	34	10	劉荘
5	7	東下馮	15	3	南寨	25	8	陳営	35	10	下七垣
6	5	商城	16	3	白元	26	8	穂東	36	10	何荘
7	4	七里舗	17	1	二里頭	27	8	八里橋	37	10	邢溝
8	4	鄭窯	18	2	稍柴	28	8	楊荘	38	10	亀台
9	4	鹿寺	19	3	王村	29	9	鹿台岡	39	10	小客荘
10	4	西崖	20	3	新砦	30	9	段岡	40	11	大甸子

図 67　本章における主要分析対象遺跡
表の番号が章末の文献番号に対応。36〜39 は河北省，40 は内蒙古に所在する。

製土器の各遺跡，地区（小様式圏）での位置づけを行い，二里頭遺跡と周辺遺跡の関係を通じた社会の統合のあり方を検討する。

　なお，本章で扱う遺跡・資料については図 67 と表 23（章末）に示したとおりである。

威信財の広がりに関する作業仮説

ところで，実際に分析に入る前に威信財と考えられる器物の空間的広がりを検討した場合，把握される現象に対しての解釈の可能性を示しておく。図68に示すようなフローチャートの結果，最終的に副葬品として，あるいは副葬品以外の使用・廃棄のあり方として，それらの現象が認識されるものといえる。なおこの構図はA群精製土器以外の威信財的器物についても同様のことがいえる。

○事例Aの場合
　二里頭遺跡を中心とする階層構造・観念の共有，威信財の中心における積極的管理
　⇒中心（二里頭）から周辺（各地区集団）への積極的二里頭化

○事例Bの場合
　二里頭遺跡を中心とする階層構造・観念の共有
　⇒周辺（各地区集団）から中心（二里頭）への積極的二里頭化

○事例C, Dの場合
　C（D）①　A群精製土器に対する情報を共有し，同一の階層構造・観念下にあるが，階層的に下位なため副葬品として使用していない。
　C（D）②　A群精製土器に対する情報を共有するが，同一の階層構造・観念下になく，使用のあり方が二里頭遺跡とは異なる。

以上のような仮説が想定される。事例A, Bで見られる現象については，威信財を通じての集団間の関係性が維持されている可能性がある。また事例Cの場合であれば，二里頭遺跡を中心とした強力な中央集権的な秩序関係の形成が予想される。一方で，事例Dであれば，社会の統合化の程度がそれほど強力でないと考えられる。それぞれの器物のもつコンテクストの違いで，復元される二里頭文化の社会像に大きな違いが生じてくる。またこれらの想定される事例については，二里頭文化形

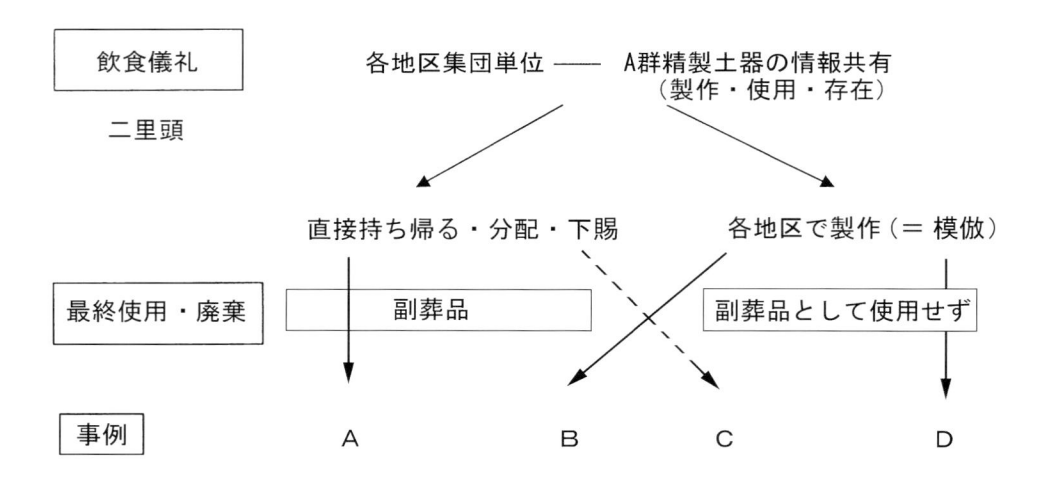

図68　A群精製土器を通して想定される現象とその過程における作業仮説

第 7 章　威信財から見た二里頭文化の地域間関係　　　117

成直後に成立した可能性もあるし，一方で段階的に変化していた可能性も十分に予想される。

4　時間軸の設定

　本章では，拙稿（徳留 2004）にて詳細な検討を行わなかった A 群精製土器の器種分類を中心に記述することになるが，時間軸の設定に関しては，精製土器のみならずこれまで既に検討してきた日常生活土器などの成果を踏まえて検討を加える。

　爵（図 69・70）　口縁部に流（注口）を有する A 類と，胴部を穿孔し，その部分にストロー状の流（注口）をつける B 類が見られる。先学では B 類は角と呼称され，二里頭文化第 2 期（IVa 期）の典型器種とされている。

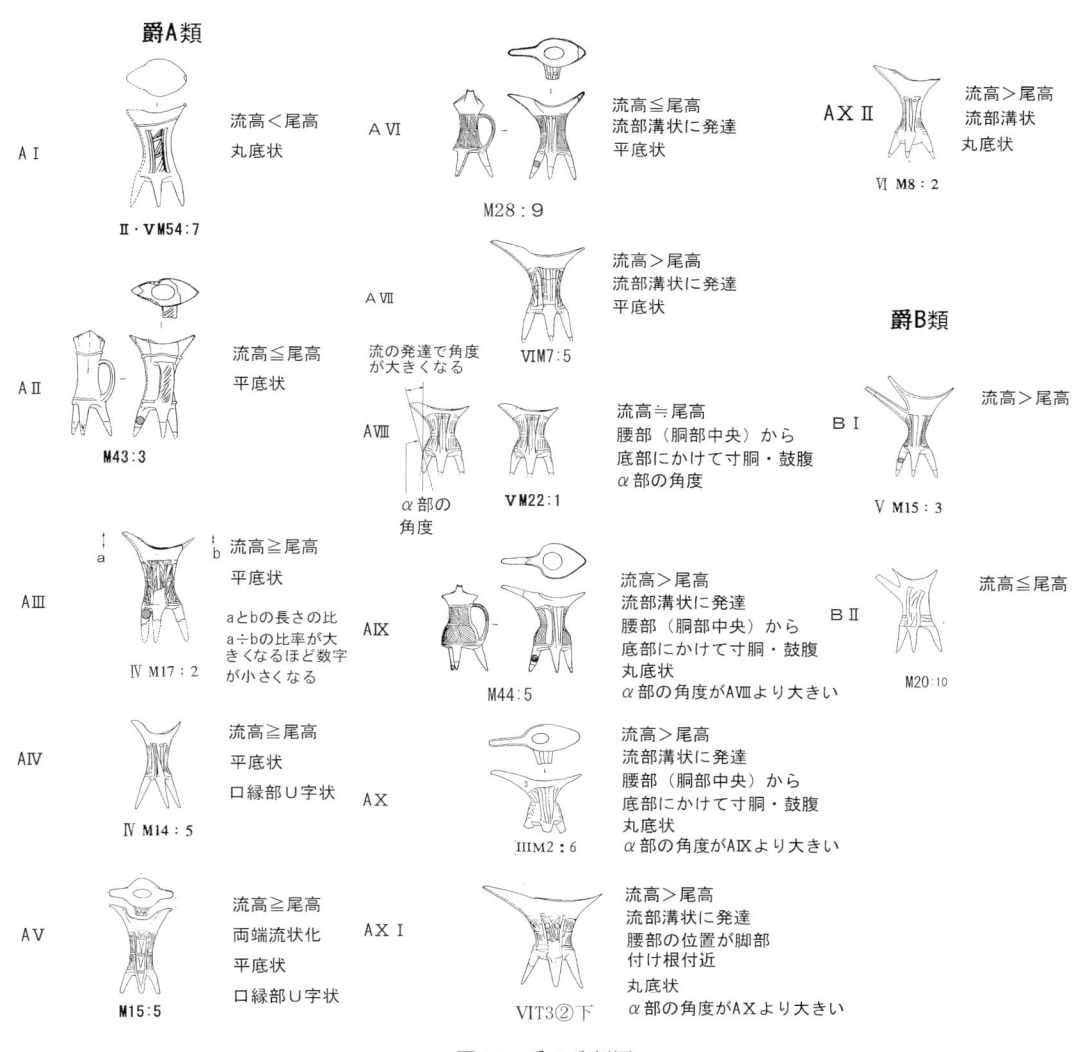

図 69　爵の分類図

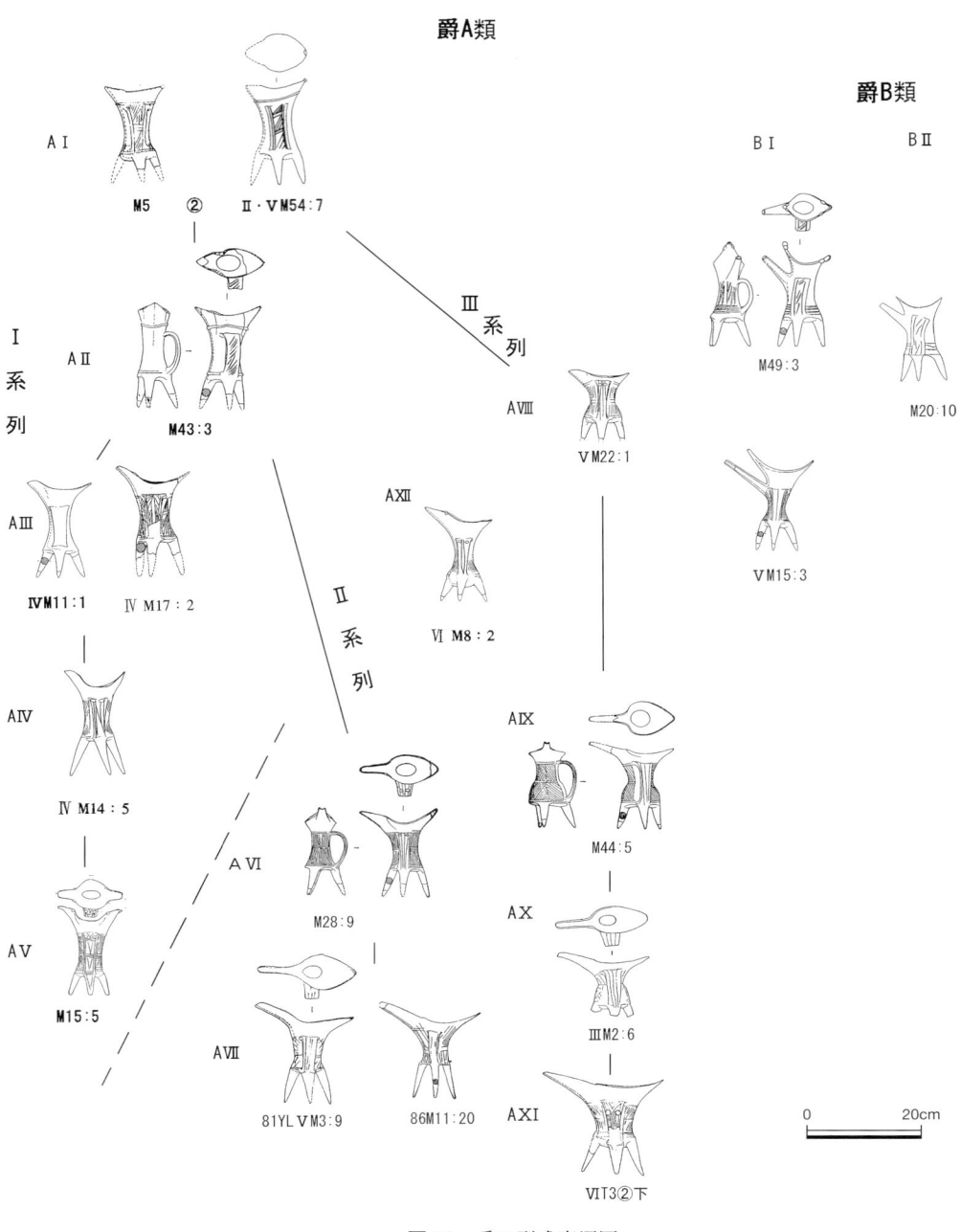

図 70 爵の型式変遷図

　爵 A 類は胴部形態からさらに細分できる。流が尾部分よりも低い位置にあり，底部が丸みを帯びる AI 式(M5，II・VM54:7)，胴部形態は AI 式に類似するが，底部が平底の AII 式(M43:3)，胴部形態は AII 式に類似するがより流部が上方へ発達し，尾部の位置がより高まる AIII 式(IVM11:1, IVM17:2)，流(注口)・尾部も上方へ発達し，口縁部が U 字状を呈する AIV 式(IVM14:5)，胴部形態

はAIV式に類似するが両端ともに流となっているAV式（M15:5）が見られる。また胴部形態はAII式に類似するが，流高≦尾高で，流が溝状に伸びるAVI式（M28:9），さらに流が発達して長くなり，流高＞尾高になるAVII式（VM3:9，VIM7:5など）が見られる。またAI式よりも，腰部から底部が寸胴化し，流高≒尾高のAVIII式（VM22:1），胴部形態はAVIII式に類似するが，流が溝状に伸び，流高＞尾高のAIX式（M44:5），AIX式同様に胴部は寸胴であるが，腹部の膨らみが弱まるAX式（IIIM2:6），AX式よりさらに流が発達するAXI式（VIT3②下）が見られる。さらには胴部形態の特徴はAIII式に類似するが，丸底のAXII式（VIM8:2）が見られる。爵の胴部形態について，青銅製であるが杜金鵬は同時期に複数系統が存在していることを想定しており（杜金鵬1994），土製の爵についても同様のことが予想される。一つ目は，流部と尾部が発達するにつれて，口縁部がU字状を呈すとともに，尾部も流状化し，平底化するAI→AII→AIII→AIV→AVの変化（あるいはその逆）である。二つ目は，流が溝状に伸び，流高＞尾高化するAI→AII→AVI→AVIIへの変化（あるいはその逆）が想定される。さらには，三つ目の系列の変化方向にほぼ類似するがより胴下部から底部にかけて寸胴化するAI→AVIII→AIX→AX→AXIへの変化方向（あるいはその逆）が想定される。なおAXII式に関してはその胴部上半に関してはAIII式からAIV式の中間的な特徴を有している。これら胴部形態と施文文様との関係については，AI式は胴部に附加堆文を2条有し，把手には弦文を有するが，胴部には文様を有さない。AIII式からAVI式にかけては胴部に附加堆文はつけないが，弦文を有する。またAVIII式からAXI式に関しても胴部は弦文のみである。これはいずれの胴部形態の変化に関しても，地文は無文で附加堆文を有するものから，弦文の施文という文様変遷の変化と相関しているものといえる。また二里頭文化に後続する二里岡文化にも爵は多く見られるが，その二里岡期の最初の段階の爵の形態は流の部分が溝状に発達しているものが典型であることを考慮すると，爵A類についてはそれぞれに先に想定したAI→AII→AIII→AIV→AV（I系列），AI→AII→AVI→AVII（II系列），AI→AVIII→AIX→AX→AXI（III系列）の三つの系列群が存在しているといえる。

　一方で，爵B類に関しては，流高と尾高の差異以外で顕著な違いは認められない。ここでは一応，流高＞尾高のものをBI式（VM15:3），流高≦尾高のものをBII式（H20:10）とするのみにとどめる。

　盉（図71・72）　形態は，封頂陶盉（杜金鵬1992）と呼称されるものである。二里頭文化期に見られる盉はその多くは杜金鵬の分類によるD型（球冠状頂蓋，小口，流管竪立）に相当する。杜金鵬により型式変化に関しては胴部がくびれるにつれ胴部と蓋頂部の結合部分に位置する胴部最大径がより発達し，胴部径が脚部の位置よりも前傾することが指摘されている。また盉はその形態的起源が鬻にあるとの指摘のように，蓋頂部を結合する部分に関して，結合する前段階の形態は広口状を呈するものが一般的である。器高は40 cm以上の大型のものも見られるが，一般的には20～30 cm前後である。前者をAa類，後者をAb類とする。また蓋頂部との結合部分が内傾しており，俯瞰すると丸みを帯びた三角形状を呈するものをB類とする。数量的にはAb類が最も多く，さらに胴部の形態的特徴から細分できる。そのAb類は長胴で蓋頂部が大きく，腰部が器高中央より下部に位置し，腰部から蓋頂部の径がほぼ同径のものをAbi式（VIM8:1），胴部形態はAbi式に類似するが，蓋頂部

Aa類

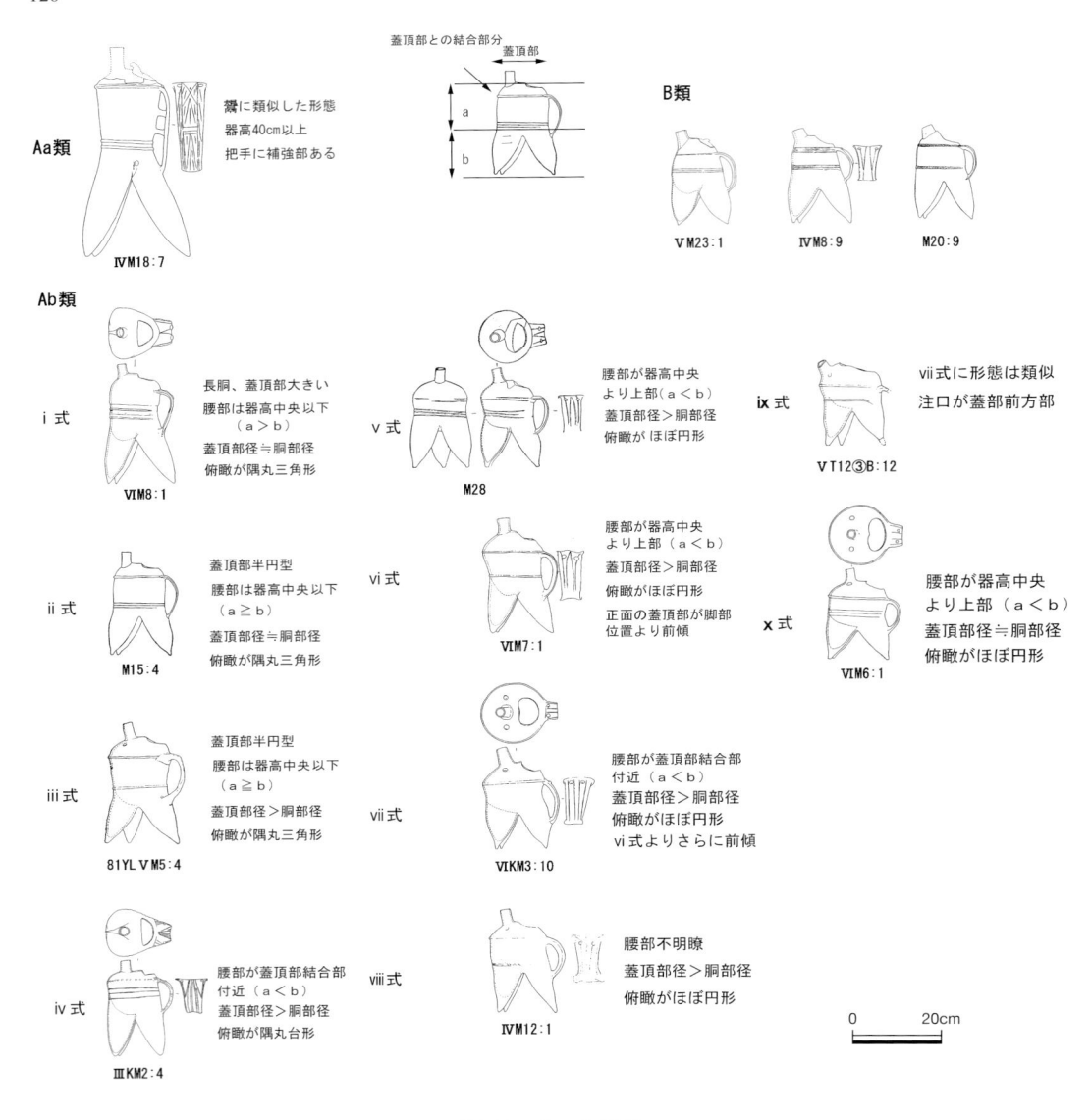

器に類似した形態
器高40cm以上
把手に補強部ある

IVM18:7

蓋頂部との結合部分
蓋頂部

B類

VM23:1　IVM8:9　M20:9

Ab類

i式　長胴、蓋頂部大きい
腰部は器高中央以下
（a＞b）
蓋頂部径≒胴部径
俯瞰が隅丸三角形
VIM8:1

v式　腰部が器高中央
より上部（a＜b）
蓋頂部径＞胴部径
俯瞰がほぼ円形
M28

ix式　vii式に形態は類似
注口が蓋部前方部
VT12③B:12

ii式　蓋頂部半円型
腰部は器高中央以下
（a≧b）
蓋頂部径≒胴部径
俯瞰が隅丸三角形
M15:4

vi式　腰部が器高中央
より上部（a＜b）
蓋頂部径＞胴部径
俯瞰がほぼ円形
正面の蓋頂部が脚部
位置より前傾
VIM7:1

x式　腰部が器高中央
より上部（a＜b）
蓋頂部径≒胴部径
俯瞰がほぼ円形
VIM6:1

iii式　蓋頂部半円型
腰部は器高中央以下
（a≧b）
蓋頂部径＞胴部径
俯瞰が隅丸三角形
81YLVM5:4

vii式　腰部が蓋頂部結合部
付近（a＜b）
蓋頂部径＞胴部径
俯瞰がほぼ円形
vi式よりさらに前傾
VIKM3:10

iv式　腰部が蓋頂部結合部
付近（a＜b）
蓋頂部径＞胴部径
俯瞰が隅丸台形
ⅢKM2:4

viii式　腰部不明瞭
蓋頂部径＞胴部径
俯瞰がほぼ円形
IVM12:1

0　20cm

図71　盃の分類図

が小さくなり半円形を呈するものを Abii 式(M15:4)，蓋頂部から腰部にかけてすぼまり，蓋頂部との結合部が胴部最大径となるものを Abiii 式(M8:5，VM5:4，IVM17:3)，腰部の位置がほぼ蓋頂部との結合部付近にあり，かつ蓋頂部が俯瞰して台形状を呈するものを Abiv(ⅢKM2:4)とする。さらに胴部形態は Abiii 式に類似するが，蓋頂結合部から腰部が短く，より腰部のくびれが明瞭な Abv 式(ⅢM2:7，M44，M28，VM3:8)，腰部がよりくびれ脚部の開きよりも蓋頂部結合部が張り出す Abvi 式(VIM7:1)，Abvi 式より寸胴で，蓋頂部との結合部が胴部最大径であるが，くびれが弱まる Abvii 式(M57，VIKM3:10)，胴部形態は Abvii 式に類似するがより腰部のくびれが見られず，脚部から蓋頂部にかけてほぼ緩やかな斜直状を呈する Abviii 式(VIT3②下:12，IIM101:1，IVM12:1)，胴部形態

第 7 章 威信財から見た二里頭文化の地域間関係　　121

Aa類　　Ab類

B類

i式

ii式

iii式

iv式　v式

vi式　vii式

viii式　ix式　x式

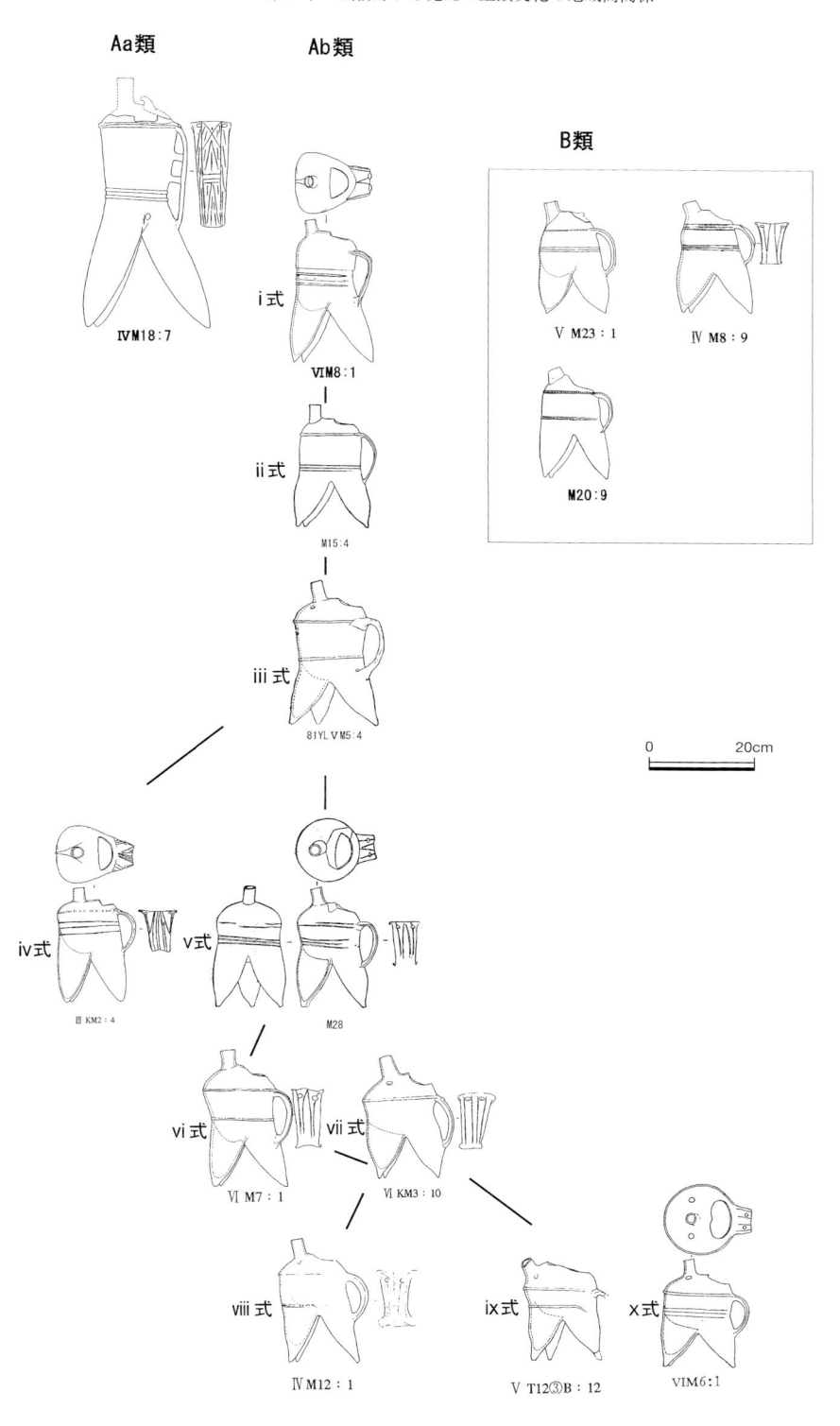

図 72　盉の型式変遷図

はAbvii式に類似するが注口部をほぼ蓋頂部結合部に設けるAbix式（VT12 ③ B:12）と分類できる。そして，一つは胴部形態がくびれながら蓋頂部が偏平化するi→ii→iii→ivの変化方向（あるいはその逆），二つ目として，胴部形態がくびれながら寸胴化し，胴部最大径の位置がだんだんと蓋頂部との結合部にまで高まるi→ii→iii→v→vi→vii→viiiの変化方向（あるいはその逆），さらに三つ目として胴部全体が前のめりになるにつれ，より注口が蓋頂部結合部に近づくvii→ixへの変化方向（あるいはその逆）が想定される。盉は一般に，胴部に附加堆文あるいは弦文を施文すること以外には文様を施す事例は少ないことから，文様構成と胴部形態の変化方向の関係性については明言できない。しかし，二里岡期以降の青銅盉の形態を見ると，胴部形態がAbviii式，Abix式に近いことから，それらの形態がより新しい時期のものであると想定できる。以上のことから，先にあげた三つの変化の方向性はそれぞれAbi式がより古い形態，数字が大きくなるにつれて新しい時期の形態として，変化方向を想定できる。なおAbx式については，どの型式から連続的変化が追うことができるのか判然としない。しかし，その胴部形態の寸胴の度合いからAbvii～viii式前後の型式に近いものと考えられる。

　鬹（図73）　注口の作り方から大きく二分できる。鬹A類は胴部に孔を設け，その位置に注口をつける。鬹B類は把手と反対側の口縁先端部を押出して注口を作り出すものである。両者ともに胴部形態から細分可能である。鬹A類は，袋足を呈するが脚部先端部が実足状を呈するA1類と空足状を呈するA2類が見られる。鬹B類はA類同様に脚部先端部が実足状を呈するB1類と空足状を呈するB2類が見られる。さらにB2類は注口部をわずかに作り出すi式（H32:1など）と大きく作り出すii式（M49:2など）に分類可能である。それらは，胴部形態に着目するとA類，B類ともに脚部先端部が実足状→空足状への変化（あるいはその逆）が想定される。つまりA1→A2，B1→B2-i・B2-iiへの変化方向（あるいはその逆）である。ところで鬹A類，B類ともに胴部は磨きによる丁寧な調整が行われており，また脚部と胴部上半部の連結部分に接合補強のための附加堆文は見られるが，それ以外の文様は見られない。そこで，先に想定した変化方向に関しては，他の器種との共伴関係から検討することとする。

　豆（図74・75）　形態的特徴から大きく5類できる。なお大別分類は拙稿（徳留2004）による。

　豆B類に関しては，胴部形態からさらに細分できる。『偃師二里頭1959年～1978年考古発掘報告』[9)]で，豆類として検討されている形態のものである。『偃師二里頭』によると豆B類の形態は，古い形態は口縁部が外反し，胴部は浅く，平底で柄部は透かしがあるものである。そして時期が新しくなるにつれて，口縁部の外反程度が大きくなり，巻口縁状を呈し，坏部の丸底化，柄が短足状を呈するようになる変化方向が指摘されている。このことから，特に坏部の口縁部と胴部から底部にかけての形態に着目すると図74のように八つの型式に細分可能である。さらにこれらの型式の変化の方向性については，一つは坏部に底部形態が平底のまま口縁部が外反しながら鉤状を呈していくI→II→III→IVへの変化方向（あるいはその逆）が想定される。さらに口縁部が外反しながら鉤状を呈する変化については先と同じであるが，さらに丸底化するにつれて，胴部の屈曲部分が丸みを帯びながら胴部の膨らみが弱まるというI→II→V→VI→VII→VIIIへの変化方向（あるい

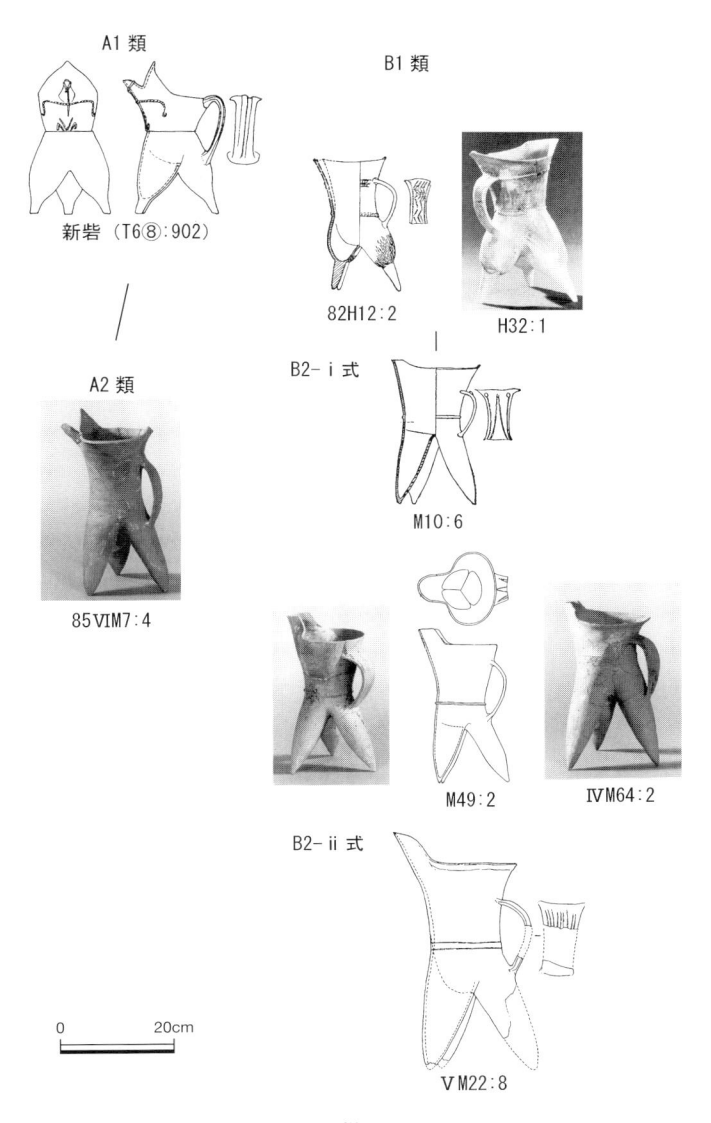

第7章 威信財から見た二里頭文化の地域間関係

A1類
新砦（T6⑧:902）

B1類
82H12:2
H32:1

A2類
85ⅦM7:4

B2-ⅰ式
M10:6

M49:2
ⅣM64:2

B2-ⅱ式
ⅤM22:8

0　20cm

図73　鬹の分類図

はその逆）が想定される。

　豆C類は柄部の高さが器高の半分以下の器種である。𤭢と呼称されることもある。『偃師二里頭』によると，口縁部は鉤状を呈し，胴部は張出し，短い柄を特徴とする形態から口縁部が下方に倒れ，胴部の張出しが弱まり，柄が細くなる変化方向が想定されている。そこで，坏部の口縁部・胴部形態，底部形態，柄の形態の特徴をもとに分類を行った（図75）。これらは坏部の形態を見るとⅠ式は豆B類の古い型式に，Ⅳ・Ⅴ式などは豆B類の新しい型式よりもさらに坏部の底部が丸底かつ口縁部が外側に倒れた形態的特徴をしている。このことから，豆C類に関してもⅠ→Ⅱ→Ⅲ→Ⅳ→Ⅴへの変化方向が想定できる。変化の方向については，他の器種との共伴関係から検討する。

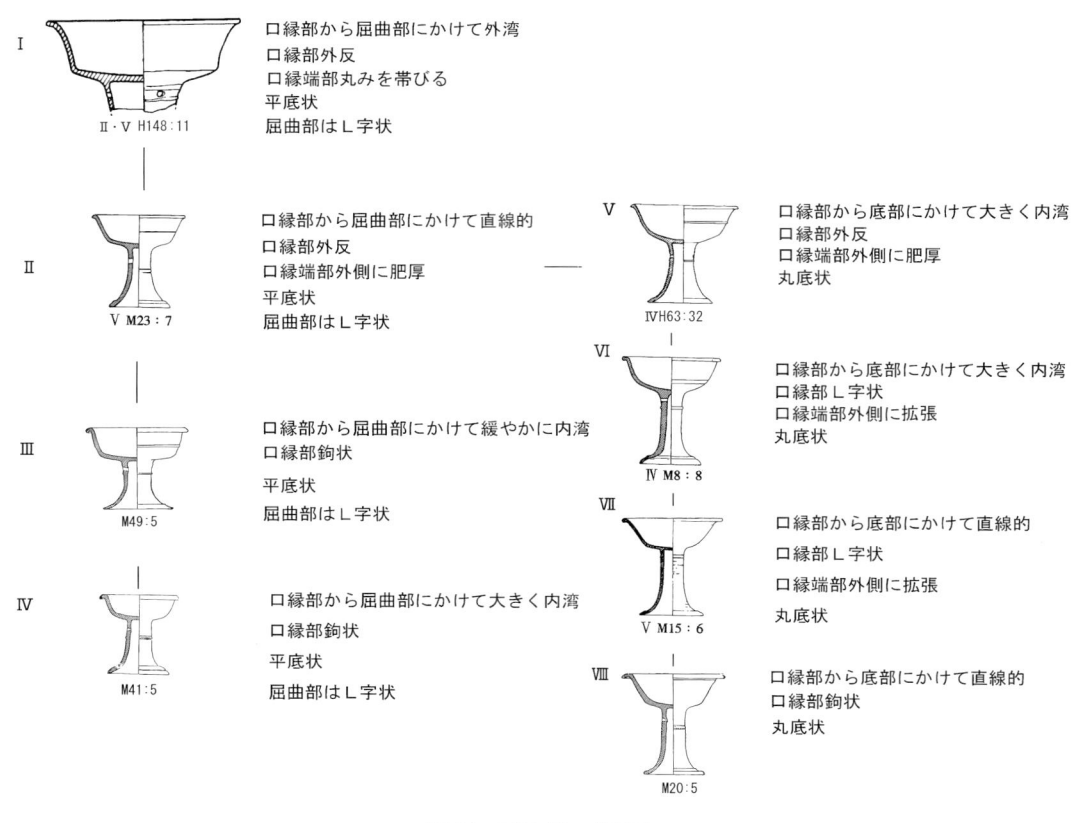

図74　豆B類の分類図

　豆D類は拙稿(徳留2004)にてすでに検討している。
　豆E類は細長い柄で坏部は丸底状の盤形を呈している。口縁部の傾き以外，器物間に大きな形態的な差異は見られない(図75)。
　豆F類も簋と呼称されることもある。坏部は丸底の盤形器で，柄部はくの字状を呈する。二里岡文化期に多く見られ器種である(図75)。
　また，豆B，C類の特徴をあわせもつ折衷土器豆BC類(ⅧT22③など)も見られる。
　三足盤　基本的には拙稿にて検討したとおりである(徳留2004)。ただし，拙稿では坏部形態を4型式に分類したが，脚部形態がより外反する形態をしたものも多く見られる。このことから，本章では4型式の特徴は，口縁部は直線的に開き，脚部は外反し無文であり，5型式のものが拙稿4型式の特徴，つまり口縁部は直線的に開き，脚部が外開きせず無文のものとする。形態の変化の方向性は拙稿同様に，口縁部がより外反するとともに脚部が高まり，無文化する変化の方向に変わりはない。
　このほか，副葬品の中にも時期を決定するために有効だと考えられる尊(甕)類，盆類が見られる。型式学的な詳細に関しては，拙稿にて検討したとおりである。

第 7 章　威信財から見た二里頭文化の地域間関係

豆C類

I　ⅣM8：2
坏部形態は鼓腹
口縁部形態鉤状
底部平底
柄部は逆くの字状

II　ⅥM5：2
坏部形態は鉢形
口縁部形態は鉤状（L字状）
底部平底
柄部は逆くの字状

III　ⅤH57：13
坏部形態は鉢形
口縁部形態は下方に垂れる
底部丸底
柄部は短足で八字状

Ⅳ　M3：4
坏部形態は盤形
口縁部形態は下方に垂れる
底部丸底
柄部は短足で八字状

Ⅴ　ⅣM2
坏部形態は盤形
口縁部形態は下方に垂れる
底部丸底
柄部は短足で筒形状

豆D類
ⅣH57：48
ⅤH87：27

豆E類
I　ⅣM8：7
II　ⅤM21：5

折衷土器豆BC
ⅧT22③：11
ⅤH101：14

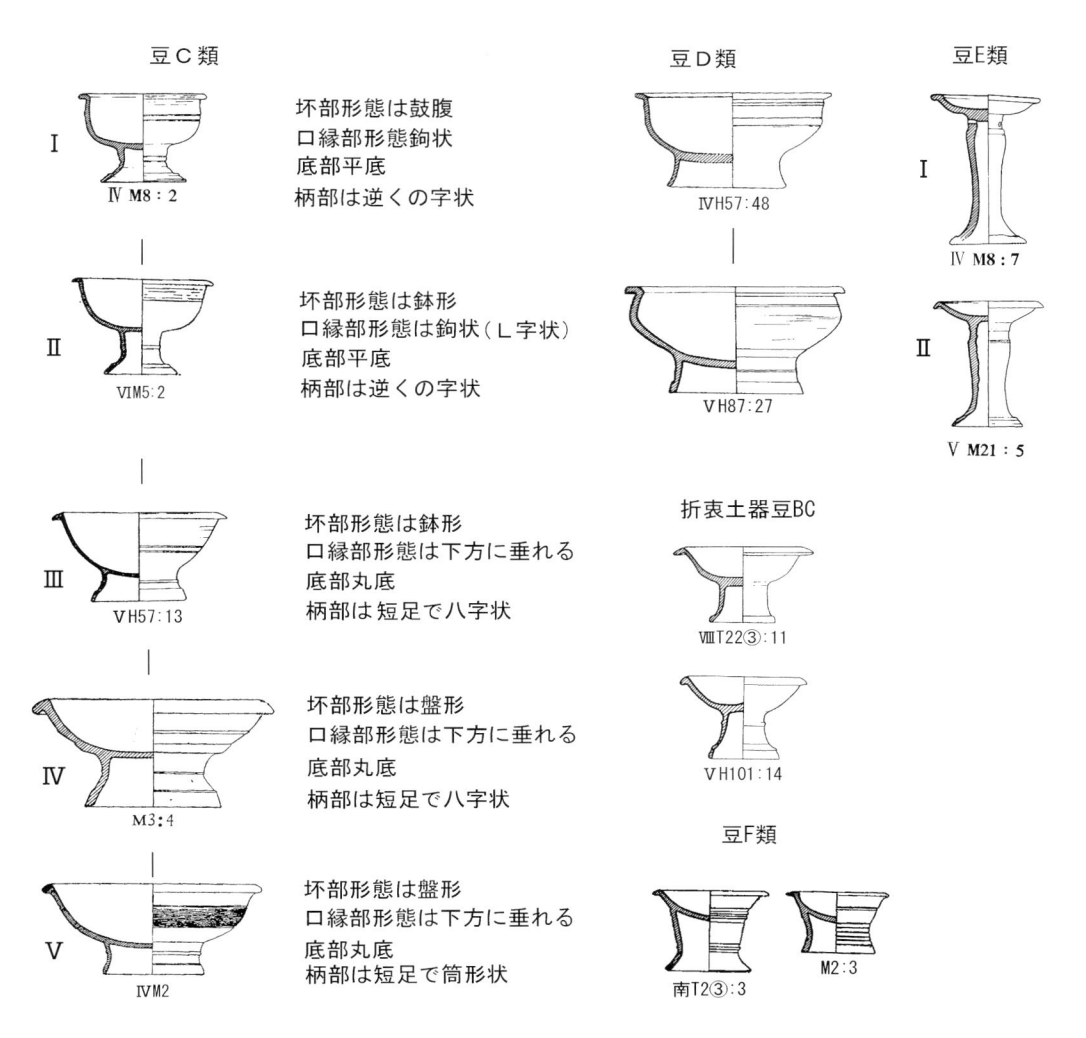

豆F類
南T2③：3　M2：3

図 75　豆類の分類図

　以上の各形式・型式の共伴関係を示したのが表20，図76である。先に示した各形式・型式の変化の方向性に矛盾はないと考えられる。このことから結果として，二里頭文化期の墓地・副葬品資料をもとに当該時期を3期5段に細分可能といえる。爵B類，鬶，豆B類，三足盤1～3式まではいわゆる二里頭文化第2期の典型器種とされるものである。このことからこれらの形式・型式が主体となる時期をⅣa期とする。さらに各形式の組成から爵AI・II・Ⅷ式＋爵B類＋鬶B類＋甕②I・II式＋豆BII・III・V・Ⅵ式＋三足盤2式＋盆C類の組み合わせをⅣa期前半とする。また爵AIII～V式＋爵B類＋盃Abi・ii式＋甕②II～III式＋豆BⅣ・Ⅶ～Ⅷ式＋三足盤3式＋盆d・e式の組み合わせをⅣa期後半として位置づける。さらに，爵AⅥ・Ⅶ式＋盃Abiii～v式＋甕②V式＋三足盤4式の組み合わせをⅣb期とする。Ⅳc期については，爵AⅦ式＋盃Abvi～ix

表20 各形式・型式共伴関係表

時期	遺構	爵A I系列	爵A II系列	爵A III系列	爵B	Aa類	Ab類	B類	盉B	甕①	甕②	甕③	豆B 1	豆B 2a	豆C	三足盤	盆	報告時期	出典
IVa前半	II・VM57									V						1		1	偃師二里頭
	82YLIXM10	(破)							B2-i	V						2a		2	考85-12
	VM23							○			I		II			2b	c	2	偃師二里頭
	IVM6										I		II	V		2b		2	偃師二里頭
	IVM18					Aa								V		2b		2	偃師二里頭
	IIIM5	AI												VI				2	考84-7
	83YLIXM20				○			○					II				c	2	考85-12
	IVM43	AII			○						II							2	考92-4
	IVM49												III			2a	c	2	考92-4
	VM22			AVIII			i									2a	d	2	偃師二里頭
	VIM8			AXII			i							VII				2	偃師二里頭
	IIM11	AIII						(破)										2	偃師二里頭
	IVM17	AIII									II						d	3	偃師二里頭
	IVM14	AIV			○												e	2	偃師二里頭
IVa後半	IVM15				○		ii					II		V VII	I			2	考92-4
	IVM8						iii						IV	VI		3		2	考92-4
	M41						iv				II			VII				3	考85-12
	M20						iv				III			VIII		3	e	3	考85-12
IVb	82YLIXM15	AV												VI		4		2	考85-12
	81YLVM5		AVI					vi										2期後半	考85-12
	IVM28		AVII					vi			V							3	考92-4
	82YLIXM8		AVII					vii								4		3	考85-12
	IVM44			AIX				viii										3	考92-4
	IIIM2			AX														3	考83-3
	IIIKM2																	3	偃師二里頭
IVc前半	M9										VI				II			3	考86-4
	VIM7		AVII														e	3	考86-4
	M11		AVII															4	偃師二里頭
	VIT3②下			AXI														4	偃師二里頭
IVc後半	M3							viii							IV	5		4	考86-4
	VIM1																e	4	考83-3
	IIIM101						viii											4	偃師二里頭
	VIM11										VI						f	4	偃師二里頭
	IVM12						ix											4	偃師二里頭
	VT12③B																	4	偃師二里頭

(破)は破片資料を示す。

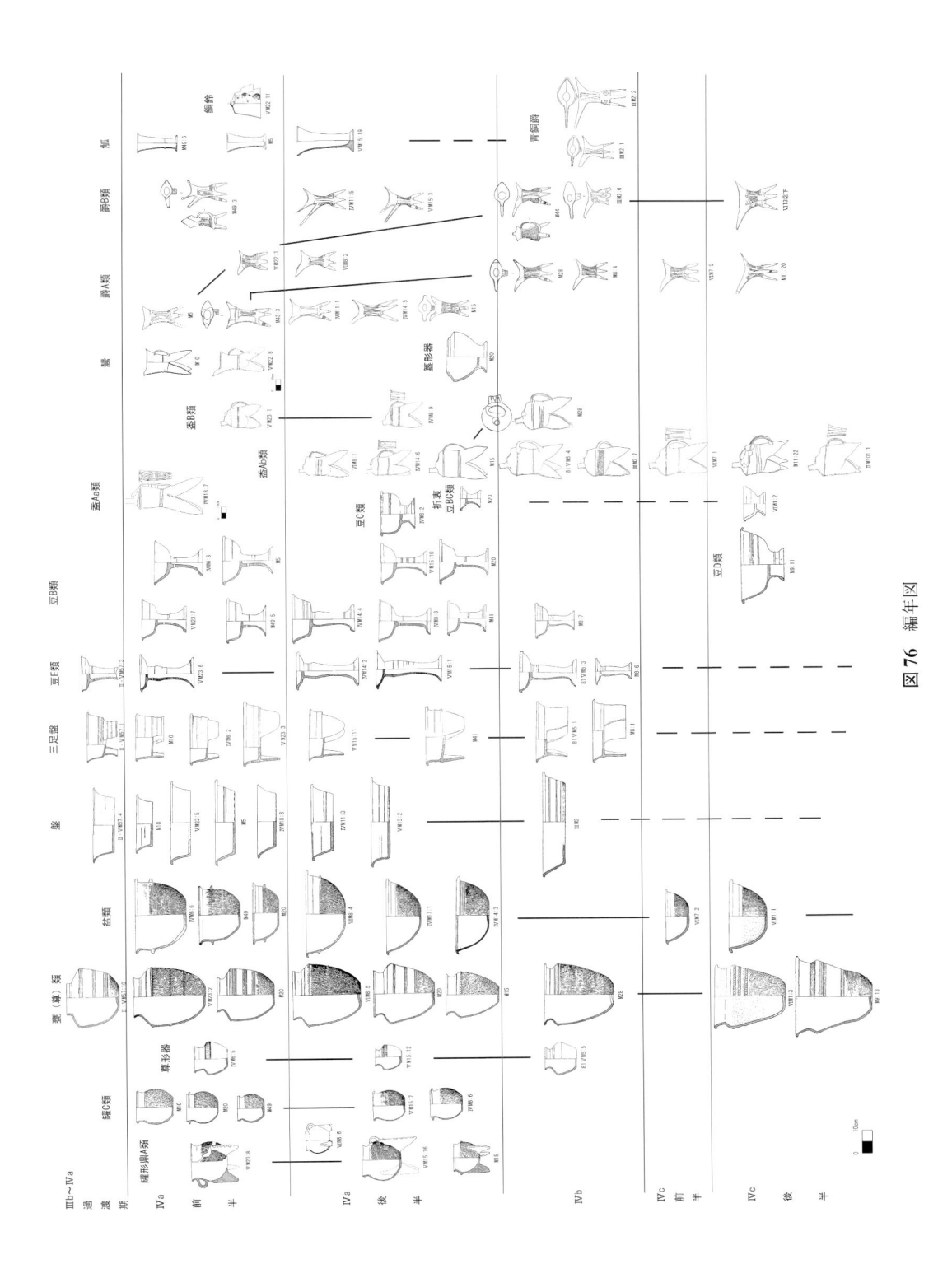

第 7 章　威信財から見た二里頭文化の地域間関係

図 76　編年図

式＋甕②VI式＋豆CII・IV式＋三足盤5式であり，爵AVII式＋盉Abvi式＋甕②VI式＋豆CII式はその前半，爵AVII・XI式＋盉Abvii～ix式＋豆CIV式（＋三足盤5式）の組成は後半段階として位置づけることができる。なお，IVa期後半にIVM8を位置づけているが，豆C類の坏部形態，特にその口縁部形態が豆B類のIV式の特徴と類似することから，当該時期に位置づけている。また三足盤の2a式と2b式の型式関係は，脚部が高くなるにつれて凸線文が消滅し，無文化する変化方向が想定されることから2a→2b（→3）への変化方向が想定される。IVa期前半段階でその両者が混沌とした状態で見られるのは型式変化における過渡的段階の様相，あるいは型式の変化におけるピークの違いを表しているものとして理解できよう。

この編年の結果における，画期，段階性からいえることは，副葬品の基本的な組成は，爵A類＋盉および豆類や粗製土器となっていることである。しかし，IVb期とIVc期では豆類の系統に大きな違いが認められる。またIVa類では，鬻などの器種も見られるが，IVb期以降見られなくなる。

これらの成果をもとに，二里頭遺跡以外に出土したA群精製土器やそれが出土する墓地の時間的位置づけを表20に示している。以上の成果をもとに以下に通時的変遷について見てみる。

5　各時期の様相

(1)　IVa期の様相（図77）

分布状況としては，二里頭類型の中でも二里頭遺跡あるいは同一河川流域である伊洛河流域で，複数の形式・器種のA群精製土器が出土している。それ以外の地域では，南方の南陽付近や淮河支流域の駐馬店楊荘遺跡などでも，鬻，盉，爵，觚など複数の形式が見られる。また晋西南地域にも見られるが爵のみの分布である。その中でも二里頭類型以北の地域にのみストロー状の流を有する爵B類は分布している。また出土状況は，南陽にある穂東遺跡では副葬品としての出土が例外的に見られる他は，基本的には二里頭から伊川まではほぼA群精製土器は副葬品として出土する一方で，それ以外の地域では日常生活層から出土している。なおA群精製土器は，その組み合わせや数量に差異はあるものの，煮沸具の組成で見られる小様式圏内にそれぞれ見られる。

(2)　IVb期の様相（図78）

分布状況としては，二里頭遺跡では鬻は見られなくなるが，盉，爵，觚ともに数量的にも多く出土している。一方，その他の地区・遺跡ではあまり出土していない。南方ではIVa期と同様に，駐馬店や南陽などの地区にまで広がっている。黄河以北に関しては出土例が少ないが，輝県瑠璃閣では盉，爵，さらに河北省永年県何荘遺跡などでも爵が出土している。また土器そのものはこの段階精製器種ではないが，次の段階に二里頭類型の地域において青銅容器の器形に採用される罍が当該地域で出土している。出土状況は，IVa期とほぼ同様である。またIVa期ではA群精製土器は副葬品としても使用されていたが，南陽などの豫西南地域についても他の地区・地域と同様に日常生活遺構から出土している。

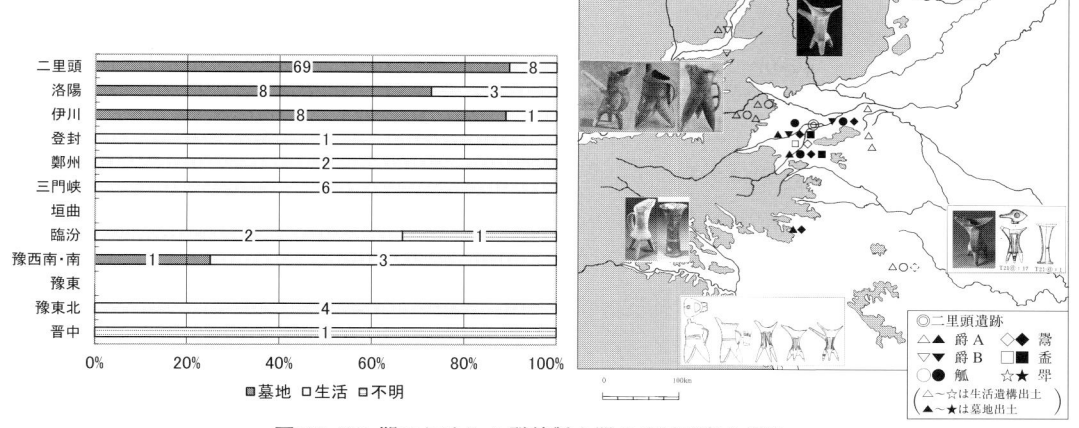

第 7 章　威信財から見た二里頭文化の地域間関係

図 77　IVa 期における A 群精製土器の地区別出土状況
左：出土状況，右：分布図。図 78・79 も同様。

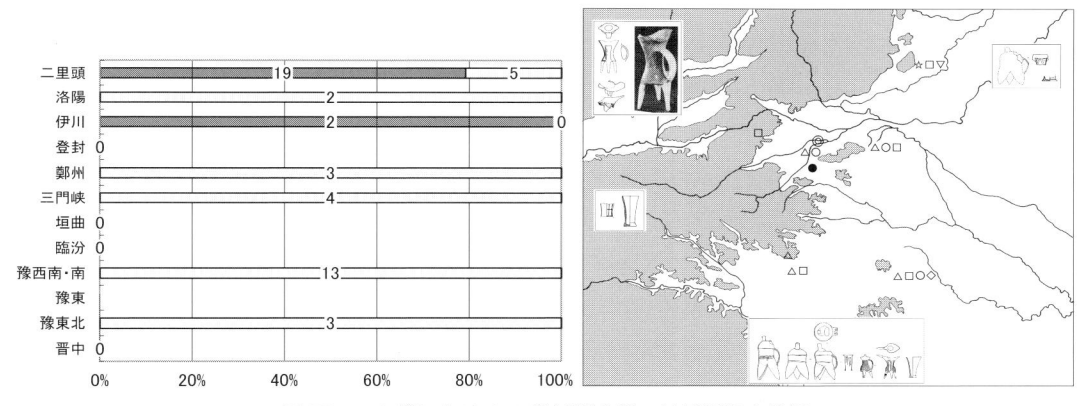

図 78　IVb 期における A 群精製土器の地区別出土状況

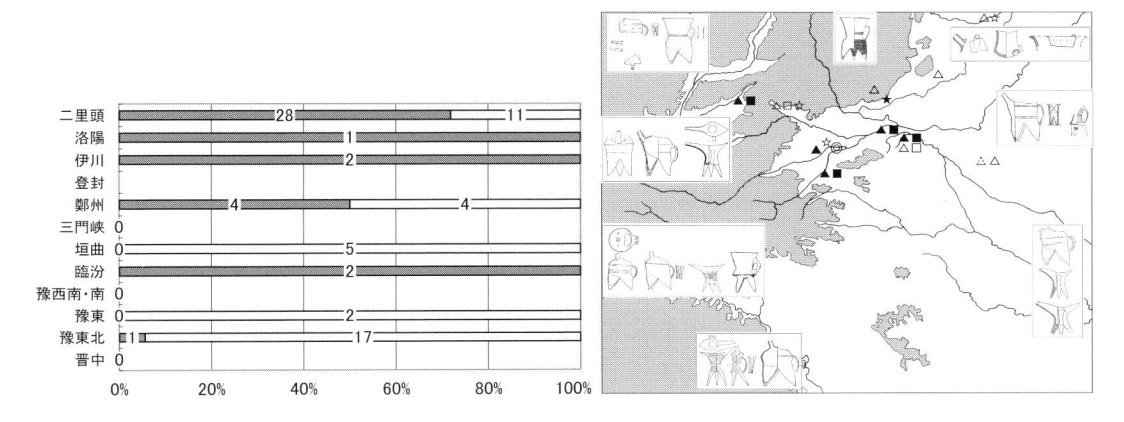

図 79　IVc 期における A 群精製土器の地区別出土状況

(3) IVc期の様相 (図79)

　IVb期までと異なり，二里頭類型の全域にわたって爵，盉が見られる。またいわゆる典型的な二里頭類型の土器様式に隣接する地域においても，爵だけでなく盉も出土している。一方で，淮河支流域が広がる河南省南部，東部あるいは南陽地区においてもIVb期までA群精製土器が見られたが，この時期には見られなくなる。また後述するが，青銅容器の斝が突然この時期に二里頭文化に出現するが，土器の斝は二里頭類型で見られる数量は，それほど多くなく，しかも粗製のものが多い。一方で，二里頭類型の周辺域，輝県孟荘，垣曲南関あるいは豫北の地域でそれらは数量的に多く，また副葬品として出土している。

　以上，まとめると大きく三つの傾向が読み取れる。①A群精製土器の分布する数量に時間的変化が見られる。IVa期には広域に見られるが，IVc期には二里頭類型，あるいは黄河以北に分布の中心が移り，かつ伊洛地区での出土量が減少している。②分布する器種に差異が存在している。IVa期においては，二里頭遺跡および，伊洛河流域を中心に鬹，斝，爵[10]，觚がセットで見られる。その他の地区[11]では，A群精製土器が全器種そろって出土することはない。またIVc期には，その他の器種と比較すると精製の度合いが低いが，斝が豫北地域，鄭州地区を中心に増加している。③出土状況にIVc期に大きな変化が見られる。IVa期では，副葬品としての出土はほぼ二里頭遺跡および伊洛河流域であったが，IVc期には鄭州地区，晋南地域などの地域・遺跡においても副葬品として用いられるようになった，という三つの傾向が存在する。

　そこで，以下に，このように分布における差異が出現する要因について検討を加える。特に二里頭政体の王都と想定される二里頭遺跡と周辺遺跡との関係性の検討が重要となる。そこで，製作と使用に際して規制が働いているのか否か，働いているとすればどのような規制か，といった検討が必要となる。例えば，各形態的特徴を見ることで，製作に関わる類似度，型式変化の連続性は共通しているのか否か，共通するのであればその範囲はどこまで広がるのかという問題を検討する必要がある。この問題は，それら威信財としてのA群精製土器の製作体制の様相の理解へつながる[12]。さらには，二里頭遺跡と同様の階層構造を各遺跡，各地区で共有した結果であるのか，墓地間の比較が必要となる。

6　A群精製土器の製作体制に見る二里頭遺跡と各遺跡・地区との関係

　そこでまず，遺跡単位におけるA群精製土器の型式変化の連続性の有無を見てみる。各遺跡・地区に見られるA群精製土器の各形式・型式の分布を示したのが表21である。二里頭遺跡に関しては，どの形式・型式も連続的に存在している。しかし，二里頭遺跡以外では，伊洛盆地の遺跡でさえ，各器種単位での型式の連続性は少ない。現状で，確認できるのは2遺跡で，わずか1器種，爵A類のみである。一つは駐馬店楊荘遺跡の事例である。爵A類はⅢ→Ⅳ→Ⅴ，Ⅱ→Ⅵ→Ⅶの型式変化をたどるが，そのうちⅥ→Ⅶの変遷が当該遺跡では確認できた。またもう一つの遺跡

第 7 章　威信財から見た二里頭文化の地域間関係

は，滬池鄭窰遺跡のⅡ→Ⅵへの変遷事例である。このことから二里頭遺跡を除く，各遺跡単位では系統だった製作がなかった可能性が高い。

次に，爵Ａ類の各時期におけるサイズの変異幅を見てみると（図80），Ⅳa期では鄭窰遺跡，Ⅳb期には楊荘遺跡と八里橋遺跡の，Ⅳc期には東下馮遺跡出土のものがいずれも若干，二里頭遺跡における変異幅を超えるサイズになっている。しかし，その他の事例では，基本的には二里頭遺跡出土器物のサイズの範囲内に収まっていることから，製作に際して二里頭遺跡のそれとの関連性が想定できる。特に爵やその他の袋足状の器種は内模を用いた型で製作されており，二里頭遺跡に見られるＡ群精製土器の製作技法をなんらかの形で共有していたと考えられる。しかし各器種ともに各遺跡・地区単位で連続的な型式が存在しないことから，それぞれの遺跡・地区で積極的な製作のあり方は見出せない。このことからＡ群精製土器に対して二里頭遺跡による規制が存在していたか，あるいは各遺跡や地区ではそれらを積極的に必要としなかった可能性が想定される。そこで次にＡ群精製土器の各遺跡・地区（小様式圏）での位置づけ，とくに使用に関する関係性について検討する必要がある。

表21　Ａ群精製土器の各形式・型式の分布一覧表

地域	場所	遺跡	器種	Ⅳa期 前半	Ⅳa期 後半	Ⅳb期	Ⅳc期 前半	Ⅳc期 後半
		二里頭		◎	◎	◎	◎	◎
2	鞏義	稍柴	鬲B2	B2				
			爵B	i				
			斝					
2	洛陽市	鉌李	鬲	○				
			盉	○				
2	洛陽市	皂角樹	爵A			○		
			斝			○		
2	洛陽市	東馬溝	鬲B2	B2-i				
			盉Ab	ii				
			爵A				v	
			爵B		i			
2	洛陽市	東干溝	斝	○				
3	登封県	王村	爵A		Ⅲ			
3	伊川県	白元	鬲B2	B2-i				
			爵A		Ⅲ			
3	伊川県	南寨	鬲B2	B2-i				
			盉Aa	○				
			盉Ab	ii				Ⅷ
			爵A		Ⅲ			Ⅶ
			爵B		○			
			斝			○		
3	新密	新砦	鬲B2	B2-i				
			爵	○				
3	新密	曲梁	盉A			○		
			爵			○		
			斝			○		
4	滬池県	鄭窰	爵			○		
			爵A	Ⅱ	Ⅲ?	Ⅴ	Ⅵ	
			斝					
4	陝県	鹿寺	盉			○		
			爵A	Ⅱ				
4	陝県	西崖	爵A	○				
			斝	○				
5	榮陽市	西史村	盉Ab					ix
			爵A		○			Ⅶ?
5	鄭州	洛達廟	盉Ab					ix
			爵A					Ⅶ
			斝			○		
6	垣曲	南関	盉Ab					ix
			爵A					Ⅸ以降の型式
			斝			○		
7	侯馬	大柴	盉Ab					
			爵A		○			
			斝					
7	夏県	東下馮	盉Ab					Ⅸ
			爵A					Ⅶ
8	駐馬店	楊荘	鬲C		◎			
			盉B			○		
			爵A		Ⅳ	Ⅵ	Ⅶ	
			斝	○				
8	鄧州市	穰東	鬲B	ii-1				
			盉B			○		
			爵A	Ⅷ				
8	鄧州市	陳営	爵A			○		
8	方城	八里橋	盉Ab			iii		
			爵A		Ⅳ	Ⅵ		
			斝	○				
9	杞県	段岡	爵A					Ⅶ
9	杞県	鹿台岡	爵A					Ⅵ or Ⅶ
10	輝県	孟荘	斝					○
10	輝県	瑠璃閣	爵A					○
10	淇県	宋窰	盉Ab					Ⅸ
			爵A		○			Ⅸ+以降の形態
			爵B		○			
			斝		○			
10	永年	何荘	爵A					○
			斝					○

◎は複数点，○は１点を示す。

図 80　爵 A 類のサイズ（器高）

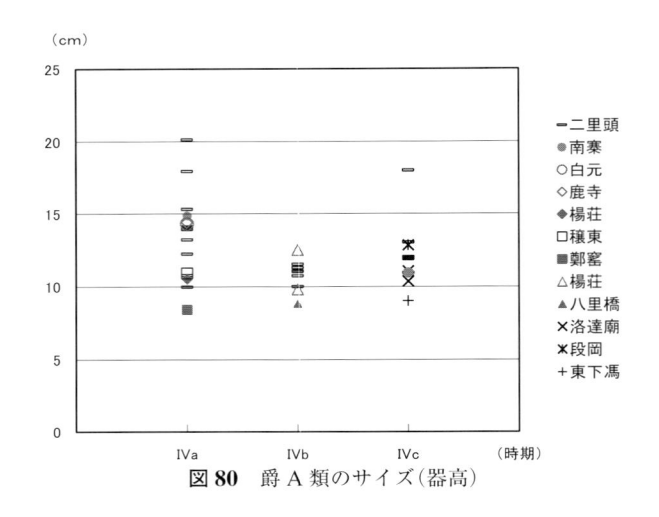

7　A 群精製土器の各遺跡・地区（小様式圏）での位置づけ

　拙稿（徳留 2004）でも指摘したように，A 群精製土器は少なくとも二里頭遺跡および伊洛河流域では主に大型・中型墓からそのほかの威信財（青銅容器，玉器など）と共伴して副葬品として出土することからも，A 群精製土器そのものが当該地域では威信財としての機能を有していることが想定できる。一方で，それ以外の地域では IVc 期になるまでいくつかの例外を除き，副葬品となっていない。つまり，A 群精製土器が個人に属しておらず，個人の威信表示に最終的に使用されていなかった可能性が考えられる。そこで，二里頭的な身分表示との比較，墓の規模や副葬品の内容を通して，二里頭文化期の階層構造・表現がどのようなものであったかについて検討を加える。二里頭遺跡あるいは伊洛河流域における階層構造については墓地分析を通じて四〜五つの階層区分が存在し，およそ 1 m^2 前後の墓坑規模で A 群精製土器のみを有する社会的階層表示が存在することがすでに指摘されている（李伯謙（西江訳）1995，岡村 2003，宮本 2005 など）。表 22 は伊洛河流域のみならず，二里頭文化の範囲内，あるいは A 群精製土器を出土する周辺地域を含めて，墓坑規模およびその副葬品構成を示したものである。墓地に関する資料数が少ないのであるが，その中で特に 2 点注目すべきことがある。1 点目は 1 m^2 を超える墓地が二里頭遺跡，伊洛河流域以外で検出されているが，その中に A 群精製土器などを副葬せずに，それらの地域では見られない鬲などの器種を副葬品として用いている墓地がある点である。つまり，仮に墓坑のサイズがある程度階層表現の要素として考えられるのであれば，伊洛地域以外では A 群精製土器など二里頭類型の核心的地域で見られる階層表現以外の階層表現を有していると考えられる。このことから，二里頭類型内での A 群精製土器の出土状況に差異が生じる原因として，二里頭類型で複数あるいは二里頭とは異なる系統の階層表現が存在しているといえる。この様相は IVa 期，IVb 期に主にみられる。2 点目は，IVc 期になると，伊洛河流域以外の地域でも A 群精製土器を基本的には副葬品として利用しており，使用のあり方が二

第 7 章 威信財から見た二里頭文化の地域間関係

表 22 二里頭期の各遺跡の墓坑規模と副葬品

地域	場所	遺跡名	時期	番号	長軸	短軸	面積	副葬品
畿内	2	洛陽	東馬溝	IVa	M2	2.42	1.05	2.54	爵,盆,三足器
	2	偃師	灰嘴	IV	M1	1.92	0.85	1.63	土器片
	2	洛陽	東馬溝	IVa	※M8	2.1	0.77	1.62	鬹2,罐,豆,盆2
	3	伊川	南寨	IVa	M26	残1.8	0.7	1.26	盉(白),壺形盉,觚,罐,鉢
	2	鞏義	稍柴	IVa後	M10	1.78	0.64	1.14	豆,三足器
	2	鞏義	稍柴	IVa	M5	1.99	0.54	1.07	鬹(白),爵,觚,豆,三足器
	2	洛陽	東干溝	IVa	M2	1.95	0.54	1.07	鼎,杯2
	2	洛陽	東馬溝	IVa	M9	1.92	0.55	1.06	豆,盆,三足器
	2	洛陽	皂角樹	IVa後	M32	1.75	0.58	1.02	罐,尊,豆,三足盤
二里頭類型内	5	鄭州	洛達廟	IVc	M33	2.4	1.1	2.64	剣形玉,緑松石,朱円陶片
	5	鄭州	洛達廟	IVc	M141	2.1	0.75	1.58	罐,豆,盆
	5	鄭州	大師姑	IVc・V	M1	2.2	0.7	1.54	鬲,盆
	5	滎陽	西史村	IVc	M1	2.2	0.5〜0.6	1.32	玉柄形飾,盉,爵,罐,盆,円陶片,海貝4
	4	陝県	西崖	IVa	M9	2.1	0.62	1.3	盆
	3	登封	王城崗	IVb	T15M16	1.8	0.68	1.22	鬲,尊,盆
	5	滎陽	西史村	IVb	M3	1.9	0.48〜0.6	1.14	罐,豆2,盆,砥石
	5	鄭州	洛達廟	IVc	M25	1.58	0.7	1.11	罐,尊,豆
	3	登封	王城崗	IVb	T27M19	1.84	0.6	1.1	鬲,罍,盆
	5	鄭州	洛達廟	IVc・V	C8M28	1.9	0.55	1.05	盉,爵
	5	滎陽	西史村	IVc	M7	1.75	0.38〜0.6	1.05	盆
	5	鄭州	洛達廟	IVc	M144	1.8	0.58	1.04	豆,盆
晋南	7	夏県	東下馮	IVc	※M401	2.2	1	2.2	緑松石,盉,爵,罐
	7	夏県	東下馮	IVa	M511	1.75	0.67	1.17	尊,豆,盆,鉢
	7	夏県	東下馮	IVc	M516	2.05	0.56	1.15	盆
豫西南	8	鄲城	郝家台	IVa	M42	1.99	0.85	1.69	豆
	8	鄧州	穣東	IVa	M2	1.72	0.87	1.5	爵,豆,盆
	8	淅川	下王崗	IVb	M486	2	0.68	1.36	
	8	淅川	下王崗	IVb	M503	1.95	0.54	1.05	
豫北	10	輝県	孟荘	IVc	M6	1.76	0.88	1.55	鬲2,盆
	10	輝県	孟荘	IVbc	M51	2.2	0.7	1.54	罐,豆2
	10	輝県	孟荘	IVc	M10	2.1	0.6	1.26	鬲,豆2
	10	輝県	孟荘	IVbc	M43	1.5	0.75	1.13	罐,盆
	10	輝県	孟荘	IVbc	M17	2	0.55	1.1	鬲
	10	輝県	孟荘	IVc	M8	1.95	0.55	1.07	罍,盆2

番号前の※は合葬墓であることを示す。また墓坑長軸中の残は残長を示す。

里頭類型の全域あるいは二里頭類型より外側の地域でも定着しているということである。

　以上の分析をまとめると以下のようになる。

　まず A 群精製土器の製作については，二里頭遺跡と密接な関係はどの遺跡・地区でも存在し，可能性として多くは在地的製作であると想定されるが，各遺跡・地区でそれらの積極的な製作はなかったと考えられる。次に時間的変化としては，IVa 期に A 群精製土器そのものは広く分布するようになるが，二里頭遺跡と同様に階層表現のアイテムとしての使用のあり方を示すようになるのは IVc 期になり顕著となっているといえる。

8　考　察

　これまでの分析を通じて，IVa 期に A 群精製土器は広がるが，IVc 期になって少なくとも二里頭

類型の各地区(各小様式圏)では，それらは副葬品として用いられるようになっている。つまりIVc期は二里頭文化期内で画期として評価することができる。この段階にA群精製土器以外に以下にあげる三つの項目においても画期が見られ，A群精製土器の動態と共変動したものと評価できる。

1点目は，特に華北平原にあたる鄭州や杞県地区[13]などで煮沸具の土器相が多系統化していることである。鄒衡らによってすでに指摘されているように，豫北地域などに見られる先商文化の影響が強くなっている。

2点目は，異系統の土器を模倣した青銅容器の使用である。

3点目はこの2点目の動態と強く関連するのであるが，青銅容器の拡散に見られる階層秩序の形成である(宮本2005)。図81は，IVc期段階に新しい青銅容器として採用される斝の系統関係を示したものである。これまで先学において青銅の爵と盉については，遅くともIVb期に二里頭類型における土器が銅器化することが指摘され(杜金鵬1992)，IVc期においては土器の斝，鼎に見られる銅器化も見られ，青銅容器のヴァリエーションが増加する。その中で，興味深いのは，その銅器化した斝には異なる系統が存在していることである。いずれの青銅斝も土製の斝を模倣しているのであるが，二里頭文化の成立時には土製の斝は存在しない。IVc期に二里頭遺跡(報告では二里頭文化第3期，本章でのIVb期に相当)で見られる土製の斝(IVH13:11)は紅陶である。二里頭文化に先立つ王湾3期文化段階において，その終焉期には斝は使用されなくなる(韓建業・楊改新1997，徳留2003)し，また王湾3期文化段階における河南中部地域で典型的な斝の形態と二里頭遺跡出土の斝(黒陶)には形態的な連続性を見出すことは困難である。一方，二里頭文化期の豫北地域，晋南地域では，黒陶・灰陶がより多く見られ，丁寧な作りであり，形態的特徴を見ても，新石器時代後期段階のそれに直接的系統を追うことが可能と考える。また輝県孟荘遺跡の出土例(M8:1)のように墓の副葬品として出土することもある。このことから，少なくとも斝は二里頭文化の地域では本来主要な器種でないことから，外来の器種であったと想定できる。二里頭文化期の斝は当初，二里頭文化系統のものでなく，非在地系の精製土器を模しており，模倣後は，VIM9(1)出土の青銅斝が見られるように二里頭的な土製の斝IVH13を模倣したと考えられることから[14]，二里頭文化的なものとして取り入れていった過程が想定できる。このことからIVc期における威信財には伝統的二里頭文化系のものと，非在地系のものとが共存，あるいは非在地的な器物が二里頭文化における威信財の中に組み込まれているといえる(図82)[15]。

この現象をより文化史的に説明してみる。IVb～IVc期にかけて鄭州地区を中心に商王朝を形成する文化の影響を受けて南関外類型と呼称される様式圏が確認されている。つまり二里頭類型の外側の文化との接触がより密接なものとなっていると予想される。二里頭類型と接触する地域に見られる，精製度がより高い精製土器を，二里頭類型のA群精製土器の中に取り入れ，威信財として扱うことで，その周辺地域の集団との交流・接触をスムーズに図ったのかもしれない。これはこの段階，威信財としての青銅容器の拡散に見られる階層秩序の形成(宮本2005)における一戦略として評価することができる。つまり，IVc期になって威信財を用いてより広い地域の集団との関係を保持しようとする，王都二里頭遺跡を中心とする政体が確立しようとしているのであり，この時期を商

第 7 章　威信財から見た二里頭文化の地域間関係　　135

豫中地域　　　豫北地域
（二里頭遺跡）

Ⅲb期
後半

孟荘 XT258H27:1
泥質黒陶

晋西南地域

模倣
の可能性

Ⅳb
〜
Ⅳc期

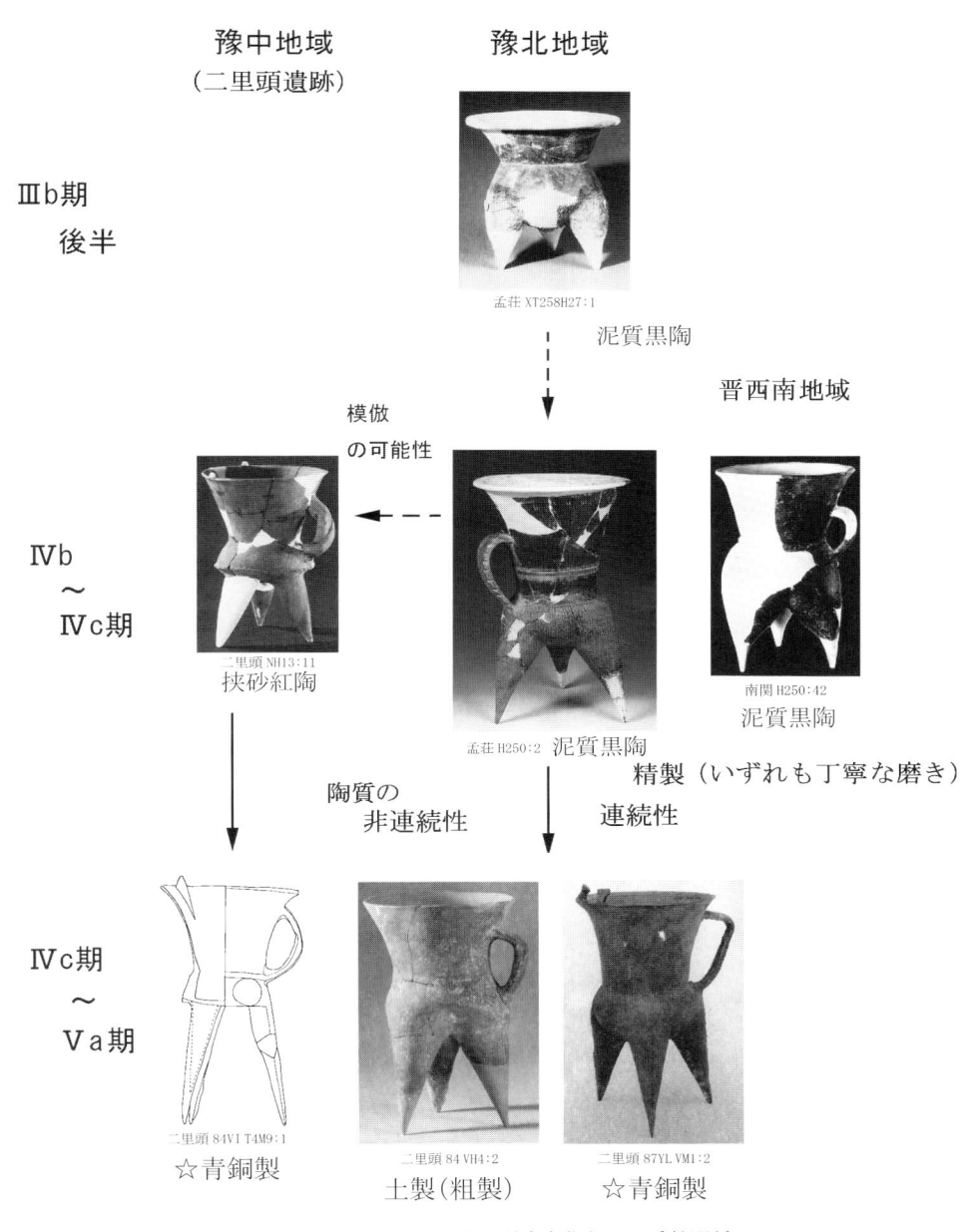

二里頭 NH13:11
挟砂紅陶

孟荘 H250:2　泥質黒陶

南関 H250:42
泥質黒陶

精製（いずれも丁寧な磨き）

陶質の
非連続性　　連続性

Ⅳc期
〜
Ⅴa期

二里頭 84VI T4M9:1
☆青銅製

二里頭 84 VH4:2
土製（粗製）

二里頭 87YL VM1:2
☆青銅製

図81　二里頭文化期における斝の型式変化とその系統関係

　王朝に見られる威信財システム形成（Friedman and Rowlands 1977）の萌芽的段階として位置づけることが可能といえる。また，逆にいえば，Ⅳa期の段階で二里頭遺跡では宮殿建築の形成や礼制の開始といったものが形成されつつあり，社会統合の度合いもより高くなっていると評価できるものの，Ⅳc期の段階で二里頭遺跡を中心とする政体は，広域的な階層秩序の形成に至ったと考えられる。このことから，集団間の社会的階層関係，紐帯を威信財を介して取りもつ「威信財システム」

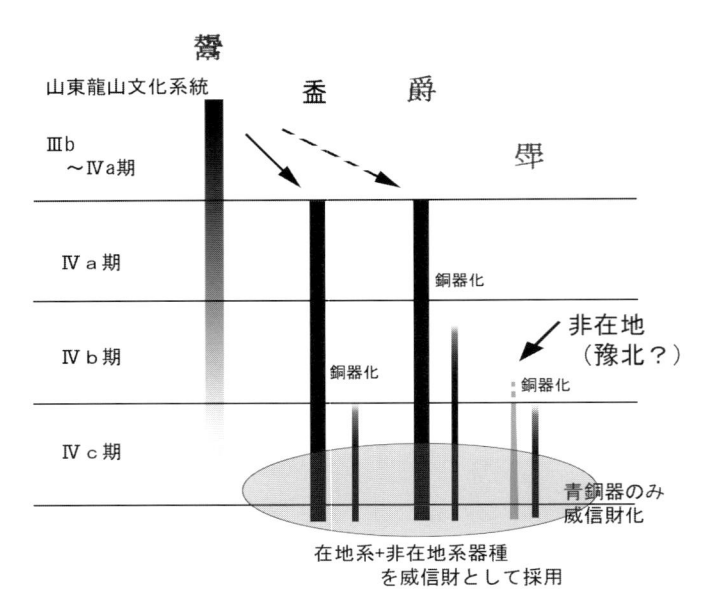

図82 A群精製土器および青銅容器の変遷図

の存在に関しては，少なくとも二里頭文化期すべての時期を通じて存在しているわけではない。二里岡文化期以降に本格的に「威信財」を媒介とした集団間の関係を構築する秩序の形成は，二里頭文化のその終焉期(IVc期)に萌芽的なものが見られると評価できる(図82)。このことから，日常土器を中心としたアセンブリッジの結果として評価される二里頭文化・類型内の集団間関係というものは，当該期において領域国家(Territorial state)が成立していたかの評価は別にして，Liu Liら(Liu & Chen 2003)が指摘するような中心−周辺という社会・集団間関係の形成・確立については，IVc期以降に形成・顕在化していると評価できる(図83)。

9 まとめ

本章では，二里頭文化の各段階性の通時的動態に着目した。その結果，興味深いことに，二里頭文化の確立という意味で土器様式に見られる斉一性や宮殿遺跡の造営などは，二里頭遺跡のいわゆる二里頭文化第2期段階に成立しているものの，その社会的・政治的まとまりはより遅れ，段階的に社会の統合の度合いが空間的に広くかつ強大になっていると言える。そして，威信財がより社会全体を包括する形で社会へ関係する威信財システムの成立は二里頭文化第4期段階である。これは周辺地域との交流，特に異なる土器様式圏との接触の過程で成立したものであり，そのシステムはその後，二里岡文化期にはより強大化して，さらなる広域社会の統合を促すものとなっている。ところで，二里頭文化期には表23(章末)に示すように，二里頭遺跡で青銅製あるいは玉製で儀器としての機能をも有する器物がある。二里頭遺跡以外ではほとんど出土しないが，それを模倣した石器

第 7 章 威信財から見た二里頭文化の地域間関係　　137

Ⅲb期

王湾 3 期文化

凡例
★ 青銅容器出土遺跡地点
○ 遺跡
□ 地区集団（煮沸具組成）
[:](大)土器様式

同一の階層構造・観念
二里頭遺跡

Ⅳa
〜Ⅳb期

二里頭文化・類型

青銅容器　　★
A群精製土器
B群精製土器　　豆・圏足盤・杯　etc.
日常煮沸具・粗製土器　　鼎　＋　罐

「威信財システム」の形成期

同一の階層構造・観念
二里頭遺跡

Ⅳc期

二里頭文化・類型

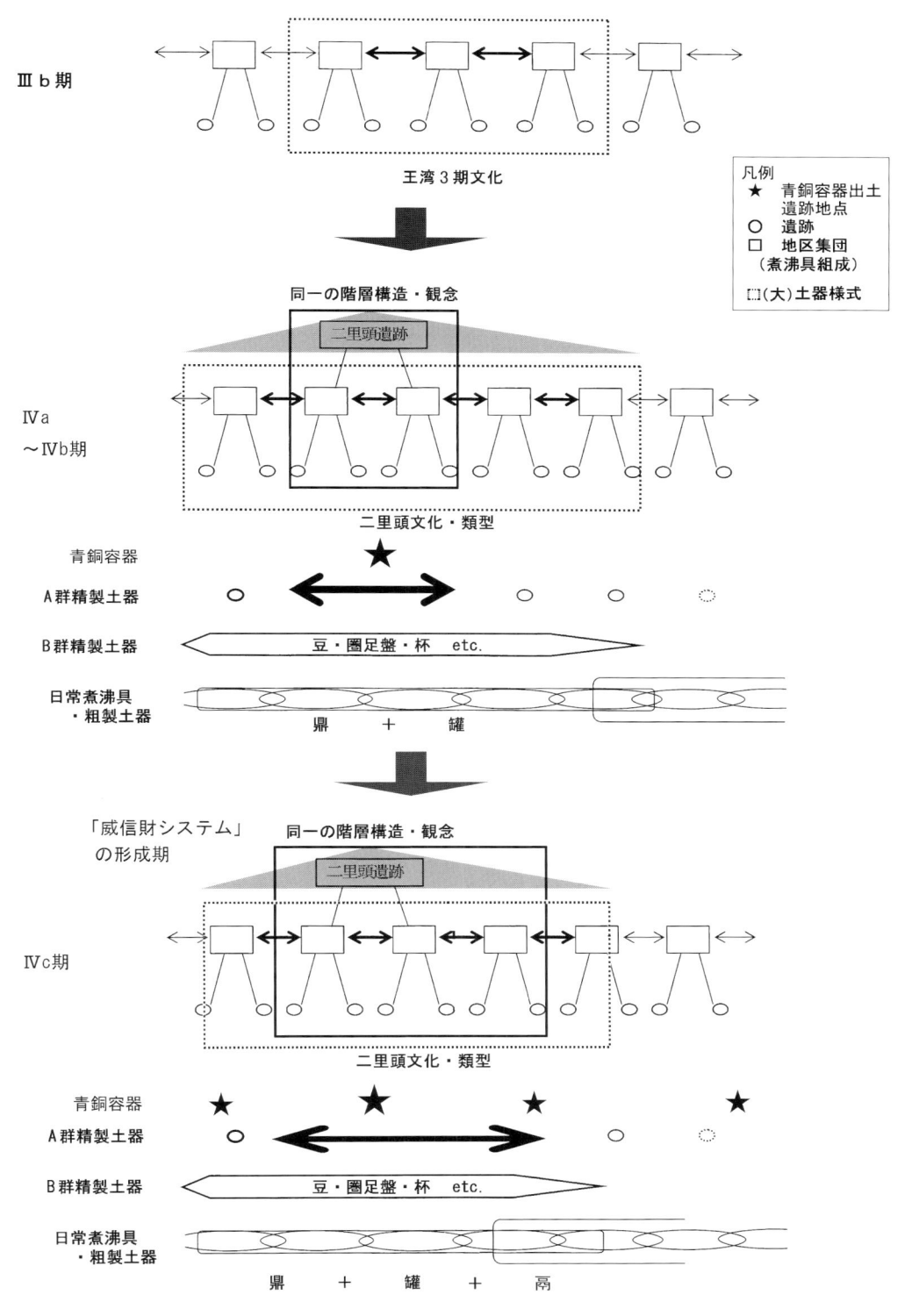

青銅容器　★　　★　　★　　　★
A群精製土器
B群精製土器　　豆・圏足盤・杯　etc.
日常煮沸具・粗製土器　　鼎　＋　罐　＋　鬲

図 83　二里頭文化における地域間関係変遷モデル図

が周辺地域の遺跡で出土している。多くは墓地から出土しないが，その形態は明らかに二里頭遺跡出土の儀器を模倣したものである。現状では，資料数が少なく，詳細な検討はできないが，今後，これらの器物についても詳細な検討が必要となろう。

謝辞

本章をまとめるにあたり，宮本一夫先生には資料の観察時における様々なアイデアを含めご指導を賜りました。また田中良之，岩永省三，溝口孝司，辻田淳一郎，石川健，岡田裕之の諸先生方には日常的に多くのご指導を賜りました。中橋孝博，佐藤廉也先生にも演習などを通してご指導賜りました。また白雲翔，許宏，趙海濤，陳国梁の諸先生・諸氏には二里頭遺跡における資料調査時に多くの有益なご指導を賜りました。また以下の方々にも本章を作成するためにご指導あるいは資料調査に際して多くのご協力をいただきました。記して感謝の意を表します。

陳朝雲，樊温泉，韓国河，飯島武次，焦南峰，靳松安，李維明，松丸道雄，村野正景，岡村秀典，田尻義了，田建文，王輝，王文華，楊亜長，袁広闊，張国碩，趙化成，中国社会科学院考古研究所，北京大学文博学院，鄭州大学歴史学院，河南省文物考古研究所，山西省文物考古研究所，陝西省文物考古研究所，九州大学大考古学教室（敬称略，順不同）

なお本章は財団法人日本科学協会笹川科学研究助成による平成17年度研究助成および日本学術振興会科学研究費（特別研究員奨励費）平成18年度による成果の一部である。

注

1) ただし，西江清高は，二里頭文化を夏王朝と比定しているわけではない。中原王朝と呼称している（西江2003）。

2) 拙稿において，地区集団間の関係を把握するために，二里頭文化期に威信財的要素を有する青銅器，玉器，A群精製土器，卜骨の分布と出土状況について検討した（徳留2004）。その際，二里頭文化を一時期として扱ったため，二里頭文化期内における地域・地区間の関係性について，その動態を必ずしも明確にしたわけではないという課題が残った。

3) なお，この議論については，王震中（王震中1994），岩永省三（岩永2006），宮本一夫（宮本2006b）らの研究がある。

4) 秦小麗，西江清高は，二里頭遺跡に見られる典型的土器の中で，儀礼的場面で重要な役割を果たしたと考えられる土器群を陶礼器（＝威信財）として評価し，二里頭遺跡における出土状況などから階層表現を示すものとして捉えている（秦小麗2003，西江2005）。そしてその空間的広がりを政治的秩序をもってまとまりをなした領域として評価している。威信財の中でも青銅容器に関しては，ほぼ二里頭遺跡で製作・消費されており，青銅礼器（爵，盉，斝）は王都において王とその周囲のものに独占されていたものと想定。そのような状況の中で，陶礼器（爵，觚，盉，鬶）は王から分配される形式をとって流布した可能性を推測している。

5) そのほか，視点は異なるが二里頭文化内における画期といわゆる，夏王朝と商王朝の王朝交代の時期が対応するとし，二里頭文化期の各段階の中で社会統合・社会集団が変化するといった議論も長い研究史を有する。これらについては，例えば，鄒衡，陳旭，飯島武次などの研究がある（鄒衡1980，陳旭1980，飯島1985）。

6) 西江清高はそれらの器種を陶礼器と呼称している（西江2005）。これらの器種は筆者が拙稿（徳留2004）にて設定したA群精製土器とほぼ対応する。筆者の場合は，それらの器種が酒器であった可能性は高いと考えるが，現状では証明できない。精製土器の中でも特に丁寧なつくりで，二里頭遺跡においてはその使用のあり方が一貫して，それらの器物を有する人間の社会的地位を示す威信財としての役割を有しているのでA群精製土器と呼称している。

7) 本章では威信財という用語を用いるが，後述する分析結果を考えると，対象とする地域の中で中核的地域と周辺地域では使用のあり方が時期により異なる。特に中核地域では二里頭文化期全体を通じてA群精製土器などは威信財的要素を示すことは明らかであるが，周辺地域でも同様の意味づけがなされて

第 7 章　威信財から見た二里頭文化の地域間関係　　139

いるか，不明確である。しかし，日常的な生存財とも言いがたく，本来ならば本章で扱う威信財的要素を有する器物は，非生存財として呼称する方がよいかもしれない。しかし，特に張光直，劉莉，陳星燦や Friedman, J. and Rowlands, M. の研究成果との比較を行うため，威信財という用語を用いる。

8) これらの器種については杜金鵬らによる体系的な研究がある（杜金鵬 1992・1994）。ただし，研究の目的は，これらの器種が商代，周代へ展開していく動態を理解するものであり，二里頭文化期内における動態については，資料的制約もあり詳細は検討されていない。

9) 以下，報告書に関しては『偃師二里頭』と略す。

10) また IVa 期に代表的に見られる爵 B 類については，二里頭類型以北のみ確認でき，現在の資料では，豫南や豫西南，豫東では確認されていない。

11) ここで称する地区とは，煮沸具の土器組成に反映された小様式圏を示す。拙稿において，この小様式圏の空間的広がりは二里頭文化期あるいはそれ以前の時期の王湾 3 期文化期を通じて大きく変化していないことを指摘した（徳留 2004）。そしてその小様式圏は一水系，一盆地，あるいは，隣接する水系，盆地単位での広がりであることから，婚姻・交易を含んだ日常的なコミュニケーションを行っている範囲・単位であると位置づけている。この単位をここでは便宜上，地区と称している。なお地域はより広い範囲を示す概念として用いている。例えば，河南中部地域は，洛陽，鄭州，登封など含みこんでいる。基本的には厳文明の研究（厳文明 1989）において使用していた枠組みを援用している。

12) 特に白陶の原料であるカオリンについて，その原料の産地がかなり限定的であることから，白陶の製品あるいは原料が分配されている可能性があるとの指摘はこれまでも多くある（例えば Liu and Chen 2003，岡村 2003，西江 2005 など）。

13) 豫東地域の土器動態については拙稿にて検討を行った（徳留 2007）。

14) 宮本一夫氏のご教示による（宮本一夫 2006）。

15) 青銅の鼎についても，それを外来文化の土器から模倣したとの指摘がある（宮本 2005，宮本一夫 2006）。

報告書（各番号は図 67 の番号に対応）

1　楊亜長 2000「陝西夏時期考古的新進展—商州東龍山遺址的発掘収穫」『古代文明通訊』第 5 期
2　王俊・閻向東 2000「忻州市尹村新石器時代至殷商時期遺址」『中国考古学年鑑 1998』
3　中国社会科学院考古研究所山西工作隊 1987「山西襄汾県大柴遺址発掘簡報」『考古』1998 年第 7 期
4　田建文 1996「侯馬工作站征集文物選介」『文物季刊』1996 年第 3 期
5　東下馮考古隊 1980「山西夏県東下馮遺址東区，中区発掘簡報」『考古』1980 年第 2 期
　　中国社会科学院考古研究所編 1988『夏県東下馮』文物出版社
6　中国歴史博物館考古部・山西省考古研究所・垣曲県博物館編著 1996『垣曲商城』科学出版社
7　黄河水庫考古工作隊河南分隊 1960「河南陝県七里舗商代遺址的発掘」『考古学報』1960 年第 1 期
8　河南省文物考古研究所・渑池県文化館 1987「渑池県鄭窰遺址発掘報告」『華夏考古』1987 年第 2 期
9　河南省文物局文物工作隊 1964「河南渑池商代遺址試掘簡報」『考古』1964 年第 9 期
10　河南省文物研究所 1989「陝県西崖村遺址的発掘」『華夏考古』1989 年第 1 期
11　洛陽博物館 1978「洛陽東馬溝二里頭類型墓葬」『考古』1978 年第 1 期
12　考古研究所洛陽発掘隊 1959「1958 年洛陽東乾溝遺址発掘簡報」『考古』1959 年第 10 期
　　中国社会科学院考古研究所 1989『洛陽発掘報告』北京燕山出版社
13　洛陽博物館 1978「洛陽矬李遺址試掘簡報」『考古』1978 年第 1 期
14　洛陽市文物工作隊編 2002『洛陽皂角樹』科学出版社
15　河南省文物考古研究所 1996「河南伊川県南寨二里頭文化墓葬発掘簡報」『考古』1996 年第 12 期
16　洛陽地区文物処 1982「伊川白元遺址発掘簡報」『中原文物』1982 年第 3 期
17　中国科学院考古研究所洛陽発掘隊 1961「1959 年河南偃師二里頭試掘簡報」『考古』1961 年第 2 期
　　中国科学院考古研究所洛陽発掘隊 1965「河南偃師二里頭遺址発掘簡報」『考古』1965 年第 5 期
　　中国科学院考古研究所二里頭工作隊 1976「偃師二里頭遺址新発現的銅器和玉器」『考古』1976 年第 4 期
　　中国社会科学院考古研究所二里頭工作隊 1983「1980 年河南偃師二里頭遺址発掘簡報」『考古』1983 年第 3 期
　　中国社会科学院考古研究所二里頭工作隊 1984「1981 年河南偃師二里頭墓葬発掘簡報」『考古』1984 年第 1 期

中国社会科学院考古研究所二里頭工作隊 1984「偃師二里頭遺址 1980～1981 年 III 区発掘簡報」『考古』1984 年第 7 期
中国社会科学院考古研究所二里頭工作隊 1985「1982 年秋偃師二里頭遺址九区発掘簡報」『考古』1985 年第 12 期
中国社会科学院考古研究所二里頭工作隊 1986「1984 年秋河南偃師二里頭遺址発現的幾座墓葬」『考古』1986 年第 4 期
中国社会科学院考古研究所二里頭工作隊 1992「1987 年河南偃師二里頭墓葬発掘簡報」『考古』1992 年第 4 期
中国社会科学院考古研究所 1995『二里頭陶器集粹』中国社会科学出版社
中国社会科学院考古研究所 1999『偃師二里頭』中国大百科全書出版社

18　河南省文物研究所 1993「河南鞏県稍柴遺址発掘報告」『華夏考古』1993 年第 2 期
19　韓維周・丁伯泉・張永傑・孫宝徳 1954「河南省登封県玉村古文化遺址概況」『文物参考資料』1954 年第 6 期
20　北京大学古代文明研究中心・鄭州市文物考古研究所 2004「河南省新密市新砦遺址 2000 年発掘簡報」『文物』2004 年第 3 期
21　北京大学考古文博学院 2003「河南新密曲梁遺址 1988 年春発掘報告」『考古学報』2003 年第 1 期
22　河南省文化局文物工作一隊 1957「鄭州洛達廟商代遺址試掘簡報」『文物参考資料』1957 年第 10 期
　　河南省文物研究所 1989「鄭州洛達廟遺址発掘報告」『華夏考古』1989 年第 4 期
　　河南省文物考古研究所編著 2001『鄭州商城』文物出版社
23　鄭州市博物館 1981「河南滎陽西史村遺址試掘簡報」『文物資料叢刊』5
24　鄭州市文物考古研究所編著 2004『鄭州大師姑』科学出版社
25　袁広闊 1991「鄧州市陳営二里頭文化遺址」『中国考古学年鑑 1990』文物出版社
26　河南省文物考古研究所 1999「河南鄧州市穰東遺址的発掘」『華夏考古』1999 年第 2 期
27　北京大学考古系・南陽市文物研究所・方城県博物館 1999「河南方城県八里橋遺址 1994 年春発掘簡報」『考古』1999 年第 12 期
28　北京大学考古系・駐馬店市文物保護管理所編著 1998『駐馬店楊荘』科学出版社
29・30　鄭州大学文博学院・開封市文物考古隊編 2000『豫東杞県発掘報告』科学出版社
31　河南省文物考古研究所編 2003『輝県孟荘』中州古籍出版社
32　中国社会科学院考古研究所編著 1956『輝県発掘報告』科学出版社
33　北京大学考古系商周組 1996「河南淇県宋窰遺址発掘報告」『考古学集刊』第 10 集
34　靳松安 2005「鶴壁市劉荘遺址的考古新発現」『中原文化与中華民族的形成和発展国際学術検討会　論文摘要匯編』
　　河南省文物局 2005「弐　2005 年度控制性文物保護項目工作成果」『河南省南水北調中線工程文物保護項目年報 2005』
35　河北省文物管理処 1979「磁県下七垣遺址発掘報告」『考古学報』1979 年第 2 期
36　邯鄲地区文物保管所・永年県文物保管所 1992「河北省永年県何荘遺址試掘簡報」『華夏考古』1992 年第 4 期
37・38　邯鄲考古発掘隊 1959「1957 年邯鄲発掘簡報」『考古』1959 年第 10 期
39　滹沱河好古隊 1993「河北滹沱河流域考古調査与試掘」『考古』1993 年第 4 期
40　中国社会科学院考古研究所編著 1996『大甸子』科学出版社

第 7 章　威信財から見た二里頭文化の地域間関係

表 23　主要分析資料一覧

地域	遺跡名	所在地	報告年代	爵案（時）	器種	型式	出土地点	遺構	器高	器高 b 底部-口縁（口部注口）	器高 底部-口縁（低部）	器高 c 底部-尾部	口径	幅	股下長	文様	陶質	図番号	出典	備考
1	二里頭	河南偃師県	二里頭 2	IVa	爵		II・VH132: 12	生活	11.3				爵流口貝 8.3			縄文	泥質灰褐陶	66-14, 図版 49-3	二里頭	
1	二里頭	河南偃師県	二里頭 1	IVa 前半	爵		II・VM54: 4	墓地	17.5				10				泥質褐陶	38-20, 図版 26-1	二里頭	
1	二里頭	河南偃師県	二里頭 1	IVa 前半	爵 A	AI	II・VM54: 7	墓地	19.6	13.91	13.41	14.44	10			腹部削り	泥質紅褐陶	38-5, 図版 25-4	二里頭	
1	二里頭	河南偃師県	二里頭 2	IVa	鬹		II・VT104④: 17	生活									細泥白陶	66-16	二里頭	
1	二里頭	河南偃師県	二里頭 3	IVb	爵		II・VT113③: 11	生活	13.8				10.5				泥質灰陶	144-5, 図版 106-8	二里頭	
1	二里頭	河南偃師県	二里頭 4	IVc 後半	盉	viii	IIM101: 1	墓地	19.9					腹径 12.6			泥質灰陶黒色スリップ	242-6, 図版 172-2	二里頭	
1	二里頭	河南偃師県	二里頭 3	IVb	爵		IIT205②: 11	生活	14				10.6				泥質灰陶	144-6, 図版 106-7	二里頭	
1	二里頭	河南偃師県	二里頭 3	IVb	盉 Ab	iv	IIIKM2: 4	墓地	22.9					腹径 12			細砂陶	166-5, 図版 122-3	二里頭	
1	二里頭	河南偃師県	二里頭 2	IVa 前半	爵 A	AI	IIIM5: 2	墓地	(残)14.5	13.2	12	(復)13.5				刻文	泥質灰陶	4-10	考 84-7	
1	二里頭	河南偃師県	二里頭 3	IVc	甲		IVH13: 11	生活	23.3				16				挟砂紅陶	133-9, 図版 93-4	二里頭	
1	二里頭	河南偃師県	二里頭 2	IVb	爵 A	AVII	IVH76: 81	生活	16.6	(復)11.065	9.34	(復)10.028					泥質灰陶	144-11, 図版 106-6	二里頭	共伴爵が V 式（IVb 期）に伴う、平底爵
1	二里頭	河南偃師県	二里頭 4	IVc 後半	盉 Ab	viii	IVM12: 1	墓地	23.9					腹径 13			細泥白陶	242-5, 図版 172-1	二里頭	
1	二里頭	河南偃師県	二里頭 2	IVa 後半	盉 Ab	i?	IVM14: 6	墓地	24.6							刻文＋餅状	泥質	80-6, 図版 61-1	二里頭	
1	二里頭	河南偃師県	二里頭 2	IVa 後半	爵 A	AIII	IVM17: 2	墓地	(残)18.2	14.11	11.28	(復)11.284	底径 6.2				泥質灰陶	166-3, 図版 123-7	二里頭	平底爵
1	二里頭	河南偃師県	二里頭 3	IVa 後半	盉 Ab	i	IVM17: 3	墓地	26.6					腹径 9.3		弦文	泥質黒色	166-1, 図版 122-1	二里頭	
1	二里頭	河南偃師県	二里頭 2	IVa 前半	爵		IVM18: 2	墓地	17.3				9.5			凸弦文	泥質灰褐陶	81-1, 図版 61-5	二里頭	
1	二里頭	河南偃師県	二里頭 2	IVa 前半	爵		IVM18: 3	墓地	17.6				10			凸弦文	泥質灰陶	81-2	二里頭	
1	二里頭	河南偃師県	二里頭 2	IVa 前半	盉 Aa		IVM18: 7	墓地	42.3							凸弦文＋餅状	泥質黒陶	80-7, 図版 60-4	二里頭	
1	二里頭	河南偃師県	二里頭 2	IVa	爵		IVM19: 2	墓地	17.7				8.6			弦文		79-8	二里頭	
1	二里頭	河南偃師県	二里頭 4	IVc	盉		IVM20: 1	墓地	関部のみ									文章のみ	二里頭	
1	二里頭	河南偃師県	二里頭 1	IIIb 末〜IVb	爵 B		IVM26: 5	墓地	21				10				泥質灰陶	38-19, 図版 26-2	二里頭	
1	二里頭	河南偃師県	二里頭 2	IVa 前半	爵 B		IVM6: 4	墓地	(残)10							刻文	泥質	81-10	二里頭	
1	二里頭	河南偃師県	二里頭 2	IVa 後半	盉 B		IVM8: 9	墓地	22.3								泥質灰色陶	80-4, 図版 60-2	二里頭	
1	二里頭	河南偃師県	二里頭 2	IVa	爵		IVM9: 2	墓地	17				9			凸弦文	泥質黒陶	215-11	二里頭	
1	二里頭	河南偃師県	二里頭 4	IVb	爵		IVT21④: 13	生活	9.9				9.3				泥質灰陶黒色スリップ	215-11	二里頭	

142

地域	遺跡名	所在地	報告年代	私案 (時)	器種	型式	出土地点	遺構	器高	器高 b 底部-口縁部 (注口)	器高 底部-口縁 (低部)	器高 c 底部-尾部	口径 爵注口長	幅	脚下長	文様	陶質	図番号	出典	備考
1	二里頭	河南偃師県	二里頭 2期	IVa後半	斝		VM15:19	墓地	15.4				8.3				泥質黑陶	79-9	二里頭	
1	二里頭	河南偃師県	二里頭 2期	IVa後半	爵 B		VM15:3	墓地	19				12	5.3		刻文	泥質	81-11,図版 62-3	二里頭	
1	二里頭	河南偃師県	二里頭 2期	IVa後半	爵	i	VM15:9	墓地	(残)12							刺凸+刻文	泥質灰陶黑色陶	81-8,図版 62-4	二里頭	B か不明確
1	二里頭	河南偃師県	二里頭 4期	IVc	爵		VM21:4	墓地	15.7				9.5			刻文	泥質灰陶黑色陶リップ	242-10,図版 172-4	二里頭	
1	二里頭	河南偃師県	二里頭 2期	IVa前半	爵 A	AVIII	VM22:1	墓地	12.7	9.95	8.92	9.61	10.9	3.9		刻文	泥質灰色陶	81-5,図版 61-4	二里頭	平底爵
1	二里頭	河南偃師県	二里頭 2期	IVa前半	爵		VM22:3	墓地	13.1				9.2			凹弦文	泥質灰陶	81-3,図版 61-7	二里頭	
1	二里頭	河南偃師県	二里頭 2期	IVa前半	斝 B2	B2-ii	VM22:8	墓地	28.3				12			刻文+餅状	泥質黄褐陶	81-1,図版 61-2	二里頭	
1	二里頭	河南偃師県	二里頭 2期	IVa前半	盉 B		VM23:1	墓地	22.5							弦文+餅状	泥質	80-2,図版 60-1	二里頭	
1	二里頭	河南偃師県	二里頭 2期	IVa	斝		VT13C⑤:2	生活	(残)18.6								泥質灰陶	66-15	二里頭	新発に類似
1	二里頭	河南偃師県	二里頭 2期	IVa後半	爵 A	AIII	60YLIVT3M11:1	墓地	17.5	14.04	12.6	13.69	11.5	6.4			泥質黄褐色陶	81-4,図版 61-3	二里頭	平底爵
1	二里頭	河南偃師県	二里頭 2期	IVa後半	盉 B	i	60YLIVT3M11:1	墓地	19.8								泥質黄褐陶	80-3	二里頭	
1	二里頭	河南偃師県	二里頭 2期	IVa後半	斝		60YLIVT3M11:5	生活	20.8				11	3.4		刻文	泥質灰陶	81-9	二里頭	
1	二里頭	河南偃師県	二里頭 3期	IVc	盉 Ab	vii	VIKM3:10	墓地	24				11.8	腹径 13			細泥砂質紅陶	166-6,図版 122-4	二里頭	
1	二里頭	河南偃師県	二里頭 4期	IVc	爵 A	AVII	VIKM6 上	生活	15.9	10.94	8.83	9.88	11.8	9.2		弦文+刻文	泥質灰陶	215-16,図版 160-2	二里頭	
1	二里頭	河南偃師県	二里頭 3期	IVc前半	爵	vi	VIM7:1	生活	25.4				20.4	腹径 12.1			泥質灰陶	166-2,図版 122-1	二里頭	
1	二里頭	河南偃師県	二里頭 3期	IVc前半	爵 A	AVII	VIM7:5	墓地	17.4	13.05	10	11.75	15.2	5.8			泥質灰陶	166-4,図版 123-8	二里頭	平底爵
1	二里頭	河南偃師県	二里頭 2期	IVa後半	盉 Ab	i	VIM8:2	墓地	28.5					腹径 14.7		弦文+餅状	泥質	80-5,図版 60-1	二里頭	丸底爵
1	二里頭	河南偃師県	二里頭 4期	IVc後半	爵 A	AXII	VIM8:2	墓地	17.1, 18.2	15.32	12.83	13.18	12.6	5.7		刻文	泥質灰陶	81-7,図版 62-2	二里頭	
1	二里頭	河南偃師県	二里頭 4期	IVc後半	爵 A	AXI	VIT3 ②F:13	生活	16.4	11.9	8.83	9.88	20.4	7.2		刻文	細泥灰陶	215-15,図版 160-1	二里頭	
1	二里頭	河南偃師県	二里頭 4期	IVc後半	盉 Ab	ix	72YLVT12②③B:12	生活	(残)20.1					腹径 14			細泥灰陶	214-11,図版 160-4	二里頭	
1	二里頭	河南偃師県	二里頭 4期後半	IVc-V	斝		77VT209③:1	生活	15.4								挟砂粽陶	5-15,輯年図-11	考 83-3(2): 集粋	
1	二里頭	河南偃師県	二里頭 3期	IVa後半	盉 Ab	viii	77VIT3 ②F:12	生活									泥質黒陶	214-7,図版 160-3	二里頭	
1	二里頭	河南偃師県	二里頭 3期	IVb	爵 A	AX	80YLIIIM2:6	墓地	(残)13.4	11.3	8.67	10.67	12.6			刻文	泥質灰陶	9-1:図 243.輯年図-6	考 83-3: 集粋	
1	二里頭	河南偃師県	二里頭 3期	IVb	盉 Ab	vii	80YLIIIM2:7	墓地	22.5								泥質灰陶	図 244	集粋	
1	二里頭	河南偃師県	二里頭 3期	IVb	爵		80YLVVIM1:1	墓地	16.5				9.6				泥質灰浅陶	図 228,輯年図-5	集粋	
1	二里頭	河南偃師県	二里頭 3期	IVc	爵 A	AVII	80YLVM3:7	墓地	18.3	12	9.78	11.35				籠弦文	泥質灰浅陶	図版 2-4, 9-2:図 197	考 83-3: 集粋	

第 7 章　威信財から見た二里頭文化の地域間関係

地域	遺跡名	所在地	報告年代	私案（時）	器種	型式	出土地点	遺構	器高	器高 b 底部-口縁部(低部)	器高 底部-口縁(低部)	器高 c 底部-尾部	口径 爵は口長	幅	股下長	文様	陶質	図番号	出典	備考
1	二里頭	河南偃師県	二里頭4期	IVc	瓠		81YLVH8：1	生活	14				10.1 爵は口長					図309, 編年図-10	集粋	文章のみ、白陶の可能性
1	二里頭	河南偃師県	二里頭3期	IVc後半	爵A	AVII	81YLVM3（弐）	墓地	16, 15.8	不明	不明	15.75		×6	5.5		泥質灰陶	6-9	考84-1	文章のみ、白陶系
1	二里頭	河南偃師県	二里頭3期	IVc後半	爵A	AVIII	81YLVM3：9	墓地	17.9, 15.1	18	14.63		18	5.5	5.3		泥質灰陶系	6-9	考84-1	白陶の可能性
1	二里頭	河南偃師県	二里頭2期	IVa後半	爵A	AIV	81YLVM5：4	墓地	29.5, 22.1,19				12.5	14	8	凸弦文（+線文）	泥質灰陶	84-1：図97	考84-1：集粋	
1	二里頭	河南偃師県	二里頭2期	IVa後半	爵A	AIV	82IVM14：5	墓地	17.4, 16.3	10.76	8.27	10.6	14	6	4.5	刻文+餅状	泥質灰陶	81-6, 図版62-1	二里頭	平底爵
1	二里頭	河南偃師県	二里頭2期	IVa前半	鬹 B1		82IXH2：2	墓地	25.4, 24.2				13	12.7	3.1		挟砂褐灰褐陶	3-5	考85-12	
1	二里頭	河南偃師県	二里頭3期	IVb	爵A	AVII	82M8：4	墓地	16.2	11.02	7.93	9.99	15.5			刻文	泥質灰陶	6-6	考85-12	
1	二里頭	河南偃師県	二里頭3期	IVb	盃 Ab	v	82M8：5	墓地	22.5							刻文+泥餅	泥質灰陶	6-3	考85-12	
1	二里頭	河南偃師県	二里頭4期	IVc	爵A	AVIII	82YLIXM13：3	墓地	16.9	12.05	9.39	10.6				縦弦文	泥質灰陶	図282, 編年図-9	集粋	
1	二里頭	河南偃師県	二里頭4期	IVc	盃 Ab	vii	82YLIVM13：5（左）	墓地	23.5, 19.1, 15.4				15.5	15.5	8.5		泥質灰陶	図283	集粋	82IVT6M13（壱）
1	二里頭	河南偃師県	二里頭4期	IVc	盃 Ab	vii	82YLIVM13：5（右）	墓地	23.3, 17.5, 15.5				12.5	14.5	8		泥質灰陶	図283	集粋	82IVT6M13（弐）
1	二里頭	河南偃師県	二里頭2期	IVa	瓠		82YLVT26④D：1	生活	9.5				9.8				泥質紅陶	図117	集粋	
1	二里頭	河南偃師県	二里頭2期	IVa	鬹 B1		82YLVIM3：1	墓地	18.7, 18.7				10.5×6		5		挟砂褐陶	編年図-3	集粋	
1	二里頭	河南偃師県	二里頭2期	IVa前半	爵A		82YLIXM10：6	墓地	25.1, 24, 23.5				13.8	13	11.4	凸弦文（+弦文+餅状）	泥質白陶	5-15, 図版3-5: カラー図11-2	考85-12：集粋	文章中の記載のみ
1	二里頭	河南偃師県	二里頭2期	IVa前半	鬹 B		82YLIXM10：6	墓地	24.9, 20.7, 18	不明	不明	不明		13, 14	9.5	凸弦文+餅状	泥質夾褐陶	図194	集粋	白陶の可能性
1	二里頭	河南偃師県	二里頭3期	IVb	盃 Ab	iii	82YLIXM14：3	墓地	(残)13							無文	夾砂褐陶	図193	集粋	
1	二里頭	河南偃師県	二里頭3期	IVb	爵A	AVI	82YLIXM14：4	墓地	24.6	10		9	11.5	5.5	4.9	弦文	泥質灰陶	5-16：図102	考85-12：集粋	把手部泥餅
1	二里頭	河南偃師県	二里頭2期	IVa後半	盃 Ab	ii	82YLIXM15：4	墓地	左16.1 右15.7	20.13	9.84	20.1		5.4	3	餅状+弦文+凸弦文（+線文）	黒陶	5-19, 図9：図101	考85-12：集粋	白陶の可能性
1	二里頭	河南偃師県	二里頭2期	IVa後半	爵A	AV	82YLIXM15：5	墓地	15.6, 15.4				8.6	4.6	4.3	弦文+餅状	夾砂紅褐陶	5-14：図87	考85-12：集粋	
1	二里頭	河南偃師県	二里頭2期	IVa前半	爵B	ii	82YLIXM20：10	墓地	22.5, 18.2, 17				10.3×10.3	9.7		附加堆文	夾砂紅褐陶	5-13, カラー図6, 編年図-4	考85-12：集粋	白陶の可能性
1	二里頭	河南偃師県	二里頭2期	IVa前半	瓠		82YLIXM20：9	墓地	19.9				9.8				泥質灰陶	カラー図7	集粋	
1	二里頭	河南偃師県	二里頭3期	IVb	爵A	AVII	82YLIXM8：4	墓地	15, 15.2		7.5	9	15.6	5.5	4.9	刻文	泥質灰陶	図219, 編年図-7	集粋	白陶の可能性
1	二里頭	河南偃師県	二里頭3期	IVb	盃 Ab	v	82YLIXM8：5	墓地	22.6, 18, 16.5				13.5	13.5	7.2	刻文+泥餅	泥質灰陶	図219	集粋, 考85-12	
1	二里頭	河南偃師県	二里頭3期	IVb	盃 Ab	v	83IIIM2：7	墓地	22.5							膀部細刻文+凸線	泥質灰白陶	図版2-5, 9-8	考83-3	白陶の可能性
1	二里頭	河南偃師県	二里頭3期	IVb	盃 Ab	v	83VM3：8	墓地	25.5							二つの円泥餅	泥質灰白陶	図9-7	考83-3	

地域	遺跡名	所在地	報告年代	私案（時）	器種	型式	出土地点	遺構	器高	器高 b 底部-口縁部(注口)	器高 底部-口縁(低部)	器高 c 底部-尾部	口径 爵注口長	幅	股下長	文様	陶質	図番号	出典	備考
1	二里頭	河南省偃師県	二里頭 4 期	IVb	盉		83VIM1：1	墓地	16.6								泥質灰陶	11-6	考83-3	
1	二里頭	河南省偃師県	二里頭 4 期	IVc後半	盉 Ab	x	83VIM6：1	墓地	21.5								泥質灰白陶	11-1	考83-3	
1	二里頭	河南省偃師県	二里頭 2 期	IVa	盉 Ab	i	83YLIVM34：2	墓地	26								泥質灰陶	図100, 編年図-3	集粋	
1	二里頭	河南省偃師県	二里頭 2 期	IVa	爵 B	i	83YLIVM45：1	墓地	18.6, 16.1				12	6.4	4.2	弦文(+炭文+餅状)	泥質灰陶	図119	集粋	
1	二里頭	河南省偃師県	二里頭 2 期	IVa	盉 B		83YLIVM45：2	墓地	20							弦文	泥質灰陶	図118, 編年図-5	集粋	
1	二里頭	河南省偃師県	二里頭下層	VA	斝		84VIH4	灰坑	25				15.5	15	10		泥質灰陶系		二里頭	
1	二里頭	河南省偃師県	二里頭 4 期	IVc	盉 Ab	viii	84VIM9：5	墓地	25, 20.5, 17.3				13.5	14.5	9.5		泥質灰陶系		考86-4	白陶の可能性
1	二里頭	河南省偃師県	二里頭 2 期	IVb	盉 Ab	vi	84M6：4	墓地	23.1									7-3	考86-4	白陶の可能性
1	二里頭	河南省偃師県	二里頭 2 期	IVa	盉 C		84YLIVM51：1	墓地	26				10.5	10.5	9.1		泥質灰陶	カラー図11-1	集粋	
1	二里頭	河南省偃師県	二里頭 2 期	IVa	盉 C		84YLIVM51：2	墓地	21.3, 17.3, 16.4	不明			12.3	6	3.6		泥質灰陶	図95	集粋	
1	二里頭	河南省偃師県	二里頭 2 期	IVa	爵 A	AVI	84YLIVM51：3	墓地	15.9, 14.9		不明					刻文	泥質灰陶	図94	集粋	
1	二里頭	河南省偃師県	二里頭 2 期	IVa	盉		84YLIVM51：4	墓地	18								泥質灰陶	図95	集粋	
1	二里頭	河南省偃師県	二里頭 2 期	IVa	盉		84YLIVM51：5	墓地	18								泥質灰陶	図95	集粋	
1	二里頭	河南省偃師県	二里頭 2 期	IVa前半	鬻 B2	B2-i	84YLIVM58：1	墓地	26.1, 23.7, 23.4				14.2	13.2	10.2	附加堆文(+刻文)	泥質灰陶	図53	集粋	
1	二里頭	河南省偃師県	二里頭 2 期	IVa前半	鬻 B2	B2-i	84YLIVM64：5	墓地	25.5	不明						弦文+竹管文	泥質白陶	図64	集粋	
1	二里頭	河南省偃師県	二里頭 2 期	IVa前半	鬻 B2	B2-i	84YLIVM72：1	墓地	25.5, 23.3				13	12	10.6		泥質紅陶	カラー図11-1, 編年図-1, 図31	集粋	
1	二里頭	河南省偃師県	二里頭 2 期	IVa	爵 B	i	84YLIVM72：2	墓地	22.18				8.5	6	4.7	弦文	泥質灰陶	図33-1, 編年図-2	集粋	
1	二里頭	河南省偃師県	二里頭 2 期	IVa	盉		84YLIVM72：3	墓地	17.1		不明		8				泥質灰陶	図33-2	集粋	
1	二里頭	河南省偃師県	二里頭 2 期	IVa	盉		84YLIVM72：4	墓地	17.6				7.8				泥質灰陶	図33-3	集粋	
1	二里頭	河南省偃師県	二里頭 2 期	IVa	盉 Ab	i	84YLIVT15②B：1	墓地	16.8		不明		8.8			附加堆文(+線文)	泥質白陶	図122	集粋	
1	二里頭	河南省偃師県	二里頭 2 期	IVa前半	爵 A	AII	84YLIVT53④C：1	生活	28								泥質白陶	カラー図5	集粋	
1	二里頭	河南省偃師県	二里頭 5 期	VA	斝		84YLVH4：2	生活	18.6				15.4			細縄文	泥質灰陶	図403	集粋	
1	二里頭	河南省偃師県	二里頭 4 期	IVc後半	爵 A	AVIII	84YLVIM11：20	墓地	24.7				18.5x6.6		6	篦弦文	泥質灰褐陶	図279	集粋	
1	二里頭	河南省偃師県	二里頭 4 期	IVc後半	盉 Ab	vii	84YLVIM11：21	墓地	22							凸弦文+泥餅	泥質浅灰陶	図279	集粋	
1	二里頭	河南省偃師県	二里頭 4 期	IVc後半	盉 Ab	viii	84YLVIM11：22	墓地	22.8, 18, 17.1				15	15	7.6	刻文	泥質灰陶	図278	考86-4; 集粋	

第7章 威信財から見た二里頭文化の地域間関係

地域	遺跡名	所在地	報告年代	私案（時）	器種	型式	出土地点	遺構	器高	器高b 底部－口縁部（注口）	器高 底部－口縁（低部）	器高c 底部－尾部	口径 爵は口長	幅	股下長	文様	陶質	図番号	出典	備考
1	二里頭	河南偃師県	二里頭 4 期	IVc	盃 Ab	vii か viii	84YLVIM6：4	墓地	22.8								泥質浅灰陶	カラー図 14	集粋	
1	二里頭	河南偃師県	二里頭 5 期	IVc-Va	盃 Ab	viii	85YLVH27：8	生活	21.3, 16.5, 14			14x-		6.9			泥質灰陶	図 381, 編年図-11	集粋	
1	二里頭	河南偃師県	二里頭 4 期	IVc	盃 Ab	viii	85YLVI 2：1	生活	27.5			21.5				縄文	挟砂灰陶	図 311	集粋	
1	二里頭	河南偃師県	二里頭 4 期	IVc	罐 C		85YLVIH5：1	生活	19.5							袋足部縄文	泥質灰陶	図 310, 編年図-7	集粋	報告では鬶
1	二里頭	河南偃師県	二里頭 4 期	IVc	盃 Ab	viii	85YLVIM13：2	墓地	22.8, 18.8, 15.2			13.5	13.5	8.3		幾何学＋刻文＋泥餅	泥質灰陶	図 289	集粋	
1	二里頭	河南偃師県	二里頭 4 期	IVc	爵 A	AVII	85YLVIM13：3	墓地	17, 15.5	不明		16	6.2	5.1		弦文＋刻文＋泥餅	泥質灰陶	図 289	集粋	
1	二里頭	河南偃師県	二里頭 3 期	IVc	盃 Ab	vii	85YLVIM14：1	墓地	24								泥質灰陶	図 255, 編年図-8	集粋	二里頭 3～4 期
1	二里頭	河南偃師県	二里頭 2 期	IVa 後半	爵 A	AIII	85YLVIM7：2	墓地	20.7, 18.9	17.94	13.8	15.87	9.7,8.5	9.1	6.7		泥質白陶	図 68, 編年図-2	集粋	
1	二里頭	河南偃師県	二里頭 2 期	IVa	盃 Ab	i	85YLVIM7：3	墓地	26.8, 21.5, 19.4			13x13				凸弦文	泥質灰陶	図 69	集粋	
1	二里頭	河南偃師県	二里頭 2 期	IVa 前半	鬶 A2		85YLVIM7：4	墓地					13.3	10.7			挟砂灰褐色陶	編年図 2, 図 70	集粋	
1	二里頭	河南偃師県	二里頭 3 期	IVb	盉		85YLVIT2（3A：1	生活	16			9.3				凸弦文	泥質灰陶	図 260, 編年図-6	集粋	
1	二里頭	河南偃師県	二里頭 4 期	IVc	爵 A	AVII	86MI1：20	墓地	18.3	11.9	8.08	10.21					挟砂灰褐陶	編年図 3, 図 42	考 86-4	
1	二里頭	河南偃師県	二里頭 2 期	IVa 前半	鬶 B1		86YLVIH32：1	生活	25			11		14		凸弦文＋削り	泥質灰陶	カラー図 14	集粋	
1	二里頭	河南偃師県	二里頭 4 期	IVc	盉		87YLVIM1：1	墓地	12.3			11.2				凹弦文	泥質浅灰陶	図 301, 編年図-9	考 92-4：集粋	
1	二里頭	河南偃師県	二里頭 4 期	IVc	盉		87YLVIM1：2	墓地	14							刻文 8 区画	泥質浅灰陶	図 302	考 92-4：集粋	
1	二里頭	河南偃師県	二里頭 4 期	IVc	盃 Ab	viii	87YLVIM44：5	墓地	22.3, 16.6, 15.5	（復）11.52	9.22	9.79	14	14.5	8.3	刻文＋泥餅	泥質灰陶	8-3；図 205	考 92-4：集粋	スカート式肯陶器に類似
1	二里頭	河南偃師県	二里頭 3 期	IVb	爵 A	AIX	87YLVIM44：6	墓地	23.9, 18.9, 16						7.9	凸弦文＋餅状	泥質浅灰陶	8-4；図 206	考 92-4：集粋	
1	二里頭	河南偃師県	二里頭 3 期	IVb	盃 Ab	v	87YLVIM28：5	墓地	23.9, 19.9, 16.5			12	14	9		凸弦文	泥質浅灰陶	8-1	考 92-4：集粋	白陶の可能性
1	二里頭	河南偃師県	二里頭 3 期	IVb	盃 Ab	v	87YLVIM28：9	墓地	15.4, 16	10.74	8.48	（復）10.73	13.3	5.5	5.4	刻文 8 区画	泥質浅灰陶	8-2	考 92-4：集粋	紅陶系
1	二里頭	河南偃師県	二里頭 2 期	IVa 前半	爵 A	AVI	87YLVIM43：9	墓地	18.3 （復 18.9）	12.22	11.04	（復）12.69	11.5	5.5	5	凸弦文	泥質紅陶	4-8；図 79	考 92-4：集粋	
1	二里頭	河南偃師県	二里頭 2 期	IVa 前半	爵 A	AII	87YLVIM43：5	墓地	15.2			8.3				弦文＋餅状	泥質灰陶	4-10；図 74-1	考 92-4：集粋	
1	二里頭	河南偃師県	二里頭 3 期	IVb	盉		87YLVIM43：6	墓地	15.6			8.3					泥質灰陶	図 74-2	集粋	
3	王村	河南登封	二里頭 2 期	IVa 後半	爵 A	AIII	H2	生活	18.75	不明	不明	不明	9.38					文章のみ	文 54-6	
2	鎖李	河南洛陽市	二里頭 2 期	IVa 前半	不明		H5：21	生活	（残）12								白陶	文章のみ	考 78-1	共伴土器から時期推定
2	鎖李	河南洛陽市	二里頭 2 期	IVa 前半	盃		H5：25	生活	（残）17.6								泥質灰陶		考 78-1	共伴土器から時期推定

地域	遺跡名	所在地	報告年代	私案(時)	器種	型式	出土地点	遺構	器高	器高 b 底部-口縁部(注口)	器高 底部-口縁(低部)	器高 c 底部-尾部	口径 爵は口長	幅	脚下長	文様	陶質	図番号	出典	備考
2	稍柴	河南鞏義市	二里頭2期	IVa前半	爵 B2	B2	M5	墓地	25.9								白陶	11-1	華93-2	
2	稍柴	河南鞏義市	二里頭2期	IVa前半	爵 B	i	M5:4	墓地	18							弦文+餅状	泥質灰陶	11-3	華93-2	
2	稍柴	河南鞏義市	二里頭2期	IVa前半	斝		M5:3	墓地	16.5				8			弦文	泥質黒陶	9-6	華93-2	
3	白元	河南伊川県	二里頭2期	IVa後半	爵 A	AIII	T2/3 M21:1	墓地	17.5	14.3	11.25	12.5	9.2			腰部弦文	白陶	9-12	中原82-3	白元三期
3	白元	河南伊川県	二里頭2期	IVa	爵 B2	B2-i	T8②:3	生活	21				12.3			弦文	白陶	9-10	中原82-3	白元三期
2	皂角樹	河南洛陽市	二里頭2期	IVb	爵		H88:2	生活		不明							白陶	19-6	洛陽皂角樹	脚部のみ、同一層における共伴土器から時期決定
2	皂角樹	河南洛陽市	二里頭3期	IVb	爵 A	AIII	H107:5	生活			不明		8				白陶	32-9	洛陽皂角樹	脚部のみ、同一層における共伴土器から時期決定
2	皂角樹	河南洛陽市	二里頭3期	IVa	斝		H33:1	生活	14.85							凹弦文	泥質黒陶	32-10	洛陽皂角樹	脚部のみ、同一層における共伴土器から時期決定
2	東干溝	河南洛陽市	二里頭2期	IVa	斝		M1:5	墓地	17.9				8.9	4.3			挟砂白陶	図版41-5	洛陽発掘報告	
3	南寨	河南伊川県	二里頭2期	IVa	爵 A	AIII	T82M3:6	墓地	28				7.6	6.1		凸弦文+餅状	挟砂白陶	図版4-6、図4-4	考96-12	
3	南寨	河南伊川県	二里頭2期	IVa	爵 A	AIII	T82M3:4	墓地	21	14.85	13.5	11.25	10.6			餅状		図版4-5、図4-2	考96-12	登封王村と同じ形態
3	南寨	河南伊川県	二里頭2期	IVa	斝		T82M3:3	墓地	18.6				10			凸弦文		図版4-1、図4-5	考96-12	
3	南寨	河南伊川県	二里頭2期	IVa	盉 Ab	ii	T85M26:1	墓地	21.8				9.8		9		泥質白陶	図6-1	考96-12	
3	南寨	河南伊川県	二里頭2期	IVa	盉 C		T85M26:2	墓地	32								泥質褐陶	図6-3	考96-12	
3	南寨	河南伊川県	二里頭2期	IVa	爵 B		T85M26:3	墓地	16.9				8.6	3.4		弦文	泥質白陶	図版4-3、図6-8	考96-12	
3	南寨	河南伊川県	二里頭2期	IVa	鬹	B2-i	T91M33:3	墓地	25.8				15	14			泥質灰陶	図版8-4	考96-12	
3	南寨	河南伊川県	二里頭3期	IVb	斝		T87M31:3	墓地	14.5				8				泥質灰陶	図7(遺構図中)	考96-12	
3	南寨	河南伊川県	二里頭3期	IVb	斝		T87M31:4	墓地	19								泥質灰陶	図版4-2、図10-7	考96-12	
3	南寨	河南伊川県	二里頭2期	IVc後半	盉 Ab	VIII	T91M28:2	墓地	17.2	10.94	7.82	8.33	17.2	5.4			泥質灰陶	図版10-7、図4-2	考96-12	
3	南寨	河南伊川県	二里頭2期	IVc後半	爵 A	AVII	T91M28:2	墓地	24								白陶	図5-7、図版5-4	考96-12	白陶
2	東馬溝	河南洛陽市	二里頭2期	IVa後半	盉 Ab	ii	M5:7	墓地	30								挟砂灰陶	図5-1、図版5-3	考78-1	
2	東馬溝	河南洛陽市	二里頭2期	IVa後半	鬹 B2	B2-i	M8:4	墓地	24.5								白陶	図5-2、図版5-2	考78-1	
2	東馬溝	河南洛陽市	二里頭2期	IVa	爵 B	i	M8:5	墓地	13.5								泥質灰陶	図版4-6	考78-1	
2	東馬溝	河南洛陽市	二里頭2期	IVc	爵 A	AV	M2:3	墓地		不明	不明							写真6-1	考78-1	
4	鹿寺	河南陝県	二里頭2期	IVa前半	爵 A	AII	H9:3	生活		14.4	12.8	不明				底部付近顆粒連点文	白陶	4-14、図版2-6	考64-9	

第 7 章　威信財から見た二里頭文化の地域間関係　　　147

地域	遺跡名	所在地	報告年代	私案年代(時)	器種	型式	出土地点	遺構	器高	器高b 底部−口縁部(注口)	器高 底部−口縁(低部)	器高c 底部−尾部	口径 爵は口長	幅	胺下長	文様	陶質	図番号	出典	備考
4	鄭鄰	河南新鄭県	二里頭2期	IVa	爵A	AII	H39:17	生活	(残)8.4	8.4		8.4	7.6	9.8			挟細砂褐陶	15-7	華87-2	口縁部形態が楕円形状を呈する
4	鄭鄰	河南新鄭県	二里頭2期	IVa	弧		T10③:3	生活									泥砂褐陶	21-6	華87-2	
4	鄭鄰	河南新鄭県	二里頭2期	IVa	爵A	AIIかAIII	H71:4	生活	(残)8.5	不明	8.5	不明				弦文	細砂白陶	21-7	華87-2	
4	鄭鄰	河南新鄭県	二里頭2期	IVb	爵A	AV	H48:4	生活	9.6	8.8	9.6	不明				弦文	挟細灰白陶	32-10, 41-4	華87-2	その他 H48 出土の土器の共伴関係から時期決定
4	鄭鄰	河南新鄭県	二里頭3期	IVb	爵A	AVI	H48:6	生活		不明	不明	不明				弦文		文章のみ	華87-2	
4	鄭鄰	河南新鄭県	二里頭3期	IVb	爵A		J4:21	生活		不明	不明	不明				弦文	挟細灰白陶	32-11	華87-2	繋式そのものは二里頭2期から存在しうるが当該遺構は井戸
4	西腔	河南陝県	二里頭2期	IVa	爵		H4:81	生活									白陶	文章のみ	華89-1	柄のみ
4	西腔	河南陝県	二里頭2期	IVa	弧		H4:68	生活	(復)11.9				9				細泥黒陶	図 10-5	華89-1	
3	曲梁	河南新密市	二里頭3期	IVb	盃A	不明	H4O20:14	生活									泥質灰陶	22-6	学03-1	
3	曲梁	河南新密市	二里頭3期	IVb	爵A	不明	H4O20:105	生活	23							刻文+餠状	細泥灰陶	文章のみ	学03-1	
3	曲梁	河南新密市	二里頭3期	IVb	弧		H4O20:15	生活									泥質黒皮陶	22-14	学03-1	
3	新砦	河南新密市	新砦文化	IIIb末	爵A1		T6⑧:902	生活									細泥紅陶	文章のみ	文04-3	
3	新砦	河南新密市	二里頭2期	IVa	爵	VIII?	T5⑤A:154	墓地	(尾側)13.5									文章のみ	文04-3	
5	西史村	河南洛陽市	二里頭4期	IVc	爵		M1:1	墓地								弦文	泥質灰陶	15-11	叢刊5	
5	西史村	河南洛陽市	二里頭4期	IVc	盃Ab	IX	M1:2	探集									細砲灰陶	15-13	叢刊5	
3	西史村	河南洛陽市	二里頭2期	IVa	爵		T9:37	探集	(残)13								泥質灰陶	叢刊5		丸底
5	洛達廟	河南洛陽市	二里頭4期	IVc	甲		C20M24:1	生活								縄文	挟砂灰陶	27-5	華89-4	粗製所
2	東干溝	河南洛陽市	二里頭文化	IVc	爵		H250:42	生活					18				泥質灰陶	文章のみ	洛陽発掘報告	
2	東干溝	河南洛陽市	二里頭文化	IV	盃		H199:3	生活									白陶	文章のみ	洛陽発掘報告	
6	商城	山西垣曲県	二里頭4期	IVc	甲		H188:10	生活									灰陶	図84-12	垣曲商城	共伴土器からの時期推定
6	商城	山西垣曲県	二里頭2期	IVc	盃Ab	IX	H148:9	生活									灰陶	図84-1	垣曲商城	蓋頂部の形態はiii, iv式に相当する形態
6	商城	山西垣曲県	二里頭4期	IVc	爵	AIX〜XI	H119:4	生活									黒陶	図84-5	垣曲商城	
6	商城	山西垣曲県	二里頭4期	IVc?	爵	A④	C20H308:11	生活					18			縄文	灰陶	図84-6	垣曲商城	
5	洛達廟	河南鄭州市	二里頭4期	IVc	爵A	AVIII	C20H308:11	生活	(残)13.5	11.06	8.06	9.48				弦文	細泥質	24-1: 17-8, 18-3	鄭州商城・華89-4	洛達廟2期
5	洛達廟	河南鄭州市	二里頭4期	IVc	盃Ab	ix	C8M28:2	墓地	20							弦文	泥質灰陶	(下)図版34-4, 104-9	鄭州商城	二里岡下層1期

地域	遺跡名	所在地	報告年代	私案(時)	器種	型式	出土地点	遺構	器高	器高b 底部-口縁部(注口部)	器高 底部-口縁(低器)	器高c 底部-尾部	口径 爵は口長	幅	脚下長	文様	陶質	図番号	出典	備考
5	洛達廟	河南郷州市	二里頭4期	IVc	爵A	AVIII	C8M28：1	墓地	16	10.35	8.1	9.45					無文	(下)図版34-3、104-10	鄭州商城	二里岡下層1期
5	洛達廟	河南郷州市	二里頭4期	IVc	斝		T37④：12	生活	20								泥質灰陶	82-4	鄭州商城	二里岡下層1期
5	洛達廟	河南郷州市	二里頭4期	IVc	斝		C1H9：362	生活	20				14					104-7	鄭州商城	二里岡下層1期
7	上馬	山西侯馬市	二里頭2期	IVa	爵B	i	探集	生活	19				12.7	6.8				図10-4	考刊96-3	
7	大柴	山西侯馬市	二里頭2期	IVa	爵A		H4：1	生活								縦条痕	泥質黒陶	図10-4	考87-7	共伴土器から時期推定
7	大柴	山西侯馬市	二里頭2期	IVc	爵B	流のみ	T2④B：18	墓地									黒陶	図10-8	考87-7	流のみ
7	東下馮	山西夏県	二里頭4期	IVc	盉Ab	IX	M401：3	墓地	20				18				泥質灰陶	82-8	夏県東下馮	
7	東下馮	山西夏県	二里頭4期	IVc	爵A	AVII	M401：2	生活	13	9	8.18	9.81					泥質灰陶	82-7	夏県東下馮	文章のみ
8	隙営	河南鄴州市	二里頭3期	IVb	爵		灰坑	生活								餅状	泥質陶	文章のみ	年鑑90	
8	八里橋	河南方城県	二里頭文化	IVb	爵A	AVI	T4②：5	生活	13.2	8.8	8	9.24					泥質陶	図11-5、図版3-3	考99-12	
8	八里橋	河南方城県	二里頭文化	IVb	盉Ab	iii	H6：71	生活								脚部縄文		付表1	考99-12	
8	八里橋	河南方城県	二里頭文化	IVb			H7	生活												
8	梅荘	河南駐馬店市	二里頭2期	IVa後半	爵A	AIV	H6：1	生活	9.6	不明	7.5	不明	17.2			餅状	泥質黒皮陶	図102-1	駐馬店	
8	梅荘	河南駐馬店市	二里頭2期	IVa後半	爵A	AIV	T21⑦	生活	(残)11.6	10.5	9.5	12.64	16				泥質灰陶	図102-2	駐馬店	
8	梅荘	河南駐馬店市	二里頭2期	IVb	爵A	AVI	T21⑥：17	生活	16	(復)12.5	10.5	11.5				(弦文)	黄褐陶	図102-3	駐馬店	
8	梅荘	河南駐馬店市	二里頭2期	IVb	爵A	AVII	T22②B：1	生活	16.7	12.5	9	(復)9.5				餅状	白陶	図102-4	駐馬店	
8	梅荘	河南駐馬店市	二里頭2期	IVb	爵A	AVII	T21⑥：11	生活	(残)10.8	(復)9.8	7.5	(復)8					泥質灰陶	図102-5	駐馬店	
8	梅荘	河南駐馬店市	二里頭2期	IVb	盉C		T3②：9	生活	5.6									図102-7	駐馬店	
8	梅荘	河南駐馬店市	二里頭2期	IVb	盉C		T15②：27	生活	(残)12.4									図102-8	駐馬店	
8	梅荘	河南駐馬店市	二里頭2期	IVb	觚		H8：4	生活	(残)5.6								泥質黒皮陶	図102-9	駐馬店	
8	梅荘	河南駐馬店市	二里頭2期	IVb	觚		T21⑥：1	生活	18									図102-10	駐馬店	
8	梅荘	河南駐馬店市	二里頭2期	IVb	盉B		T22②B：20	生活	22.6									図102-13	駐馬店	
8	梅荘	河南駐馬店市	二里頭2期	IVb	盉		T19②：11	生活	21.5									図102-14	駐馬店	在地型
8	梅荘	河南駐馬店市	二里頭2期	IVa	盉		T21③：3	生活	14									図102-15	駐馬店	在地型
11	尹村	河南隴師市	二里頭?	IVa前半	爵B	B2-i	不明	不明								凸弦文	泥質白陶		年鑑98	
1	二里頭		二里頭2期	IVa前半	盉B2		87YLVIM49：2	墓地	28.2、24.6				14.4	13.5	10			4-3：図78	考92-4：集粋	

第 7 章　威信財から見た二里頭文化の地域間関係

地域	遺跡名	所在地	報告年代	私案（時）	器種	型式	出土地点	遺構	器高	器高 b 底部－口縁部（注口）	器高 底部－口縁（底部）	器高 c 底部－尾部	口径 爵は口長	幅	股下長	文様	陶質	図番号	出典	備考
1	二里頭	河南偃師県	二里頭 2 期	IVa前半	爵 B	i	87YLVIM49:3	墓地	18.8, 16.1				8.5	5.5	4.6	弦文＋刻文	挟砂陶	4-9：図77	考92-4：集粋	
1	二里頭	河南偃師県	二里頭 2 期	IVa前半	鬲		87YLVIM49:6	墓地	16.6				8.6			凸弦文	泥質陶	4-11：80-1	考92-4：集粋	
1	二里頭	河南偃師県	二里頭 2 期	IVa	鬲		87YLVIM49:7	墓地	16.5				8.7			凸弦文	泥質陶	文章のみ：80-2	考92-4：集粋	
1	二里頭	河南偃師県	二里頭 4 期	IVa前半	盉 Ab	vii	87YLVIM57:19	墓地	22.8, 17, 14				14.5		8	凸＋凹弦文	泥質灰陶	9-4：図313	考92-4：集粋	
1	二里頭	河南偃師県	二里頭 3 期	IVc後半	盉 Ab	vii	90YLIXM1:1	墓地	24.2							（餅状＋弦文）	泥質灰陶	図226	集粋	
1	二里頭	河南偃師県	二里頭 3 期	IVb	爵 A	AVI	90YLIXM1:2	墓地	15	不明	不明	不明					泥質灰陶	図223	集粋	
1	二里頭	河南偃師県	二里頭 2 期	IVa前半	爵 A	AVIII	94YLXIIM1:1	墓地	14.8	不明	不明	不明				刻文	泥質灰陶	図161	集粋	
1	二里頭	河南偃師県	二里頭 2 期	IVa前半	鬲		94YLXIIM1:3	墓地	15.5				8.5				泥質灰陶	図162	集粋	
1	二里頭	河南偃師県	二里頭 2 期	IVa	盉 B		94YLXIIM2:7	墓地	21.2, 17.5, 16.5				10	10	7.5	附加堆文＋餅状	泥質白陶	図168	集粋	
10	小客荘	河北正定	二里頭 2 期	IVc	爵 B		H1:2	生活									灰陶	図8-7	考93-4	図8-7　p305, 図8
10	阿荘	河北永年県	二里頭 4 期	IVc	爵		H3:3	生活					14.2			縄文	泥質灰陶	図6-3	考92-4	平底，直腹
10	阿荘	河北永年県	二里頭 4 期	IV 併行	爵		T13③:8	生活								縄文	挟砂灰陶	文章のみ	華92-4	二里岡下層と同型式？
10	邯鄲	河北邯鄲県	二里頭文化	Va	爵		文化層	生活										文章のみ	考59-10	二里岡下層と同型式，ただし同一層の粧は4期か5期
10	亀台	河北邯鄲県	先商文化	IV 併行	爵		下層	生活										文章のみ	考59-10	
10	亀台	河北邯鄲県	二里頭文化	IV 併行	爵		下層	生活										文章のみ	考59-10	
10	下七垣	河北磁県	二里頭文化	IVa後半	爵		T21①:1375	生活										図13-6	学79-2	爵足のみ，同一包含層共伴器物から時期決定
10	下七垣	河北磁県	二里頭文化	IVa後半	爵		T10③:396	生活								細縄文		図12-11	学79-2	爵足のみ，同一包含層共伴器物から時期決定
10	下七垣	河北磁県	二里頭文化	IV 併行	爵		1期の層出土	生活										文章のみ	学79-2	
10	宋窯	河南淇県	二里頭 4 期	IVc	盉（足）		T12③A:42	生活					15				泥質灰陶	29-4	集刊10	足のみ
10	宋窯	河南淇県	二里頭 4 期	IVc	斝（足）		T12②A:83	生活					13			餅状	挟砂灰陶	29-5	集刊10	同一包含同一層土器
10	宋窯	河南淇県	二里頭文化	IVc	斝（足）		T13⑥:109	生活								餅状		29-6	集刊10	同一包含同一層土器
10	宋窯	河南淇県	二里頭文化	IVc	斝（足）		T23④:90	生活										29-7	集刊10	同一包含同一層土器
10	宋窯	河南淇県	二里頭 4 期	IVc	斝		T21④:82	生活								餅状	泥質灰陶	38-14	集刊10	同一包含同一層土器
10	宋窯	河南淇県	二里頭 4 期	IVb	爵		T13⑥:102	生活								餅状	挟砂灰陶	38-4	集刊10	同一包含同一層土器
10	宋窯	河南淇県	二里頭 4 期	IVc	爵	IX以降の形態	T23⑤:92	生活									挟砂灰陶	37-1	集刊10	
10	宋窯	河南淇県	二里頭 4 期	IVc	爵	IX以降の形態	T12③:56	生活									挟砂灰陶	37-2	集刊10	

150

地域	遺跡名	所在地	報告年代	私案(時)	器種	型式	出土地点	遺構	器高	器高 b 底部-口縁(注口)	器高 c 底部-尾部(低部)	口径 爵は口長	幅	股下長	文様	陶質	図番号	出典	備考
10	宋窰	河南洪県	二里頭2期	IVb	爵		T302③:305	生活								泥質灰陶	37-3	集刊10	同一包合同一層土器
10	宋窰	河南洪県	二里頭2期	IVb	爵B		T302③:304	生活								泥質灰陶	37-4	集刊10	同一包合同一層土器
10	宋窰	河南洪県	二里頭4期	IVc	盃 Ab	IX	T22③:140	生活									46-9	集刊10	
10	孟荘	河南輝県	二里頭文化	IVc	斝		XIIIT149M8:1	墓地	24.5			17.2				泥質黒皮陶	160-1	輝県孟荘	
10	孟荘	河南輝県	二里頭文化	x	磨足		VIIIT151H158:34	生活								泥質灰陶	170-10	輝県孟荘	足のみ
10	瑠璃閣	河南輝県	二里頭4期	IVc	爵		H1:103	生活									9	輝県瑠璃閣	
9	段陶	河南杞県	二里頭4期	IVc	爵A	AVII	89IIH56:3	生活	(残)14	不明	不明					黒陶	図140-15	杞県発掘報告	
9	段陶	河南杞県	二里頭4期	IVc	爵A		89IIH14:12	生活		(復)12.83	(復)11.66	(復)11.66				黒陶	図140-16	杞県発掘報告	
9	鹿台崗	河南杞県	二里頭4期	IVc	白陶片		H39	生活		不明	不明						文章のみ	杞県発掘報告	共伴土器
9	鹿台崗	河南杞県	二里頭3・4期	IVc	爵A	AVI か AVII	T27⑤:69	生活									図70-35	杞県発掘報告	
4	鄭郊	河南鄭州市	二里頭3期	IVb	盃		J.4	生活	12.7								文章のみ	華87-2	
8	横東	河南鄭州市	二里頭2期	IVa	爵A	AVIII	墓地	墓地		10.9	8.53	10.43					12-7	華99-2	
8	横東	河南鄭州市	二里頭2期	IVa	ⅠB	ii-1	墓地	墓地									12-5	華99-2	

器のサイズはcmを単位とする。また復元径には(復)、残径には(残)と示している。
盃に関しては次の通り。高さは一番高い所(注口)、その反対側、蓋の接合部の3点を高さとして入れている。爵も同じ注口とその反対間をとっている。
出典について、二里頭=『偃師二里頭』、集刊=『考古学集刊』、考=『考古』、学=『考古学報』、文=『中原文物』、文物=『文物』、夏考古=『華夏考古』、華=『中原文物』、中原=『中原文物』、叢刊=『文物資料叢刊』、季刊=『文物季刊』、中国=『中国考古年鑑』、年鑑=『考古学年鑑』。集刊=『考古学集刊』、駐馬店=『駐馬店楊荘』。洛陽皂角樹、『洛陽皂角樹』、馬曲商城、『鄭州商城』、鄭州商城、『鄭州商城』、沙県東下馮、『夏県東下馮』、杞県発掘報告、『杞県発掘報告』、輝県孟荘、『輝県孟荘』、輝県瑠璃閣、『輝県瑠璃閣』、がある。

第 8 章　二里頭文化青銅器および関連青銅器集成

宮本一夫・田尻義了・徳留大輔

1　調査の経過

　「中国初期青銅器文化の研究」という研究プロジェクトを，九州大学 21 世紀 COE プログラム「東アジアと日本：交流と変容」の一項目として始めたのは，プログラム第 2 年目の 2003 年のことであった。時あたかも中国が SARS に襲われた時期であり，共同研究の開始が危ぶまれたが，SARS が終息して間もなくの 2003 年 7 月に中国国家文物局に申請を行い，同年 10 月から現地調査を開始することができた。中国国家文物局の批准通りに，3 年間の共同研究とし，初年度の 2003 年は甘粛省での現地調査を行った。その後は毎年 2 回の現地調査を行い，最終年度の 2006 年 2 月には九州大学で共同研究の成果報告会を実施した。本共同研究は当初 COE プログラムの研究項目として実施したのであったが，その後 COE プログラムの予算の縮小に伴い他の研究助成金を申請し，三菱財団研究助成や最終的には奈良シルクロード学研究センター課題研究によって，3 年間の研究を終えることができた。以下，3 年間の調査の実施状況を記述する。

（1）　甘粛での調査

期日：2003 年 10 月 9 日（木）〜10 月 17 日（金）
調査参加者：宮本一夫（九州大学大学院人文科学研究院）
　　　　　　濱名弘二（九州大学大学院比較社会文化学府）
　　　　　　徳留大輔（九州大学大学院比較社会文化学府）
　　　　　　佐野和美（九州大学大学院比較社会文化学府）
　　　　　　谷　直子（九州大学大学院人文科学府）
　　　　　　陳　国梁（中国社会科学院考古研究所）
　　　　　　王　　輝（甘粛省文物考古研究所）
調査内容：火焼溝遺跡の踏査ならびに火焼溝遺跡・斉家遺跡の青銅器実測調査。
　10 月 9 日（木）　福岡 → 北京。
　10 月 10 日（金）　中国社会科学院考古研究所にて，白雲翔副所長らと調査研究の打ち合わせとともに，共同研究の覚え書きを交わす。夕方，北京から空路，甘粛省蘭州に入る。
　10 月 11 日（土）〜13 日（月）　チャーターしたマイクロバスで，武威，張掖，嘉峪関を経由して，

火焼溝遺跡を踏査する。帰路には，嘉峪関博物館，大仏寺博物館，武威市博物館の見学，ならびに武威市磨咀子遺跡の発掘調査現場を見学する。

10月14日（火）〜16日（木）午前　甘粛省文物考古研究所にて火焼溝遺跡・斉家遺跡の青銅器66点の写真撮影，実測調査を行う。

10月16日（木）午後　蘭州 → 上海。

10月17日（金）　上海 → 福岡。

(2)　山西・洛陽・二里頭遺跡工作站における調査

期日：2004年5月25日（火）〜6月5日（土）

調査参加者：宮本一夫（九州大学大学院人文科学研究院）
　　　　　　田尻義了（九州大学大学院比較社会文化学府）
　　　　　　徳留大輔（九州大学大学院比較社会文化学府）
　　　　　　佐野和美（九州大学大学院比較社会文化学府）
　　　　　　村野正景（九州大学大学院比較社会文化学府）
　　　　　　許　　宏（中国社会科学院考古研究所）
　　　　　　陳　国梁（中国社会科学院考古研究所）

調査内容：中国社会科学院考古研究所にて二里頭遺跡の青銅器実測調査。その後，洛陽に移り，洛陽市博物館，中国社会科学院考古研究所洛陽工作站にて青銅器実測調査。さらに中国社会科学院考古研究所二里頭遺跡工作站にて青銅器実測調査を行う。

5月25日（火）　福岡 → 北京。夜，夜行列車で山西省太原へ移動。

5月26日（水）　朝，太原到着。山西省文物考古研究所，山西省博物館にて青銅器調査。

5月27日（木）　汽車で太原から侯馬へ移動。山西省文物考古研究所侯馬工作站で資料調査。

5月28日（金）　山西省文物考古研究所侯馬工作站の倉庫にて東下馮遺跡の青銅器16点の実測調査，青銅器18点の写真撮影。その後，晋国古都博物館，中国社会科学院考古研究所侯馬工作站の見学。侯馬故城平望台遺跡踏査。

5月29日（土）　中国社会科学院考古研究所の何駑さんの案内で陶寺遺跡踏査。

5月30日（日）　侯馬から河南省洛陽まで車で移動。洛陽では中国社会科学院考古研究所洛湯工作站を見学後，漢魏洛陽城を踏査。

5月31日（月）　午前，洛陽市博物館にて二里頭遺跡出土銅爵2点，獣面牌飾1点の実測調査。午後，中国社会科学院考古研究所洛湯工作站にて二里頭遺跡出土青銅器7点の実測調査。午後7時半までかかる。

6月1日（火）　偃師商城博物館にて二里頭遺跡出土の銅鼎や銅斝を中心に実測調査。午後4時に終了し，中国社会科学院考古研究所二里頭遺跡工作站へ移動して6時半まで実測調査を行う。

6月2日（水）　朝8時半から夕方6時半まで終日二里頭遺跡工作站にて，二里頭遺跡出土青銅器の実測調査。

第 8 章　二里頭文化青銅器および関連青銅器集成　　153

6月3日（木）　中国社会科学院考古研究所偃師商城工作站を見学後，二里頭遺跡工作站にて午前9時半から午後5時まで青銅器実測調査を行い，二里頭遺跡工作站に収蔵されているほぼすべての青銅器・青銅器関連遺物の調査を終了する。夕方，夜行列車で北京に向かう。

6月4日（金）　朝，北京到着。考古研究所にて白雲翔副所長と研究計画の打ち合わせ。

6月5日（土）　北京 → 福岡。

（3）　考古研究所・半坡遺跡博物館・鄭州・山東大学における調査

期日：2004年11月26日（金）〜12月5日（日）
調査参加者：宮本一夫（九州大学大学院人文科学研究院）
　　　　　　田尻義了（九州大学大学院比較社会文化学府）
　　　　　　徳留大輔（九州大学大学院比較社会文化学府）
　　　　　　谷　直子（九州大学大学院人文科学府）
　　　　　　陳　国梁（中国社会科学院考古研究所）
　　　　　　趙　海濤（中国社会科学院考古研究所）

調査内容：中国社会科学院考古研究所にて二里頭遺跡出土の青銅器実測調査。西安半坡遺跡博物館にて姜寨遺跡出土真鍮製銅器を2点実測。鄭州では，河南省文物考古研究所にて鄭州洛達廟期の青銅器7点，河南省博物院にて青銅器5点を実測。山東大学にて尹家城遺跡の青銅器14点を実測する。

11月26日（金）　福岡 → 北京。

11月27日（土）　中国社会科学院考古研究所にて二里頭遺跡出土の青銅器実測調査。

11月28日（日）　前日と併せて15点の青銅彝器を中心とした実測調査を終える。北京から夜行列車で西安に向かう。

11月29日（月）　西安半坡遺跡博物館にて姜寨遺跡出土2点の銅器の実測調査。夜，列車で西安から鄭州へ移動。

11月30日（火）　午前，河南省文物考古研究所にて7点の青銅器実測調査。午後，鄭州市文物考古研究所にて大師姑遺跡の青銅器1点の実測調査，ならびに大師姑遺跡の見学。

12月1日（水）　王城崗遺跡発掘現場見学，新砦遺跡踏査。

12月2日（木）　河南省博物院にて5点の青銅器調査。夜，夜行列車で鄭州から山東省済南に向かう。

12月3日（金）　朝，済南到着。山東大学にて，尹家城遺跡の青銅器を中心に14点の青銅器実測調査。

12月4日（土）　済南 → 北京。

12月5日（日）　北京 → 福岡。

(4) 青海・甘粛における調査

期日：2005年6月8日(水)～6月18日(土)
調査参加者：宮本一夫(九州大学大学院人文科学研究院)
　　　　　　田尻義了(九州大学大学院比較社会文化学府)
　　　　　　徳留大輔(九州大学大学院比較社会文化学府)
　　　　　　谷　直子(九州大学大学院人文科学府)
　　　　　　許　　宏(中国社会科学院考古研究所)
　　　　　　趙　海濤(中国社会科学院考古研究所)

調査内容：青海省文物考古研究所にて卡約文化・諾木洪文化の青銅器30点の実測調査。甘粛省博物館で皇娘娘台遺跡の青銅器，新荘坪遺跡の青銅器を実測。また，甘粛省文物考古研究所にて火焼溝遺跡の追加調査により，青銅器35点を実測する。

6月8日(水)　福岡→北京。中国社会科学院考古研究所にて陶寺遺跡出土銅鈴の実測調査。
6月9日(木)　北京→西寧。青海省文物考古研究所にて青銅器の実測調査。
6月10日(金)　青海省博物館にて沈那遺跡の銅矛と尕馬台遺跡の銅鏡の実測調査。
6月11日(土)　青海省文物考古研究所にて青銅器の実測調査。青海省博物館の調査分を併せて30点の実測調査を実施する。
6月12日(日)　バスをチャーターし，塔爾寺を見学後，柳湾遺跡と喇家遺跡を踏査。その後，バスで蘭州まで。到着時間は深夜12時半過ぎとなる。
6月13日(月)　甘粛省博物館にて皇娘娘台遺跡の青銅器15点を実測調査。
6月14日(火)　バスをチャーターし，武威で磨咀子遺跡の発掘調査を見学後，張掖にて宿泊。
6月15日(水)　民楽県文化局を訪れ，東灰山遺跡の青銅器調査を行う予定であったが，青銅器遺物の所在が不明であることが判明。やむなく東灰山遺跡を踏査後，張掖を経由して蘭州に夜遅く戻る。
6月16日(木)　甘粛省文物考古研究所にて火焼溝遺跡青銅器35点の実測調査後，甘粛省博物館に移動し，新荘坪遺跡の青銅器14点の実測調査。
6月17日(金)　蘭州→北京。
6月18日(土)　北京→福岡。

(5) 内蒙古・天津市博物館・陝西省歴史博物館・上海博物館での調査

期日：2005年9月1日(木)～9月8日(木)
調査参加者：宮本一夫(九州大学大学院人文科学研究院)
　　　　　　田尻義了(日本学術振興会特別研究員)
　　　　　　徳留大輔(九州大学大学院比較社会文化学府)
　　　　　　谷　直子(九州大学大学院人文科学府)

　　　　　白　　雲翔(中国社会科学院考古研究所)
　　　　　許　　　宏(中国社会科学院考古研究所)
　　　　　趙　　海濤(中国社会科学院考古研究所)
調査内容：内蒙古文物考古研究所，内蒙古博物館，天津市博物館，陝西省歴史博物館，上海博物館にて青銅器の実測調査を行う。

9月1日(木)　福岡→北京→フフホト。

9月2日(金)　内蒙古文物考古研究所，内蒙古博物館にて実測調査。

9月3日(土)　内蒙古文物考古研究所にて実測調査。朱開溝遺跡の遺物実測調査を行う。内蒙古博物館では南山根遺跡の遺物実測調査を行った。

9月4日(日)　フフホト→北京。

9月5日(月)　北京→天津。天津市博物館では伝河南省商丘出土の二里頭文化期の銅爵1点の実測・写真撮影を行う。天津→北京。夜行列車で西安に向かう。

9月6日(火)　陝西省歴史博物館では伝陝西省洛寧出土銅爵1点の実測・写真撮影を行う。夜，飛行機にて西安→上海。

9月7日(水)　上海博物館にて二里岡文化期の青銅器実測調査。

9月8日(木)　午前中，上海博物館にて実測調査をし，銅斝2点と銅鼎1点の実測・写真撮影を行う。上海→福岡。

この調査によって，これまでの調査資料に加え，二里頭文化以前の初期青銅器資料ならびに新疆省を除く中国西北部初期青銅器の資料調査を終えることができ，集成資料をまとめることがほぼ可能になった。

(6)　補足調査

この他，比較調査として，2006年4月には奈良国立博物館にて坂本コレクションの実測調査を行った。また，泉屋博古館にて二里岡文化期の青銅器調査を行った。
調査参加者：宮本一夫(九州大学大学院人文科学研究院)
　　　　　田尻義了(日本学術振興会特別研究員)
　　　　　徳留大輔(日本学術振興会特別研究員)
　　　　　丹羽崇史(九州大学大学院人文科学府)

さらに2007年3月にはカナダ・トロントにあるロイヤルオンタリオ美術館にて二里岡文化期の青銅器の実測調査を行った。
調査参加者：宮本一夫(九州大学大学院人文科学研究院)
　　　　　田尻義了(日本学術振興会特別研究員)
　　　　　徳留大輔(日本学術振興会特別研究員)

(7) 小結

このように 2003 年から 2005 年の 3 ヶ年で 5 回に亘って調査旅行を行った。このうち，本章で資料紹介するのは，第 2 回と第 3 回を中心とするものであり，補足的に調査を行った第 4 回の陶寺遺跡出土銅鈴，第 5 回の天津市博物館，陝西省歴史博物館，上海博物館の資料調査を含むものである。また，坂本コレクションならびにロイヤルオンタリオ美術館の二里岡文化期資料も併せて参考資料として掲載することとした。

2　資料内容

集成資料は図 84〜124，巻首図版 1〜4，巻末の図版 1〜40 に示している。それらの出土遺跡や層位・遺構などは表 24 に示した。

(1)　姜寨遺跡資料(図 84–1・2)

中原最古の銅器資料とされる陝西省臨潼県姜寨遺跡の新石器時代文化層から出土した真鍮製の円盤状銅製品(1)と管状銅製品(2)である(半坡博物館・陝西省考古研究所・臨潼県文化館 1988)。共に形態的に特異なものであり，後者はコイル状に巻かれたものである。両者ともに，二里頭文化以前の初期青銅器において，中国西北地域を含めてユーラシア草原地帯には類似の形態の銅製品は認められない。とともに，姜寨遺跡の後の初期青銅器時代において，黄河中・下流域ではこのような銅製品や青銅製品は認められない。真鍮製であることも黄河中流域では特異な存在であり，同時代資料であるかは疑わしい。ところで真鍮製は新石器時代後期龍山文化の山東省膠県三里河遺跡出土鑽形器でも知られ，真鍮が中国新石器時代に存在しないことはない。三里河遺跡の真鍮製銅器は，山東東南部の銅鉱に亜鉛が含まれるところから(中国冶金史編写組 1988)，自然銅として採集されたものの中に真鍮としての特徴を示すものがあったと解釈できるであろう(北京鋼鉄学院冶金史組 1981)。すなわち三里河遺跡の真鍮は銅と亜鉛の合金ではない。そうすると姜寨遺跡の真鍮製も山東東南部産の自然銅による可能性もあるが，渭水流域の新石器時代中期半坡期における姜寨遺跡と山東半島東南部といった遠距離の物流を物語る痕跡はこの時期には認められない。したがって，素材の面からも，姜寨遺跡の真鍮製銅製品が新石器時代中期のものであると判断する根拠は乏しいであろう。

(2)　陶寺遺跡資料(図 84–3)

陶寺遺跡 3296 号墓出土の銅鈴である。素材の成分分析によれば，紅銅すなわち純銅であることが判明している(李敏生・黄素英・李連琪 1984)。その特徴や鋳造方法については，第 2 章で詳述した。

(3)　東下馮遺跡資料(図 85–4〜16，図 84–17〜19)

二里頭文化(東下馮第 III・IV 期)・二里岡下層文化(東下馮第 V 期)・二里岡上層文化(東下馮第

VI 期）併行期の青銅刀子や鑿などの工具，ならびに青銅鏃などの武器が出土している。青銅彝器などの大型品は出土しておらず，総じて小型品に限られる。

(4) 二里頭遺跡資料（図 86–20〜図 108–148）

二里頭遺跡の墓葬出土資料，ならびに包含層や生活址出土資料を含んでいる。爵や斝などの青銅彝器とともに，工具や武器，装身具のような一般の青銅器にまで及ぶ。また，鋳造に関係する鋳型や未製品などの鋳造関連資料も掲載している。一部の青銅製品は二里岡文化期に下る可能性のあるものであるが，併せて掲載した。

(5) 鄭州付近の二里頭文化関連遺跡資料（図 109–149〜図 111–161）

登封王城崗遺跡(151・152)，陝県西崖(153)，滎陽豎河(154)，鄭州旭旮王遺跡(155〜157)，鄭州洛達廟(158)，鄭州大師姑遺跡(159)，淅川下王崗(160)などの青銅器を資料化した。この他，伝陝西省洛寧出土(149)や河南省新鄭望京楼(150)の青銅爵，さらに伝河南省商丘出土青銅爵(161)も併せて掲載し，二里頭遺跡と周辺遺跡との青銅器の比較を試みた。青銅彝器が二里頭遺跡から分配された可能性が想定される。

(6) 尹家城遺跡資料（図 111–162〜175）

山東省泗水県尹家城遺跡からは，山東龍山文化ならびに岳石文化期の銅鏃や銅刀子などの小型品のみが出土している。

(7) 河南省博物院蔵青銅斝（図 112–176）

1952 年開封で購入された青銅斝 2 点の内の一つである（《河南出土商周青銅器》編集組 1981）。腹部に大きな珠文が鋳出されているところから連珠文斝と呼ばれる。1955 年出土鄭州白家荘 3 号墓の連珠文斝（河南文物工作隊第一隊 1955）と文様や器形の特徴がほぼ同じであり，同時期のものであろう。白家荘出土のものは二里岡上層第 1 期と考えられており（河南省文物考古研究所 2001），本資料も二里岡上層期に下る青銅斝と考える意見がある（李朝遠 2006）。難波純子が自身の編年の二里岡期銅器 2 期に編年しているように（難波 1989），他の銅器は確かに二里岡上層第 1 期のものであるが，型式的には古い可能性がある。無文のキノコ形双柱をもつなどの点から，二里岡下層第 2 期から二里岡上層第 1 期にかけてものと考えておきたい。

(8) 上海博物館蔵青銅器（図 113–177〜図 115–179）

二里岡下層文化期と考えられる鼎(179)，斝(177・178)などの資料を掲載し，二里頭文化期の青銅彝器との比較を試みた。上海博物館蔵の二里岡文化下層期の青銅斝は 4 点存在するが（李朝遠 2006），この内 177 の素面斝(73557)と 178 の連珠文斝(25665)を実測した。この他 2 点の連珠文斝(38218・48068)が収蔵されている。これらの柱はすべて 2 単位の三稜形双柱であり，無文あるいは文様が半

面のみに施されるものである。鋳造法は外型三范B式である。形態や鋳造法は二里頭遺跡V区1号墓の青銅斝(29)と王城崗49号墓出土青銅斝(第3章図31–3)と同型式である。第3章で検討したように，王城崗49号墓は明確に二里岡下層文化期のものであるところからも，これらの青銅斝は二里岡下層第1期のものである。

179の鼎は斜格雲文のような文様が施されている。まだ饕餮文をもたず，形態的類似のみならず，さらに耳の位置と范線などの位置関係からは，二里頭遺跡V区1号墓出土鼎に比較的近いものであり，二里岡下層第1期のものであろう。耳の位置と脚部から腹部に至る范線の位置が一致する現象は，鄭州商城新発見の二里岡下層第1期のT166M6の青銅鬲や87M1の青銅鼎(河南省文物考古研究所2003)にも認められ，二里岡下層第1期の鋳造技法状の特徴となる可能性がある。また，179の青銅鼎の器形も鄭州商城87M1の青銅鼎と類似しており，この点からも179が二里岡下層第1期のものであると考えられる。

(9) 奈良国立博物館蔵坂本コレクション(図116–180～図118–184)

坂本コレクションの内，二里岡下層文化期の爵と鼎を提示した。180が第3章で論じた脚部三范A1式，181が脚部三范A2式の爵である。180・181ともに胴部には突線文からなる弦文のみが施され，柱は三稜形双柱をなす。器形・文様的には鄭州C8M32の青銅爵(楊育彬ほか1981)と類似するものであり，二里岡下層文化期のものである。鄭州C8M32に関しては，難波純子編年では二里岡期銅器1期に位置づけている(難波1989)。また副葬土器から二里岡下層第1期とされる鄭州商城87M1の青銅爵(河南省文物考古研究所2003)と181の青銅爵はとりわけ類似しており，87M1青銅爵の鋳造法は不明であるが，時期決定の有力な証拠である。したがって，これら180・181は二里岡下層第1期に属する。182は弦文からなるが，無文キノコ状単柱をなし，さらに脚部三范B式であることから，二里岡下層第2期の青銅爵と考える。なお，脚部三范B式は平底のB1式と丸底のB2式に細分することができる。本青銅爵は脚部三范B2式に分類することができる。相対的に言えば，脚部三范B1式から脚部三范B2式に変化するが，これは漸移的な変化である。

183の鼎は2本の弦文が施され，さらに184の鬲も同じように2本の弦文からなる。二里岡下層文化のものであろう。なお，183に関しては殷墟期と位置づける考え方(樋口・林監修2002)もある。確かに二里岡文化期の鼎の場合，深めの腹部を呈するのに対し，183はやや浅めであり，二里岡文化期には見ないものである。ただし，鼎足が空洞である点などは古相を呈しており，二里岡文化期の可能性のあるもの，あるいはその様式性を残しているものとして掲載しておきたい。

(10) 鄭州北27路2号墓青銅爵(図119–185)

現北京大学サックラー考古芸術博物館蔵の二里岡下層文化の青銅爵である。脚部三范A1式の基準資料である。なお発掘報告では，鄭州北27路2号墓は二里岡上層期の墓とされるが(河南省文物研究所1983)，本青銅爵は鋳造法や文様あるいは三稜形双柱から二里岡下層第1期の青銅爵と考える。

第 8 章　二里頭文化青銅器および関連青銅器集成　　159

（11）　ロイヤルオンタリオ美術館蔵（図 120–186〜図 124–190）

　186 が脚部三范 B1 式の爵である。柱は三稜単柱であるが，腹部に饕餮文が施され，二里岡下層第 2 期に属すると思われる。187 は囙文のキノコ状単柱をなし饕餮文が飾られる。二里岡上層第 1 期のものであろう。188 は 2 段の饕餮文が施され，柱も偏平な囙文キノコ状双柱をなしており，二里岡上層第 1 期に相当するであろう。189 の斝は上海博物館蔵の 177・178 と様式的に同じであり，二里岡下層第 1 期の斝である。その形態や文様からいえば，河南省滎陽高村寺採集品（陳立信・馬徳峰 1991）や河南省滎陽西史村採集（鄭州市博物館 1981）の網格文斝と類似している。これら二者は平行線文間に斜格子文が施される文様が胴部半面に施されるが，189 は全面を巡っている。この点 189 はやや新しい様相を示すが，二里岡下層第 1 期に収まるものであろう。190 の斝は胴部に饕餮文が施され，無文キノコ状双柱をなす点からも，二里岡上層第 1 期に属するものであろう。

3　まとめ

　これらの資料調査により，確実には中原最古の銅器・青銅器資料は陶寺遺跡などの龍山文化期のものに限られており，基本的には中国西北部より遅くに始まったと考えることができるであろう。すなわち，銅器・青銅器そのものの技術は，中原に始まったというよりは，中国西北部を介して中原にもたらされたものであると考えられる。しかし，そうした技術を受容した当初から銅器・青銅器の使用は，中国西北部など長城地帯青銅器およびユーラシア草原地帯青銅器と異なっており，銅鈴や銅環・銅歯輪形器などの非実用品から始まっている。むしろ銅器・青銅器が威信財として社会的階層上位者の管理の下に生産が始まった可能性が高い。また工具や武器などにおいても中原地域の独自性が認められ，青銅器文化の性格や内容は，その技術をもたらした長城地帯青銅器文化と大きく異なり，その差異が時代を経るにしたがいより広がる傾向にある。

　さらに中原において独自に開発された青銅彝器を中心とする複合范の青銅器鋳造技術において，外型が単范の陶寺文化期，外型が双范の二里頭文化期，外型が三范 A 式の二里岡下層文化期，外型が三范 B 式の二里岡下層文化から二里岡上層文化といった変化が確認された。すなわち鋳造技術の変化を以て時期区分や文化区分が可能であることを示した。特に，二里頭文化期と二里岡下層文化期の区分が明確になったであろう。とともに，二里岡下層文化期のなかでも，脚部三范 A 式の銅爵や二里頭遺跡 V 区 1 号墓の銅鼎や銅斝などから，脚部三范 A 式や外型三范 A 式・外型三范 B 式を中心とする二里岡下層第 1 期の青銅器様式が存在している。さらに，上海博物館の 179 の鼎，177・178 の斝，ロイヤルオンタリオ美術館の 189 の斝，奈良国立博物館の 180・181 の爵，鄭州北 27 路 2 号墓出土の 185 の爵は，二里岡下層第 1 期のものと考えられることができる。二里岡下層第 1 期の青銅器様式も，これらの集成によってある程度理解できたであろう。

160

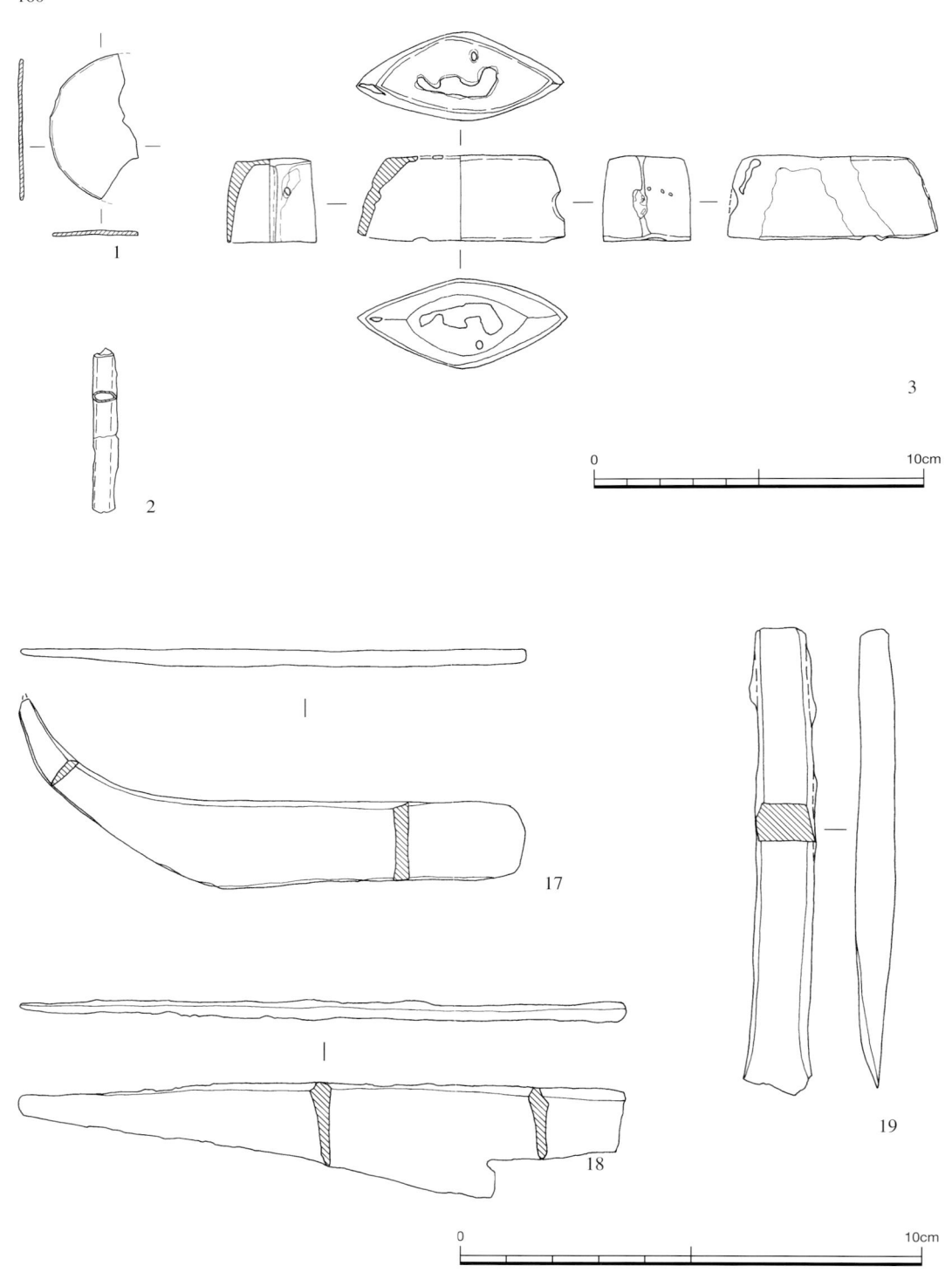

図84 姜寨遺跡出土黄銅(1・2),陶寺遺跡出土銅鈴(3),東下馮遺跡出土青銅刀子(17・18)・青銅鑿(19)(1〜3 縮尺1/2,その他縮尺2/3)

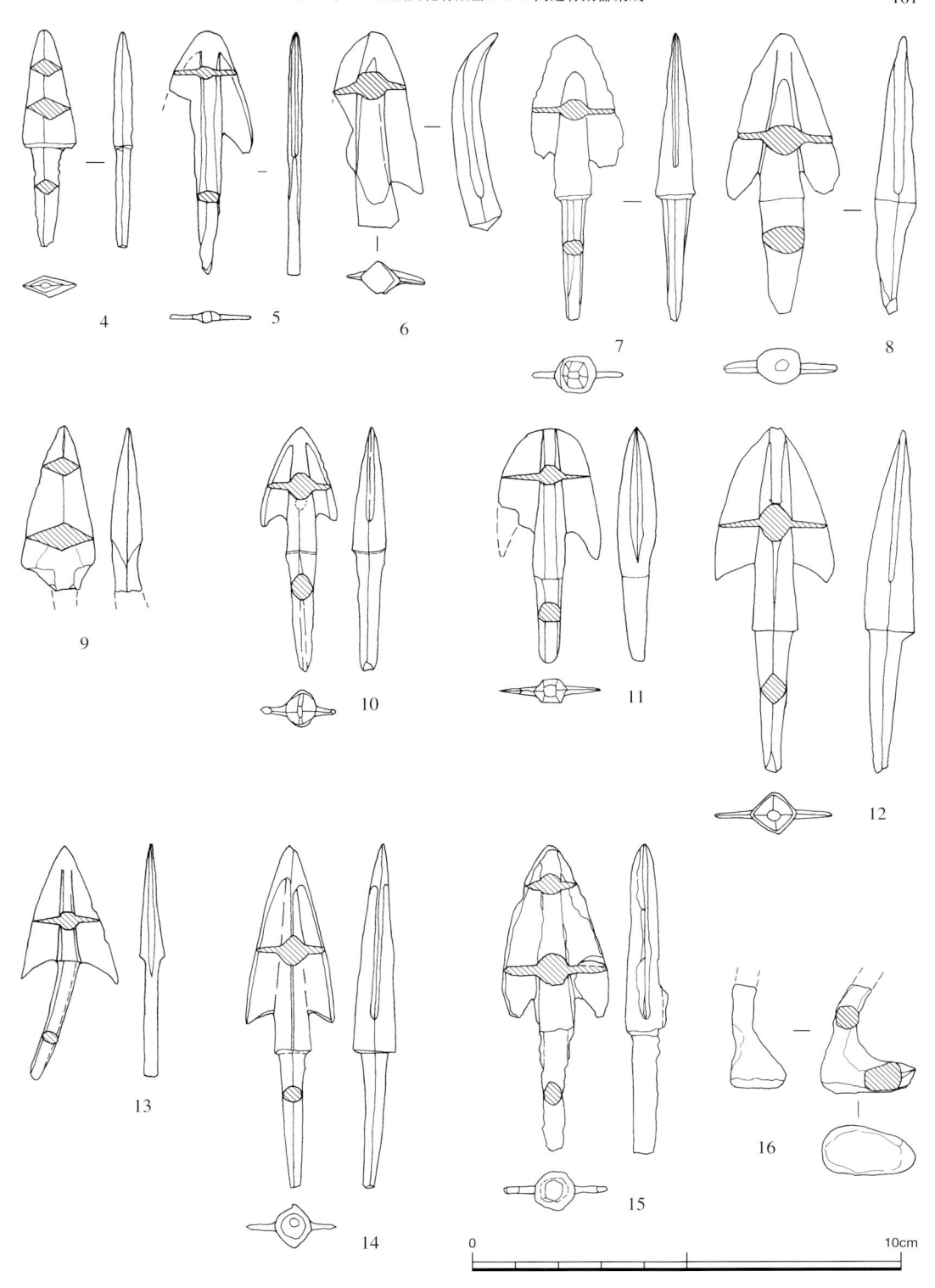

第 8 章　二里頭文化青銅器および関連青銅器集成　　161

図 85　東下馮遺跡出土青銅鏃(4〜15)・不明銅器(16)（縮尺 2/3）

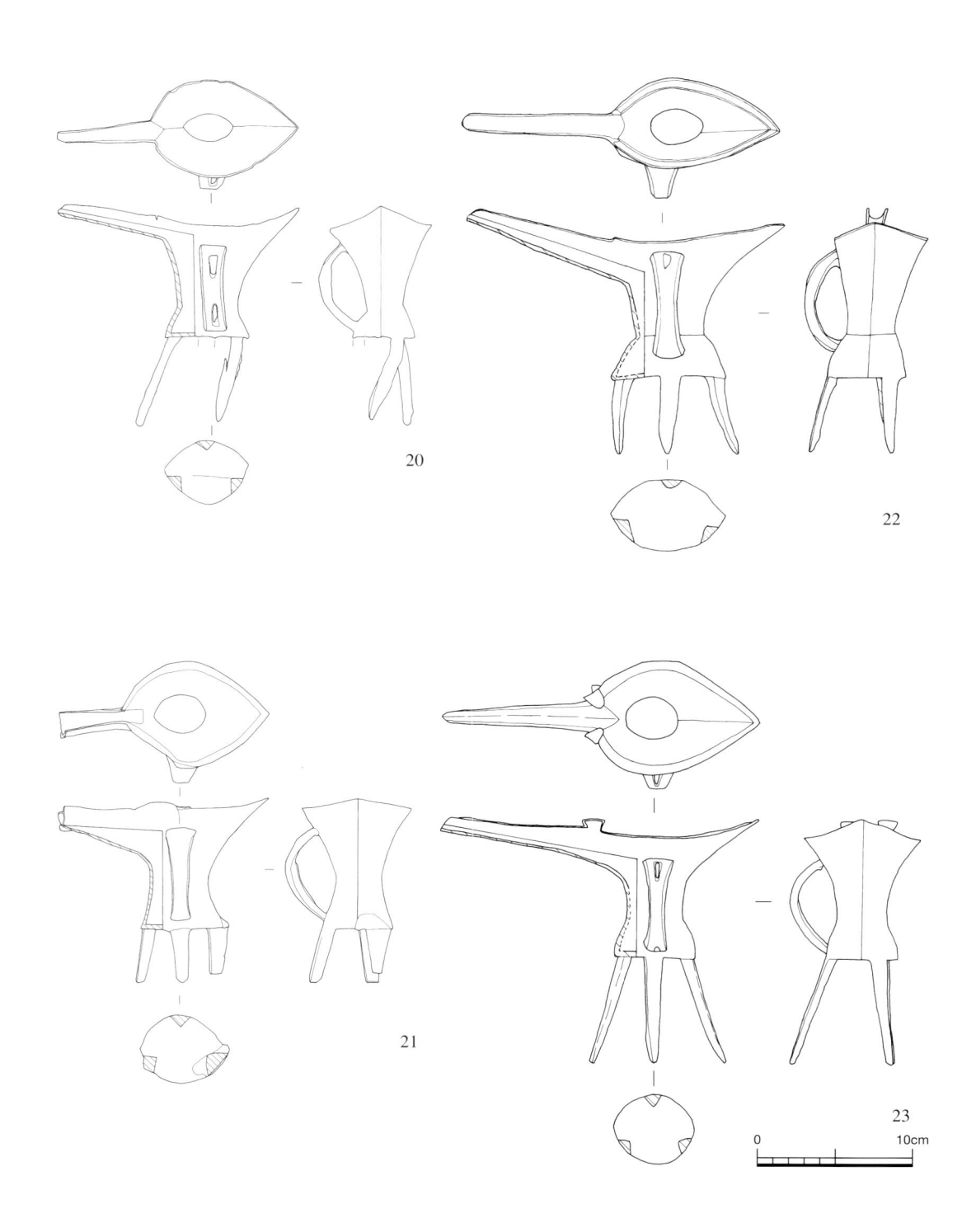

図 86　二里頭遺跡出土 Ia 式青銅爵（20・21）・Ib 式青銅爵（22・23）（縮尺 1/4）

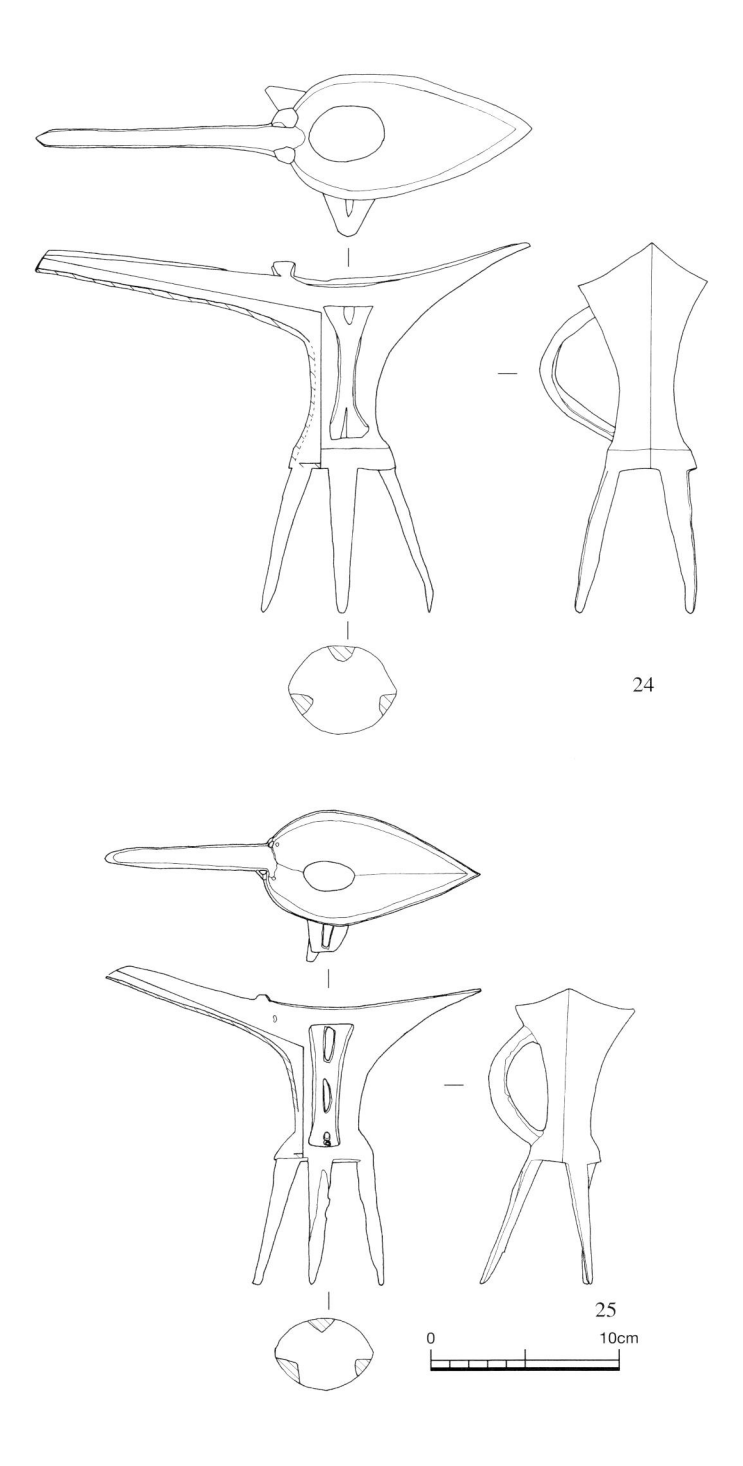

第 8 章　二里頭文化青銅器および関連青銅器集成　　163

図 87　二里頭遺跡出土 Ib 式青銅爵（24・25）（縮尺 1/4）

164

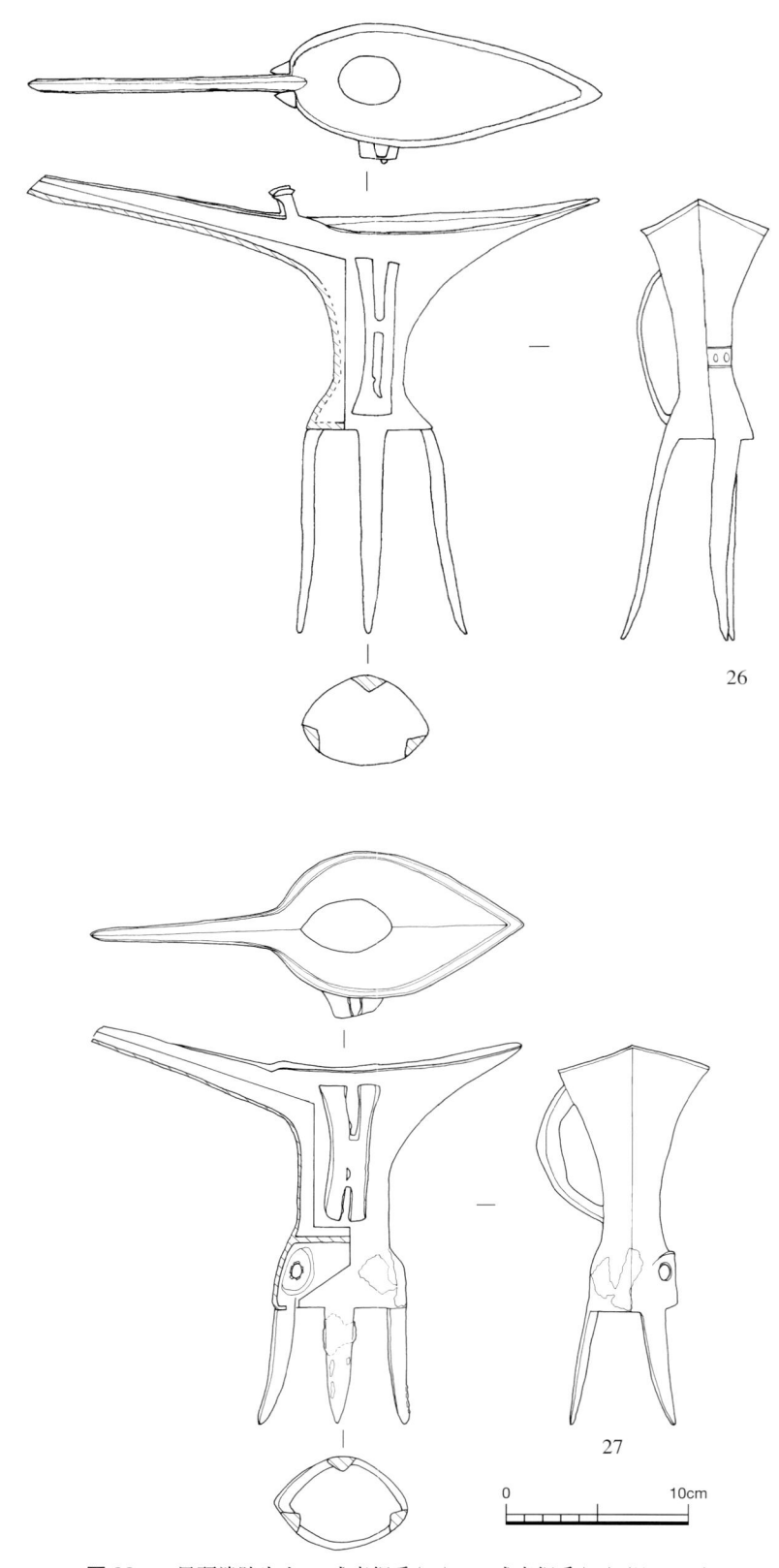

図 88　二里頭遺跡出土 Ib 式青銅爵(26)・II 式青銅爵(27)（縮尺 1/4）

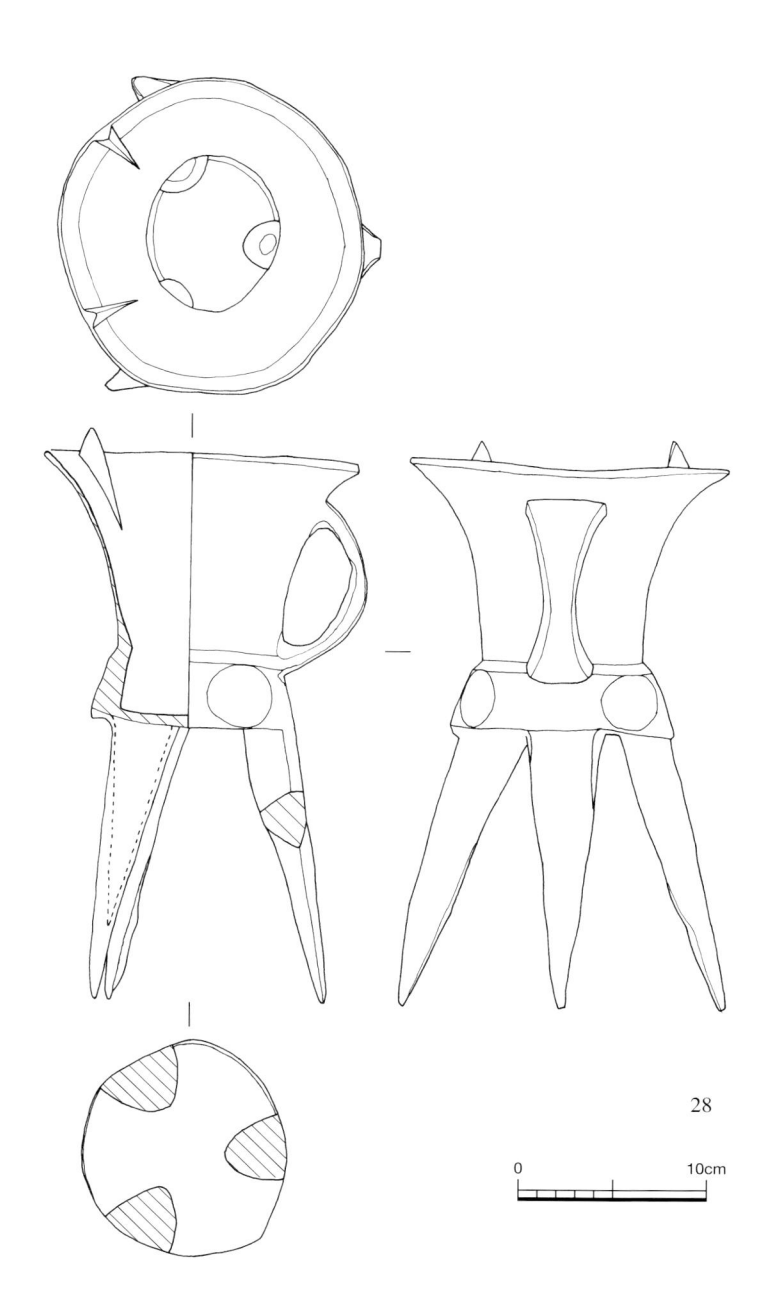

第 8 章　二里頭文化青銅器および関連青銅器集成　　165

図 89　二里頭遺跡出土青銅斝(28)（縮尺 1/4）

166

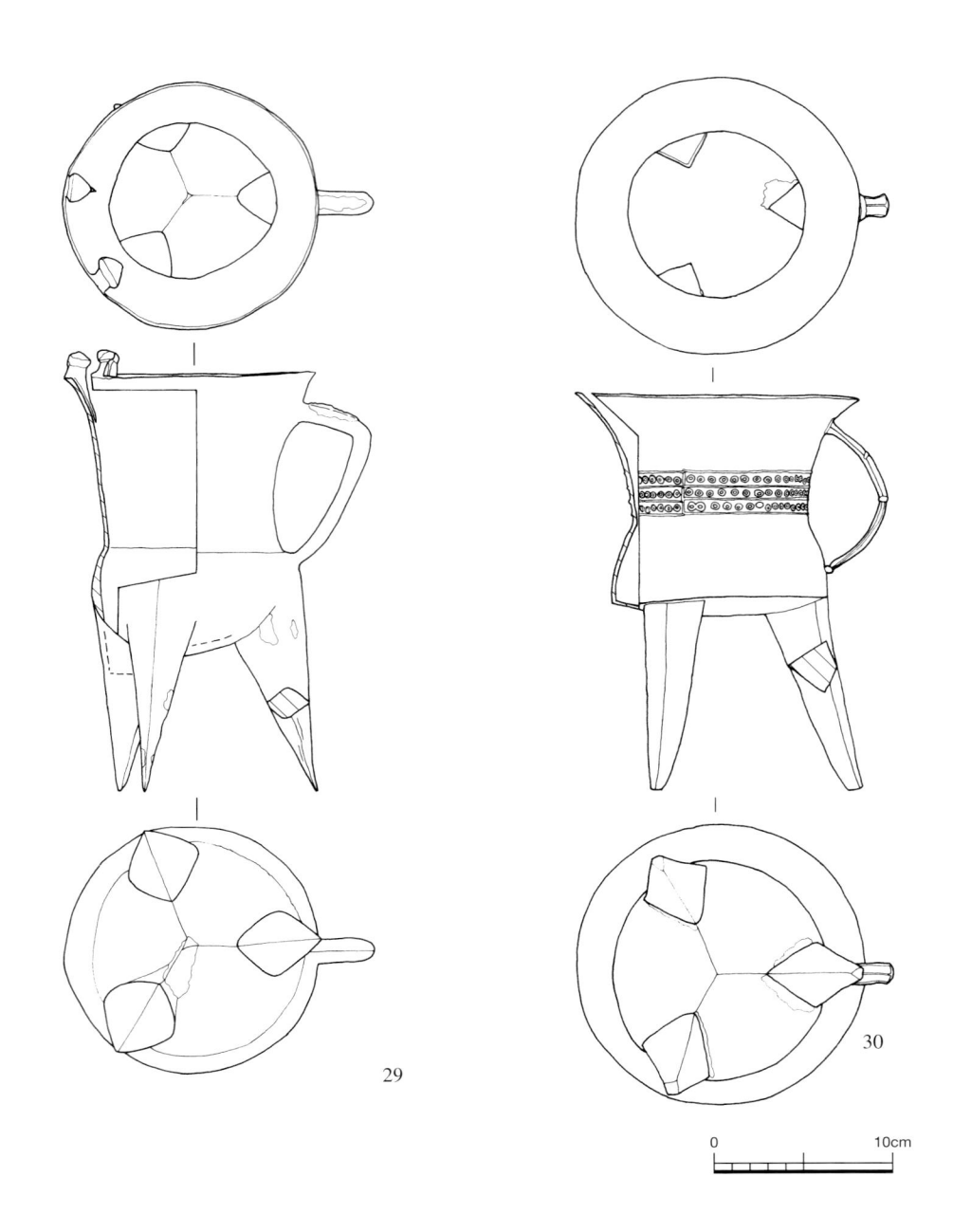

図 90　二里頭遺跡出土青銅斝（29・30）（縮尺 1/4）

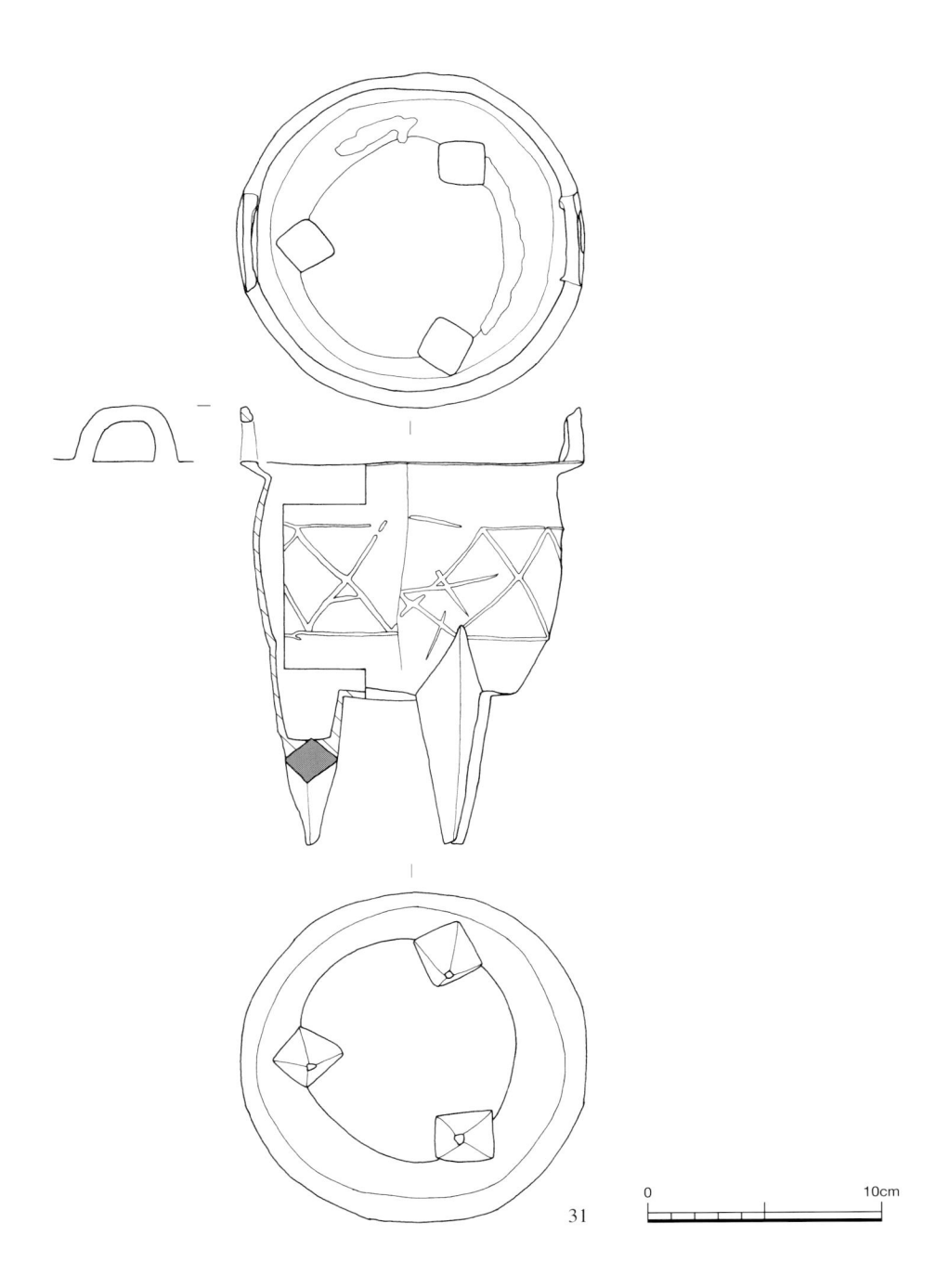

第 8 章　二里頭文化青銅器および関連青銅器集成　　167

図 91　二里頭遺跡出土青銅鼎(31)（縮尺 1/3）

168

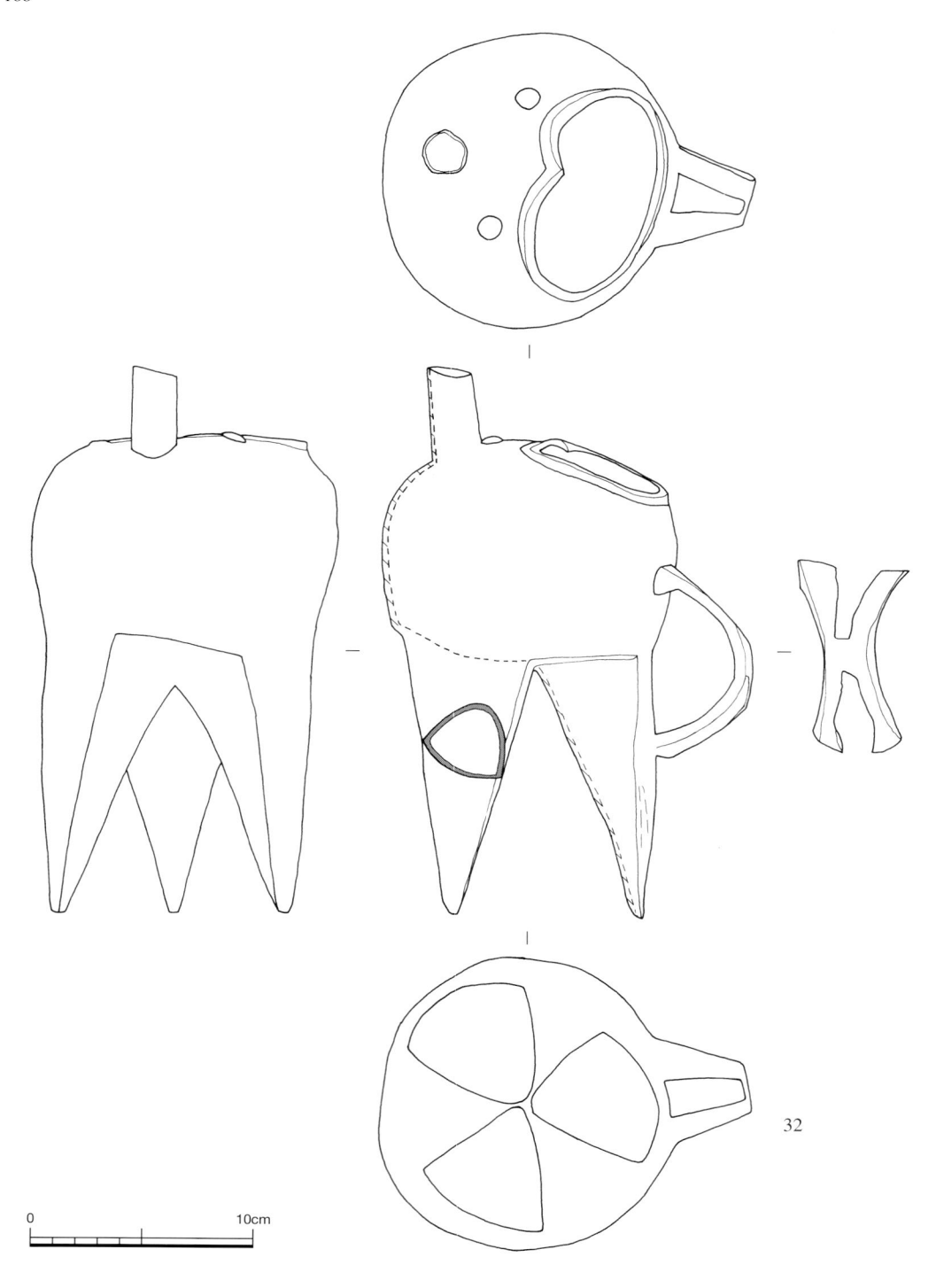

図 92　二里頭遺跡出土青銅盉(32)（縮尺 1/3）

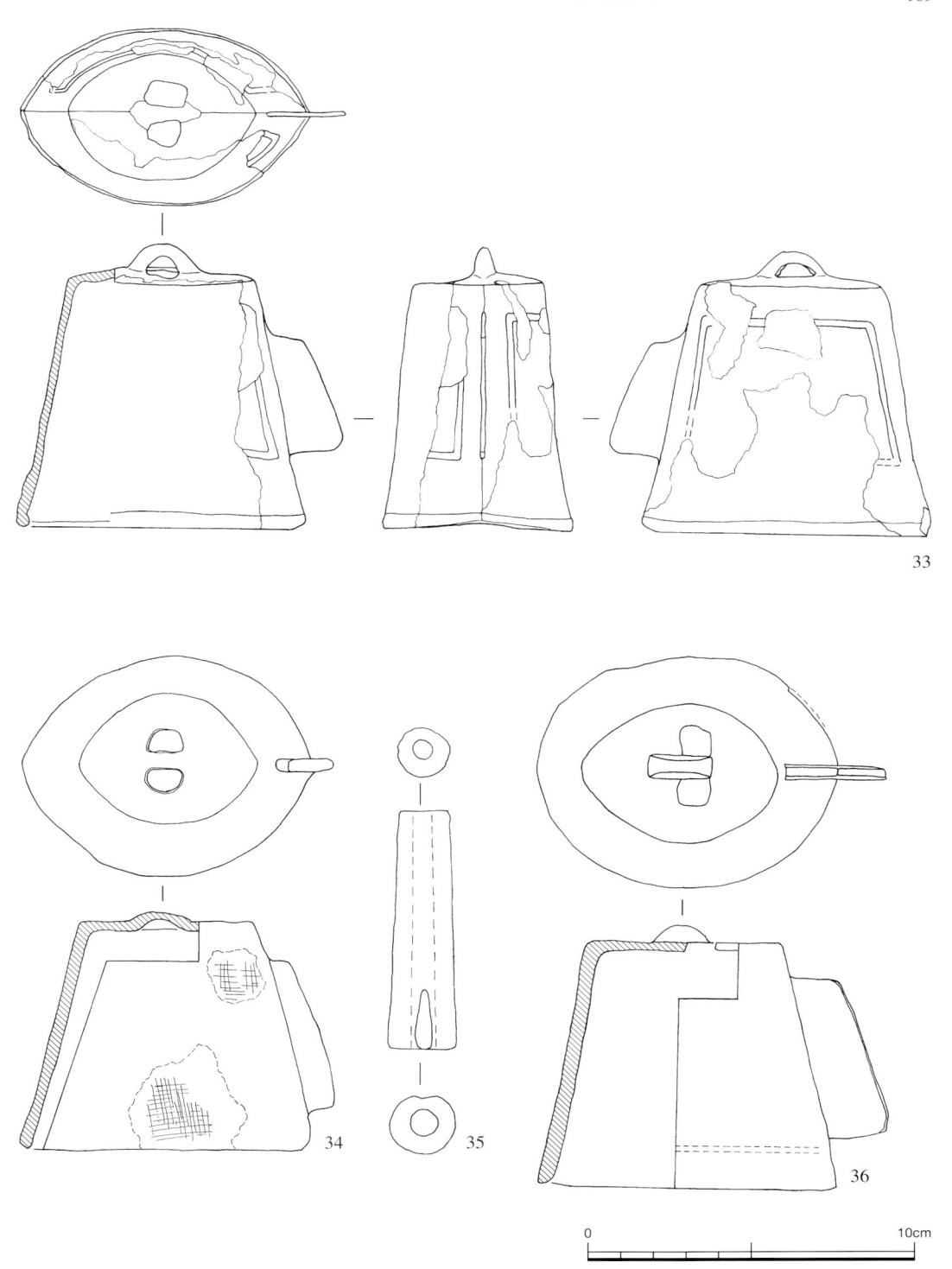

第 8 章　二里頭文化青銅器および関連青銅器集成　　　　　　　　　　　　　　169

図 93　二里頭遺跡出土青銅鈴(33・34・36)・舌(35)（縮尺 1/2）

170

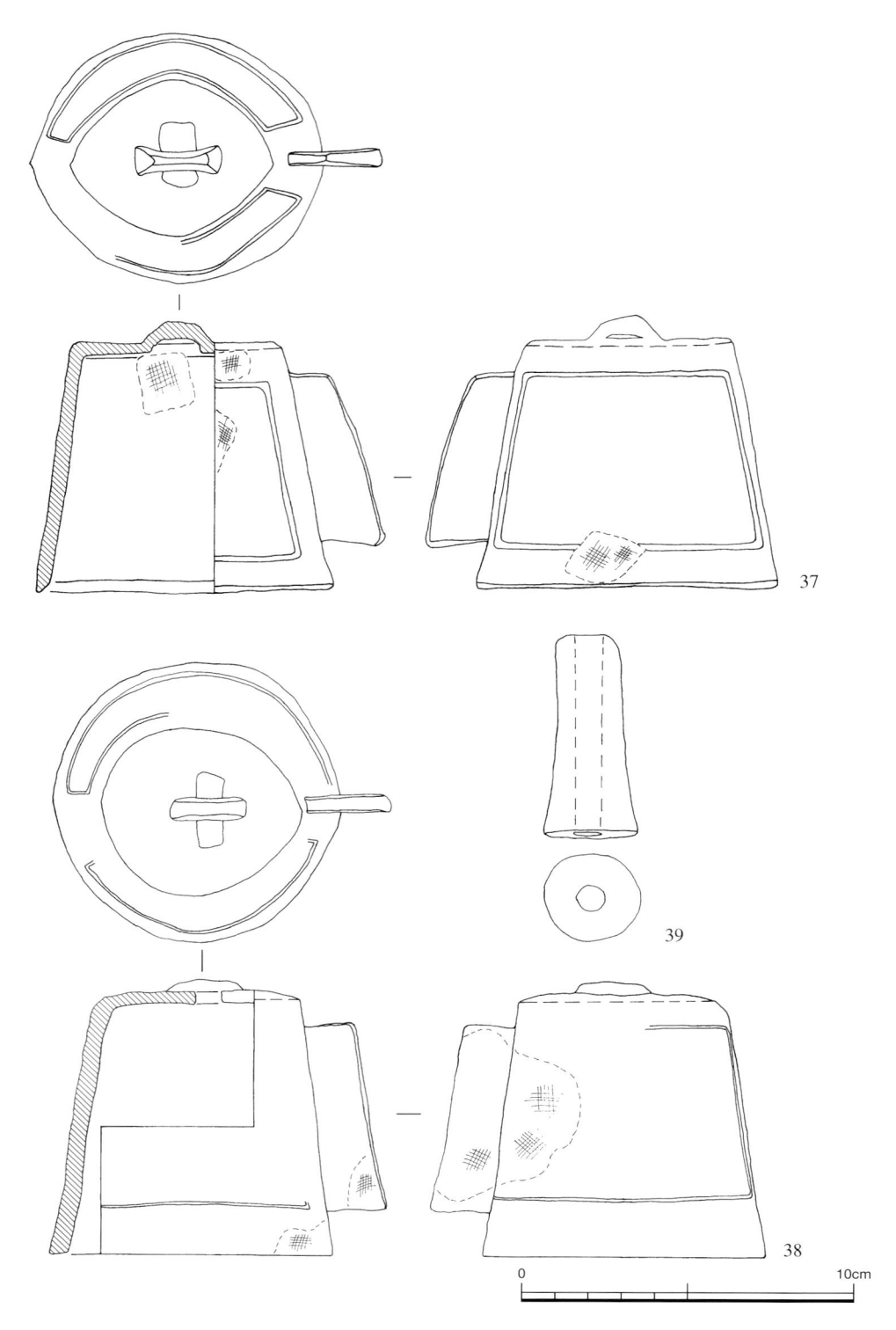

図 94　二里頭遺跡出土青銅鈴(37・38)・舌(39)（縮尺 1/2）

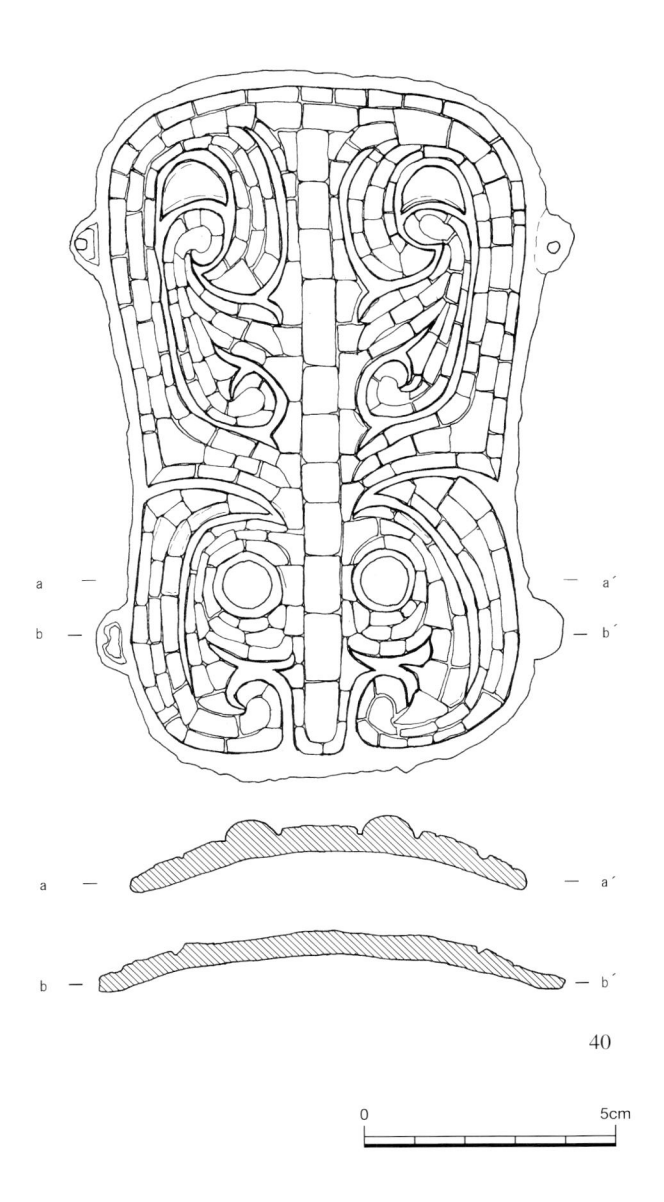

第 8 章　二里頭文化青銅器および関連青銅器集成　　171

40

0　　　　5cm

図 95　二里頭遺跡出土獣面牌飾 (40)（縮尺 2/3）

172

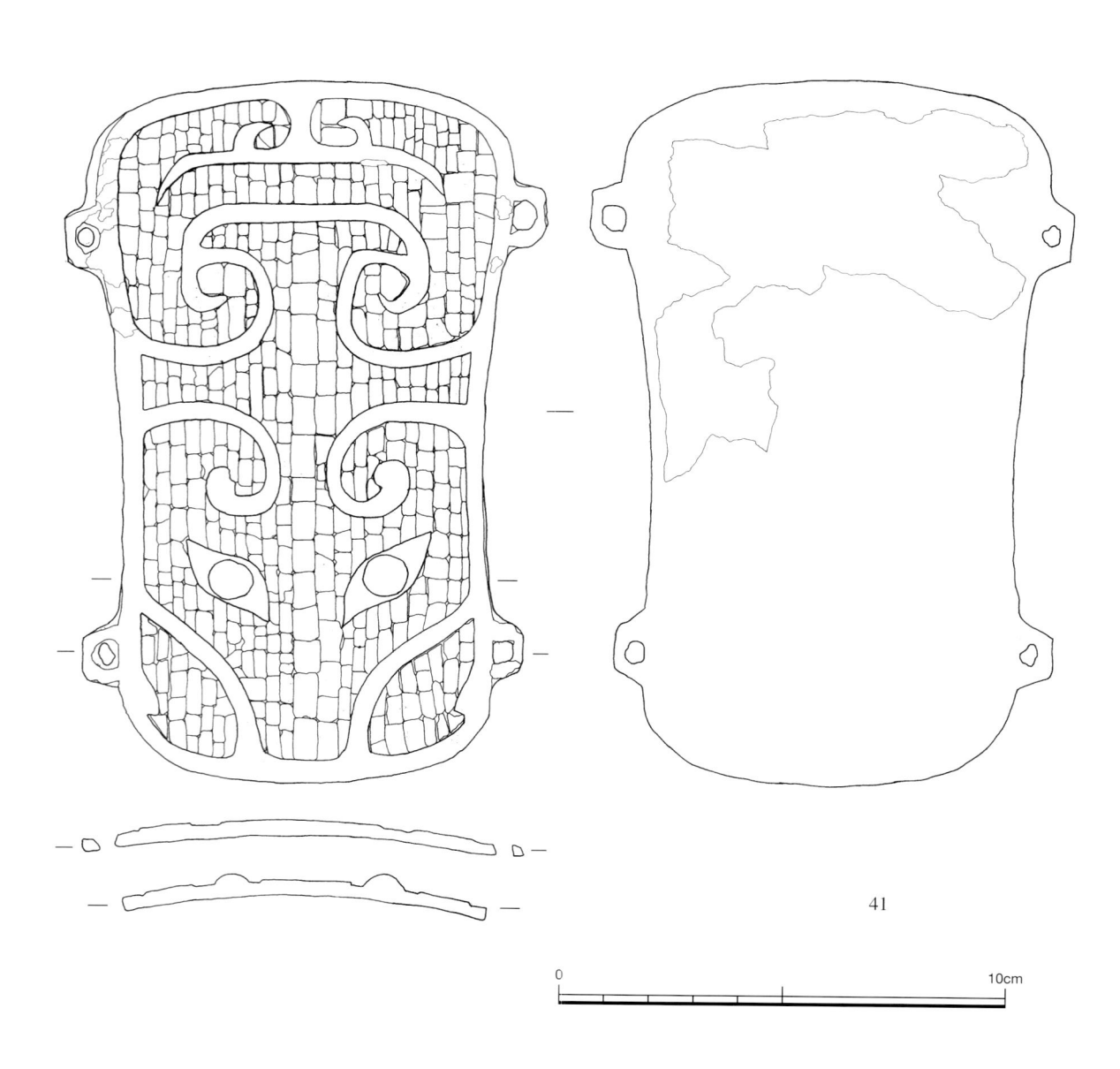

図 96 二里頭遺跡出土獣面牌飾(41) (縮尺 2/3)

第 8 章　二里頭文化青銅器および関連青銅器集成

42

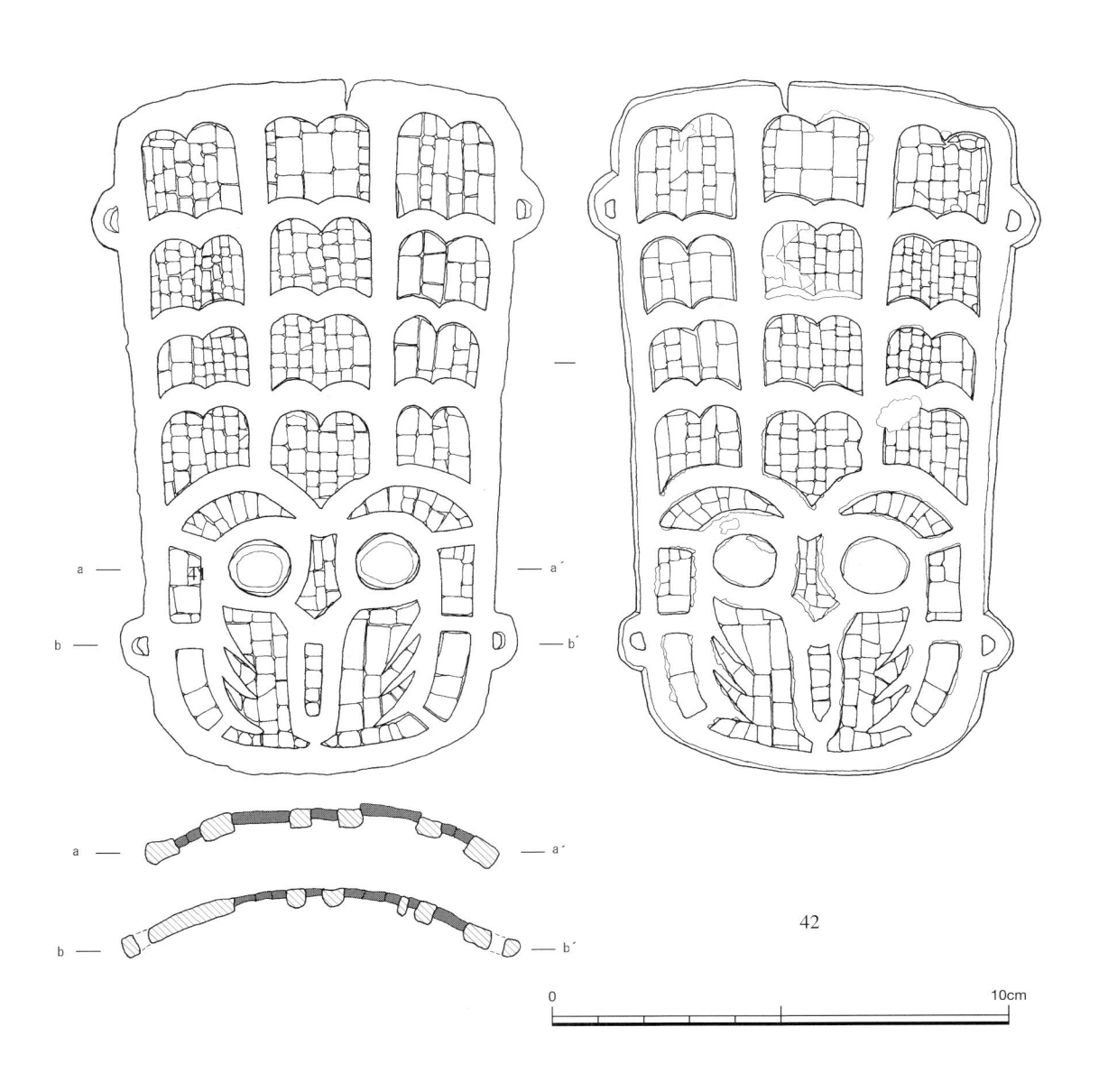

図 **97**　二里頭遺跡出土獣面牌飾(42)（縮尺 2/3）

174

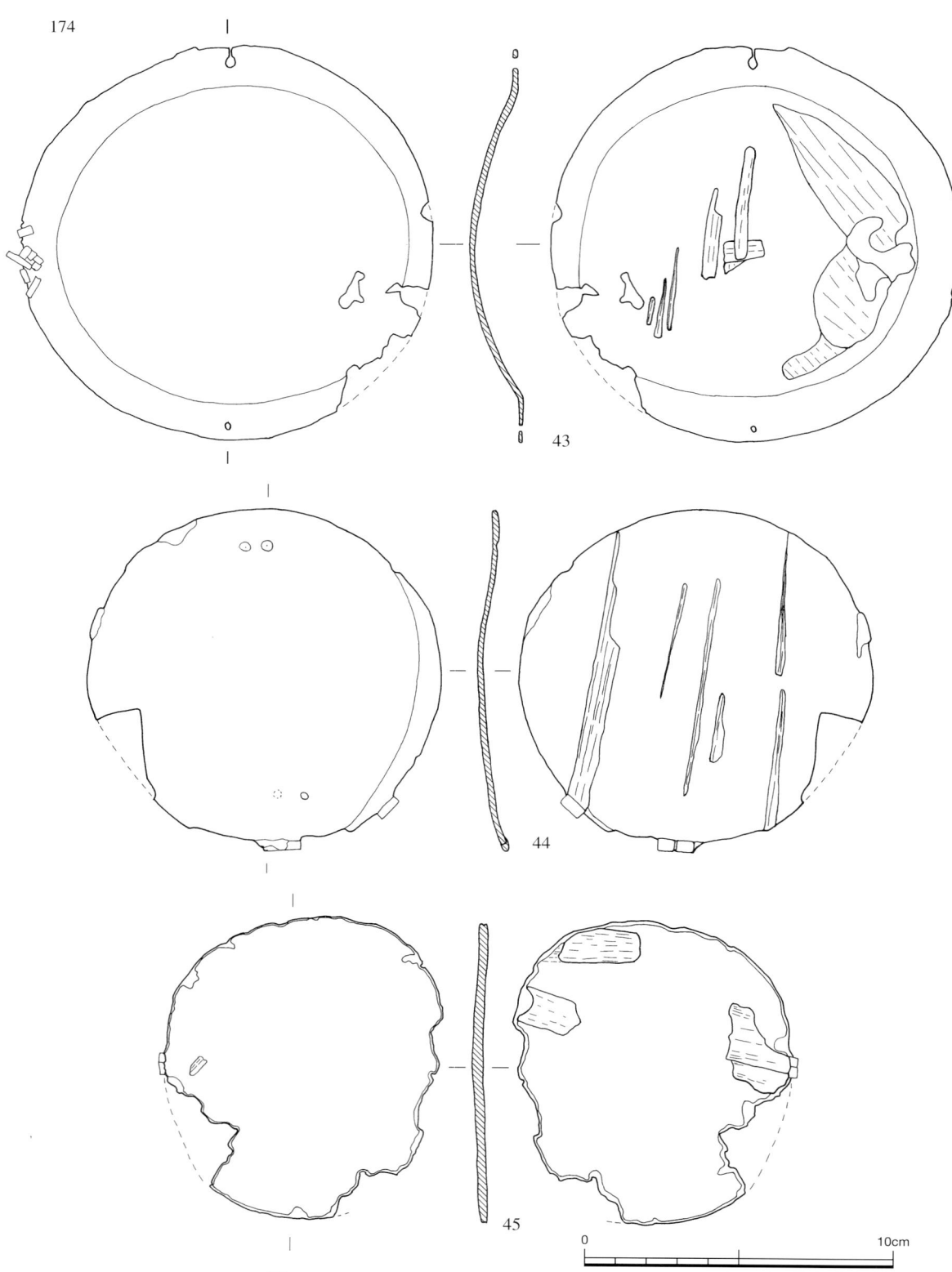

図 98　二里頭遺跡出土青銅円形飾 (43～45)（縮尺 1/2）

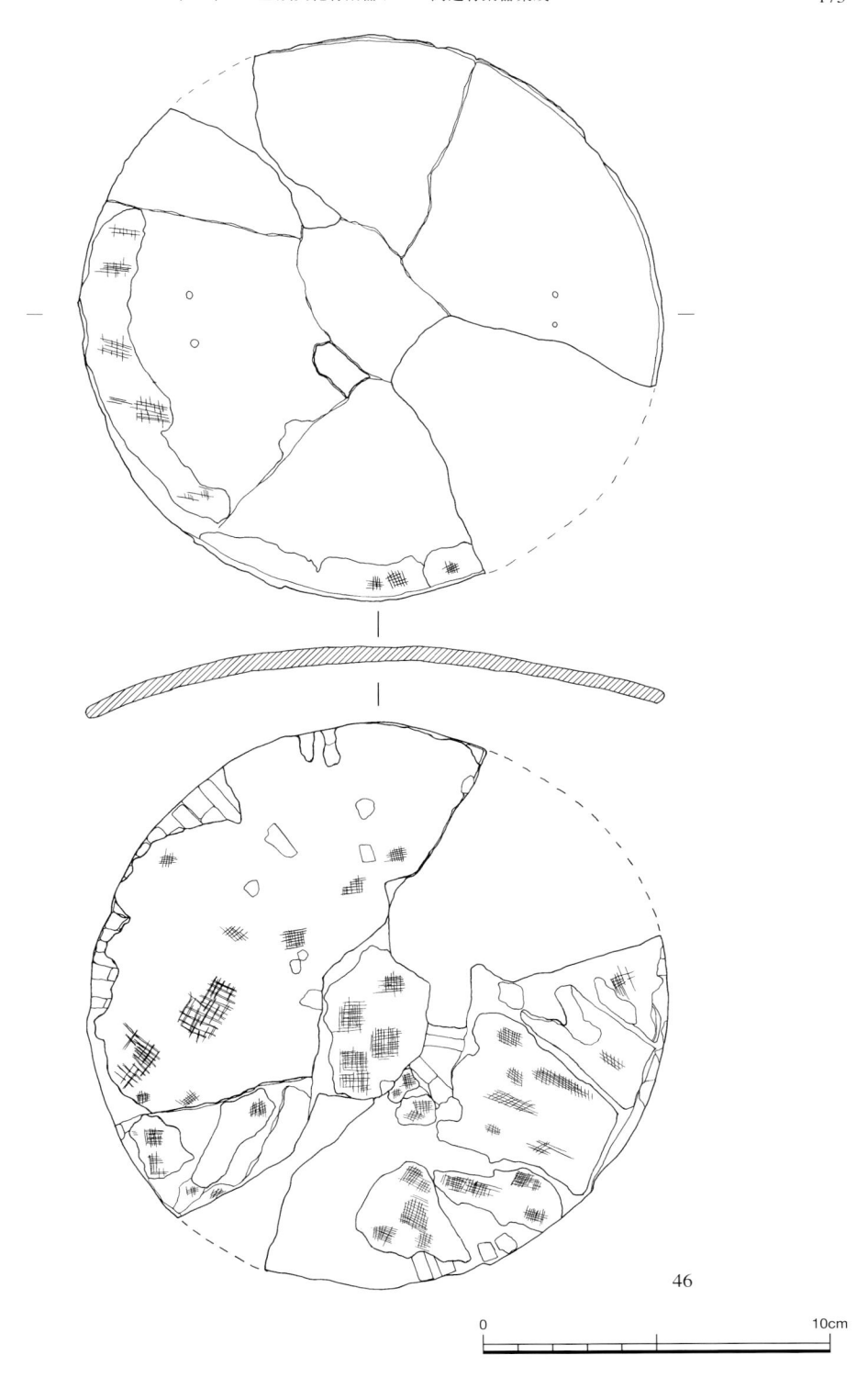

第 8 章　二里頭文化青銅器および関連青銅器集成　　　175

図 **99**　二里頭遺跡出土青銅円形飾(46)（縮尺 1/2）

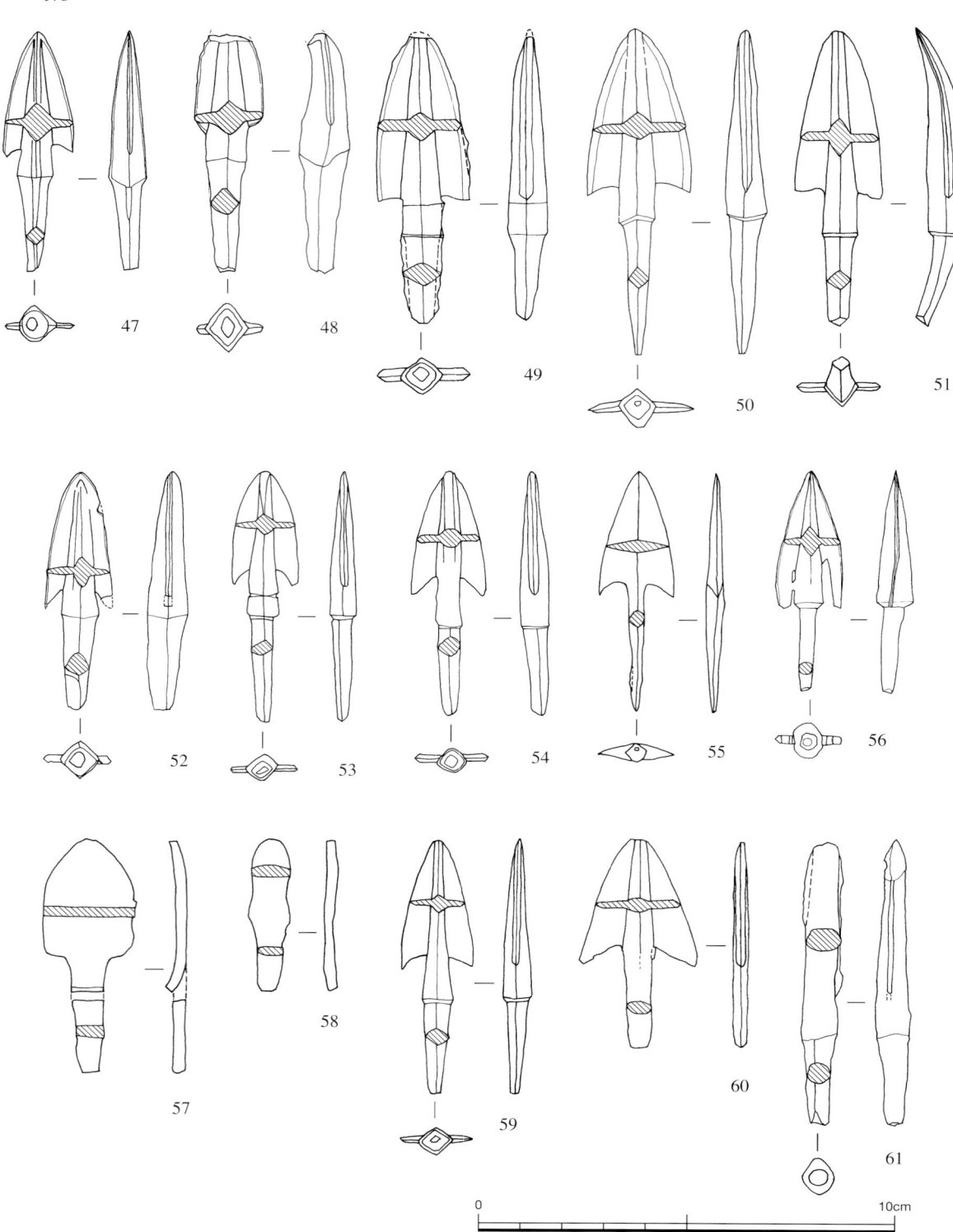

図 100　二里頭遺跡出土青銅鏃（47〜61）（縮尺 2/3）

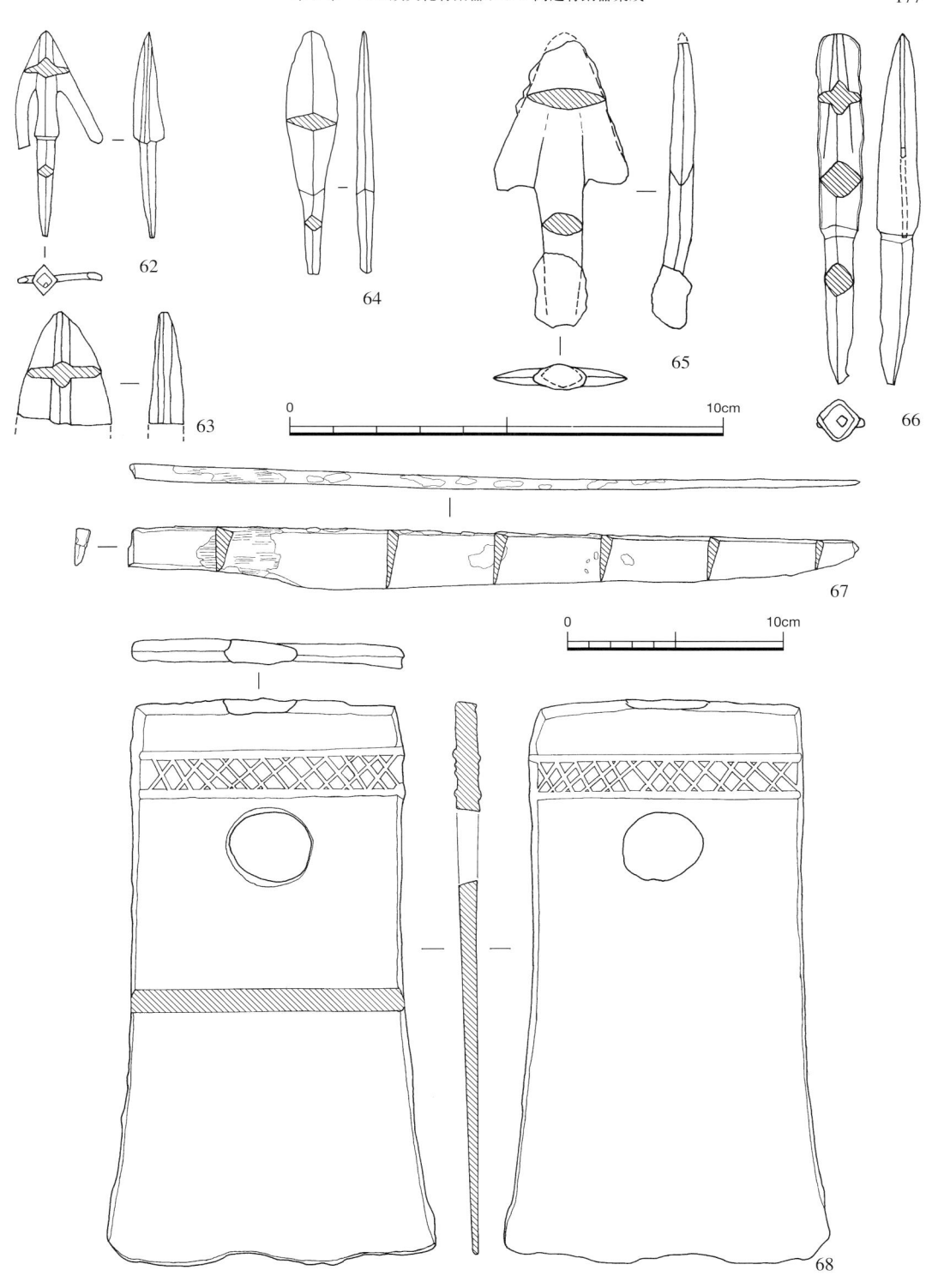

第 8 章　二里頭文化青銅器および関連青銅器集成

図 101　二里頭遺跡出土青銅鏃（62〜66）・青銅刀（67）・青銅鉞（68）（67 縮尺 1/3，その他縮尺 2/3）

178

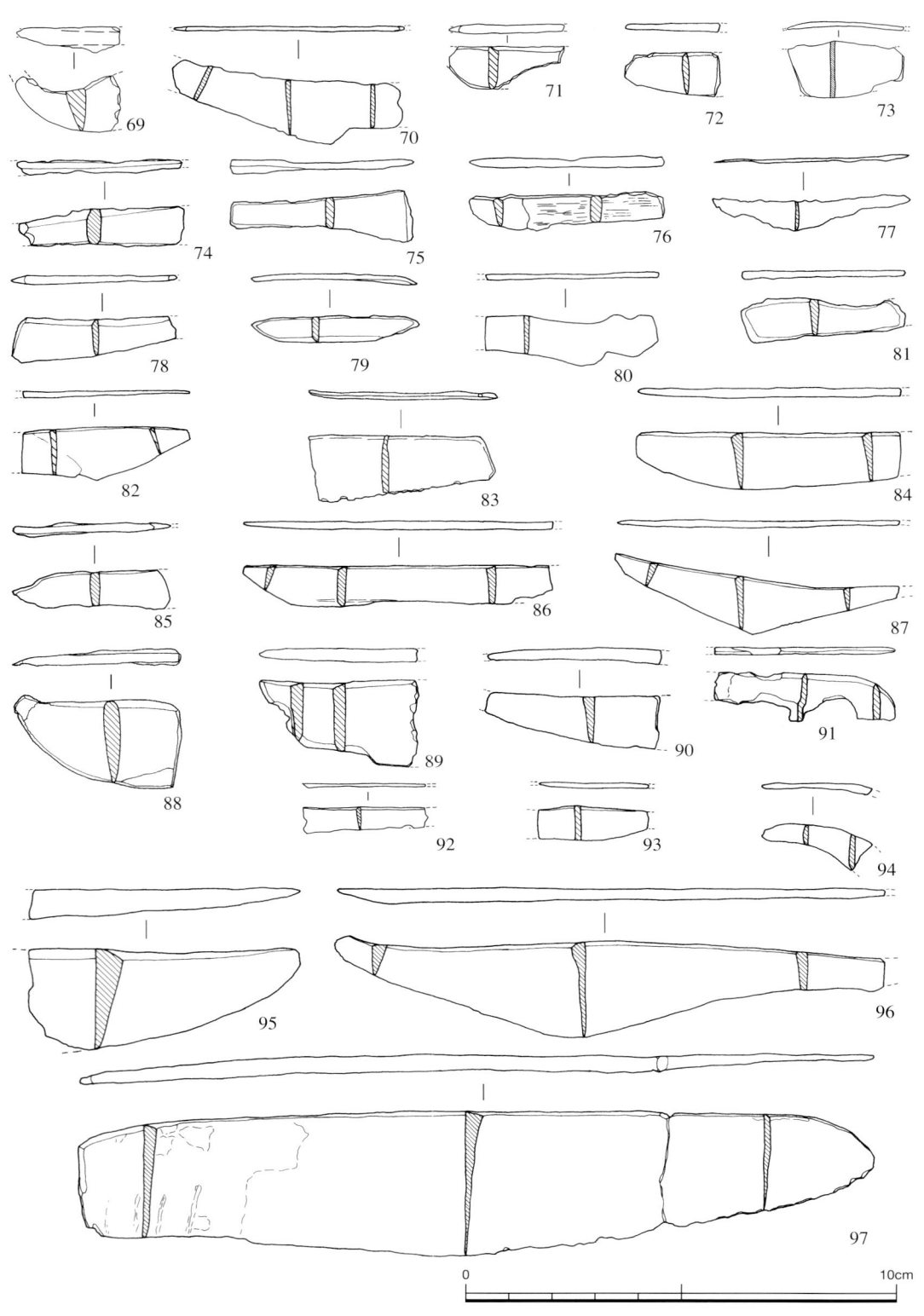

図 102　二里頭遺跡出土青銅刀子（69〜97）（縮尺 2/3）

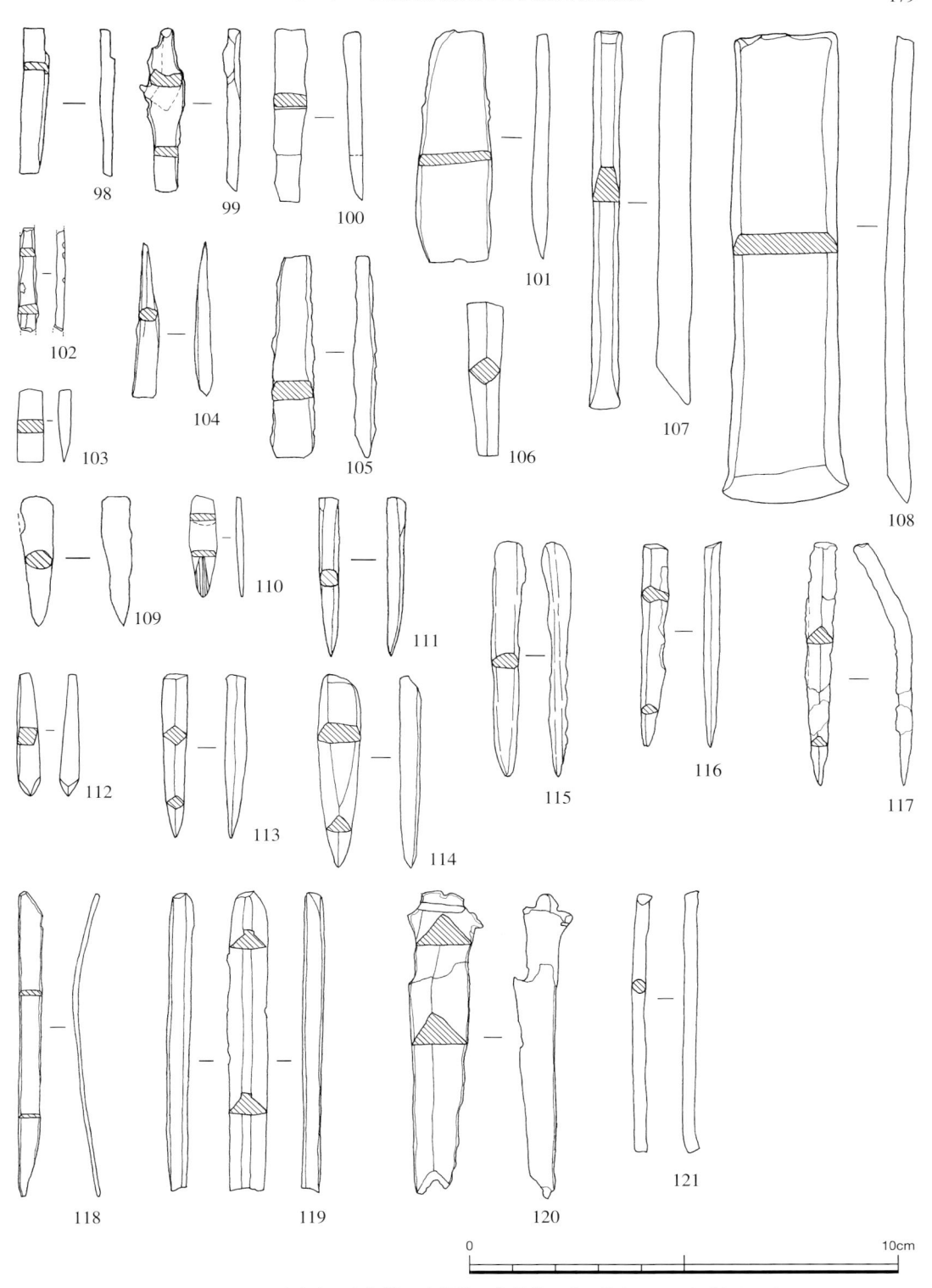

第 8 章　二里頭文化青銅器および関連青銅器集成　　179

図 103　二里頭遺跡出土青銅鑿・青銅斧・青銅錐・その他(98〜121)（縮尺 2/3）

180

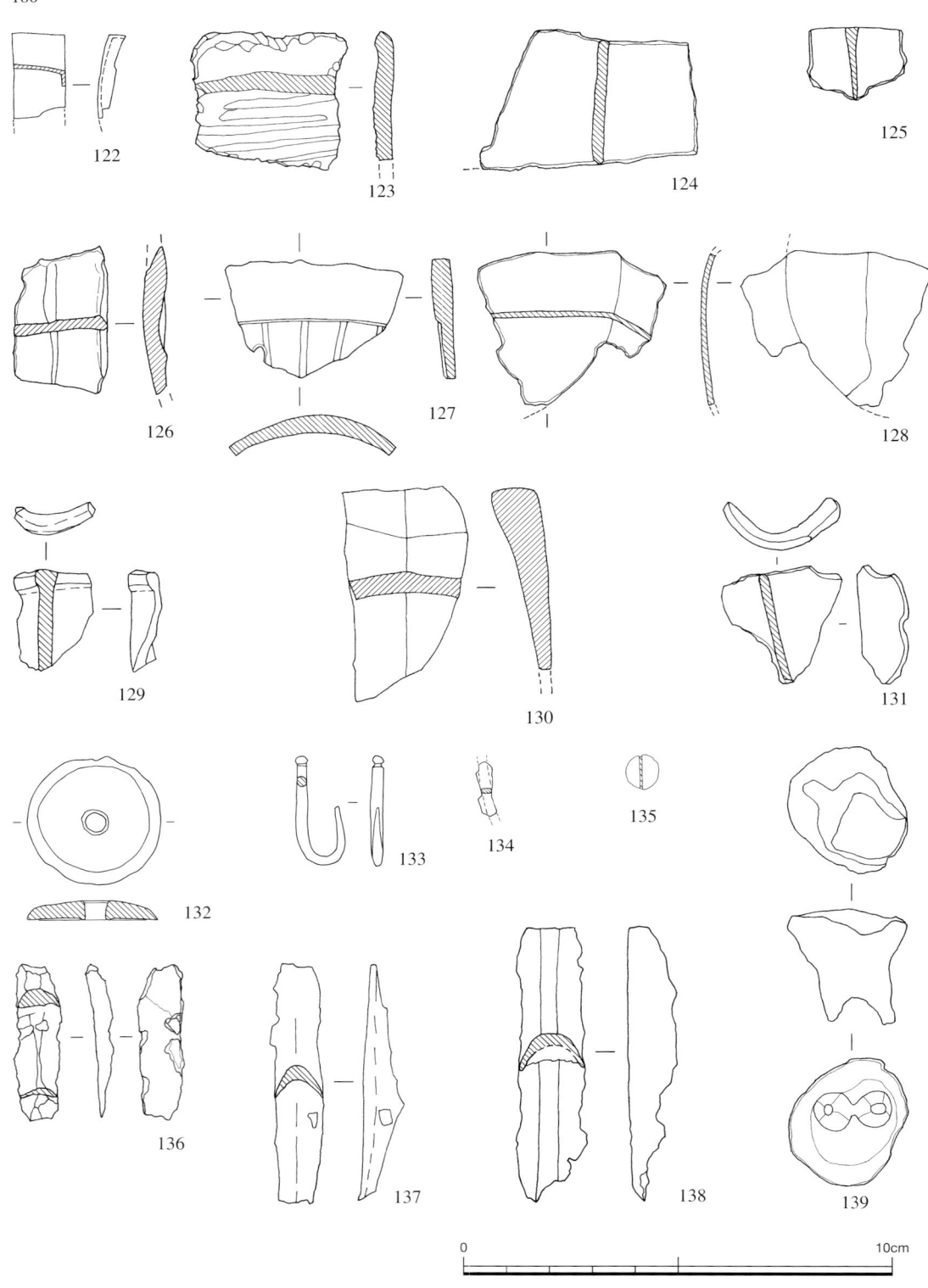

図 104　二里頭遺跡出土青銅器関連遺物（122〜139）（縮尺 2/3）

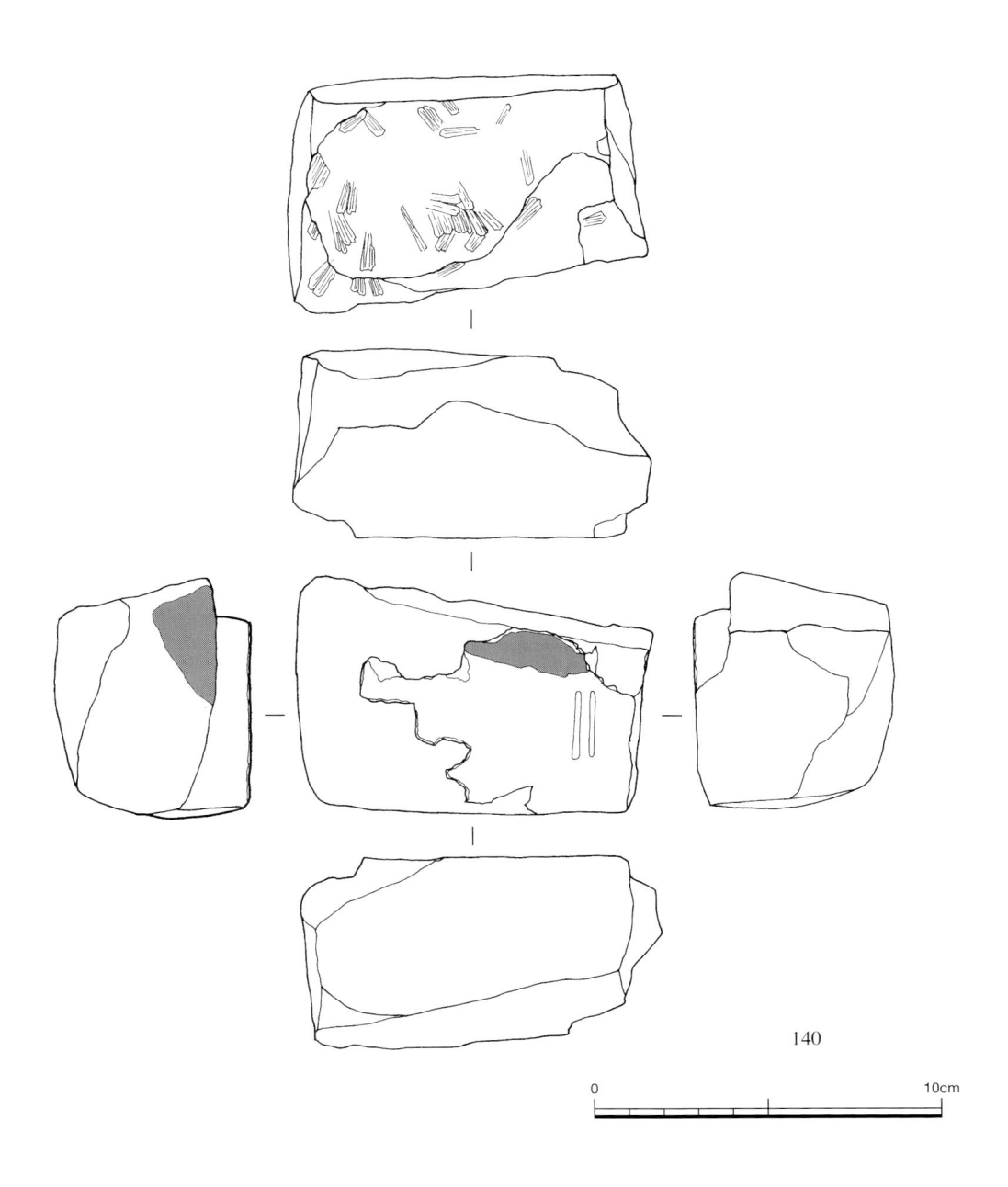

第 8 章　二里頭文化青銅器および関連青銅器集成　　181

図 105　二里頭遺跡出土土製鋳型（140）（縮尺 1/2）

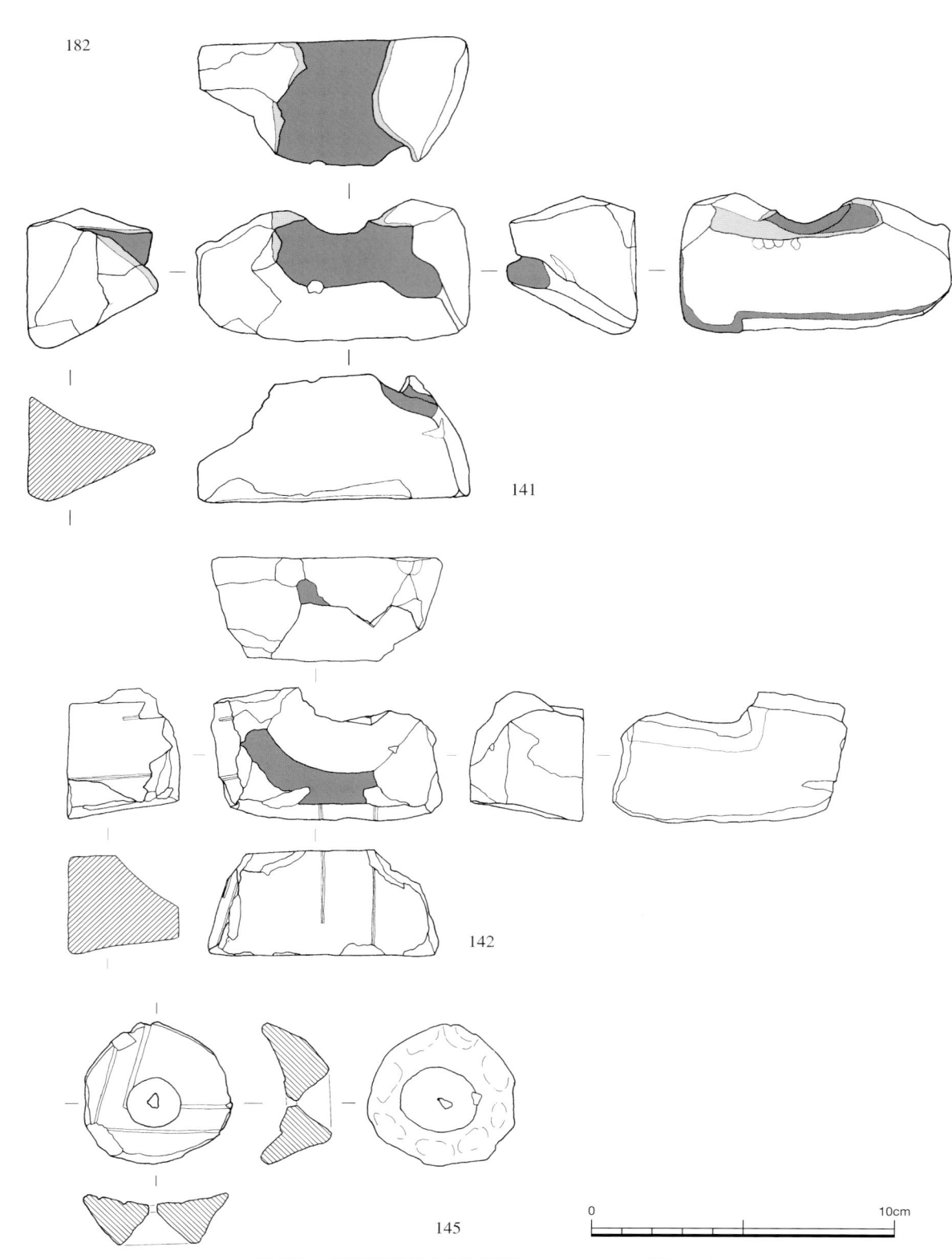

図 **106** 二里頭遺跡出土土製鋳型（141・142・145）（縮尺 1/2）

第 8 章　二里頭文化青銅器および関連青銅器集成　　183

図 **107**　二里頭遺跡出土土製鋳型（143・144・146）（縮尺 1/2）

184

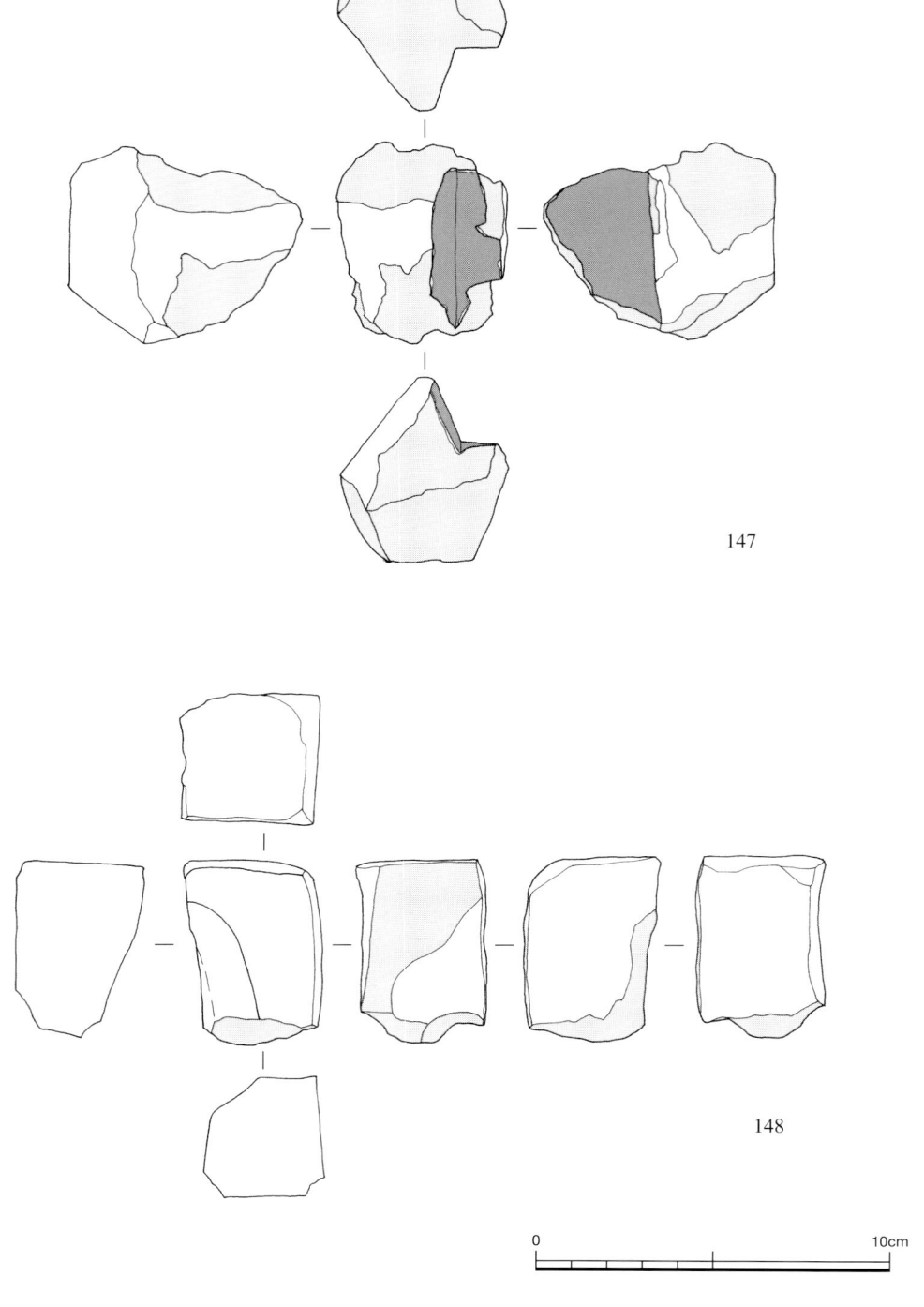

図 108　二里頭遺跡出土土製鋳型(147・148)（縮尺 1/2）

第 8 章　二里頭文化青銅器および関連青銅器集成　　185

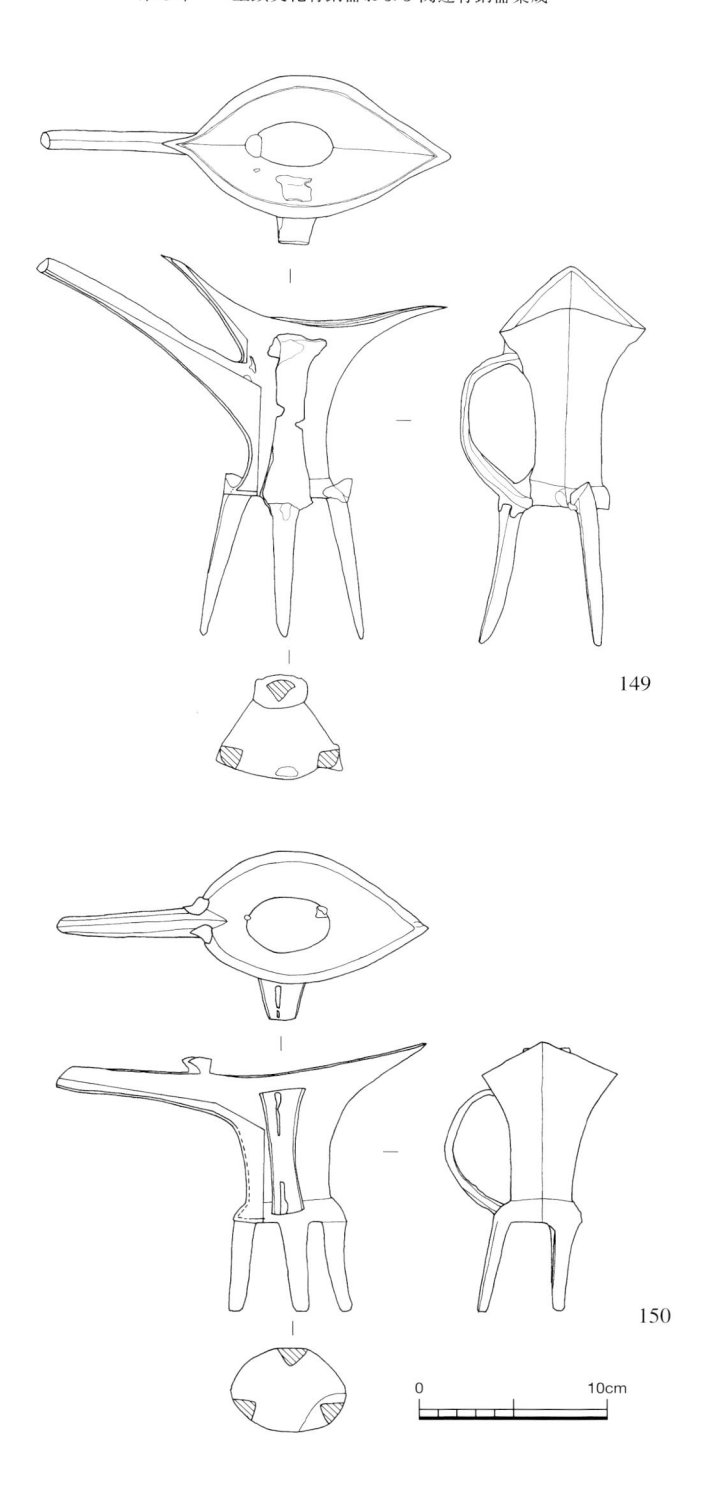

149

150

0　　　10cm

図 109　伝陝西省洛寧出土青銅爵(149)・河南省新鄭市望京楼出土青銅爵(150)（縮尺 1/4）

186

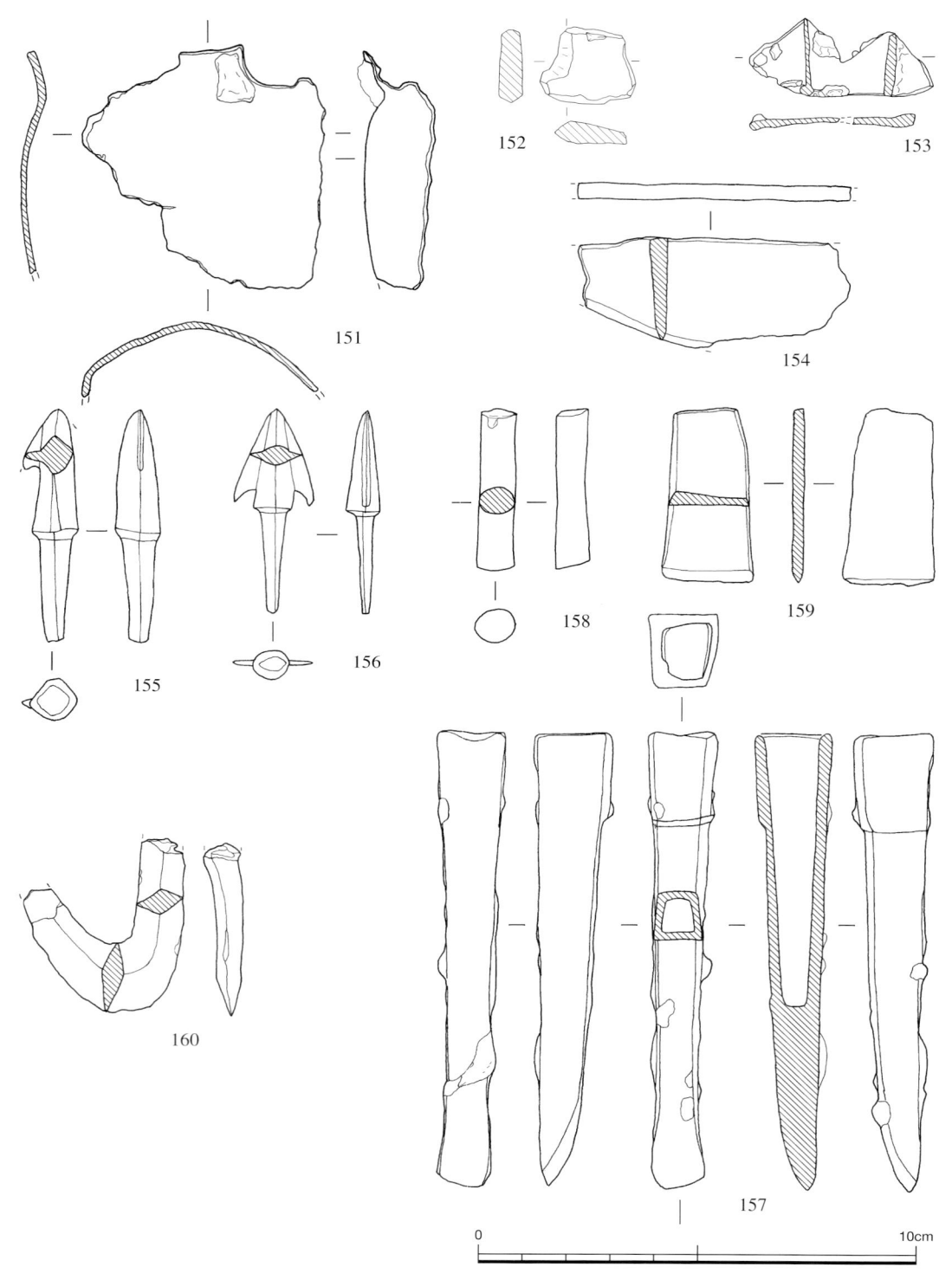

図110 河南省出土初期青銅器関連遺物(151・152 王城崗, 153 西崖, 154 竪河, 155〜157 旭甾王, 158 洛達廟, 159 大師姑, 160 下王崗)(縮尺 2/3)

第 8 章　二里頭文化青銅器および関連青銅器集成　　　　　　　　　　　　　　　　187

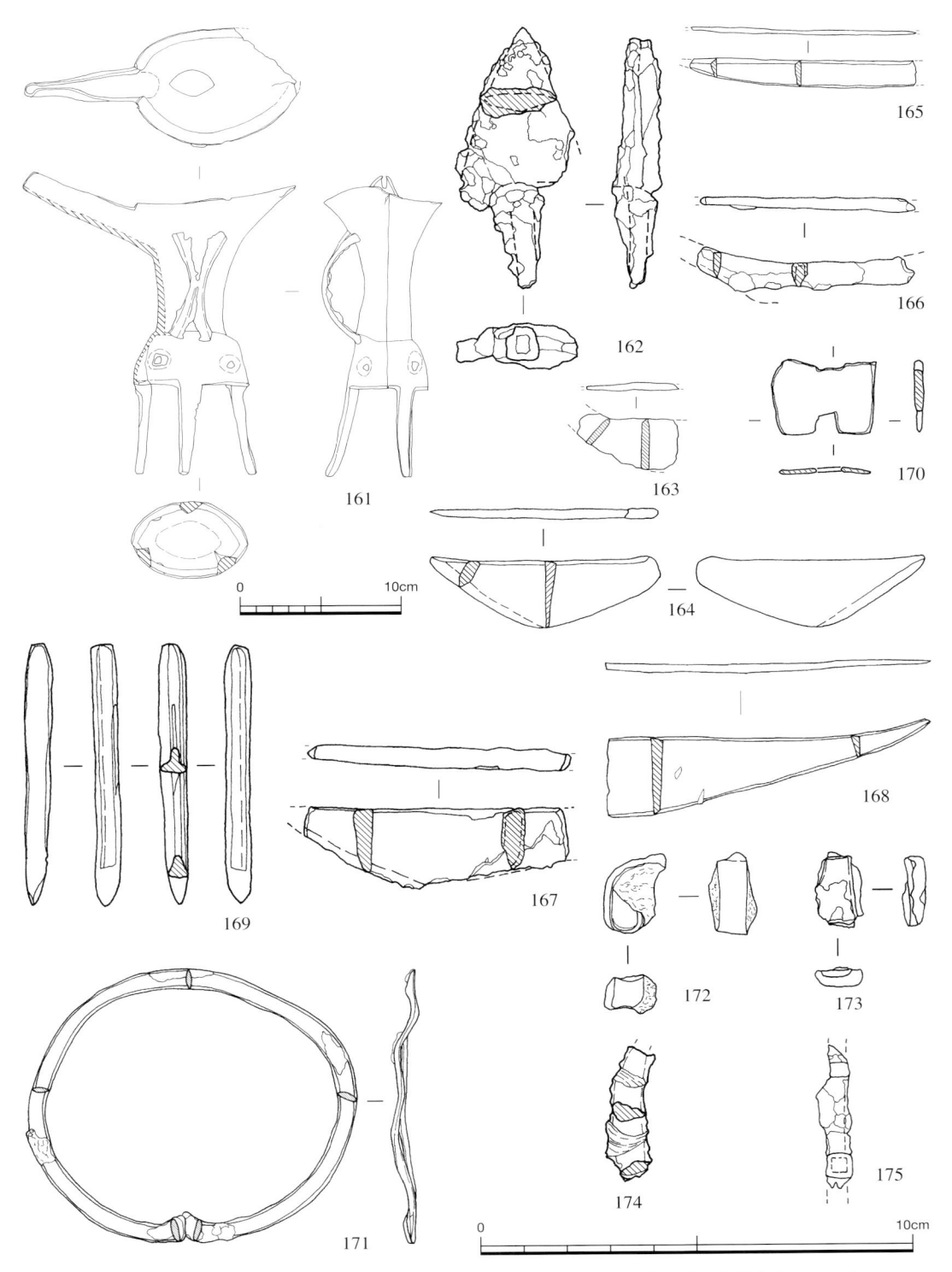

図 111　伝河南省商丘出土青銅爵(161)・山東省尹家城遺跡出土青銅器関連遺物(162〜175)
　　　　(161 縮尺 1/4，その他縮尺 2/3)

188

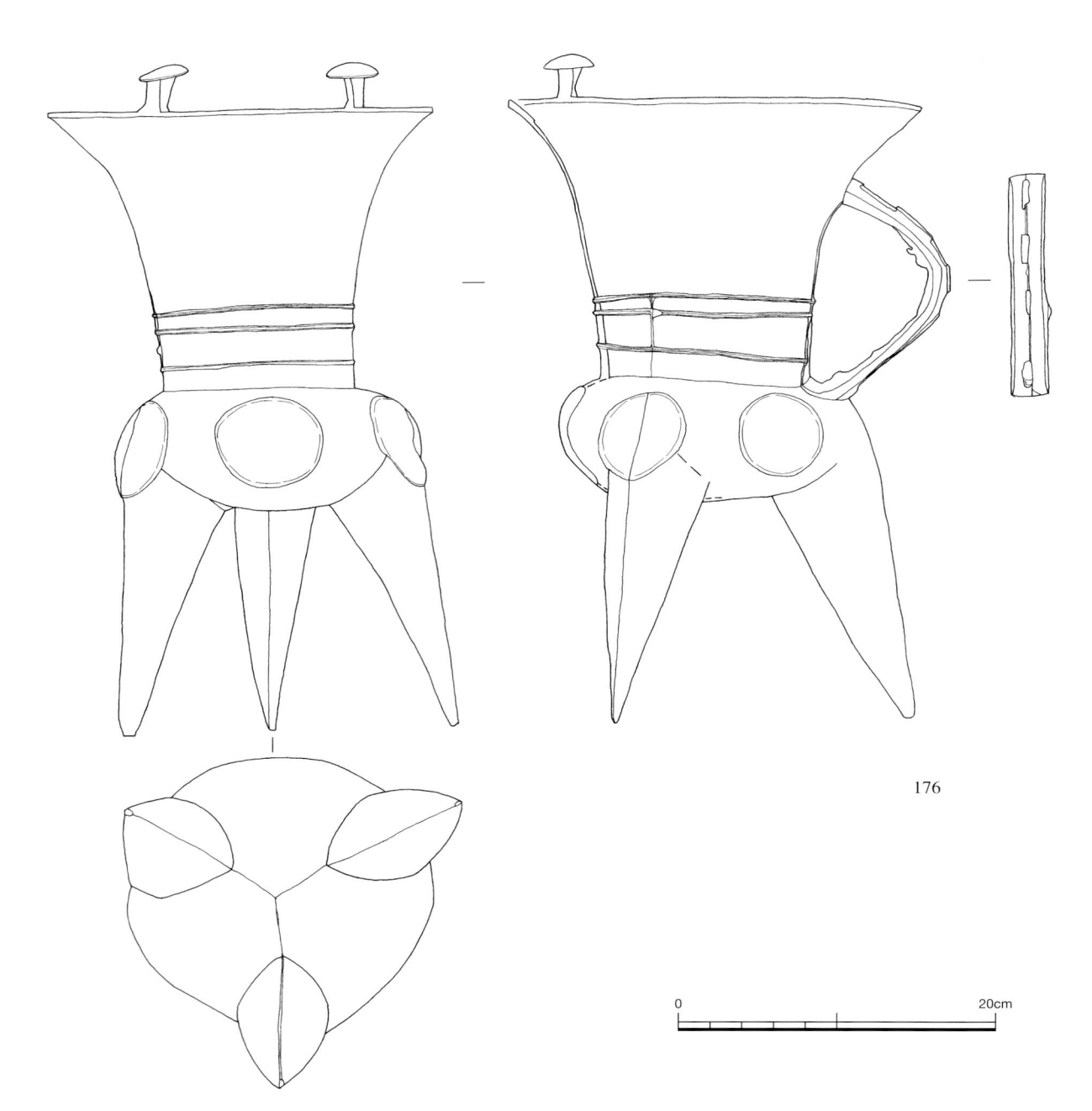

176

図112　河南省博物院蔵青銅斝(176)（縮尺 1/4）

第 8 章　二里頭文化青銅器および関連青銅器集成　　　　　　　　　　　　　　　　　　　　189

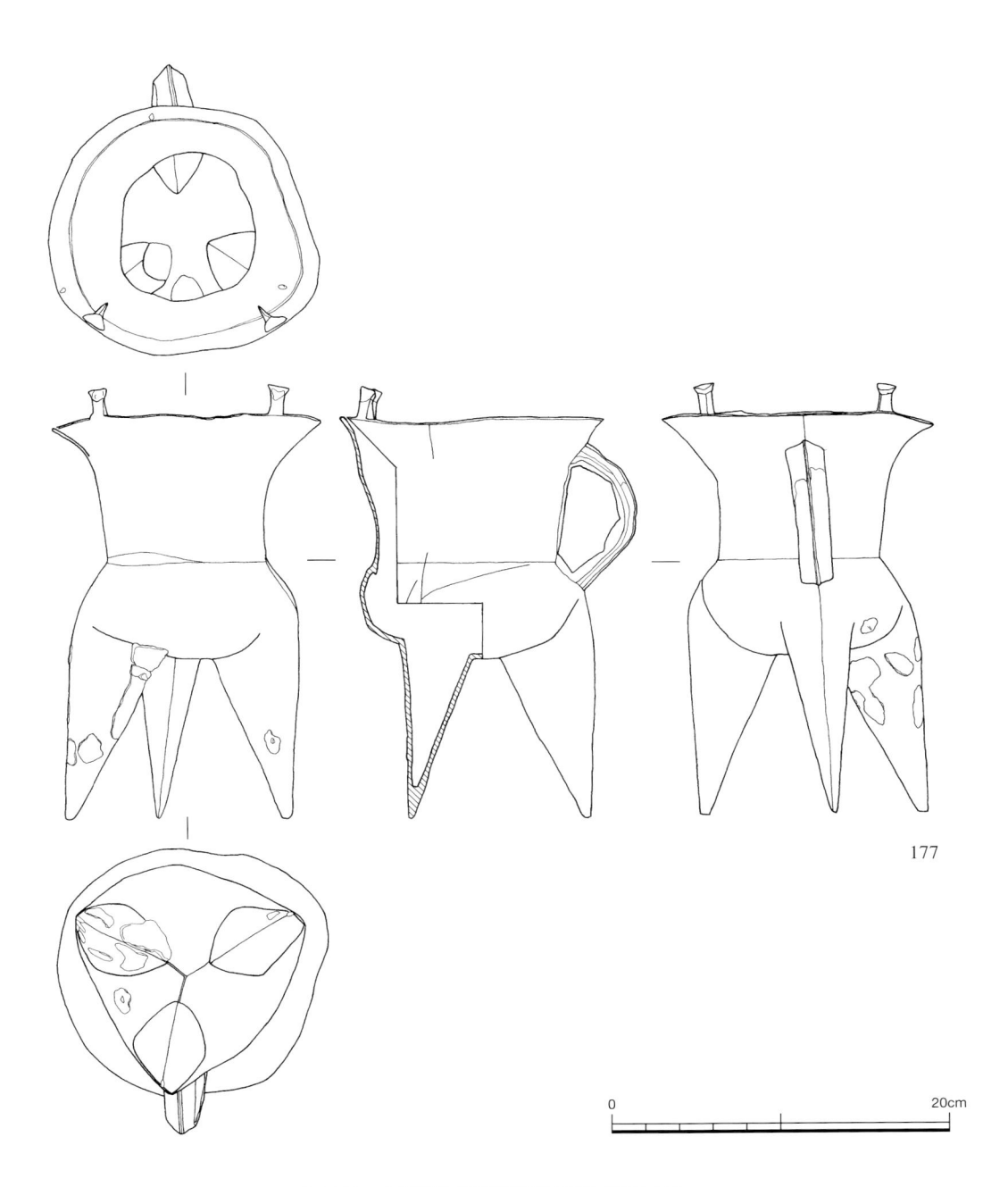

図 113　上海博物館蔵青銅斝(177)（縮尺 1/4）

190

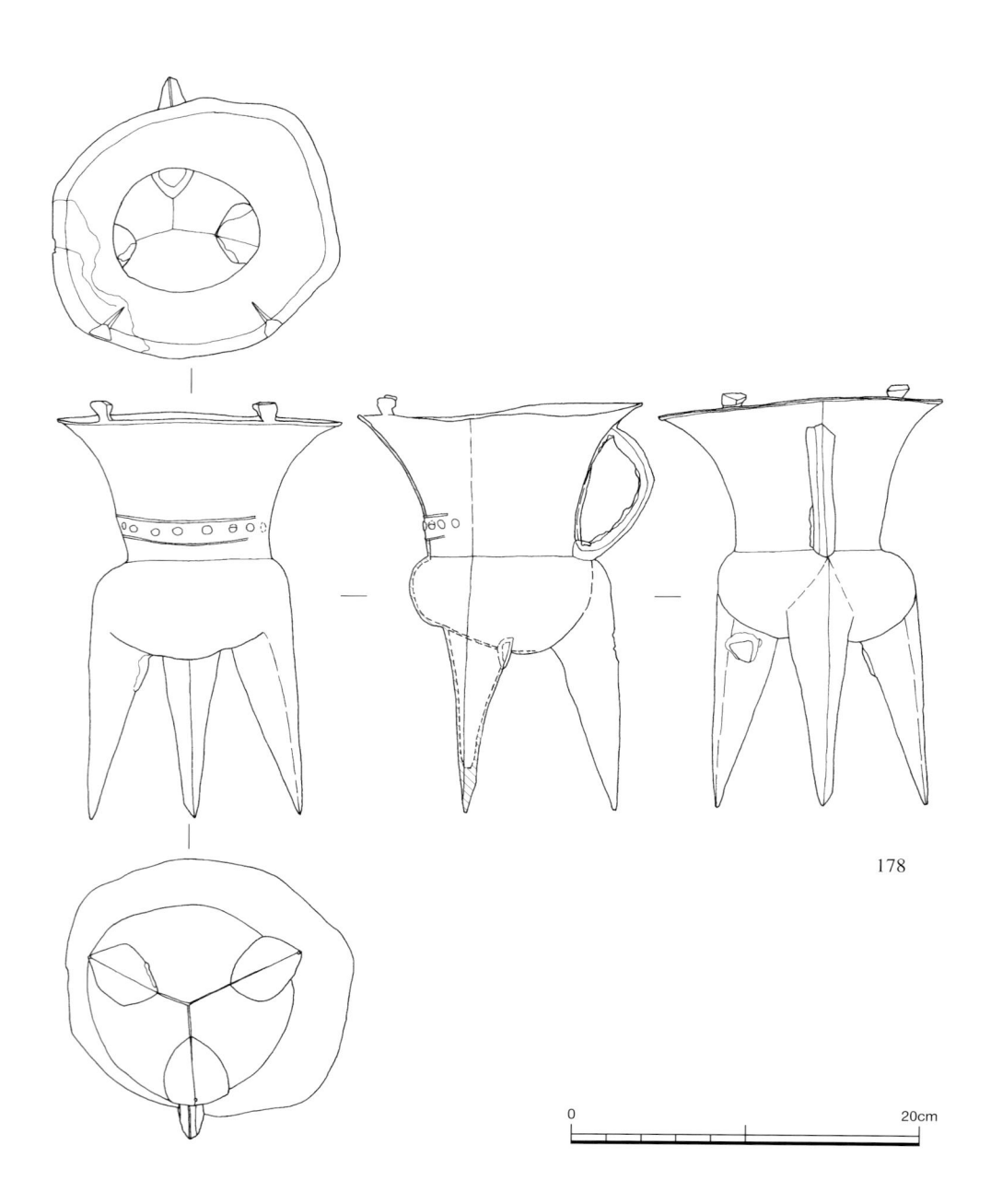

図 114 上海博物館蔵青銅斝(178)（縮尺 1/4）

第 8 章　二里頭文化青銅器および関連青銅器集成　　　　　　　　　　　　　　191

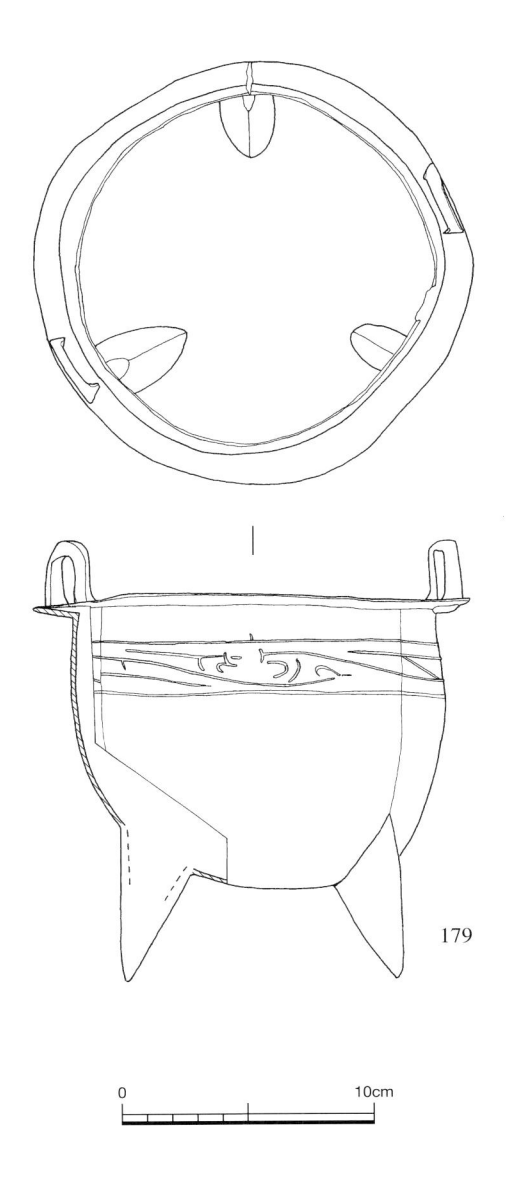

図 115　上海博物館蔵青銅鼎 (179)（縮尺 1/3）

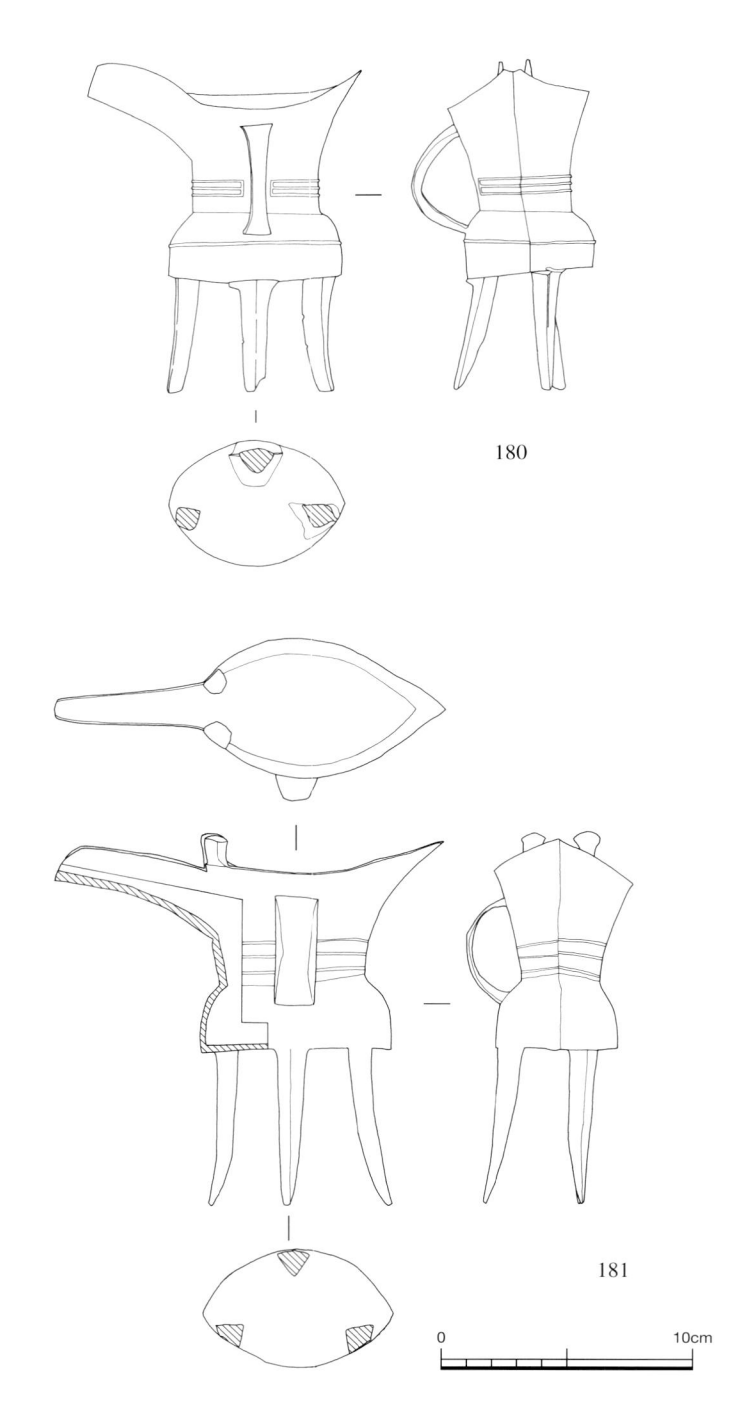

図116　奈良国立博物館蔵青銅爵（180・181）（縮尺 1/3）

第 8 章　二里頭文化青銅器および関連青銅器集成

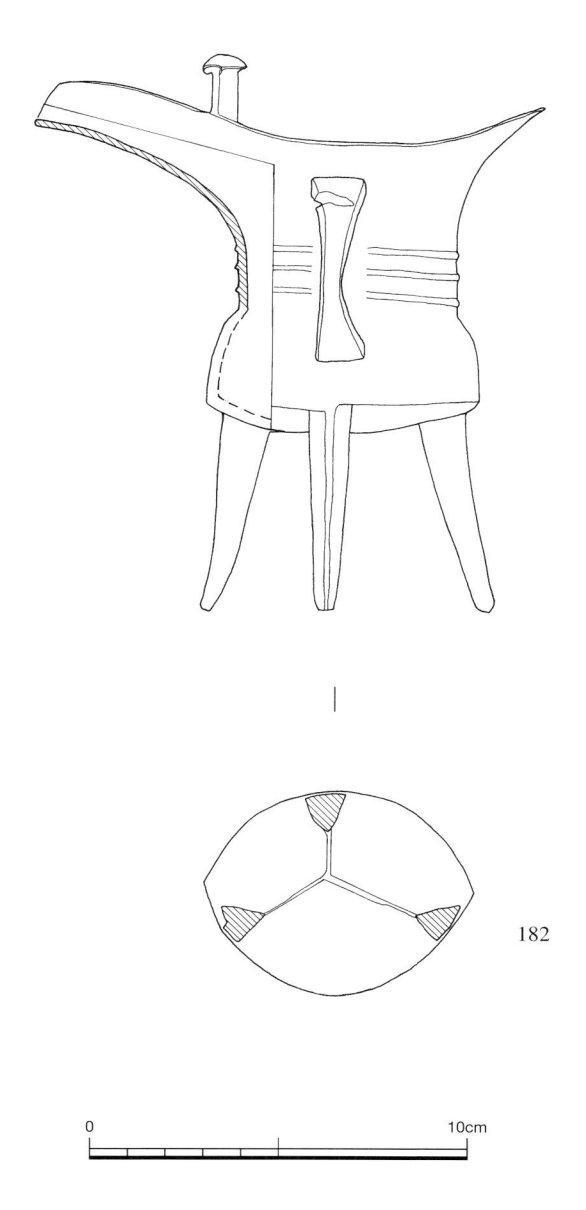

図 117　奈良国立博物館蔵青銅爵（182）（縮尺 1/2）

194

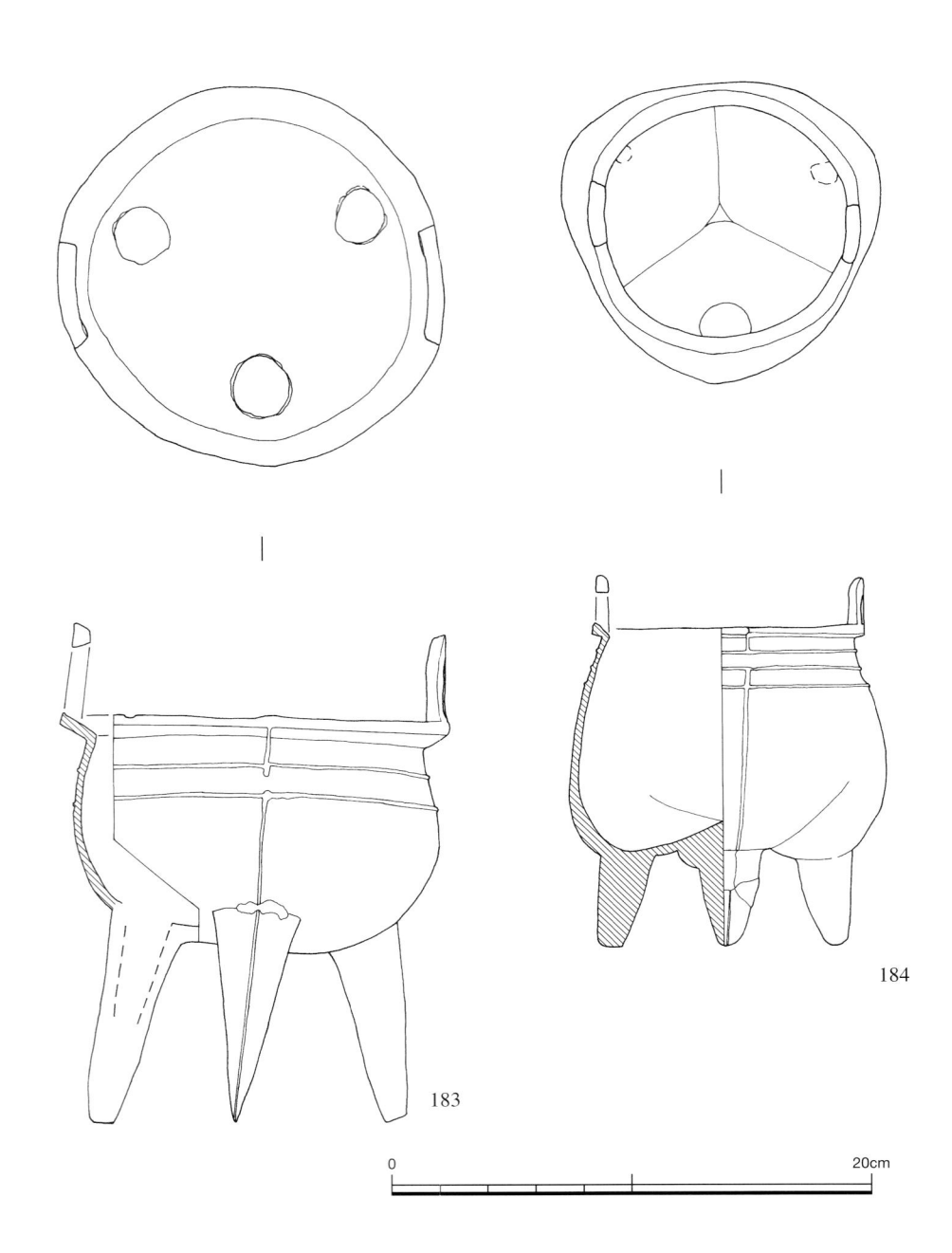

図 118 奈良国立博物館蔵青銅鼎(183)・青銅鬲(184)（縮尺 1/3）

第 8 章　二里頭文化青銅器および関連青銅器集成

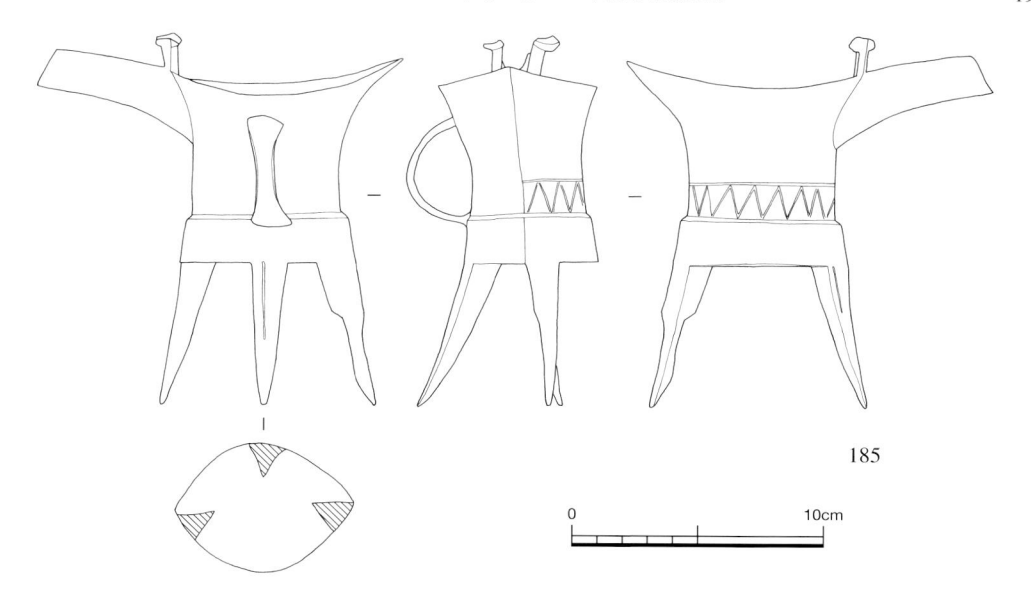

185

図 119　鄭州北 27 路 2 号墓出土青銅爵（北京大学サックラー考古芸術博物館蔵）（185）（縮尺 1/3）

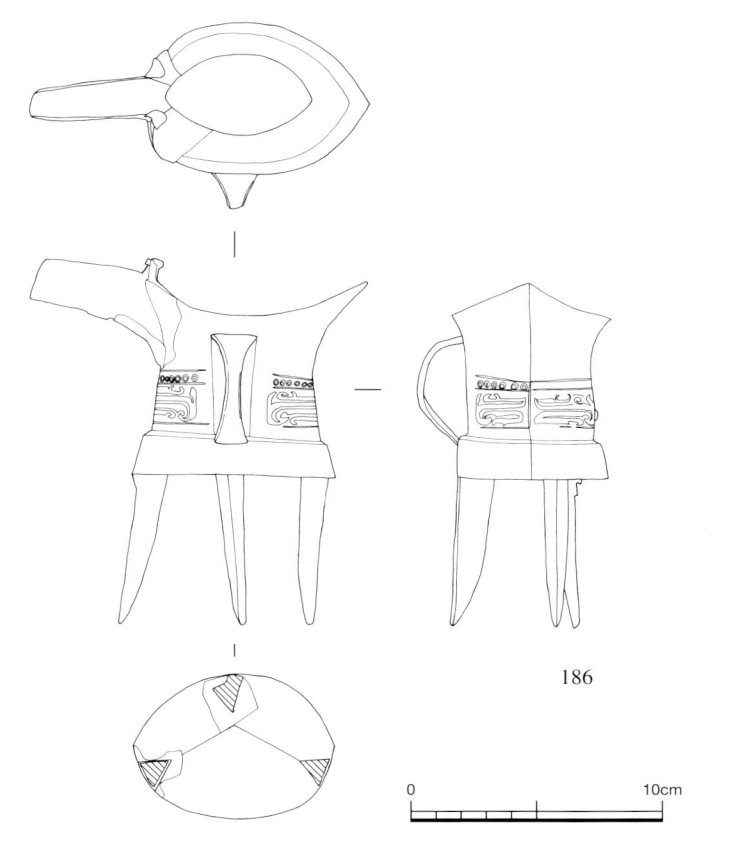

186

図 120　ロイヤルオンタリオ美術館蔵青銅爵（186）（縮尺 1/3）

196

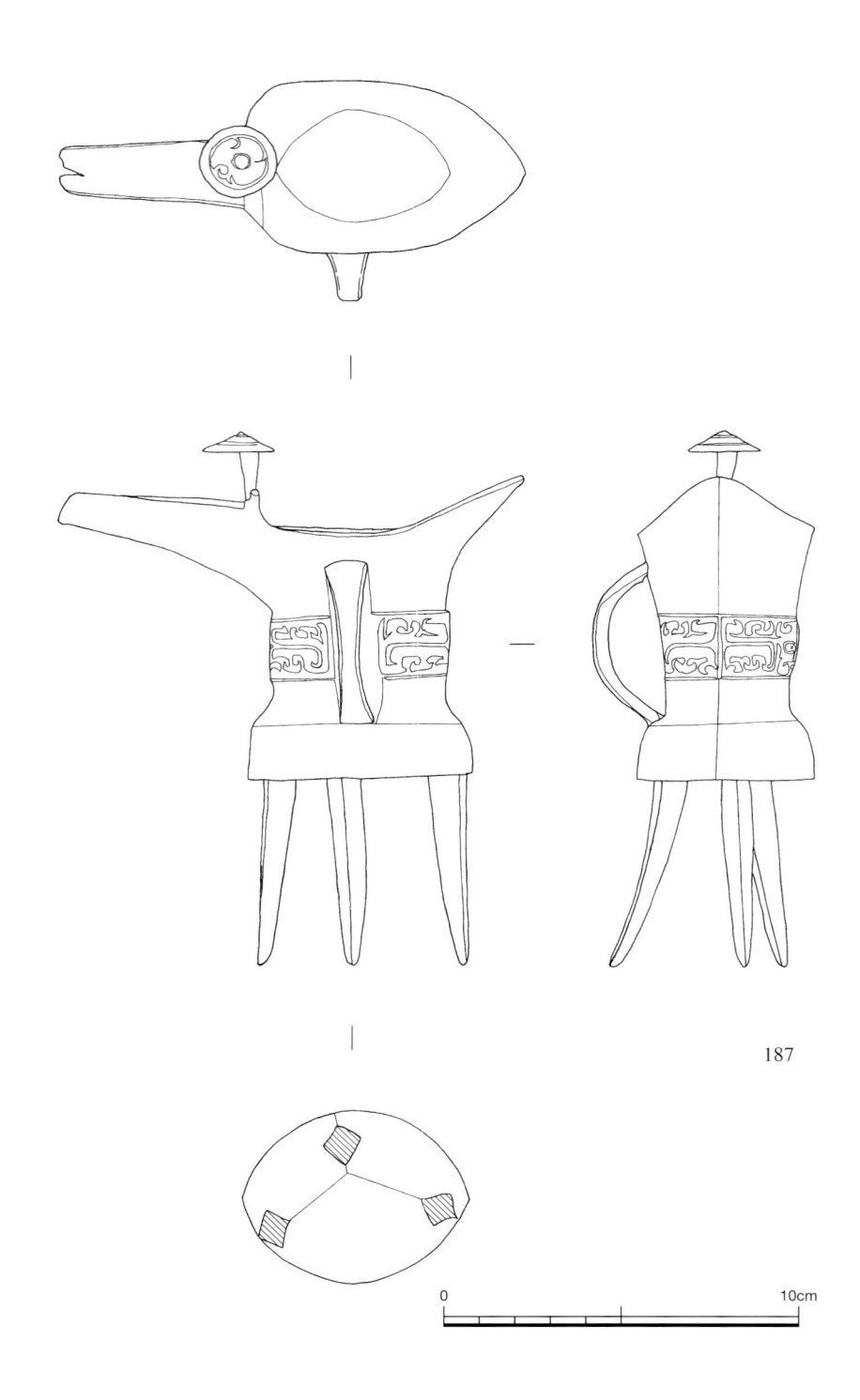

図 121 ロイヤルオンタリオ美術館蔵青銅爵(187)(縮尺 1/2)

第 8 章　二里頭文化青銅器および関連青銅器集成　　197

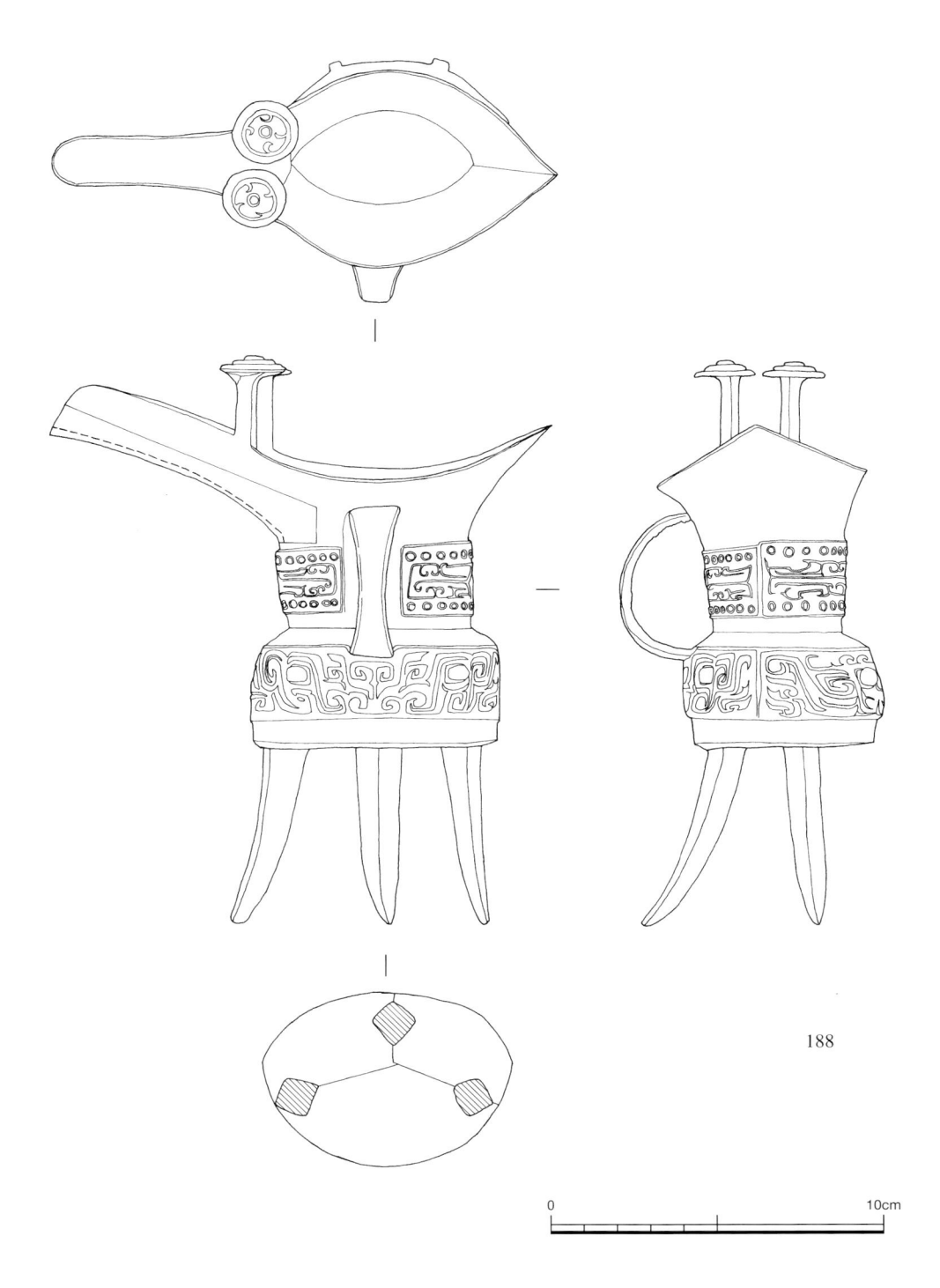

188

図 122　ロイヤルオンタリオ美術館蔵青銅爵（188）（縮尺 1/2）

198

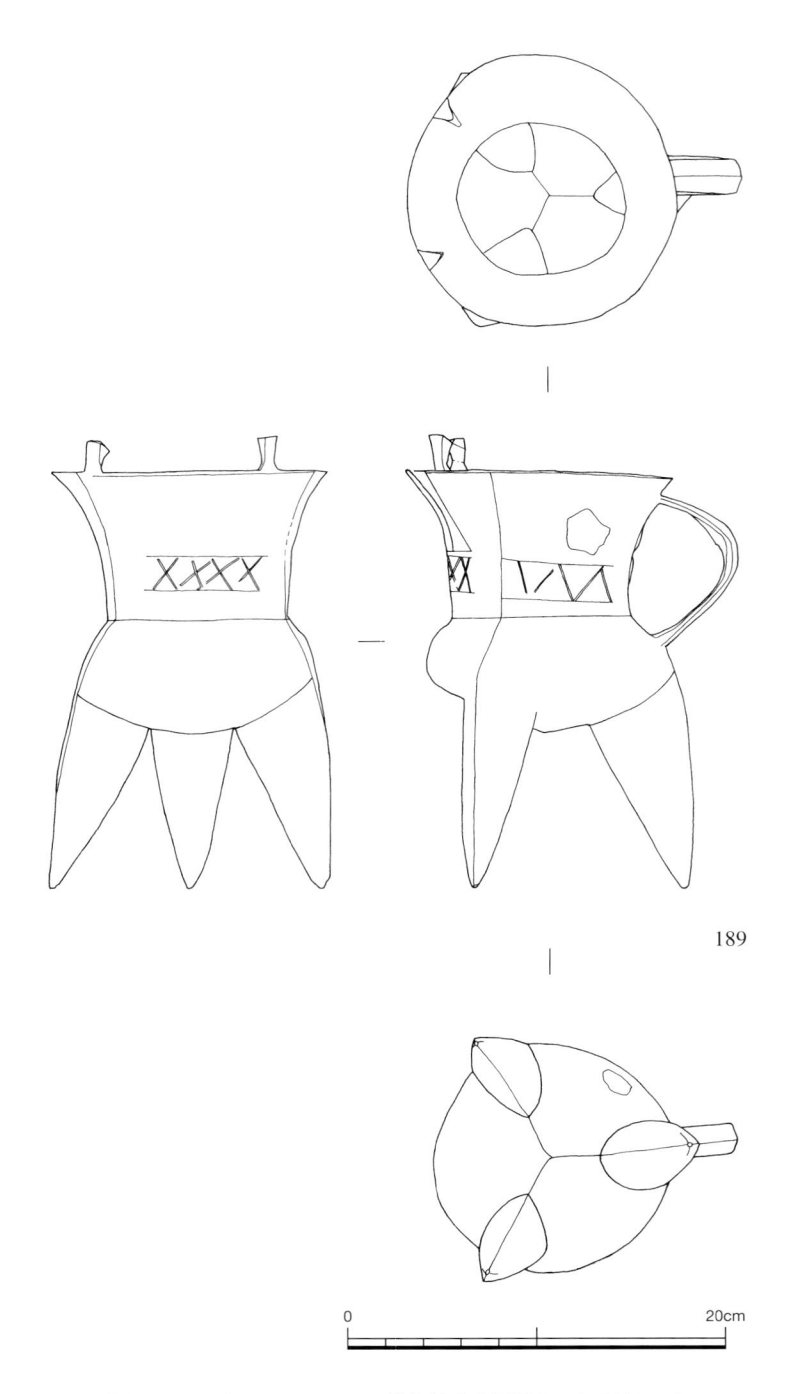

図 **123** ロイヤルオンタリオ美術館蔵青銅斝(189)（縮尺 1/4）

第 8 章　二里頭文化青銅器および関連青銅器集成　　199

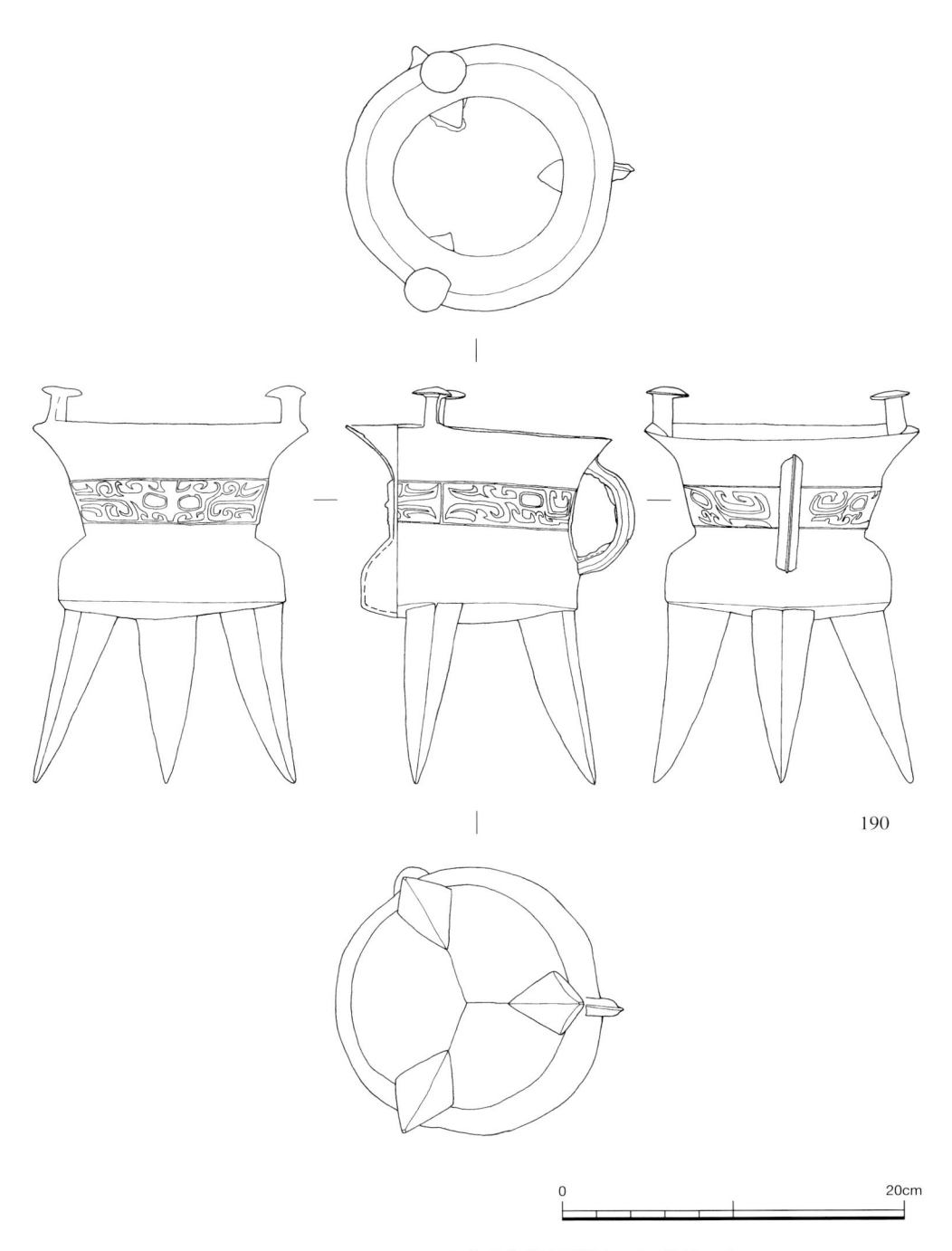

190

図 124　ロイヤルオンタリオ美術館蔵青銅斝(190)（縮尺 1/4）

表 24 二里頭文化青銅器および関連青銅器集成表

番号	器種名	遺跡名	出土地点・収蔵施設	法量 高さ	長さ	幅	厚さ	重量	時期	出典
1	円盤片	臨潼姜寨	T74F29:15		4.4	2.5	0.1	5.2	仰韶文化半坡類型	『姜寨—新石器時代遺址発掘報告』p. 148 図版 106–1
2	管	臨潼姜寨	T259③:39		5.2	0.7	0.4	2.55	仰韶文化半坡類型	『姜寨—新石器時代遺址発掘報告』p. 148 図版 106–2
3	鈴	襄汾陶寺	M3296	2.65	6.3	2.7	0.3～0.5	73.2	陶寺文化後期	『考古』84–12 p. 1069 図 1
4	鏃	夏県東下馮	H525:14		5.5	1.85	0.5	9.3	東下馮遺跡 III 期	『夏県東下馮』p. 77 図 79–29
5	鏃	夏県東下馮	H531:1		5.9	1.75	0.3	6.8	東下馮遺跡 III 期	『夏県東下馮』p. 77 図 79–30
6	鏃	夏県東下馮	T6619:3E:3		5.1	1.8	0.8	14.4	東下馮遺跡 III 期	『夏県東下馮』図版 25–22
7	鏃	夏県東下馮	F597:17		7.4	2.3	1.0	18.1	東下馮遺跡 III 期	『夏県東下馮』p. 77 図 79–31
8	鏃	夏県東下馮	T4423:2C:11		6.8	2.6	1.0	17.1	東下馮遺跡 IV 期	『夏県東下馮』p. 123 図 121–21
9	鏃	夏県東下馮	T522 (3C):23		4.1	1.8	0.7	11.6	東下馮遺跡 V 期	『夏県東下馮』p. 168 図 151–15
10	鏃	夏県東下馮	T2106:3:1		6.1	1.8	0.9	11.3	東下馮遺跡 V 期	『夏県東下馮』p. 168 図 151–18
11	鏃	夏県東下馮	T1012:3:14		5.9	2.4	0.5	14.6	東下馮遺跡 V 期	『夏県東下馮』図版 70–8
12	鏃	夏県東下馮	T451 (3b):20		8.24	2.35	1.1	24.9	東下馮遺跡 V 期	『夏県東下馮』p. 168 図 151–14
13	鏃	夏県東下馮	T531 (3A):4		5.6	2.3	0.6	6	東下馮遺跡 VI 期	『夏県東下馮』p. 197 図 172–11
14	鏃	夏県東下馮	T515 (3B):13		8.3	2.1	1.0	16.5	東下馮遺跡 VI 期	『夏県東下馮』p. 197 図 172–12
15	鏃	夏県東下馮	T507:4 (3E) 5I		7.4	2.55	0.75	18.9	(東下馮遺跡 V 期)	『夏県東下馮』図版 70–9 ?
16	不明器	夏県東下馮	J504		2.9	2.5	1.3	12.8	東下馮遺跡 III 期	『夏県東下馮』図版 39–4
17	刀子	夏県東下馮	T1022:4:19		11.7	2.0	0.4	39	東下馮遺跡 IV 期	『夏県東下馮』図 120–3
18	刀子	夏県東下馮	H38:1		13.95	2.65	0.5	29	東下馮遺跡 V 期	『夏県東下馮』p. 163 図 149–13
19	鑿	夏県東下馮	H9:17		10.9	1.5	0.9	64.3	東下馮遺跡 III 期	『夏県東下馮』p. 72 図 77–20
20	爵	偃師二里頭	1978YLVKM8:1	14.6	15.1	7.1	0.15～0.25	219.98	二里頭 3 期	『偃師二里頭』p. 252 図 164–2
21	爵	偃師二里頭	1973YLVIIT22③:6	12.2	13.5	8.1	0.1～0.2	224	二里頭 3 期	『偃師二里頭』p. 195 図 123
22	爵	偃師二里頭	1987YLVIM57:1	16.4	20.3	7.9	0.15～0.2	361.3	二里頭 4 期	『考古』1992–4
23	爵	偃師二里頭	1984YLVIT4M9:2	16.2	20.4	8.4	0.15～0.3	329	二里頭 4 期	『考古』1986–4
24	爵	偃師二里頭	1984YLVIT4M11:1	20.3	26.2	8.9	0.2	374	二里頭 4 期	『考古』1986–4
25	爵	偃師二里頭	1983YLIVM16:3	17.4	20.0	8.3	0.15～0.3	265.1		図録 p. 32
26	爵	偃師二里頭	1975VIIKM7:1	26.2	31.4	7.2	0.3	565	二里頭 4 期	『偃師二里頭』p. 343 図 239
27	爵	偃師二里頭	1980YLIIIM2:2	22.3	23.5	9.5	0.15～0.2	554	二里頭 3 期	『考古』1983–3

第 8 章　二里頭文化青銅器および関連青銅器集成

番号	器種名	遺跡名	出土地点・収蔵施設	法量					時期	出典
				高さ	長さ	幅	厚さ	重量		
28	斝	偃師二里頭	1984YLVIT4M9:1	31.5	17.6	17.3	0.2	2052	二里頭 4 期	『考古』1986-4
29	斝	偃師二里頭	1987YLVM1:2	26.2	14.6	17.5	0.2～0.5	1967	二里頭 4 期	『考古』1991-12 p. 1138 図 1
30	斝	偃師二里頭	V 採 M:66	22.5	15.5	17.0	0.15～0.2	788	二里岡下層	『偃師二里頭』p. 343 図 240
31	鼎	偃師二里頭	1987YLVM1:1	20.0	15.1	15.0	0.15	783	二里頭 4 期	『考古』1991-12 p. 1138 図 1
32	盉	偃師二里頭	1986YLIIM1:1	25.5	13.8	16.7	0.1～0.3	1478	二里頭 4 期	『考古精華』1993
33	鈴	偃師二里頭	YLVM22:11	9.1	9.0	5.8	0.25	171.3	二里頭 3 期	『偃師二里頭』p. 137 図 83
34	鈴	偃師二里頭	1984YLVIT4M11:2	7.6	9.7	7.2	0.3	271.8	二里頭 4 期	『考古』1986-4
35	舌	偃師二里頭	1984YLVIT4M11:6		7.6	2.1	1.9	39.7	二里頭 4 期	『考古』1986-4
36	鈴	偃師二里頭	1982IXM4:1	8.4	10.6	7.4	0.3～0.5	408	二里頭 2 期	『考古』1985-12 p. 1091 図 7-1
37	鈴	偃師二里頭	1987YLVIM57:3	8.4	10.5	7.8	0.3～0.5	435	二里頭 4 期	『考古』1992-4
38	鈴	偃師二里頭	1981YLVM4:8	8.6	10.1	8.7	0.4～0.6	449	二里頭 2 期	『考古』1984-1
39	舌	偃師二里頭	1981YLVM4:6		6.35	2.9	2.8	64	二里頭 2 期	『考古』1984-1
40	牌飾	偃師二里頭	1981YLVM4:5		14.6	10	0.4～0.75	215.1	二里頭 2 期	『考古』1984-1
41	牌飾	偃師二里頭	1984YLVIT4M11:7		16.4	10.7	0.3～0.6	233	二里頭 4 期	『考古』1986-4 p. 321 図 6-1
42	牌飾	偃師二里頭	1987YLVIM57:4		15.7	9.8	0.3～0.4	137.5	二里頭 4 期	『考古』1992-4
43	円形飾	偃師二里頭	1975YLVIKM3:9		13.6	13.3	0.2	79	二里頭 3 期	『偃師二里頭』p. 255 図 167-3
44	円形飾	偃師二里頭	1975YLVIKM3:16		11.9	11.8	0.2	54.2	二里頭 3 期	『偃師二里頭』p. 255 図 167-1
45	円形飾	偃師二里頭	1975YLVIKM3:17		10.0	9.7	0.35	52	二里頭 3 期	『偃師二里頭』p. 255 図 167-4
46	円形飾	偃師二里頭	1975VKM4:2		17.0	16.8	0.4	316.7	二里頭 3 期	『偃師二里頭』p. 255 図 167-2
47	鏃	偃師二里頭	1960YLII・VT119④:71		6.1	1.7	0.9	12.4	二里頭 3 期	『偃師二里頭』p. 170 図 104-7
48	鏃	偃師二里頭	1960II・VH158:4		6.1	1.6	1.2	16.6	二里頭 3 期	『偃師二里頭』p. 170 図 104-5
49	鏃	偃師二里頭	1960YLII・VT119④:70		7.2	2.25	0.95	19.9	二里頭 3 期	『偃師二里頭』p. 170 図 104-6
50	鏃	偃師二里頭	1973YLVT11FH101:6		8.6	2.4	1.0	23.9	二里頭 3 期	『偃師二里頭』p. 269 図 178-4
51	鏃	偃師二里頭	1973YLVT106H108:1		7.7	2.15	1.0	19.4	二里頭 3 期	『偃師二里頭』p. 269 図 178-3
52	鏃	偃師二里頭	1963VH20:1		6.6	1.8	1.0	13.4	二里頭 4 期	『偃師二里頭』p. 269 図 178-5
53	鏃	偃師二里頭	1963VT24④B:1		7.0	1.75	0.7	12.7	二里頭 4 期	『偃師二里頭』p. 269 図 178-6
54	鏃	偃師二里頭	1972VH66:13		6.8	1.95	0.65	10.4	二里頭 4 期	『偃師二里頭』p. 350 図 245-2、『考古』1974-4 p. 239 図 3-4
55	鏃	偃師二里頭	1963YLVT214③A:14		6.5	2.0	0.5	9.5	二里頭 4 期	『偃師二里頭』p. 269 図 178-2

番号	器種名	遺跡名	出土地点・収蔵施設	法量					時期	出典
				高さ	長さ	幅	厚さ	重量		
56	鏃	偃師二里頭	1963IVT17B ⑤:2		6.1	1.7	1.0	11.6	二里頭4期	『偃師二里頭』p. 269 図 178–7
57	鏃	偃師二里頭	1972YLVT12B ③ B:1		5.8	2.1	0.3	7.7	二里頭4期	『偃師二里頭』p. 269 図 178–1
58	鏃	偃師二里頭	1963YLIVT6 ⑤:54		3.8	1.0	0.25	4	二里頭3期	『偃師二里頭』p. 170 図 104–1
59	鏃	偃師二里頭	1963YLVT27H11:6		6.7	1.8	0.7	11.3	二里岡下層	『偃師二里頭』p. 350 図 245–3
60	鏃	偃師二里頭	1963YLIVT8 攪乱:4		5.1	2.75	0.4	9.1	二里岡下層	『偃師二里頭』p. 350 図 245–1
61	鏃	偃師二里頭	1963YLVT27DH11:16		7.3	0.8	0.8	14.8	二里岡下層	『偃師二里頭』p. 350 図 245–3
62	鏃	偃師二里頭	VD2 南 T4 ③:1 北壁中部		5.0	2.0	0.7	5	二里岡上層	『偃師二里頭』p. 369 図 259–1
63	鏃	偃師二里頭	VD2G1:3		2.7	2.15	0.8	5.5	二里岡上層	『偃師二里頭』p. 369 図 259–3
64	鏃	偃師二里頭	II・VH137:26		5.8	1.2	0.4	8	二里岡上層	『偃師二里頭』p. 369 図 259–2
65	鏃	偃師二里頭	1963YLIVT21 ②:2		6.8	3.0	0.55	24.4		未報告資料
66	鏃	偃師二里頭	YHII・VT103 ③		8.6	1.1	1.0	19.1		未報告資料
67	刀	偃師二里頭	1987YLVIM57:2		34.1	3.0	0.8	192.3	二里頭4期	『考古』1992–4、『偃師二里頭』p. 296 図 2–3
68	鉞	偃師二里頭	2000YLIIIC:1		13.5	7.5	0.5	224.9	二里頭3期	『考古』2002–11
69	刀子	偃師二里頭	1960II・VT111 ⑤:12		2.4	1.3	0.6	2.6	二里頭1期	『偃師二里頭』p. 41 図 18–2
70	刀子	偃師二里頭	1963YLIVT24 ⑥ B:9		5.6	1.6	0.1	3.5	二里頭1期	『偃師二里頭』p. 41 図 18–1
71	刀子	偃師二里頭	1960II・VT117H159:2		2.6	1.0	0.2	1.6	二里頭2期	『偃師二里頭』p. 81 図 44–2
72	刀子	偃師二里頭	1960YLII・VT119 ④:7B		2.2	1.05	0.2	1.5		未報告資料
73	刀子	偃師二里頭	1963YLIVT22 ③:13		2.7	1.4	0.1	1.7	二里頭4期	『偃師二里頭』p. 269 図 178–15
74	刀子	偃師二里頭	1963YLIVT21 ⑤:6		3.8	0.95	0.35	1.6	二里頭2期	『偃師二里頭』p. 81 図 44–4
75	刀子	偃師二里頭	1963YLIVT22H74:1		4.2	1.2	0.2	2.4	二里頭3期	『偃師二里頭』p. 170 図 104–12
76	刀子	偃師二里頭	1963YLIVT14H57:7		4.6	0.9	0.25	2.9	二里頭3期	『偃師二里頭』p. 170 図 104–15
77	刀子	偃師二里頭	1963YLIVT7 ④:11		4.6	0.6	0.1	1.1	二里頭3期	『偃師二里頭』p. 170 図 104–14
78	刀子	偃師二里頭	1972YLVT13AH51:2		3.8	1.1	0.15	3	二里頭4期	『偃師二里頭』p. 269 図 178–20
79	刀子	偃師二里頭	1963YLIVT13 ② A:5		3.85	0.65	0.15	1.6	二里頭4期	『偃師二里頭』p. 269 図 178–17
80	刀子	偃師二里頭	1963YLIVT22 ④:28		4.0	1.0	0.1	2.6	二里頭4期	『偃師二里頭』p. 269 図 178–13
81	刀子	偃師二里頭	II・VT109 ③:3		3.85	1.1	0.2	2		未報告資料
82	刀子	偃師二里頭	1963YLIVT31 ③:8		4.1	1.3	0.1～0.2	3.2	二里頭3期	『偃師二里頭』p. 170 図 104–16
83	刀子	偃師二里頭	1963YLIVT14H57 ③:84		4.4	1.65	0.15	4.1	二里頭3期	『偃師二里頭』p. 170 図 104–13

第 8 章　二里頭文化青銅器および関連青銅器集成

番号	器種名	遺跡名	出土地点・収蔵施設	高さ	長さ	幅	厚さ	重量	時期	出典
84	刀子	偃師二里頭	1960YLII・VT122 ③:3		6.1	1.4	0.25	8.3	二里頭 3 期	『偃師二里頭』p. 170 図 104-17
85	刀子	偃師二里頭	1963YLIVT19 ②:32		3.65	0.95	0.25	1.9	二里頭 4 期	『偃師二里頭』p. 269 図 178-14
86	刀子	偃師二里頭	1963YLVT26A: ⑥:7		7.2	1.0	0.2	7	二里頭 4 期	『偃師二里頭』p. 269 図 178-16
87	刀子	偃師二里頭	1963YLIVT13 ②:33		6.6	1.3	0.15	6.2	二里頭 4 期	『偃師二里頭』p. 269 図 178-26
88	刀子	偃師二里頭	YHII・VT104 ③:32		3.9	2.1	0.4	7.7	二里頭 4 期	未報告資料
89	刀子	偃師二里頭	VT32BH12:1		3.7	2.15	0.35	10		未報告資料
90	刀子	偃師二里頭	1963VT211 ③B:1		4.0	1.25	0.35	6.1	二里頭 4 期	『偃師二里頭』p. 269 図 178-18
91	刀子	偃師二里頭	1960YLII・VT119 ③:20		4.2	1.2	0.2	3.8	二里頭 4 期	『偃師二里頭』p. 269 図 178-19
92	刀子	偃師二里頭	1963YLIVT6 ⑤:9		2.95	0.7	0.05	0.5	二里頭 3 期	『偃師二里頭』p. 170 図 104-18
93	刀子	偃師二里頭	1972YLVT12BH73:8		2.5	0.9	0.15	1.7	二里岡下層	『偃師二里頭』p. 350 図 245-8
94	刀子	偃師二里頭	1963YLIVT24 ④D:61		2.5	0.9	0.15	0.6		未報告資料
95	刀子	偃師二里頭	1963YLVT26B ⑤下:13		6.3	2.4	0.6	27.1	二里頭 4 期	『偃師二里頭』p. 269 図 178-25
96	刀子	偃師二里頭	1964YLIVT203 ⑤:3		12.8	2.3	0.2~0.4	19.3	二里頭 3 期	『偃師二里頭』p. 170 図 104-20
97	刀子	偃師二里頭	1980YLIIIM2:4		18.6	3.4	0.45	63.1	二里頭 3 期	『考古』1983-3
98	鑿	偃師二里頭	1963YLIVT6 ⑤:22		3.5	0.6	0.3	1.8	二里頭 3 期	『偃師二里頭』p. 239 図 152-3
99	鑿	偃師二里頭	1963YLIVT24 ④B:116		4.0	1.05	0.25	2.9	二里頭 4 期	『偃師二里頭』p. 269 図 178-10
100	鑿	偃師二里頭	1963YLIVT21 ④:10		4.2	0.7	0.4	4.7	二里頭 4 期	『偃師二里頭』p. 269 図 178-12
101	斧	偃師二里頭	1963YLIVT14H57C:27		5.4	1.6	3.5	9.8	二里頭 3 期	『偃師二里頭』p. 170 図 104-10
102	鑿	偃師二里頭	1972YLVT136H70:3		2.6	0.45	0.2	1.1	二里頭 4 期	『偃師二里頭』p. 269 図 178-9
103	斧	偃師二里頭	1978YLVD2T215 採:1		1.6	0.6	0.3	1.5	二里岡上層	『偃師二里頭』p. 369 図 259-4
104	鑿	偃師二里頭	1963YLIVT23 ④:47		3.7	0.5	0.2	2.4	二里頭 4 期	『偃師二里頭』p. 269 図 178-8
105	鑿	偃師二里頭	1960IVT2 ④:7		5.0	1.0	0.5	8.1	二里頭 3 期	『偃師二里頭』p. 170 図 104-21
106	錐	偃師二里頭	1964VT119 ③:6		3.7	0.8	0.5	6.6	二里頭 4 期	『偃師二里頭』p. 333 図 222-7
107	鑿	偃師二里頭	1973V 採:61		9.2	0.7	0.75	27.6	二里頭 3 期	『偃師二里頭』p. 170 図 104-9
108	斧	偃師二里頭	1973IIIT212F2:10		11.5	2.9	0.4	89.1	二里頭 3 期	『偃師二里頭』p. 170 図 104-22
109	錐	偃師二里頭	1960YLII・VT122 ③:1		2.65	0.75	0.7	4.2	二里頭 3 期	『偃師二里頭』p. 170 図 104-4
110	錐	偃師二里頭	1963IVH12:8		2.5	0.6	0.15	0.7	二里頭 3 期	『偃師二里頭』p. 170 図 104-3
111	錐	偃師二里頭	1960II・VH158:12		4.0	0.5	0.4	4.4	二里頭 3 期	『偃師二里頭』p. 170 図 104-8

番号	器種名	遺跡名	出土地点・収蔵施設	法量 高さ	長さ	幅	厚さ	重量	時期	出典
112	錐	偃師二里頭	1960II・VH158:19		2.9	0.55	0.5	4.1	二里頭3期	『偃師二里頭』p. 170 図104-2
113	錐	偃師二里頭	1973YLVT12BH103:3		4.05	0.6	0.5	5.4	二里頭4期	『偃師二里頭』p. 269 図178-22
114	錐	偃師二里頭	1973YLVT12BH73:1		4.7	1.0	0.45	7.5	二里岡下層	『偃師二里頭』p. 350 図245-6
115	錐	偃師二里頭	II区房基東北角④		5.8	0.8	0.7	4.5		未報告資料
116	錐	偃師二里頭	1960IVT2⑤:4		5.1	0.6	0.4	5	二里頭2期	『偃師二里頭』p. 81 図44-6
117	錐	偃師二里頭	1960YLIVT1③A:2		6.0	0.6	0.4	4.7	二里頭4期	『偃師二里頭』p. 269 図178-23
118	錐	偃師二里頭	1963YLIVT24④B:59		7.4	0.55	0.15	3.2	二里頭4期	『偃師二里頭』p. 269 図178-24
119	脚部片	偃師二里頭	1963YLIVT21H76:23		7.2	1.0	0.5	10.9	二里頭3期	『偃師二里頭』p. 239 図152-1
120	脚部片	偃師二里頭	1978VD2西北角④:1		7.3	1.8	1.1	24.2		未報告資料
121	錐	偃師二里頭	1963YLIVT9H43:2		6.2	0.3	0.3	4		未報告資料
122	容器片	偃師二里頭	1974VT128:1 柱槽旁		2.5	1.5	0.1	2.7	二里頭4期	『偃師二里頭』p. 333 図222-2
123	鉛片	偃師二里頭	1963YLIVT21H76:48		3.7	3.3	0.45	25.1	二里頭3期	『偃師二里頭』p. 239 図152-6
124	破片	偃師二里頭	1960YLVIIT17③:1		5.1	3.3	0.3	9.3	二里頭3期	『偃師二里頭』p. 239 図152-4
125	容器片	偃師二里頭	1963YLIVT24③:2		2.4	1.7	0.25	3.6		未報告資料
126	容器片	偃師二里頭	VD2H8:4		3.6	2.2	0.4	11.2	二里岡上層	未報告資料
127	容器片	偃師二里頭	1978YLVD2 南T1 外廊外墳土③:4		2.85	4.1	0.4	15.7	二里岡上層	未報告資料
128	容器片	偃師二里頭	1978VD2 西T1③:2		3.9	4.7	0.1	9.3	二里岡上層	未報告資料
129	容器片	偃師二里頭	1966YHIIT110④北門南集中		2.55	1.85	0.5	5.7		未報告資料
130	容器片	偃師二里頭	VT202H205:5		5.2	3.0	1.2	48.4	二里岡下層	『偃師二里頭』p. 350 図245-9
131	容器片	偃師二里頭	76IIIM11 村地		2.8	2.8	0.4	7.2		未報告資料
132	紡錘車	偃師二里頭	1963YLIVT14H58:1		3.1	3.2	0.45	19.4	二里頭3期	『偃師二里頭』p. 170 図104-11
133	釣針	偃師二里頭	1973VH82:9		2.65	1.15	0.2〜0.3	1.3	二里頭4期	『偃師二里頭』p. 269 図178-21
134	釣針	偃師二里頭	1963YLIVT14H57③:85		1.2	0.3	0.1	0.2		未報告資料
135	円盤片	偃師二里頭	1963YLIVT22③:12		0.81	0.8	0.05	0.1	二里頭4期	『偃師二里頭』p. 329 図219-1
136	湯銅片	偃師二里頭	1963YLIVT21④:10A		3.75	1.05	0.45	4.5	二里頭4期	『偃師二里頭』p. 333 図222-6
137	湯銅片	偃師二里頭	1963YLIVT6⑤:52		5.7	1.2	0.3	8.7	二里頭3期	『偃師二里頭』p. 239 図152-2
138	湯銅片	偃師二里頭	1963YLIVT14③:12		6.6	1.7	0.15	24.2	二里頭4期	『偃師二里頭』p. 333 図222-4
139	湯銅片	偃師二里頭	VD2 南T3③:1	3.0	3.0	3.3	3.0	56.1	二里岡上層	『偃師二里頭』p. 369 図259-5

第 8 章　二里頭文化青銅器および関連青銅器集成

番号	器種名	遺跡名	出土地点・収蔵施設	法量 高さ	長さ	幅	厚さ	重量	時期	出典
140	鋳型	偃師二里頭	IVT2H29:1	5.8	10.5	7.8	6.8	408	二里頭 2 期	『偃師二里頭』p. 81 文のみ
141	鋳型	偃師二里頭	1963YLIVT21H76:33	4.3	9.1	4.8	4.35	146	二里頭 3 期	『偃師二里頭』p. 171 文のみ
142	鋳型	偃師二里頭	1960YLIVT1 拡方③:5	3.7	7.1	4.5	3.6	111.7	二里頭 4 期	『偃師二里頭』p. 270 文のみ
143	鋳型	偃師二里頭	1960YLIVT3H3:2	3.2	3.9	3.9	3.0	37.5	二里頭 3 期	『偃師二里頭』p. 171 文のみ
144	鋳型	偃師二里頭	1963YLIVT6⑤:19	2.8	4.8	5.0	2.8	56.9	二里頭 3 期	『偃師二里頭』p. 171 文のみ
145	鋳型	偃師二里頭	1960IVT1 拡方③:6	1.8	4.8	4.9	2.3	34	二里頭 4 期	『偃師二里頭』p. 270 文のみ
146	鋳型	偃師二里頭	1960YLIVT1 拡方③	3.8	4.9	4.9	3.9	74		未報告資料
147	鋳型	偃師二里頭	1963IVT20④:33	6.5	5.9	4.8	5.45	102.6		未報告資料
148	鋳型	偃師二里頭	63VT210	3.7	5.4	3.9	3.5	84		未報告資料
149	爵	伝洛寧出土		20.8	21.9	9.2	0.1	440		『中国青銅器全集』第 1 巻 図版 11
150	爵	新鄭望京楼		14.8	19.7	9.25	0.15	304.2		『考古』81-6 図版 5
151	容器片	登封王城崗			5.7	5.6	0.1	28.8	王湾 3 期文化（王城崗 4 期）	『王城崗与陽城』
152	破片	登封王城崗			2.2	1.8	0.5	1.6		『王城崗与陽城』
153	破片	陝県西崖	T2H4:148		3.8	1.9	0.2	5	二里頭 2 期	『華夏考古』89-1 p. 34 図 24
154	刀子	滎陽堅河	XST11H88:1		6.2	2.7	0.4	23.4	二里頭文化	『考古学集刊』10 p. 32 図 32-6
155	鎌	鄭州旭旮王	C20T31:11①層		5.4	1.2	1	11.5	二里頭文化	『考古学報』58-3 p. 62 図 17-4
156	鎌	鄭州旭旮王	C20T29:4①層		4.9	1.9	0.8	6.1	二里頭文化	『考古学報』58-3 p. 62 図 17-3
157	鑿	鄭州旭旮王	C20T20①層		11.0	1.6	1.8	71.3	二里頭文化	『考古学報』58-3 p. 62 図 17-9
158	円柱状器	鄭州洛達廟	C20T58①層		3.8	0.9	0.75	11.8	二里頭文化	『華夏考古』89-4 p. 54 図 9-4
159	鑿	鄭州大師姑	02XDT3④C:134		4.1	2.0	0.4	11.3	二里頭 2～4 期	『鄭州大師姑』
160	釣針	淅川下王崗	T15②A:39		4.2	3.6	0.1～0.8	16.3	二里頭 3 期	『淅川下王崗』p. 299 図 285-2
161	爵	伝商丘出土		19.2	16.9	7.4	0.3～0.5	440		
162	鎌	泗水尹家城	T219⑦:30		6.3	2.9	1.2	18.5	岳石文化	『泗水尹家城』p. 203 図 137-1
163	刀子	泗水尹家城	H479:1		2.5	1.3	0.2	1.6	岳石文化	
164	刀子	泗水尹家城	79H5:2		5.1	1.8	0.3	11.5	岳石文化	『泗水尹家城』p. 203 図 137-3
165	刀子	泗水尹家城	T222⑦C:45		5.3	0.7	0.1	2	岳石文化	『泗水尹家城』p. 203 図 137-5
166	刀子	泗水尹家城	T225⑧:26		5.0	0.6	0.3	3.7	岳石文化	
167	刀子	泗水尹家城	T198⑦:5		6.2	2.1	0.6	24.8	岳石文化	『泗水尹家城』p. 203 図 137-2

番号	器種名	遺跡名	出土地点・収蔵施設	法量					時期	出典
				高さ	長さ	幅	厚さ	重量		
168	刀子	泗水尹家城	T221⑦B:21		7.7	2.0	0.2	9.1	岳石文化	『泗水尹家城』p. 203 図137-4
169	鑿	泗水尹家城	T268⑦:4		6.2	0.6	0.5	7.6	岳石文化	『泗水尹家城』p. 203 図137-6
170	破片	泗水尹家城	86SYT211⑦D:16		2.4	1.9	0.2	4	岳石文化	『泗水尹家城』p. 204 文章中
171	環	泗水尹家城	T216⑦:27		7.6	6.6	0.2	6.4	岳石文化	『泗水尹家城』p. 203 図137-7
172	破片	泗水尹家城	T232⑦C:19		1.9	1.3	0.6	2.2	岳石文化	『泗水尹家城』p. 204 文章中
173	破片	泗水尹家城	番号なし		1.7	1.0	0.4	1.3	岳石文化	『泗水尹家城』p. 204 文章中か？
174	破片	泗水尹家城	T225⑤:9		3.1	1.0	0.4	1.6	岳石文化	『泗水尹家城』p. 204 文章中
175	錐	泗水尹家城	T258⑦:7		3.4	0.6	0.6	2.9	岳石文化	『泗水尹家城』p. 203 図137-8
176	斝		河南省博物院蔵	44.9	24.7	28.0	0.2	2143	二里岡下層～上層	『王城崗与陽城』
177	斝		上海博物館蔵	27.1	16.4	17.9	0.2～0.5	1223	二里岡下層	『夏商周青銅器研究』p. 12
178	斝		上海博物館蔵	28.0	18.3	19.0	0.2	1528	二里岡下層	『夏商周青銅器研究』p. 12
179	鼎		上海博物館蔵	17.5	17.6	17.9	0.2	710	二里岡下層	『夏商周青銅器研究』p. 3
180	爵		奈良国立博物館蔵	13.5	10.4	7.3			二里岡下層	爵-2
181	爵		奈良国立博物館蔵	15.3	15.4	6.6	0.3～0.4		二里岡下層	爵-1 2-30
182	爵		奈良国立博物館蔵	15.4	13.5		0.2～0.3		二里岡下層	爵-3 16-33
183	鼎		奈良国立博物館蔵	21.4	16.1	16.2	0.3～0.6		二里岡	鼎-1 72-172
184	鬲		奈良国立博物館蔵	16.1	13.2	13.0	0.3～0.7		二里岡	
185	爵		鄭州北27路2号墓	15.6	14.8	7.7		252.3	二里岡下層	
186	爵		ロイヤルオンタリオ美術館蔵	14.8	13.3	7.6			二里岡下層	NB3236
187	爵		ロイヤルオンタリオ美術館蔵	15.6	13.1	6.3			二里岡下層	NA1191
188	爵		ロイヤルオンタリオ美術館蔵	17.4	14.8	7.4	0.2～0.3		二里岡上層	947 33 4
189	斝		ロイヤルオンタリオ美術館蔵	25.0	14.8	17.6	0.2～0.3		二里岡下層	
190	斝		ロイヤルオンタリオ美術館蔵	24.2	16.2	17.0	0.15～0.5		二里岡上層	947 33 10

結　語
——中国初期青銅器文化の成立と展開——

宮本一夫

1　はじめに

　中国新石器時代後期には，気候変動に伴う生態系の変容によって，社会経済体系において農耕社会から，その北辺の中緯度北部に住んでいた人々が分離・自立するように牧畜型農耕社会が成立していく。この過程については，動物遺存体の組成比の変化から実証的に示してきたところである（宮本 2005）が，黄河中・下流域と長江中・下流域を中心とする農耕社会と，中国西北部から内蒙古中南部・遼西という長城地帯の牧畜型農耕社会との社会的分離が認められる。この社会的な分離を基盤に，農耕社会では殷周青銅器文化が，そして長城地帯では北方青銅器文化が成立するのである。

　本書では，前者の成立過程にまず注目するところであり，後者の成立過程については既に別稿（宮本 2008b）で論じてきた。後者の成立過程について本書では，前者と関係するところに限って再論することにしたい。さらに，本書に掲載した共同研究者それぞれの論攷をここでまとめることにより，統一的な見解としての中国初期青銅器文化の成立と展開について述べることとしたい。

2　中国初期青銅器文化の成立

　別稿（宮本 2008b）で述べたように，長城地帯の青銅器文化は大きく 6 期に区分して初期鉄器時代までを眺めることができる（表 25）。このうちの第 1 期が，中国初期青銅器文化の成立で問題となるところである。この第 1 期とは，第 1 章の白雲翔論文でいう中国初期銅器の第 1 段階の仰韶文化期と第 2 段階の龍山文化期を含めたものである。

　このうち，中原出土である姜寨遺跡の真鍮製銅器については，既に第 8 章でも述べたように，形態的に類似した銅器がない点において孤立した状況を呈している。例えば刀子や装身具のように，形態的に類似する同時期のものがあれば，型式として概念的にその存在を把握することができるが，初期青銅器文化全体を見回してもこのような器形は類似したものが存在しない。また，素材が真鍮製であることに問題がある。山東には亜鉛を含む銅鉱脈が知られており（中国冶金史編写組 1988），自然銅として亜鉛と銅の合金である真鍮が化合する可能性は山東には存在している。しかしこうした素材が陝西盆地の渭水流域の姜寨遺跡までもたらされる可能性は低いと言わざるを得ない。新石器時代中期の姜寨遺跡段階で，陝西盆地と山東との直接の交流は認められないのである。

表 25 長城地帯青銅器文化編年表

	BC3000	BC2000	BC1300	BC800	BC600	BC4世紀
長城地帯青銅器文化	第 1 期	第 2 期	第 3 期	第 4 期	第 5 期	初期鉄器
アルタイ・ミヌシンスク	アファナシェヴァ文化期	アンドロノヴォ文化	カラスク文化	タガール文化	タガール文化	パジリク
外モンゴル			ヘレクスル	石板墓	チャンドマン	
新疆		天山北路文化	焉不拉克文化(初期鉄器文化)			
甘粛	甘粛彩陶(半山・馬廠)	四壩文化	寺窪文化	沙井文化		
青海		卡約文化	卡約文化			
内蒙古中南部		朱開溝			オルドス青銅器文化(毛慶溝)	飲牛溝
燕山(遼西)		夏家店下層	白浮	夏家店上層	燕化	燕
中原	陶寺	二里頭・二里岡	殷墟期・西周	西周末・春秋前半	春秋後半〜戦国初期	戦国後半

　こうした理由から，姜寨遺跡の真鍮製銅器は共伴関係に問題があり，新石器時代の銅製品として認めることができず，後世の混入物である可能性を疑うところである。

　この製品を除くと，第 1 期の前半である仰韶文化後期併行期の銅製品は，馬家窯類型・馬廠類型や宗日文化に見られ，ほぼ甘粛・青海などの中国西北部に限られることとなる(佐野 2004)。この状況からは，銅器の生産技術そのものは，年代的に古い時代に既に存在する西アジアやユーラシア草原地帯(Chernyck 1992, Черных 2005)を通じた文化接触から生まれたものと考えるのが最も理解がしやすいであろう。このような西北地域とユーラシア草原地帯との文化接触から銅器・青銅器文化が西北地域へと広がるという考え方は，李水城などにも認められるところである(李水城 2005)。また，紅山文化で発見された坩堝も，その年代が夏家店下層文化であるか，あるいは紅山文化であるかという議論があるが[1]，仮に後者の可能性があっても中国西北部やあるいはモンゴル高原を通じたユーラシア草原地帯からの技術伝播の可能性は十分存在している。

　以上のような考え方は，第 1 章の白雲翔が示す西北−北方区と中原−海岱区という二つの独立した青銅器起源地が存在するという考え方と異なっている。むしろユーラシア草原地帯と長城地帯青銅器文化圏との接触の中に初期銅器文化が広がり，さらに龍山文化期に中原や黄河下流域に銅器やその鋳造技術が伝播したものと考えるものである。

　長城地帯青銅器文化第 1 期の後半期である斉家文化や龍山文化期などの新石器時代後期においては，銅器・青銅器の分布範囲は次第に広がり，中原の黄河中流域や山東の黄河下流域に次第に広がっていく。それらの製品は錐などの工具や装身具などに限られたものである。そうした中，龍山文化併行期の陶寺文化中期に銅環や銅容器の可能性のあるものが突然に出現する(中国社会科学院考古研究所山西隊ほか 2008)。その年代は紀元前 2100〜2000 年である(中国社会科学院考古研究所山西隊ほか 2005)。さらに陶寺文化後期の墓葬から銅鈴(中国社会科学院考古研究所山西工作隊・臨汾地区文化局

1984)や銅歯輪形器(国家文物局主編 2002)が出土している。これらは実用的な刀子や錐などの工具・武器ではなく，銅鈴や銅環あるいは銅容器の可能性のあるものに限られている。しかもそれらの製品は，銅鈴に代表されるように内型と外型からなる複合范に見られる技術的な革新が存在する。しかし一方では，銅容器の可能性のあるものの素材が砒素銅であるように，中原に存在しない原材料からなり，中国西北部の四壩文化などでより多く使用されている銅素材であるところに特徴がある。すなわち一方では中国西北部との何らかの接触を持っていることを示している。

このように陶寺文化に見られる中原での銅器・青銅器の導入は，年代的に見てもさらに銅素材的に見ても中国西北部との接触の中に生まれたものである可能性が高い。しかし，技術導入初期の段階から，製品製作に関しては中原自身での選択が存在していた。この段階に既に首長制社会に達していた陶寺文化にあっては(宮本 1999・2000・2005)，中国西北部やユーラシア草原地帯の工具や装身具を中心とする青銅器種とは異なり，その導入期から銅環や銅鈴などの特定の器種が選択されていたのである。それは青銅容器の可能性のあるものを含め，首長などの貴族層の好みによる要求から製作がなされたものと想定される。特に楽器は陶寺文化にあっては祭祀道具であり，鼉鼓や特磬といった楽器は最上級階層者のみに副葬される威信財であったのである(宮本 1999)。銅環や銅歯輪形器も玉製環などを模した威信財である可能性が高い。すなわち銅器・青銅器導入期から既に中原青銅器文化には特殊性が認められ，威信財を中心に青銅器製作が始まった可能性が考えられるのである。さらに打ち出しや片范といった鋳造技術ではなく，最初から合わせ型を使い，しかも銅鈴に認められるように外范や内范といった複合范からなっている。当然それら鋳型の大半が土型である可能性が高いであろう。中国西北部からユーラシア草原地帯においては石型が多用されるのとは異なり，中原では最初から土型が導入されていた可能性が高いのである。

以上をまとめるならば，紀元前2100～2000年の陶寺文化中期に出現した中原青銅器文化とは，中国西北部などユーラシア草原地帯の青銅技術との文化接触によって受容された可能性は高いものの，導入期から特殊性や自立性が高いものであった。それは技術的に言えば土型や複合范の鋳造技術が開発されたことによる。さらにそうした技術を開発するにあたっては，威信財を中心とする非日常生活道具を生産するという目的があったからである。首長制社会にあって威信財製作のために首長層から課せられた工人達の開発努力が存在していたと想定される。複合范などは，当時既に存在した製陶業の型作り技法が参考になったものと思われる。そのため，陶寺文化期の銅鈴の外型は一つの范からなるものであり，原始的な複合范の外型単范であった。

3 二里頭文化と青銅器生産

二里頭文化期は，このような威信財にさらに工具や武器が加わり，より発達した青銅器文化へと転換している。また，このような各種青銅器も，墓葬における副葬品構成から見るならば(第2章表2)，階層の上位者にのみ副葬されており，その社会的位置づけは決して日常生活品の範囲にはなっていない。やはり階層上位者が占有したものであったといえよう。さらに，青銅器製作技術として

も，第 2 章で詳述したように，陶寺文化では銅鈴の外型が一つである単范であったのに対し，二里頭文化期では外型が二つの分割范である双范となり，さらに型持たせ孔を利用して鈕が形成されるに至る技術的な革新が認められる。と同時に，陶寺文化の銅鈴が継起的に変化して二里頭文化の青銅鈴が生まれているのであり，両文化の間には技術的にも形態的にも連続性が認められるのである。楽器がそのまま威信財として存続しているところに意味がある。

ところで，二里頭文化期の青銅器文化は，中原青銅器文化として上記したように陶寺文化に比べより特殊性と独自性を開花させている。いわば農耕文化社会の中心としての特殊な青銅器文化が生成されたのである。同じ段階の牧畜型農耕社会では，同じ生業体系にあるユーラシア草原地帯との文化接触からユーラシア冶金圏の青銅器文化を受容することとなる。これが新疆から遼西に至る長城地帯青銅器文化第 2 期にあたっている。チェルニフのいうユーラシア冶金圏（Chernyckh 1992）からの青銅器文化の影響は，同じ長城地帯にあっても西からに東に向かうにつれて，青銅器の器種が少しずつ欠落するように地域差が認められる（宮本 2008b）。

また，いわゆる銅と錫を合金した青銅が一般化していくのは二里頭文化期であり，それ以前は純銅（紅銅）を主体とすることは，第 1 章で既に論じられている。ユーラシア草原地帯において青銅が一般化するのもユーラシア冶金圏からであり（Chernyckh 1992），長城地帯青銅器文化第 2 期のアンドロノヴォ文化や四壩文化段階で青銅が一般化していく。銅や錫の精錬ならびに合金という技術も，中国西北部を介した技術伝播の可能性が想定される。

すでに第 3 章で述べたように二里頭文化はその第 2 期とそれ以前に大きな画期があり，今のところ第 2 期から外型双范の銅鈴や緑松石が象嵌された獣面牌飾が出現し始める。これらは墓葬の副葬品の階層性からも威信財に相当する。外型双范銅鈴に関しては，陶寺文化から二里頭文化第 2 期の間にヒアタスが見られ，新砦文化あるいは二里頭文化第 1 期に出現している可能性がある。少なくとも陶寺文化から二里頭文化の銅鈴は連続的な技術的基盤の中で変化したものであると考えられるのである。おそらくこうした段階に威信財に遅れて刀子などの工具の生産が始まり，さらに二里頭文化第 2 期以降には銅鏃などの武器の生産も始まったのである。

このような工具や武器の生産は，一方では東下馮遺跡などの二里頭遺跡以外の集落でも始まっている。しかしそれらの青銅器生産の違いは，二里頭遺跡のみで威信財の生産が行われていたことにある。二里頭遺跡ではさらに二里頭文化第 3 期から爵などの青銅彝器の生産が始まり，さらには二里頭文化第 4 期に斝や盉を加えた酒器の生産の発展が認められる。一貫して酒器を中心とした青銅彝器の生産は，二里頭遺跡において，首長層の管理の下に行われたものであることが想定されるのである。

そうした青銅器の工房区は，二里頭遺跡 IV 区の比較的海抜高度の高い微丘陵部に限定されており，二里頭文化第 2 期以来第 4 期に至るまで一貫して青銅器生産がなされている。これも首長層という一定のクライアントの下に生産が管理されていたのであろう。その中でも，鋳型や銅滓などの鋳造関連遺物の分布から，IV 区の調査区東側が二里頭文化第 2 期から第 4 期まで一貫した青銅製作地であったことが，第 4 章で明らかにされた。青銅器製作の工房が固定化されていたのである。さ

らに第4章では，緑松石の製作地を緑松石の未製品の分布から明らかにしている。緑松石の製作地は，同じ二里頭遺跡Ⅳ区の西側調査区で二里頭遺跡第2～4期に限定され，緑松石の製作工房と青銅器製作工房が分離していたことが明らかになったのである。このように，業種別の工房区分すなわち空間区分が存在しており，いわば手工業生産における専門的製作工程が区分されていたのである。ただし第4期になると緑松石未製品が調査区東側の青銅器製作工房でも発見され，獣面牌飾などの生産が緑松石の加工も含めて青銅器生産工房で一貫して行われていた可能性がある。少なくとも二里頭遺跡での青銅器生産や緑松石製作は，首長層の管理の下に固定した製作工房で，各種の専門工人が個別に生産を行っていたことが明らかである。しかも酒器などの特殊な威信財は，首長層の厳密な管理の下に生産されていたのであり，二里頭遺跡以外での生産の痕跡は認められない。その生産組織のモデルは第4章にも示されるように，二里頭遺跡のみが青銅彝器などの威信財を中心とした独占的な生産を専門工人によって生産させていたものであり，フルタイム・ジョブの生産に近いものであったであろう。

　このような二里頭文化圏内での遺跡間の関係性は，第7章でも述べられたように，個々の遺跡あるいは集落が独立して存在しており，それらが有機的な関連性をもっていた。物質文化としては，鬶・爵・盉といったA群精製土器が二里頭文化圏内に広がり，情報の共有が図られるものの，二里頭遺跡とは違って，その他の遺跡ではそれらが副葬品として使用されることはなかった。習俗の共有が図られないことを示すとともに，社会の階層標識としてそれらA群精製器種が取り扱われることはなかったのである。その意味では二里頭文化圏としての情報の共有が図られていたにもかかわらず，個々の集落や集団の独立性が高かったものと思われる。あるいは二里頭遺跡の首長層を中心とした政治的な統合化は当初それほど進展してはいなかったと想定される。二里頭文化第3期から爵などの青銅彝器の生産が始まり，これまでの銅鈴や獣面牌飾に加え，酒器が青銅器化され，威信財として扱われることとなった。二里頭遺跡内での社会階層化がすすみ，身分標識としての青銅彝器は儀礼を伴って社会階層維持装置として利用されていたのであろう。さらにこの二里頭文化第3期から，第7章でも述べられるように，外来系の精製土器が二里頭遺跡においても導入され，他地域あるいは他集団の儀礼具の共有による統合化の進展が認められる。外来系精製土器が罍であり，二里頭文化第4期において，青銅彝器の青銅罍が出現するに至るのである。いわば他集団との統合化の中において威信財の取り込みを行うことによって，社会的なつながりを深めるとともに，同じ社会階層基盤の中での社会秩序が維持されることとなる。こうした社会的な統合における社会階層秩序化の進展が，二里頭文化第4期における二里頭遺跡以外でのA群精製土器の副葬化に繋がり，二里頭遺跡を中心とする同じ埋葬儀礼や同じ身分秩序の中に統合化されていったことを示している。すなわち二里頭遺跡の首長層を中心とする広域な階層秩序の形成であり，より政治的な統合を示している。このことは，二里頭文化第3期までは青銅器の分布が二里頭遺跡にのみ限られていたのに対し，第4期においては二里頭遺跡以外でも青銅器の分布が認められることと対応している。二里頭文化第4期においては，二里頭遺跡の首長層から他集団への青銅彝器の配布が行われたのである。すなわち威信財の配布による政治的な統合が図られたものと考えられる。このような理

由で，二里頭文化第 4 期には青銅彝器などの威信財生産の拡大が進行したのである．

威信財の進展は，威信財の器種が増えることに特徴があり，二里頭文化第 2 期には銅鈴や獣面牌飾の生産，二里頭文化第 3 期には爵といった在来の酒器を青銅器で鋳造する青銅彝器が始まり，さらに二里頭文化第 4 期には青銅彝器に在来器種である盉が加わるとともに，外来の儀礼具である斝を加え，より広域的な祭祀の共有化と階層秩序の敷延を志向する．さらに広域な威信財システムの広がりの中に，青銅彝器の配布を媒介とする政治的な統合と，二里頭遺跡の首長層あるいは王を中心とする祭祀儀礼を媒介とした政治システムの中心化が生まれていくのである．こうした状況にこそ，二里頭文化を初期国家の萌芽期と呼ぶ由縁がある（宮本 2005・2006b・2007）．

4　商王朝の出現と青銅彝器

銅鈴や青銅彝器の鋳造法において，陶寺文化期には外型単范，二里頭文化期には外型双范，二里岡文化下層期には外型三范 A 式，二里岡文化下層期から二里岡文化上層期には外型三范 B 式といった変化があることを，第 2 章，第 3 章ならびに第 8 章で述べてきた．ここで問題となるのが，二里頭遺跡 V 区 1 号墓出土の鼎である．すなわちその所属時期を何時に考えるかが最も根幹の問題である．二里頭遺跡 V 区 1 号墓は第 3 章では二里岡下層第 1 期に属するものと考える新説を提示したが，第 6 章では旧来の二里頭文化期に属することを主張する二つの異なった考え方を掲載した．

第 3 章では青銅鼎の鋳造法から鼎が外型三范 A 式に属するものであり，外型双范の二里頭文化期のものとは異なることが時期区分の大きな根拠である．また，傍証資料として，二里頭遺跡 V 区 1 号墓で青銅鼎に共伴するとされた青銅斝が，王城崗 49 号墓出土の二里岡下層第 1 期の青銅斝などと同型式であることから，青銅鼎も二里岡下層第 1 期に下るものであるとする．さらに青銅鼎のモデルとなった陶鼎が二里頭文化期にはなく，二里頭文化以外の鄭州南関外期を含む先商文化や岳石文化のものにあると主張した．

一方，第 6 章では，この青銅鼎のモデルである陶鼎は鄭州南関外期などと類似せず，むしろ二里頭文化第 1・2 期などの比較的古い段階の胴部深めの鼎に類似するとする．また断面菱形の青銅鼎足も二里岡文化期の陶鼎に見られないことから，この青銅鼎は二里頭文化期に属する可能性を説く．さらに二里頭文化期では陶鼎が発達するのに対し，先商文化では陶鬲が発達し，陶鼎をモデルにして青銅鼎が生まれたとすれば，問題の青銅鼎は二里頭文化期の可能性が高いと結論づけている．

しかし，第 3 章でも述べたように，二里頭文化期の陶鼎は鼎足が偏平の板状を呈することに特徴があり，商代には偏平足の青銅鼎が存在するように，二里頭文化期の陶鼎をモデルにすれば，青銅鼎を偏平足で作るはずであり，それは技術的にも可能なはずである．また，器腹が深めの陶鼎は二里頭文化第 1・2 期の特徴であり，この段階に青銅鼎が製作されるはずがない．なぜなら青銅爵ですら二里頭文化第 3 期に生産が始まり，斝や盉などの器種が増えるのは二里頭文化第 4 期段階であるからである．当然，青銅鼎も二里頭文化第 4 期以降の製作を考える必要があり，そうした段階の二里頭文化第 4 期の陶鼎はむしろ器腹が浅めのものであり，この青銅鼎とはかえって類似していない

ことになる。その点で，岳石文化や南関外期における先商文化の陶鼎や陶鬲の方が青銅鼎に類似しているといえよう。

　第6章で問題にした青銅鼎の平底は，陶鼎を意図したというよりは，青銅器製作上の技術的な制約から平底にせざるを得なかったものであり，陶鼎との比較をする必要はない要素である。また，青銅鼎の脚部は中空になっており，こうした特徴は二里岡文化期の青銅鼎の特徴であるが，空足の脚部などは鬲鼎や鬲などを意識して作られたものであり，青銅鼎ではあるが，背景には先商文化など鬲が優位な社会の暗黙的な影響が存在しているといえるであろう。このように二里頭遺跡V区1号墓の銅鼎のモデルはより新しい段階である二里岡文化期やそれに近接する時期に相当している。

　むしろ第6章の分析結果で注目すべきは，二里頭文化期において陶鼎の扱いが酒器などの精製土器に比べ低いものであり，二里頭文化期においては鼎は社会的には日常的な煮沸具でしかなく，精製土器としての扱いがなかった点にある。これが酒器などとともに青銅葬器として一般的に用いられるようになるのは二里岡文化期の商(殷)王朝になってからである。したがって，二里頭文化期には陶鼎をモデルにして青銅葬器を製作する理由がないことになる。もともと陶鼎の扱いが低いことから威信財としての扱いを受ける条件になく，青銅葬器として製作を促すクライアント側すなわち二里頭遺跡の首長層側に，製作意志が存在しないということができよう。したがって，二里頭文化期に青銅鼎が存在すべき条件がもともとなかったということになるのである。

　既に第3章で詳述したように，この銅鼎の鋳造法は，二里頭文化期の外型双范と二里岡文化期の外型三范B式の中間的な様相を示し，外型三范B式へ至る模索的な鋳造方法である外型三范A式の段階にある。外型三范A式は爵の脚部製作にも使われており，明らかに二里岡文化下層第1期とすべき青銅爵において脚部三范A1式や脚部三范A2式が採用されている。この脚部三范A式は，腹部外型が双范で脚部外型が三范からなる複合范であり，二里頭文化期の外型双范のものより，格段に技術的に進化している。この脚部三范A1式こそが，二里頭文化第4期の青銅爵に認められる双范B式と直接的な系譜関係を持つものである。さらに問題とする青銅鼎も外型三范A式の鋳造法であるとともに，二つの脚部の位置が范線とほぼ一致する点からは，脚部三范A1式と極めて類似した鋳造法であるといえる。このような鋳造法の変化の画期から考えるならば，青銅鼎は二里岡文化下層第1期の最も古い段階に製作時期を考えるべきであろう。

　第5章では，この年代的な位置づけを，他の青銅葬器に伴出する副葬陶器を再検討することにより，副葬土器の編年を基に二里頭文化期から二里岡文化期の青銅葬器の変遷を跡づけている。この検討結果からも，二里頭遺跡V区1号墓の青銅鼎・斝の年代的位置づけは，二里頭文化第4期から二里岡文化への過渡期として位置づけられている。それを二里頭文化第4期後半と呼ぶか二里岡文化下層第1期と呼ぶかは，この時期の歴史的な解釈と関連する。この点については，次に論ずることにして，青銅鼎の年代的な位置づけは，この方面からも傍証されたといえよう。

　さてここで問題となるのが，青銅鼎を二里岡文化下層第1期の最古期のものとした場合，なぜに青銅葬器として青銅鼎の製作がクライアント側から依頼されたかという点である。これも既に第3章で詳述したように，新たな支配領域において，編入した地域集団を傘下に収めるための儀礼行為

や埋葬儀礼を行うにあたり，支配地域にもともとあった祭祀儀礼や身分秩序を導入してそれを変容させ，新たな統合的なアイデンティティを生むことにあった。鄭州から東の豫東地域には，二里頭文化期に岳石文化の要素が相当に認められることはよく知られている(秦小麗 2004)。これらの地域は，二里頭文化期においては政治的な関係性が及ばない別の地域集団である。岳石文化を生み出した山東龍山文化には，既に酒器とともに鼎を含んだ副葬品が階層秩序における階層の最上位者を示すものとなっており(宮本 2006a)，鼎が特別の存在となっていた。二里頭文化における鼎が単なる日常生活用具としての位置づけでしかなかったのに対し，山東龍山文化では葬送儀礼行為において酒器以外に鼎が一定の役割を演じていた可能性があり，身分秩序を示す規範の一つとなっていたのである(宮本 2006a)。こうした儀礼行為や葬送行為における鼎の社会的な役割や位置づけが岳石文化においても存続していたのであろう。岳石文化の地域集団を新たに領域化するにあたって，商社会においては岳石文化の儀礼行為や身分秩序の規範を導入しながら，新たな社会秩序の創設が必要であった。その必要性の中に，これまで威信財として爵や斝・盃などの酒器のみが青銅葬器として製作されていたのに加え，鼎を青銅器として製作させるクライアント側の意向や意志が芽生えたのである。そうして商王朝の新たな支配秩序や社会秩序の中に威信財の一つとして青銅鼎が組み込まれることになった。

　これが青銅鼎の出現の背景であり，それを行わせたのは商王朝の為政者であったが，実際の製作に携わったのは二里頭文化社会の青銅器製作工人達であったのであろう。二里頭文化の青銅器製作技術を踏まえながら，クライアントの要求によって青銅器製作工人達は，新たな青銅器種の製作に追い込まれたのである。鼎という新たな器種の製造のモデルとなったのが，岳石文化の陶鼎やあるいはその系譜を引いた南関外期の陶鼎であったのであろう。その試行錯誤的な製作技術が外型三范A式(T字形複合外范)という技術を生み，二里頭遺跡Ⅴ区1号墓のような二里頭文化と二里岡文化の過渡的な青銅鼎を生み出したと考えることができる。その技術的な連続性は同一工人集団の技としか理解のできないものである。

　すなわち商王朝という新たな支配者集団の為政者によって，旧来の二里頭社会の青銅器製作工人を使いながら，新たな青銅葬器生産が始まったということができるのである。まさに青銅葬器の製作技術的な変化を伴う様式的な転換は，王朝の交代を示すものであったとともに，二里頭社会に比べより広域な支配領域を確立した商王朝の政治システムから生まれたものであったのである。本書ではその初出段階の二里岡下層文化期の青銅様式を，外型三范A式(T字形複合外范)や脚部三范A式という製作技術の存在から提示することができたものと思われる。そしてまた，王朝交代期における青銅器生産の技術的な連続性という側面は，同じように殷墟期から西周初期の王朝交代期においても見て取れるものであり(難波 2005)，共通した現象ということができよう。

5　まとめ

　本共同研究では，二里頭文化期以前の初期青銅器の悉皆的実測調査を実施し，遺物の型式やその

製作痕跡から，銅器・青銅器の機能的側面による器形変化や製作技術の変化を明らかにすることにより，考古学本来の方法論である型式学的な変化やその系譜関係を明らかにすることに努めた。

　本書では，そのうちの中原を中心とする陶寺文化，二里頭文化，二里岡下層文化に至る銅器・青銅器の体系的な変化過程を，製作技術面の変化を中心に説明してきたところである。簡単にまとめるならば，陶寺文化の外型単范から，二里頭文化期の外型二范へ，さらに二里岡下層文化期の外型三范Ａ式という変化過程を示している。この間は，文献史料に見られる夏王朝から商王朝に相当しているが，技術的には一貫した流れが存在し，特に二里頭文化期から二里岡下層文化期という商王朝成立期においても青銅器製作の技術的な連続性が見られ，そこには同じ工人集団の存在が想定された。

　このような中原青銅器文化は，当初から銅鈴や銅環などの威信財を銅器化することから始まり，二里頭文化期に青銅彝器が加わるように，威信財や儀礼具を中心とする特異な青銅器文化である。しかし，こうした銅器・青銅器文化の技術が中原において独自に成立したか否かについては，多くの議論があるところである。中国青銅器文化において，少なくとも牧畜型農耕社会を背景とする長城地帯青銅器文化と，農耕社会を背景とする中原青銅器文化がそれぞれ独自に存在することは，明らかであろう。さらに前者がユーラシア草原地帯と一定の文化接触の下に成立していたことは，本共同研究の別の成果として既に公表しているところである(宮本編2008)。

　そして本書の今のところの結論としては，銅器・青銅器の時空上の分布からするならば，ユーラシア草原地帯と中国西北部との文化接触の中に広がった銅器・青銅器が，さらに黄河中流域の中原や黄河下流域に広がったものと理解された。この銅器・青銅器の広がりは紀元前3000年紀の長城地帯青銅器文化第1期にあたる。紀元前3000年紀末に銅器の広がった中原の陶寺文化では，既に首長制社会に到達していた社会的な要求から，威信財を銅器化するという自立的な文化受容を果たすとともに，技術的な革新を成し遂げたのである。特に外范と内范からなる土製複合范の鋳造技術は，既に存在した製陶技術から自己開発された可能性が高い。首長制社会の首長層の要求から製陶工人などを中心に銅器技術が開発されたものであり，首長制社会の半専門化した工人集団が存在する社会システムこそが，威信財を中心とした中原独自の青銅器文化の開発に繋がったものと考えられる。

　このような青銅器製作工人は，二里頭文化期においてより専門工人化していったであろう。銅と錫の合金という精錬技術を伴った青銅器が本格的に生産されるようになるのも，長城地帯青銅器文化第2期の二里頭文化期からである。青銅器生産システムにおいて，刀子や鑿などの工具や銅鏃などの武器といった生産は，二里頭文化期においても二里頭文化圏内での個別の集落や集団単位でなされていたが，その中でも二里頭遺跡においてのみ銅鈴などの楽器や爵などの青銅彝器といった威信財が生産された。それらの生産工房は，二里頭遺跡という都市遺跡において，二里頭第2期から第4期まで一定の場所に固定されていた。同じく緑松石の生産工房も一貫して固定しており，専門工人が半専業化するように存在していたことを物語っている。こうした手工業生産は，二里頭遺跡の首長層あるいは王らによって統制されていたものであり，その儀礼行為を行うにあたって必要な

酒器が二里頭文化第3期以降に青銅器生産されることになったのである。儀礼行為の媒介具としてあるいは社会的身分標識として，陶寺文化以来の銅鈴などの楽器と，さらに酒器である青銅彝器が登場することとなる。これらを儀礼行為に使うことにより，二里頭遺跡の社会において首長や王を頂点とした社会統制が可能となったのである。

しかし，こうした二里頭遺跡を中心とした二里頭文化圏内で，個々の集落や個々の社会集団が二里頭遺跡集団を中心に固く結束していたわけではない。精製土器の一定の広がりといった斉一性は二里頭遺跡では認められるものの，二里頭遺跡以外ではそれらを副葬しないといった埋葬習俗の差違や独自性が存在している。二里頭文化第3期までは緩やかな統一体を形成しており，個別集団の自立性も強いものであった。

このような精製土器が二里頭遺跡以外の集団においても埋葬行為において副葬されるのは，二里頭文化第4期からであり，埋葬儀礼という精神面における斉一化が認められる。また，二里頭遺跡からみれば外来系の土器である罍を青銅器化したものも二里頭文化第4期であり，他地域の儀礼行為や葬送行為を体制内に取り込もうとするのもこの時期からである。そして，二里頭文化第4期からは，これまで二里頭遺跡内で使用されていた青銅彝器が二里頭遺跡以外においても認められることとなる。これは埋葬儀礼の共有化にも認められるように，二里頭遺跡の首長あるいは王が威信財である青銅彝器を他集団へも配布することにより政治的な統合化を図ろうとしたことと呼応している。商族の南下という脅威の中に祭祀の共有化による政治的な統合化が図られ，二里頭文化第4期こそより政治的な結束が示されたのである。

しかし，商が二里頭文化の政権を奪うことによって，商は二里頭文化期より広範な領域支配を行うこととなった。これが夏王朝から商王朝の交代期にあたっている。この領域とは，従来の商族の範囲と二里頭文化の範囲さらに豫東の岳石文化の範囲であった。山東龍山文化の系譜を引く岳石文化の領域である豫東地域を領域化するにあたって，新たな儀礼行為の共有化のために，山東龍山文化や岳石文化において身分標識となっていた副葬儀礼の規範を採用することとなったのである。これが鼎などの煮沸具を青銅器化して儀礼具や威信財の中に含めることに繋がっている。

二里頭文化期に見られた銅鈴などの楽器，爵・盉・罍などの酒器に加え，さらに鼎や鬲・甗などの煮沸具を含めた青銅彝器による儀礼具や威信財を完成させたのは商であった。これはまさに新石器社会以来の諸集団を宗教的にも儀礼的にも統合するための手段であったのであり，殷周社会の礼的な規範がここに完成することになる。

このような王権機能の強化のために，商王朝では青銅彝器が発達することとなった。この過程で，同一系譜の青銅器製作工人に基づく技術基盤が，新たな王朝の意向の下に改良されることとなり，鋳造技術の革新が果たされることになったのである。

注
1) 梅建軍北京科技大学教授によれば，遼寧省牛河梁遺跡群金字塔形遺跡で発見された銅炉壁の再年代測定により，この鋳造遺構の年代が紅山文化に属することが判明したという。

図　版

図版　219

3

1

2

17

19

18

図版 1　姜寨遺跡出土黄銅(1・2), 陶寺遺跡出土銅鈴(3), 東下馮遺跡出土青銅刀子(17・18)・青銅鑿(19) (1～3 縮尺約 1/2, その他縮尺約 2/3)

220

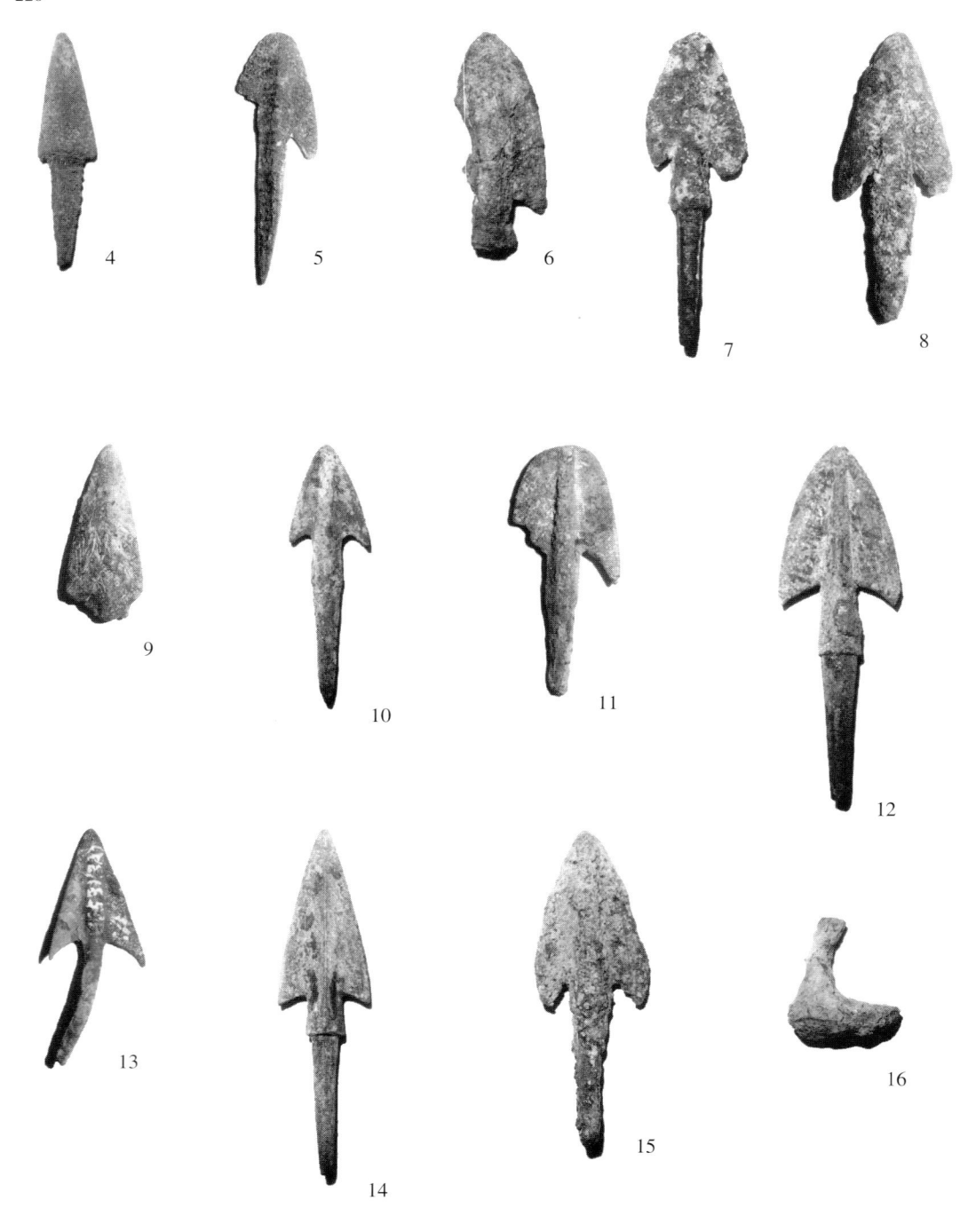

図版2　東下馮遺跡出土青銅鏃(4〜15)・不明銅器(16)（縮尺約 2/3）

図版　　　　　　　　　　221

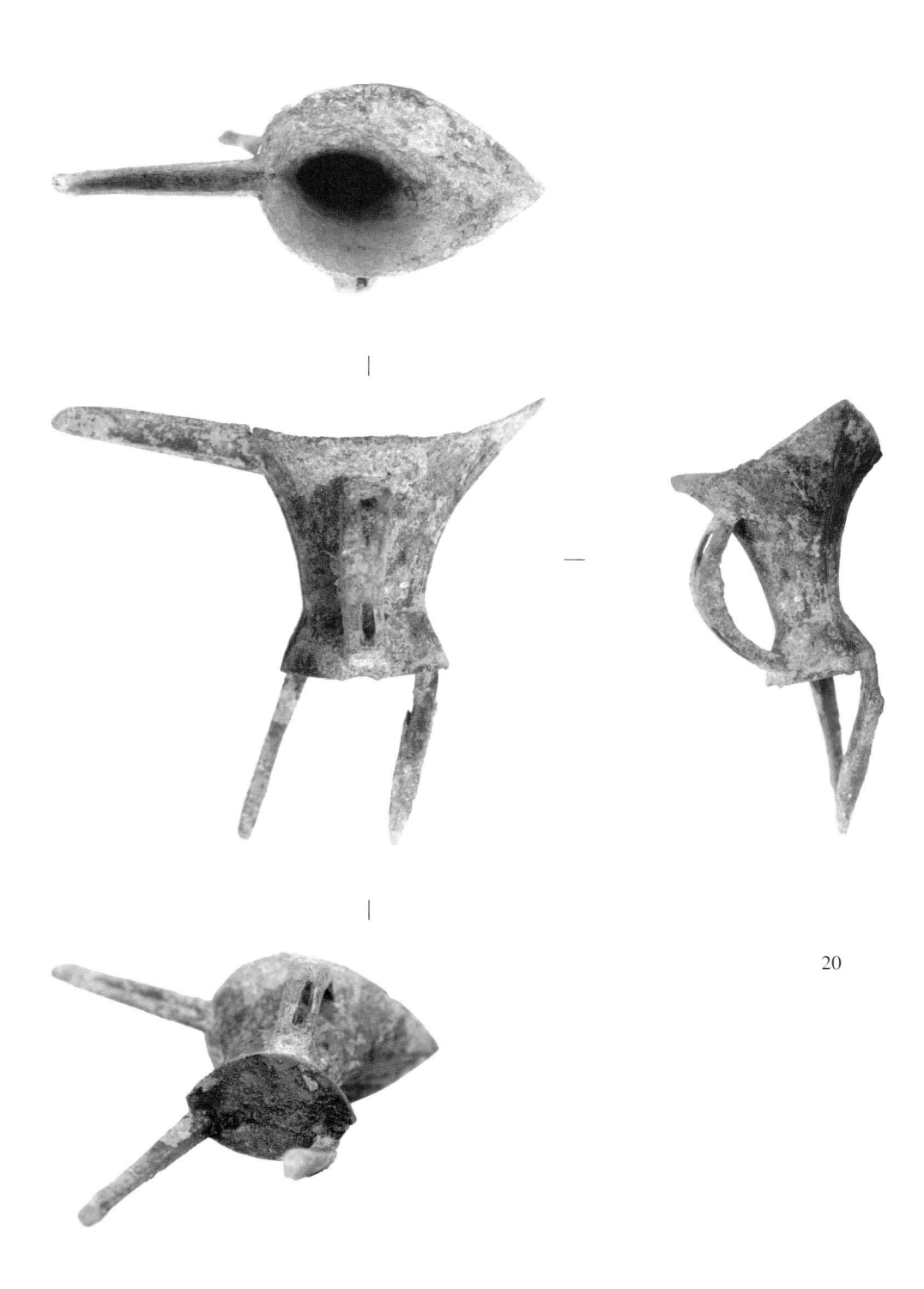

20

図版 3　二里頭遺跡 V 区 8 号墓出土 Ia 式青銅爵 (20)（縮尺約 1/2）

222

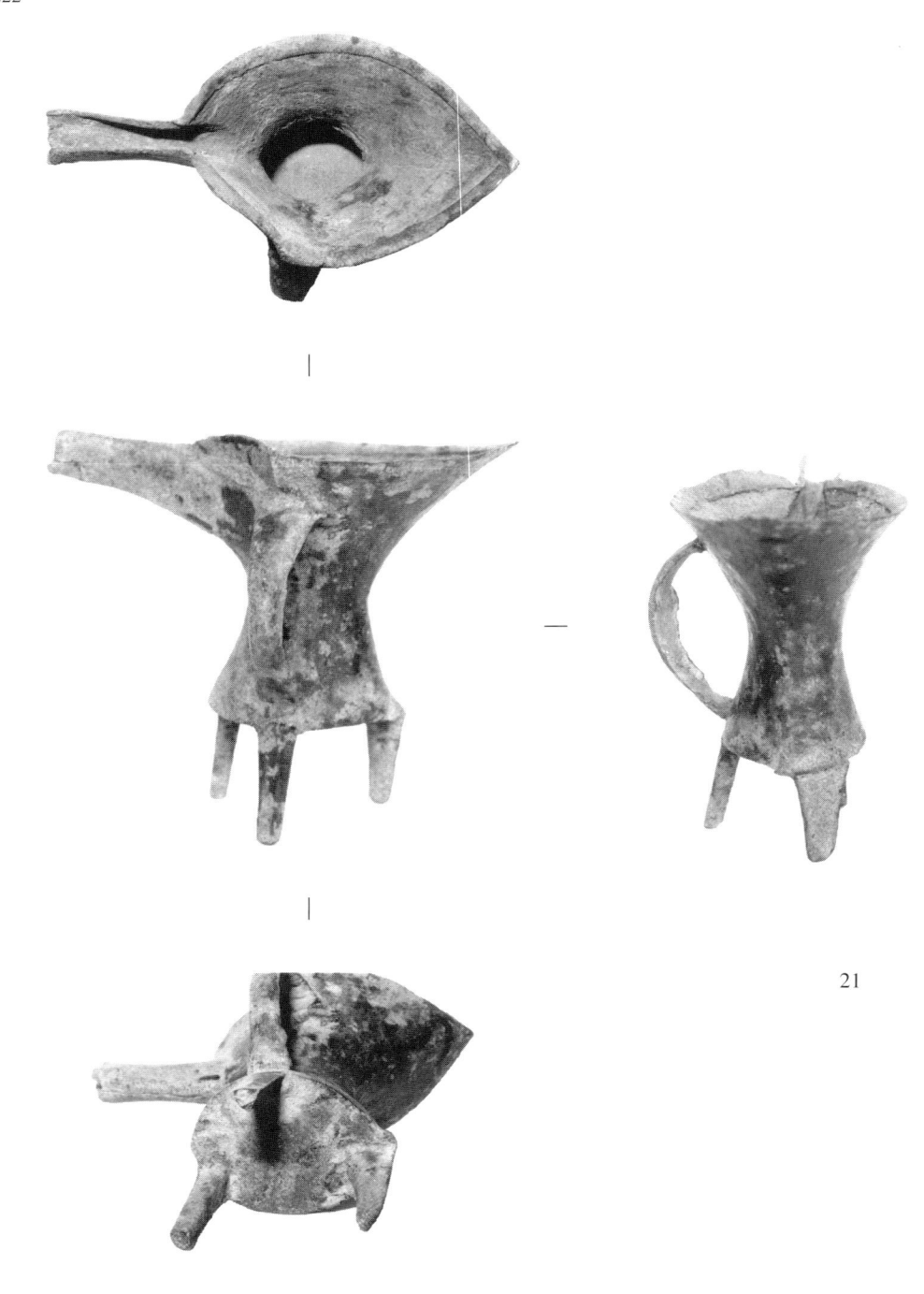

図版 4　二里頭遺跡 VII 区 3 層出土 Ia 式青銅爵 (21)（縮尺約 1/2）

図　版

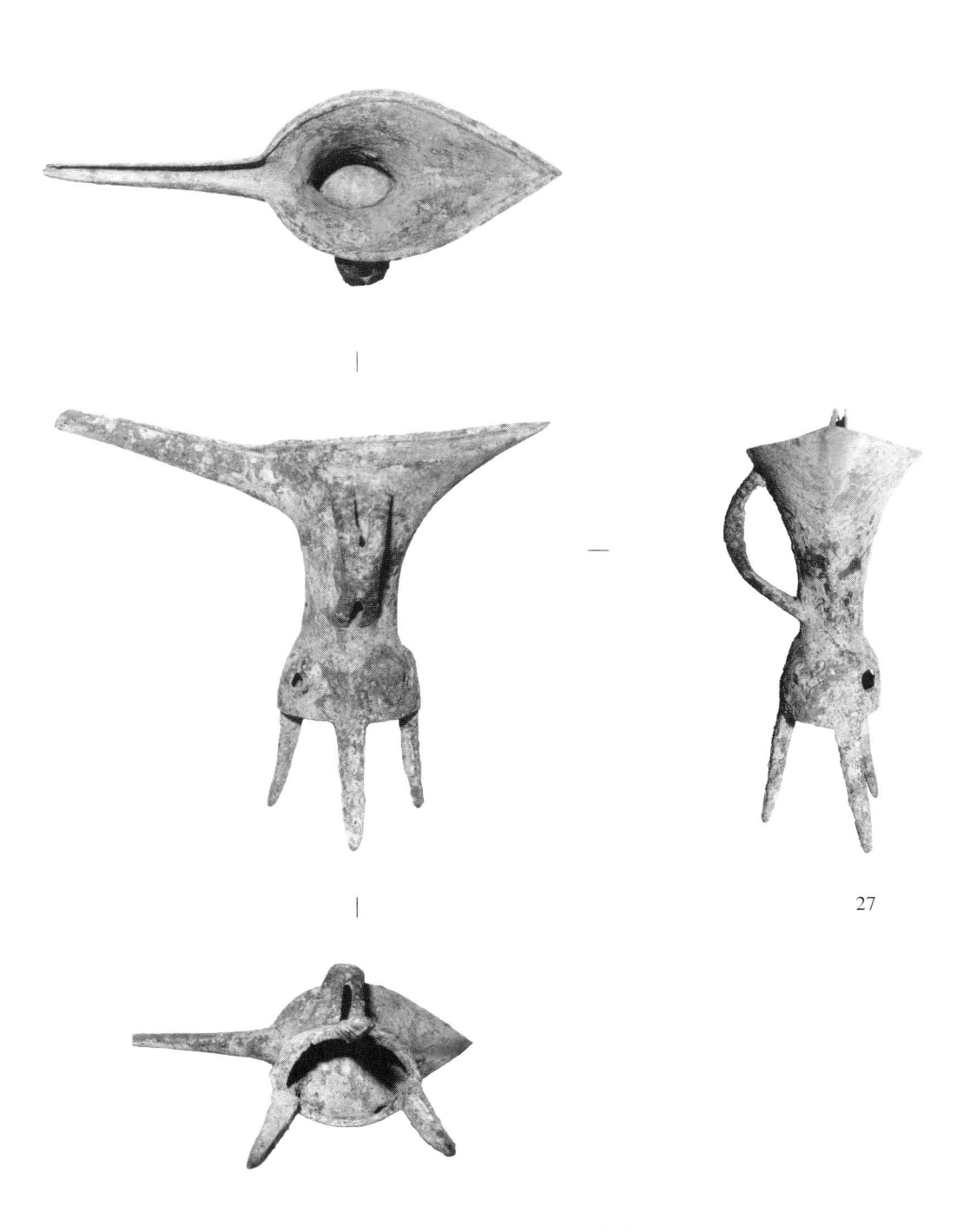

27

図版 5　二里頭遺跡 III 区 2 号墓出土 II 式青銅爵(27)（縮尺約 1/3）

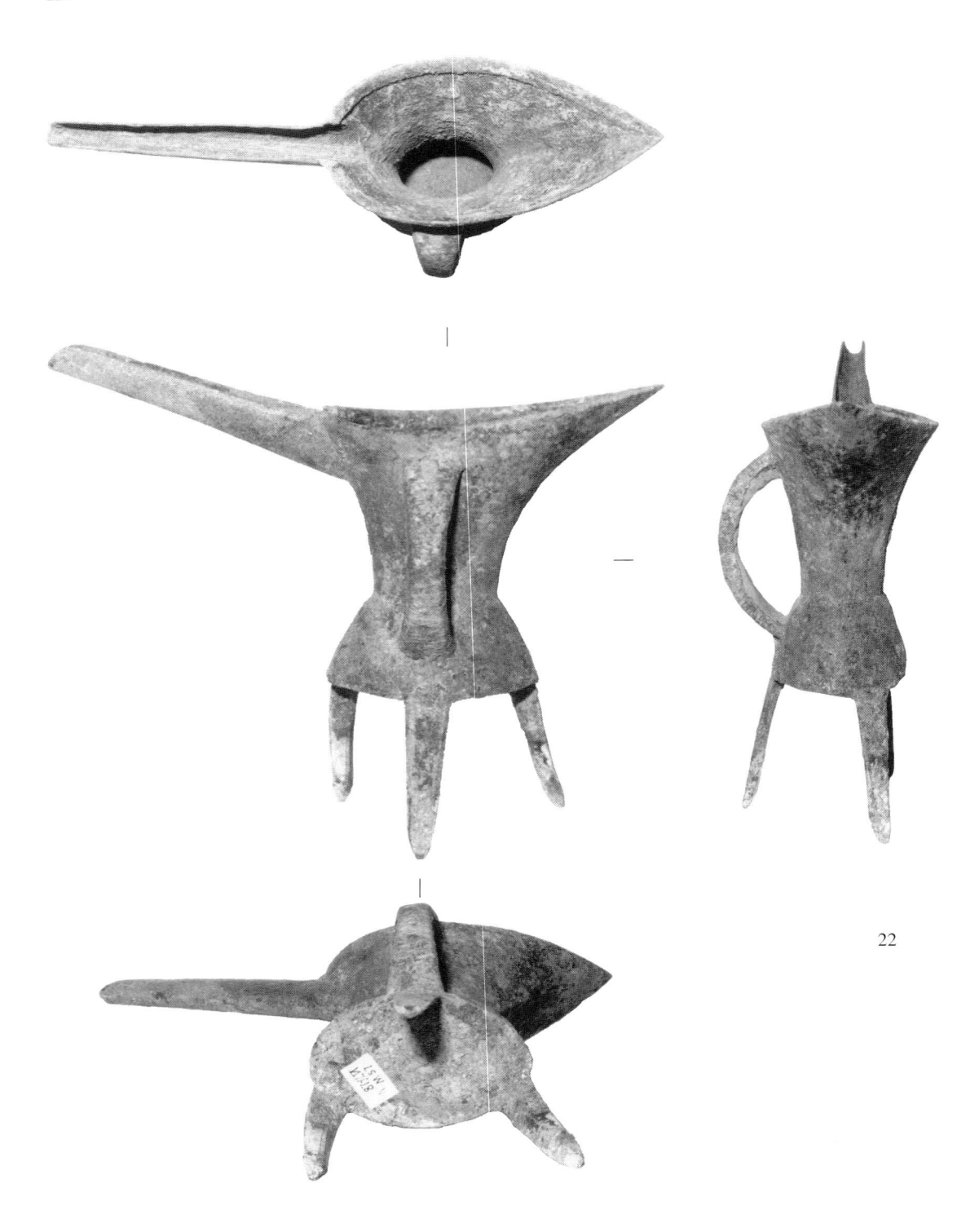

図版 6　二里頭遺跡 VI 区 57 号墓出土 Ib 式青銅爵 (22)（縮尺約 1/2）

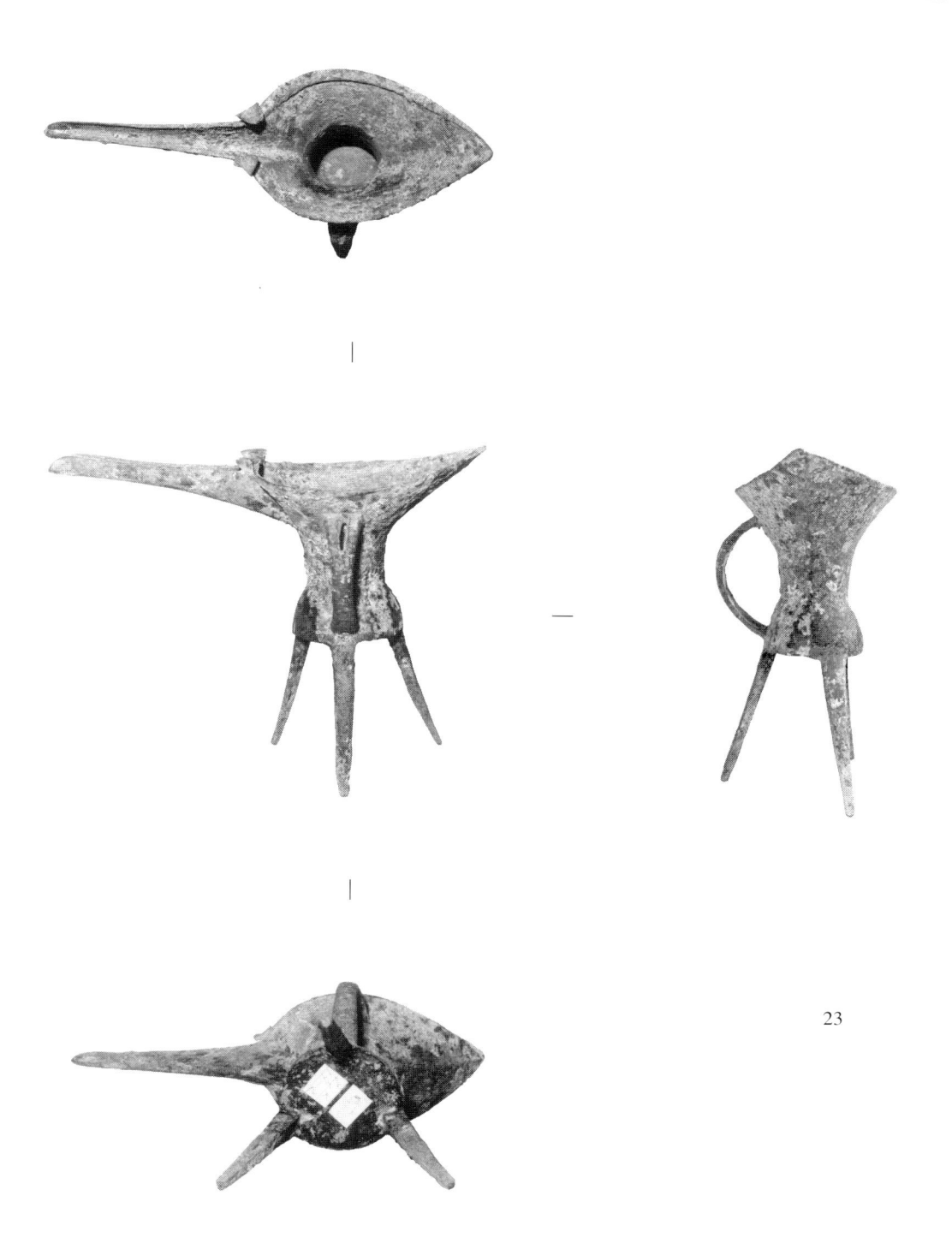

図版7　二里頭遺跡 VI 区 9 号墓出土 Ib 式青銅爵 (23)（縮尺約 1/3）

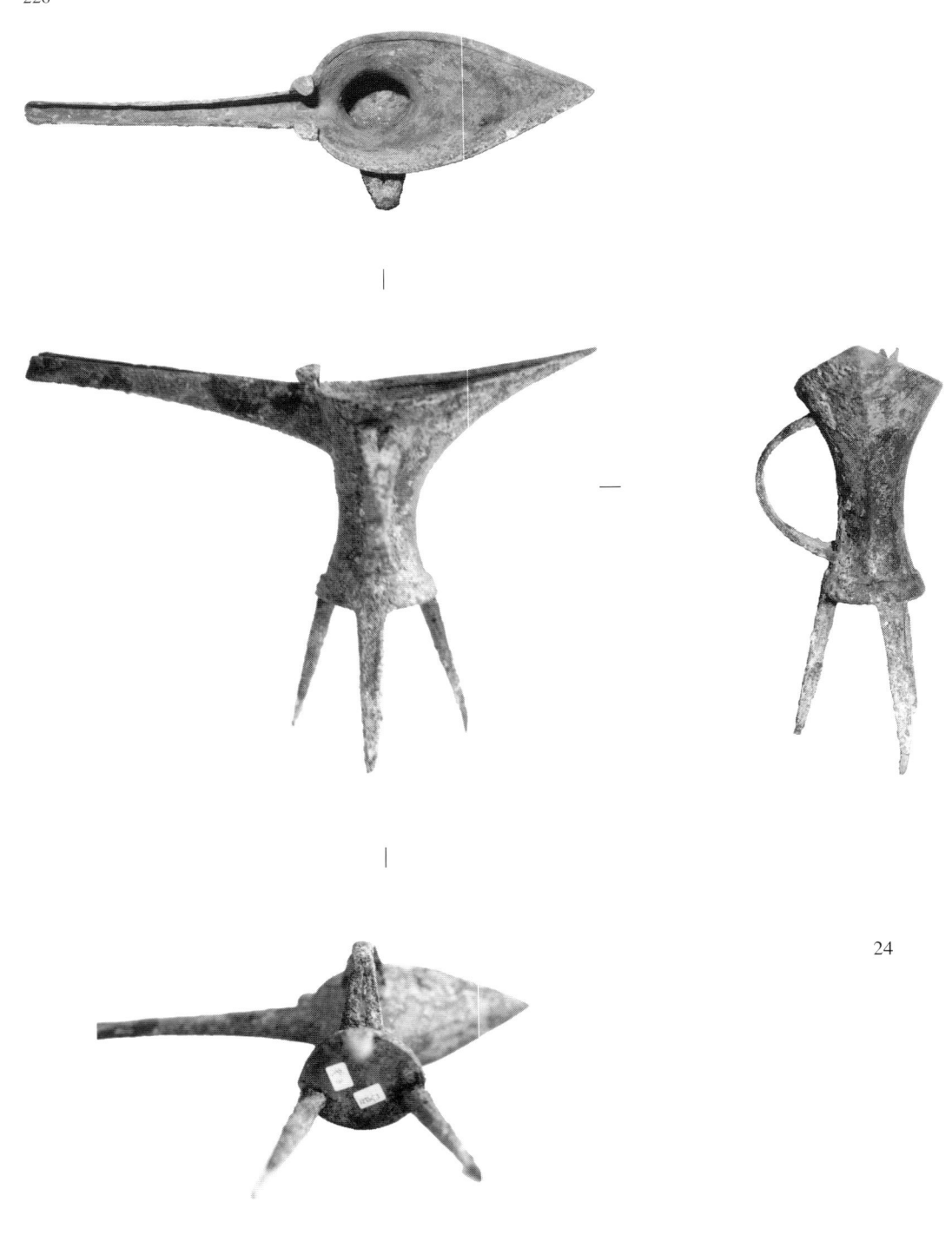

図版 8　二里頭遺跡 VI 区 4 号墓出土 Ib 式青銅爵(24) (縮尺約 1/3)

図　版　227

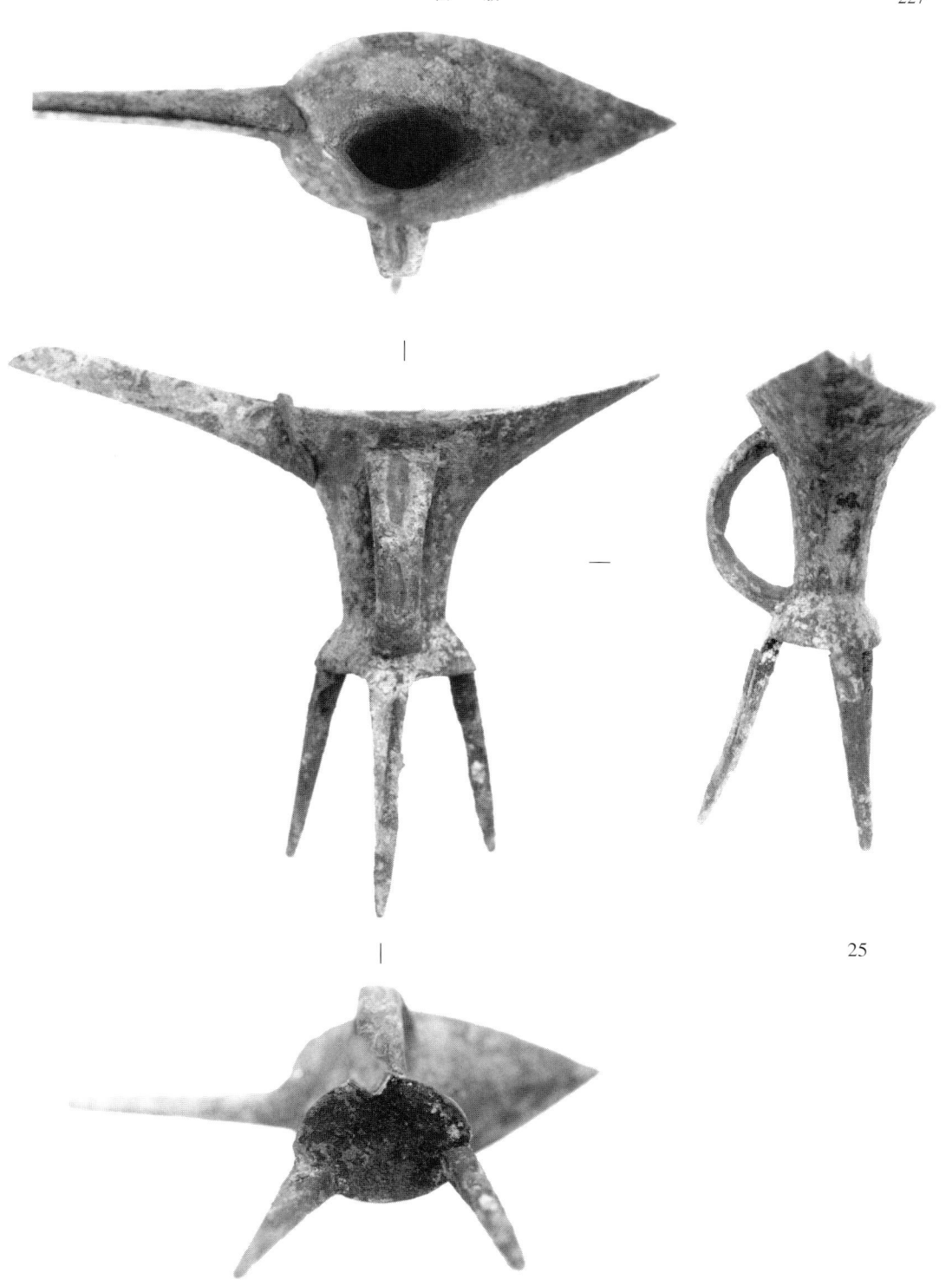

図版 9　二里頭遺跡 V 区 16 号墓出土 Ib 式青銅爵 (25)（縮尺約 1/2）

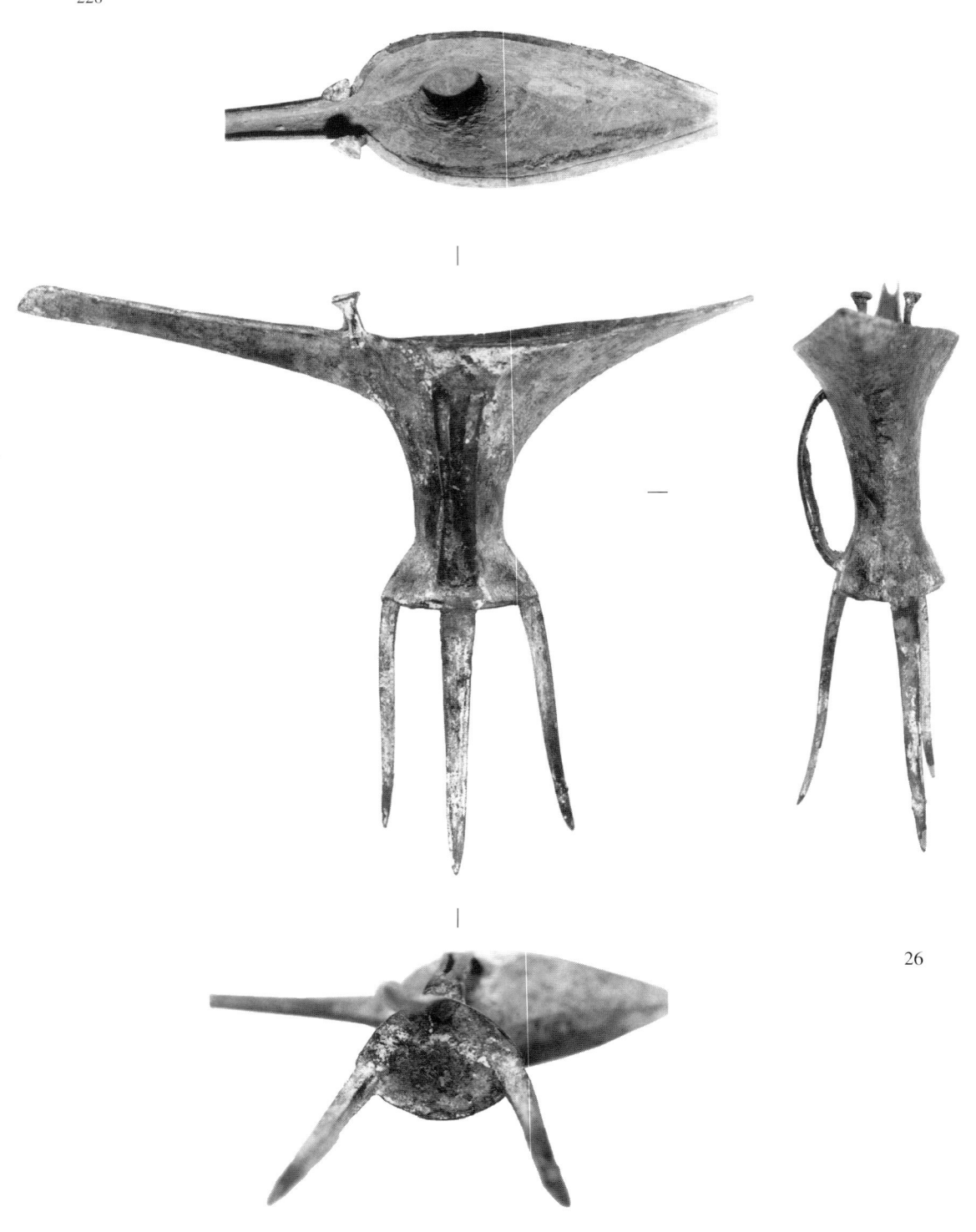

図版 10　二里頭遺跡 VII 区 7 号墓出土 Ib 式青銅爵 (26) (縮尺約 1/3)

図版

図版 11　二里頭遺跡 VI区 4 号墓出土青銅斝(28)（縮尺約 1/4）

230

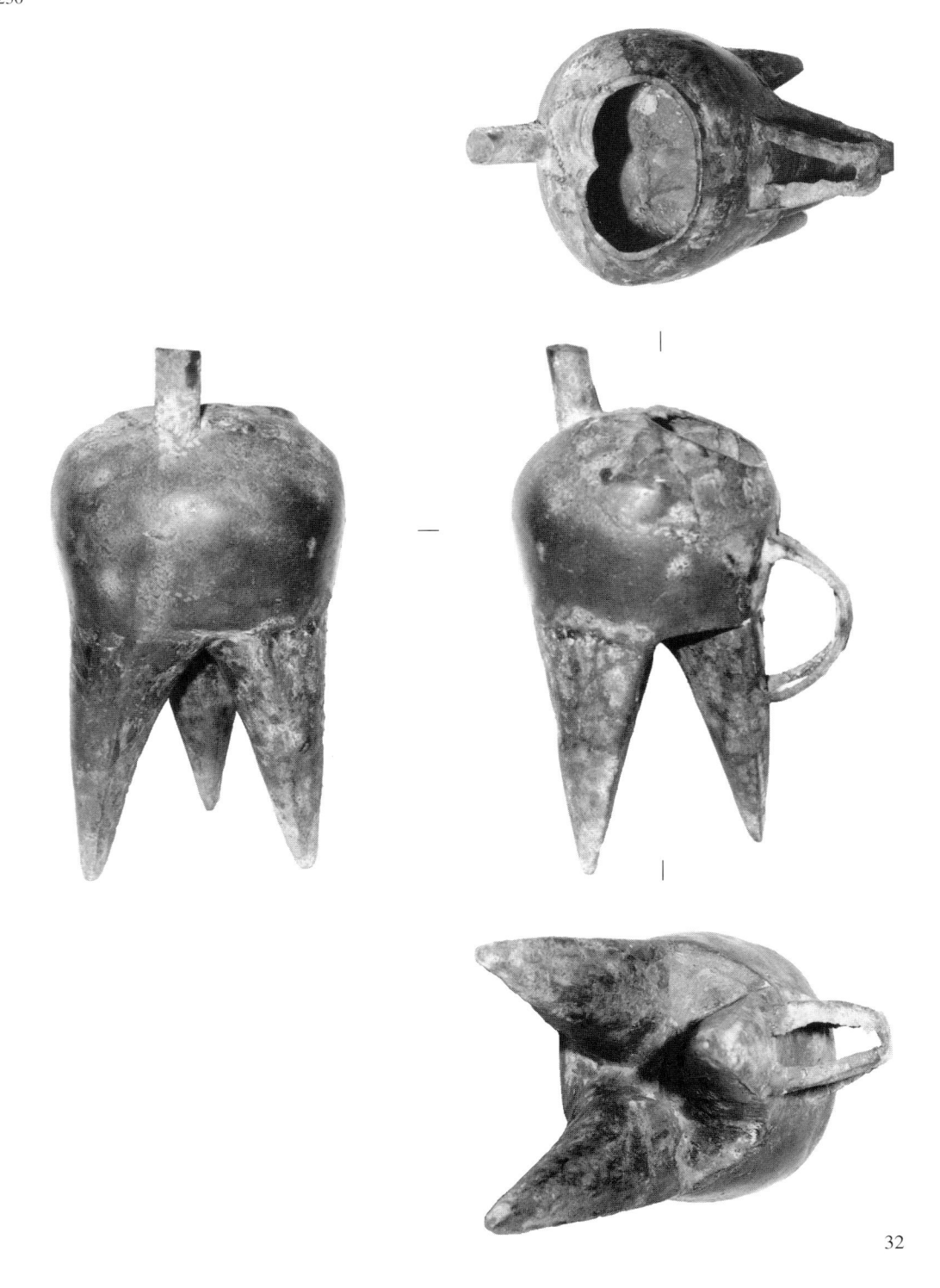

図版 12　二里頭遺跡 II 区 1 号墓出土青銅盉(32)（縮尺約 1/3）

図版13 二里頭遺跡Ⅴ区1号墓出土青銅鼎(31)(縮尺約1/3)

232

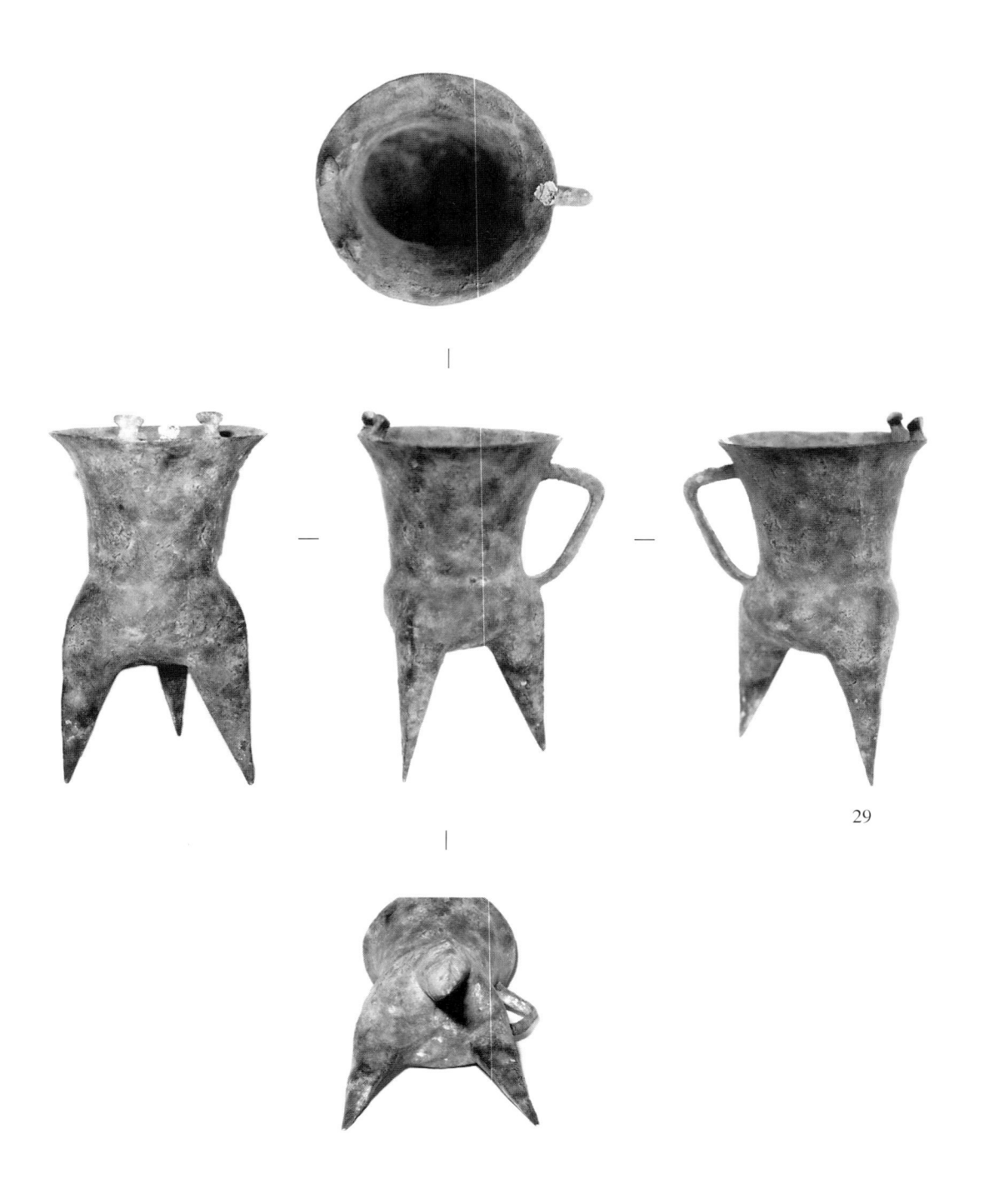

図版 14　二里頭遺跡 V 区 1 号墓出土青銅斝 (29)（縮尺約 1/4）

図　版

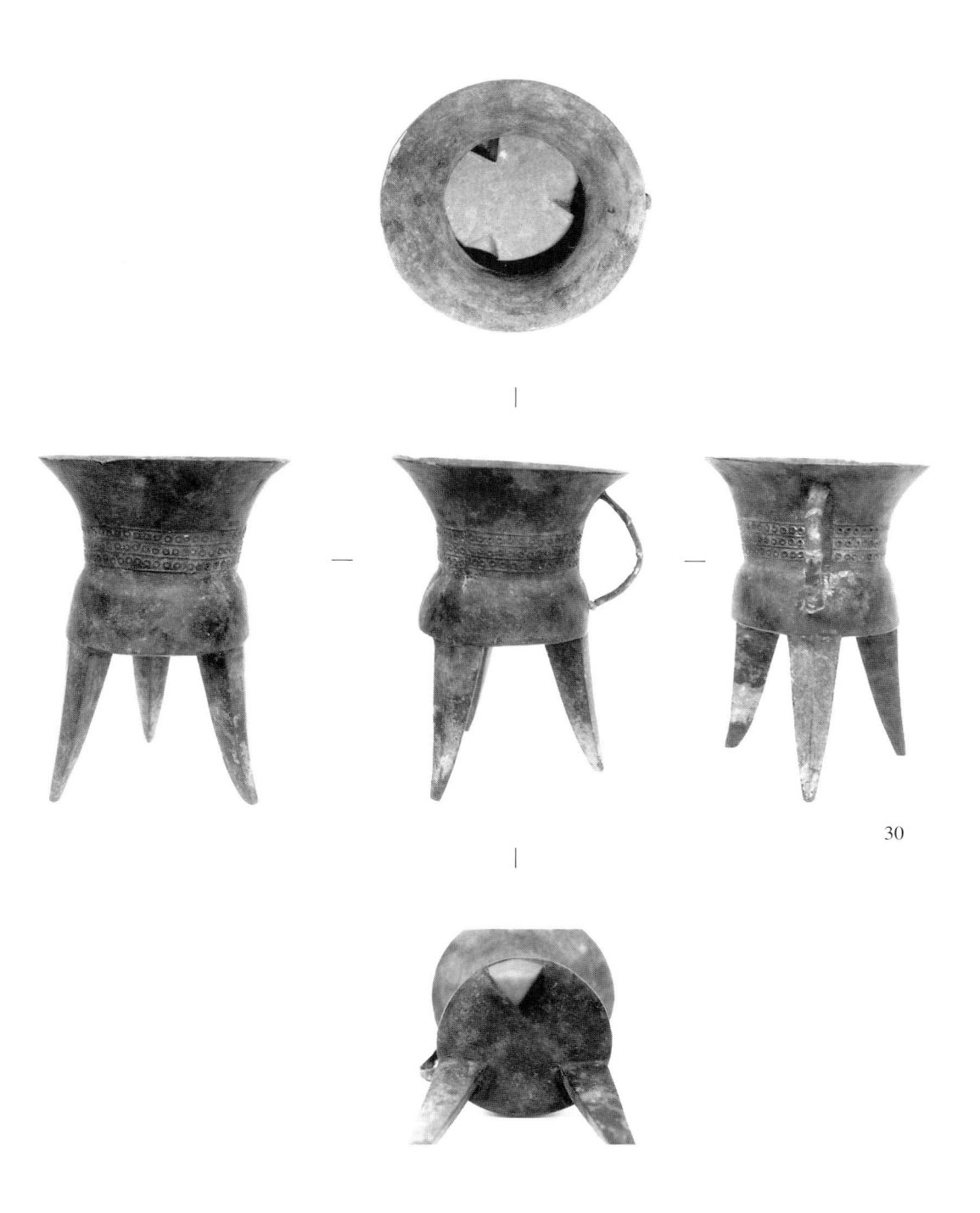

図版 15　二里頭遺跡 V 区出土青銅斝(30)（縮尺約 1/4）

図版 16　二里頭遺跡 V 区 22 号墓出土青銅鈴(33)(縮尺約 1/2)

図版　　235

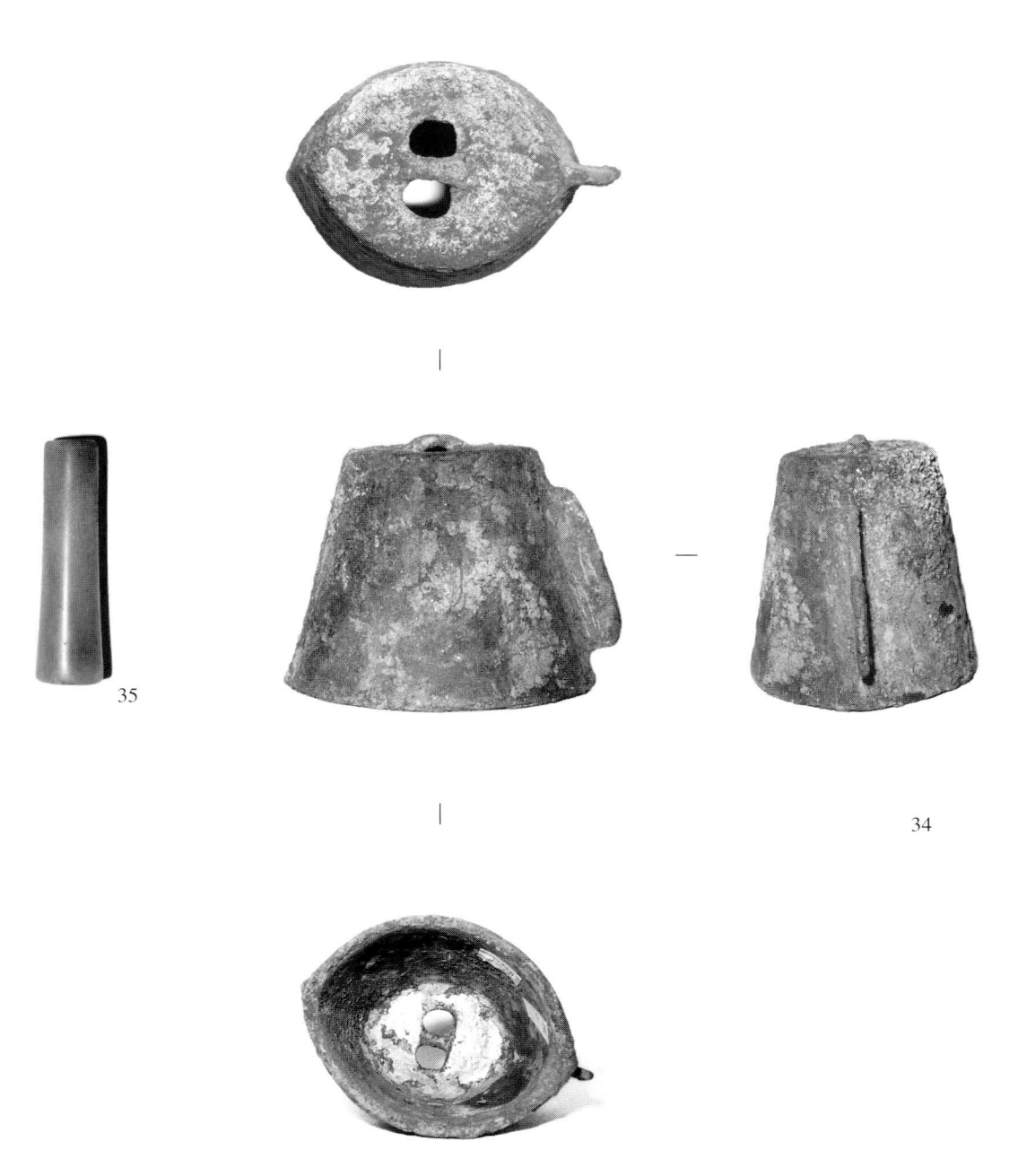

図版 17　二里頭遺跡 VI 区 11 号墓出土青銅鈴(34)・舌(35)（縮尺約 1/2）

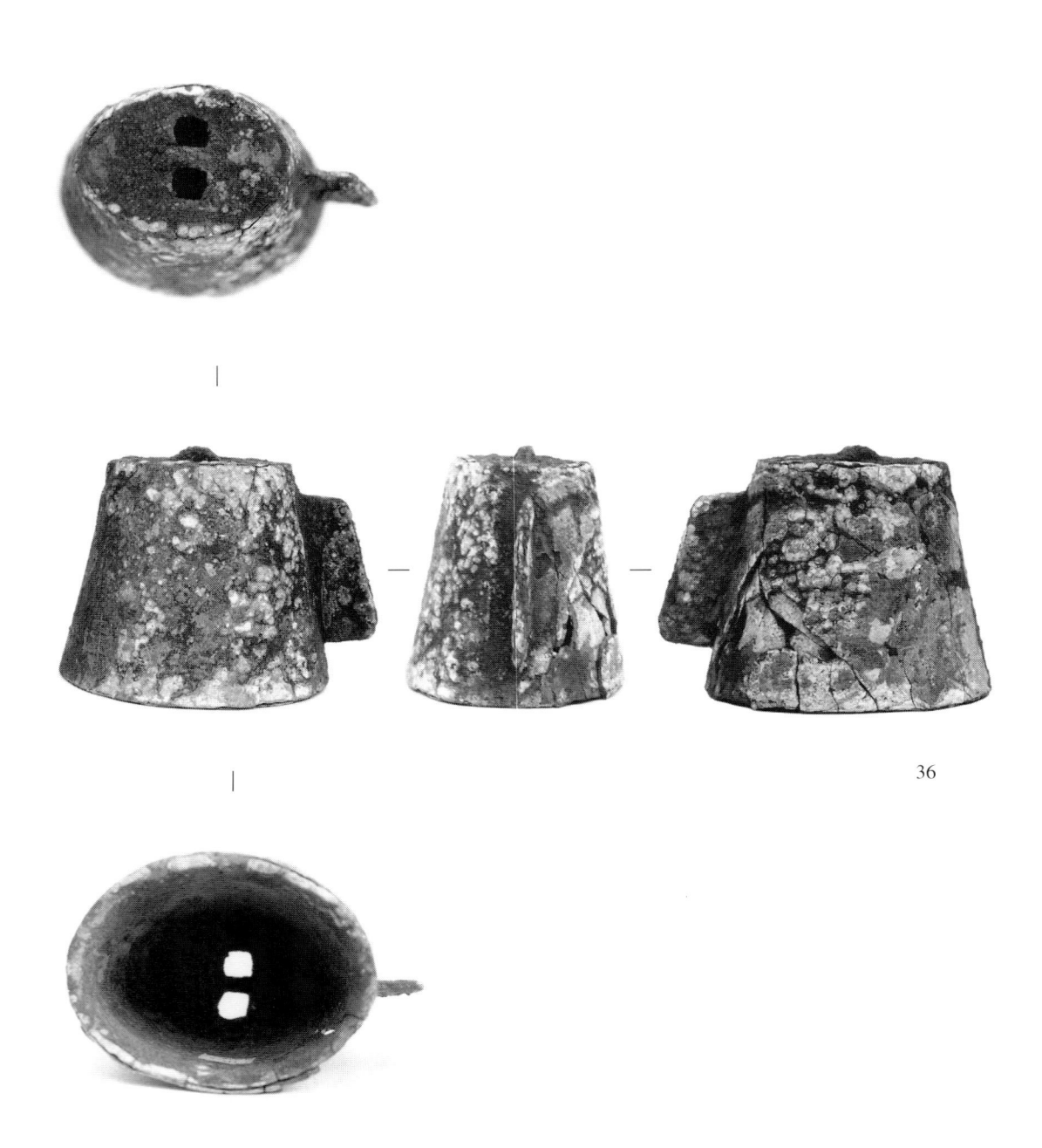

図版 18　二里頭遺跡 IX 区 4 号墓出土青銅鈴 (36)（縮尺約 1/2）

図　版　　237

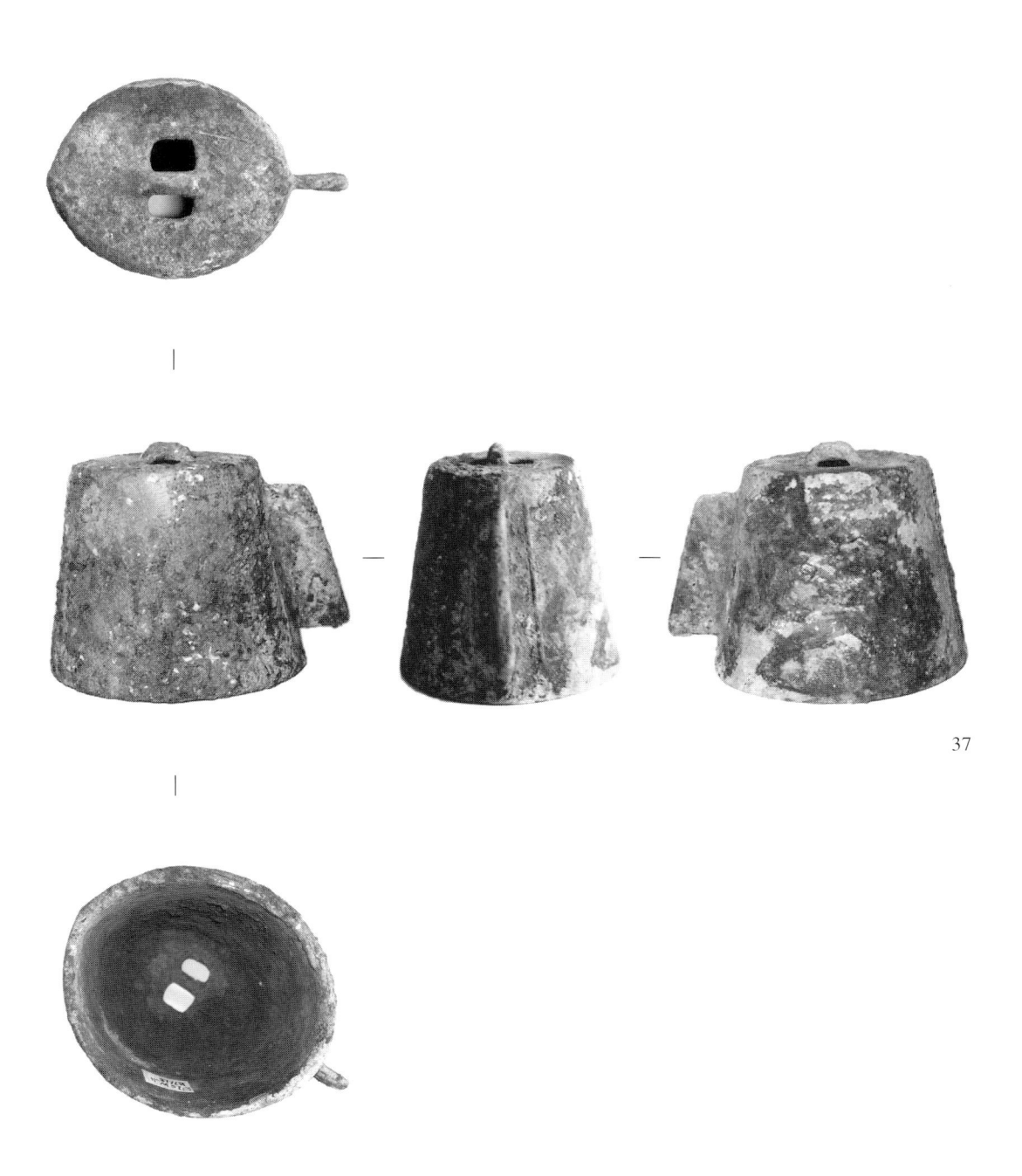

37

図版 19　二里頭遺跡 VI 区 57 号墓出土青銅鈴 (37)（縮尺約 1/2）

238

38　　　　　　　　　　39

図版 20　二里頭遺跡Ⅴ区 4 号墓出土青銅鈴(38)・舌(39)（縮尺約 1/2）

図版 21 二里頭遺跡 Ⅴ 区 4 号墓出土獣面牌飾 (40) (縮尺約 2/3)

図版 22　二里頭遺跡 VI 区 11 号墓出土獣面牌飾 (41)（縮尺約 2/3）

図版 241

図版 23 二里頭遺跡 VI 区 57 号墓出土獣面牌飾(42)(縮尺約 2/3)

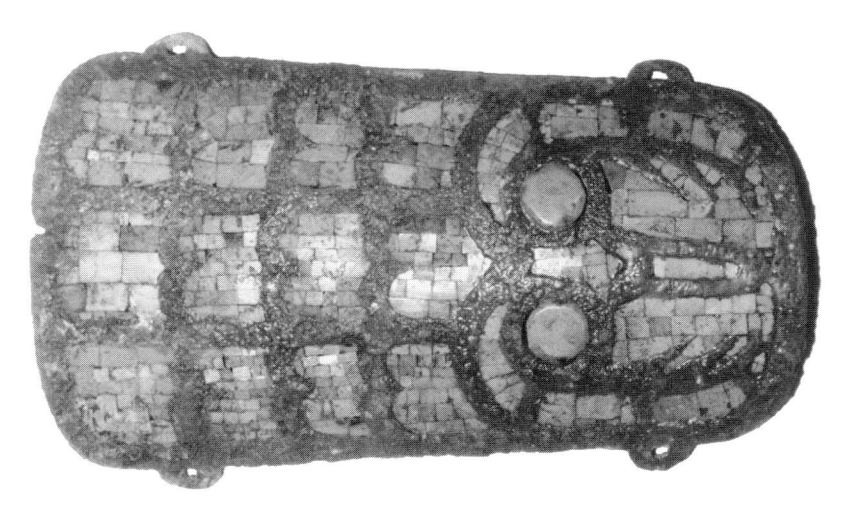

43

44

45

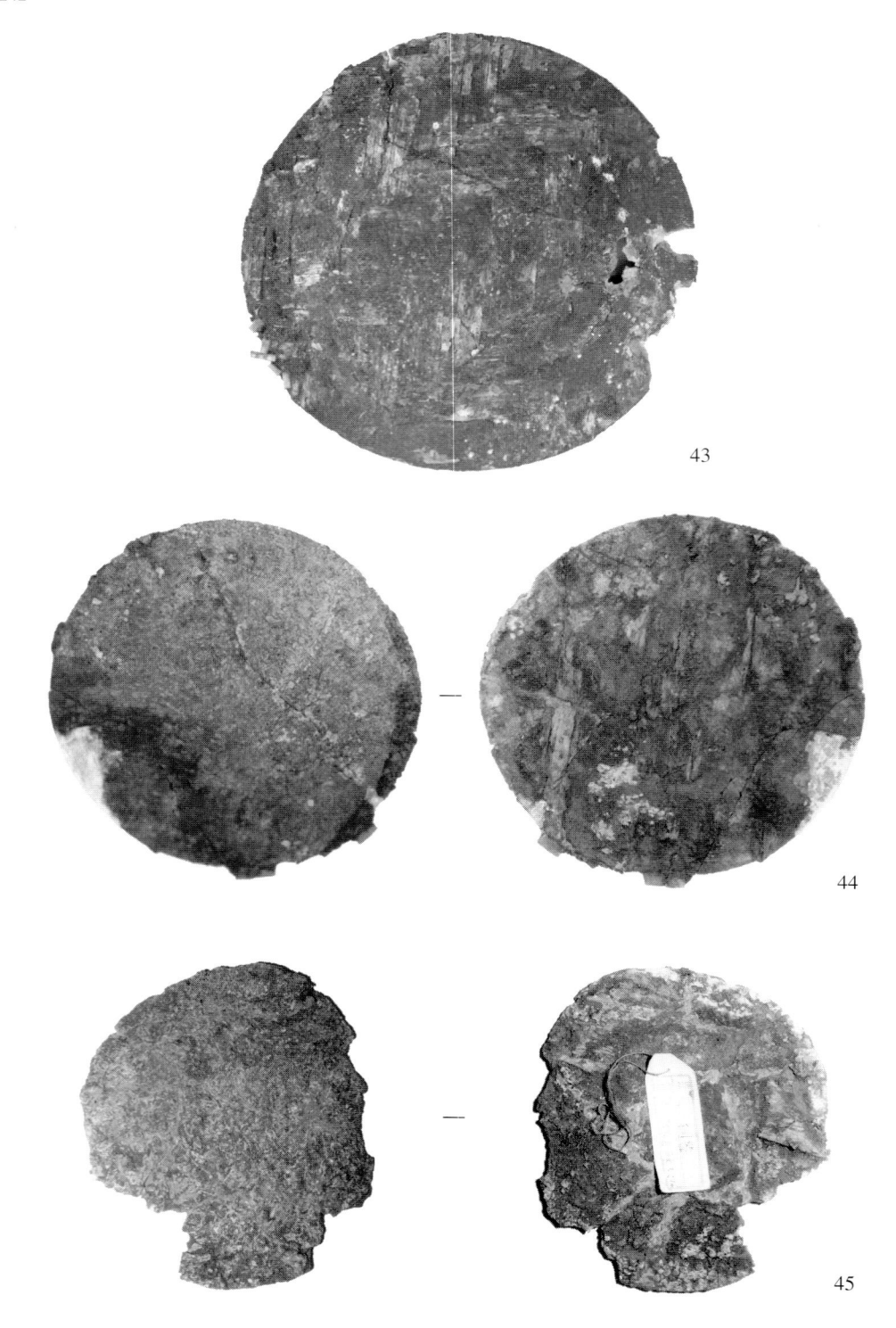

図版 24 二里頭遺跡出土青銅円形飾(43〜45)(縮尺約 1/2)

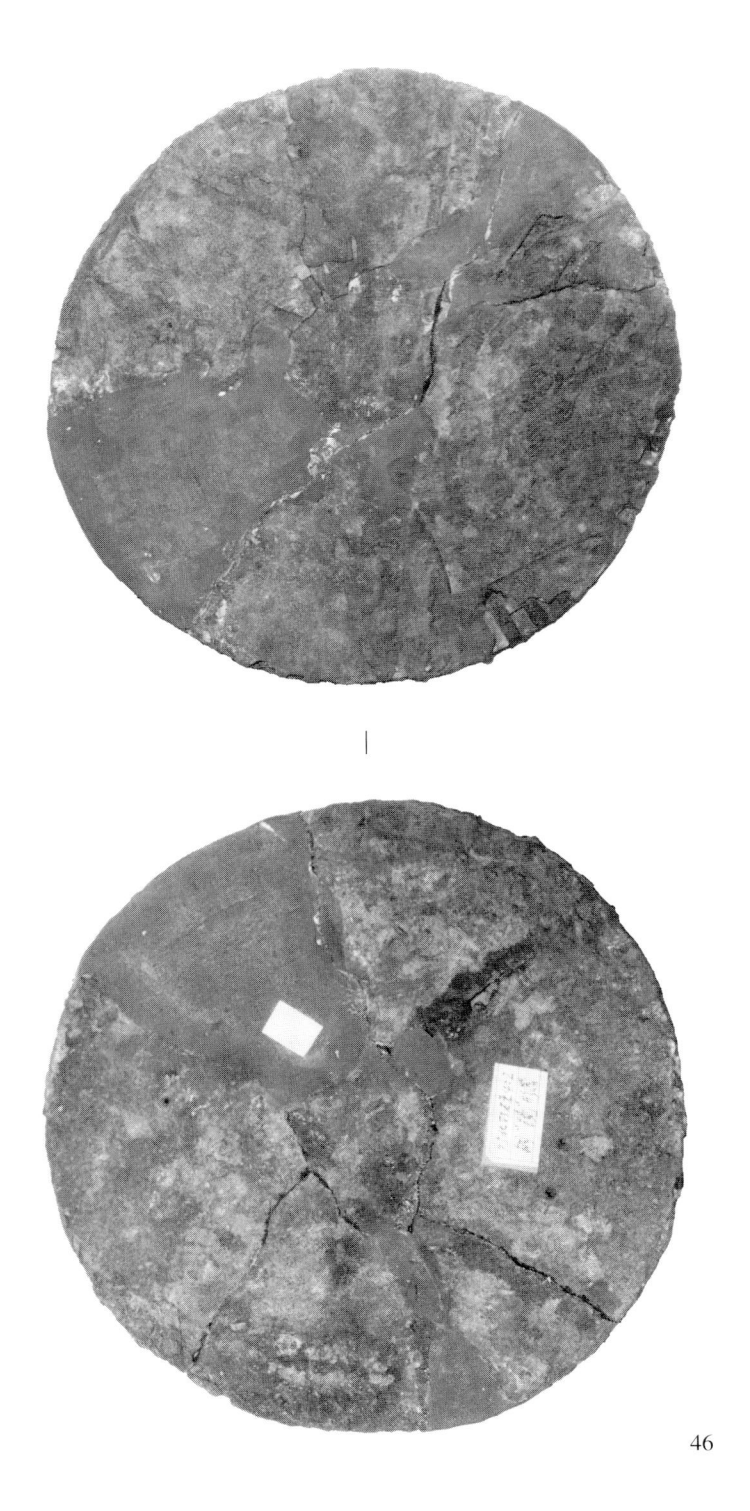

図版 25　二里頭遺跡Ⅴ区 4 号墓出土青銅円形飾(46)（縮尺約 1/2）

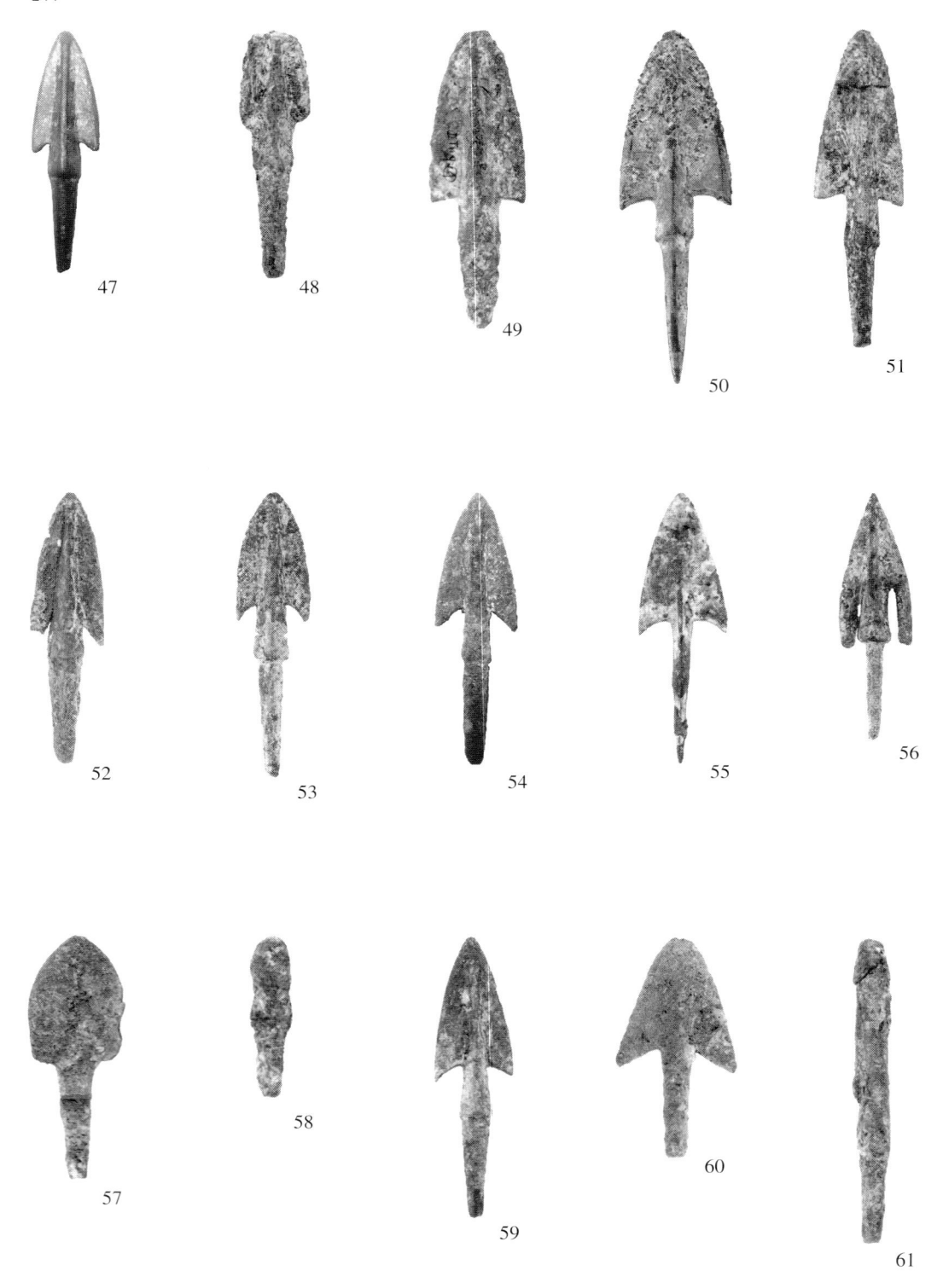

図版 26　二里頭遺跡出土青銅鏃(47〜61)（縮尺約 2/3）

図 版 245

62
63
64
65
66
67
68

図版 27 二里頭遺跡出土青銅鏃(62〜66)・青銅刀(67)・青銅鉞(68)（67 縮尺約 1/3，その他縮尺約 2/3）

246

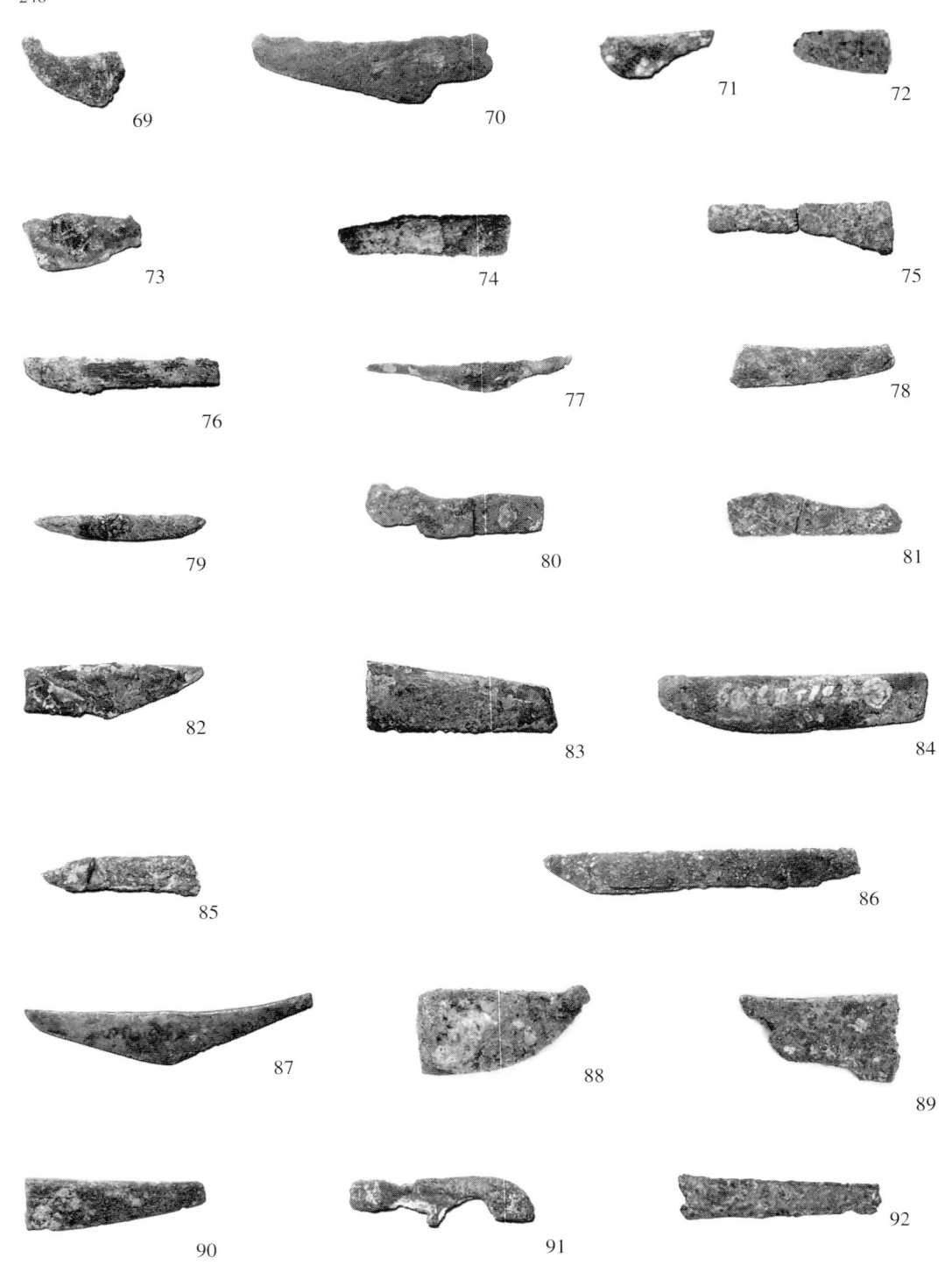

図版 28 二里頭遺跡出土青銅刀子(69〜92)（縮尺約 2/3）

図　版　247

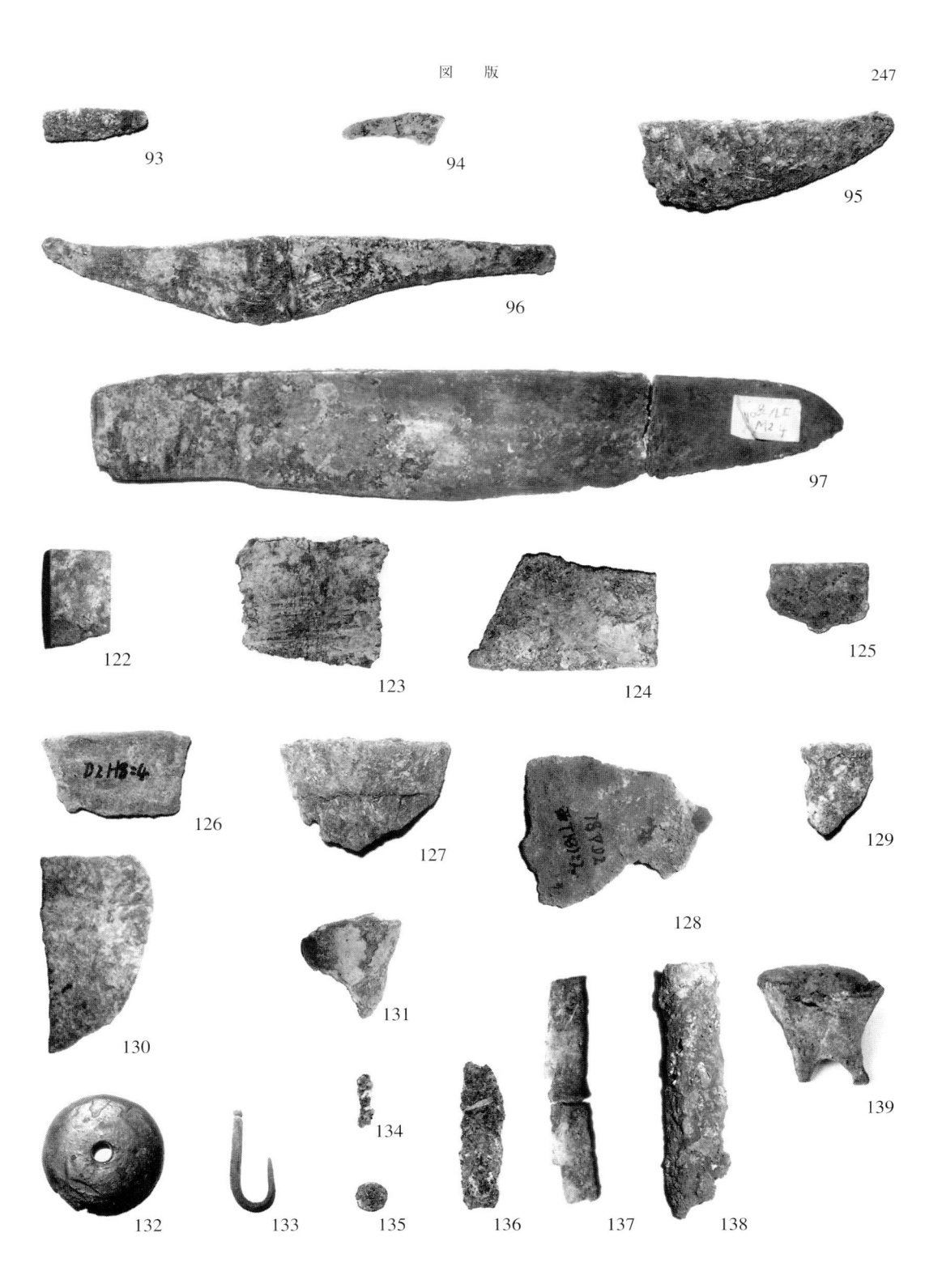

図版 29　二里頭遺跡出土青銅刀子(93〜97)・青銅器関連遺物(122〜139)（縮尺約 2/3）

248

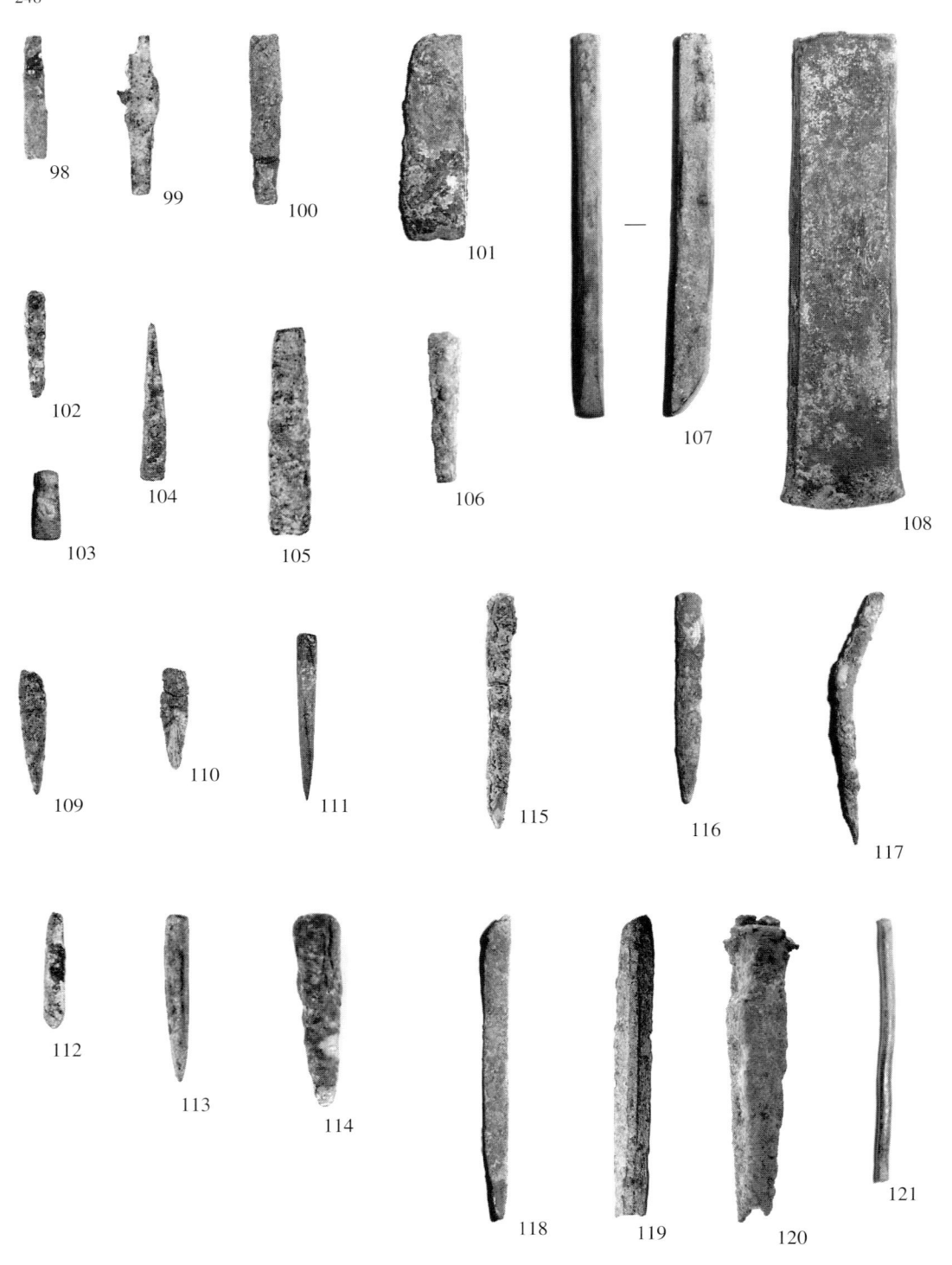

図版 30　二里頭遺跡出土青銅鑿・青銅斧・青銅錐・その他（98～121）（縮尺約 2/3）

図　版 249

140

141

142

145

143

144

146

147

148

図版 31　二里頭遺跡出土土製鋳型（140～148）（縮尺約 1/2）

250

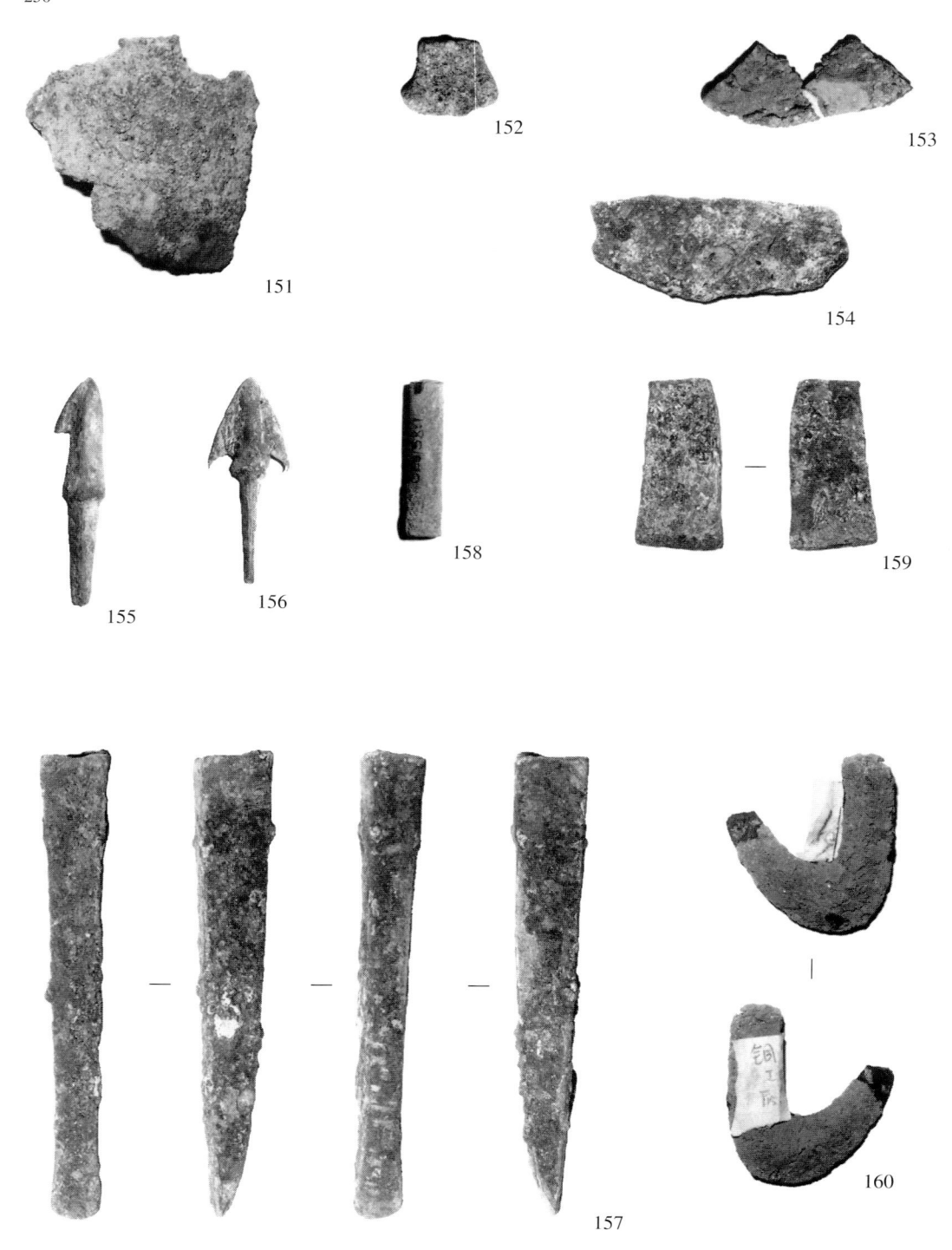

図版 32 河南省出土初期青銅器関連遺物(151・152 王城崗, 153 西崖, 154 竪河, 155〜157 旭旮王, 158 洛達廟, 159 大師姑, 160 下王崗)(縮尺約 2/3)

図　版　251

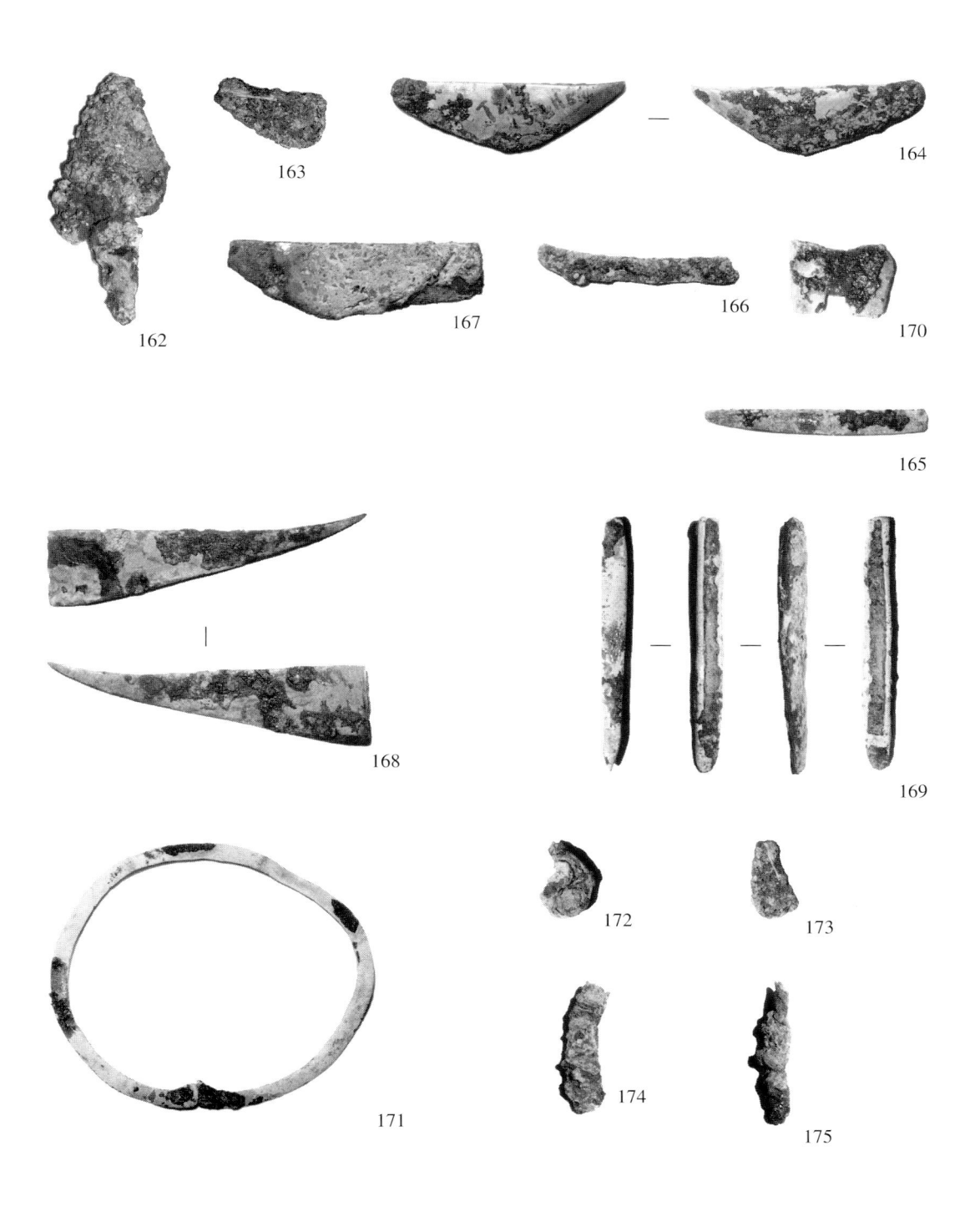

図版 33　山東省尹家城遺跡出土青銅器関連遺物（162〜175）（縮尺約 2/3）

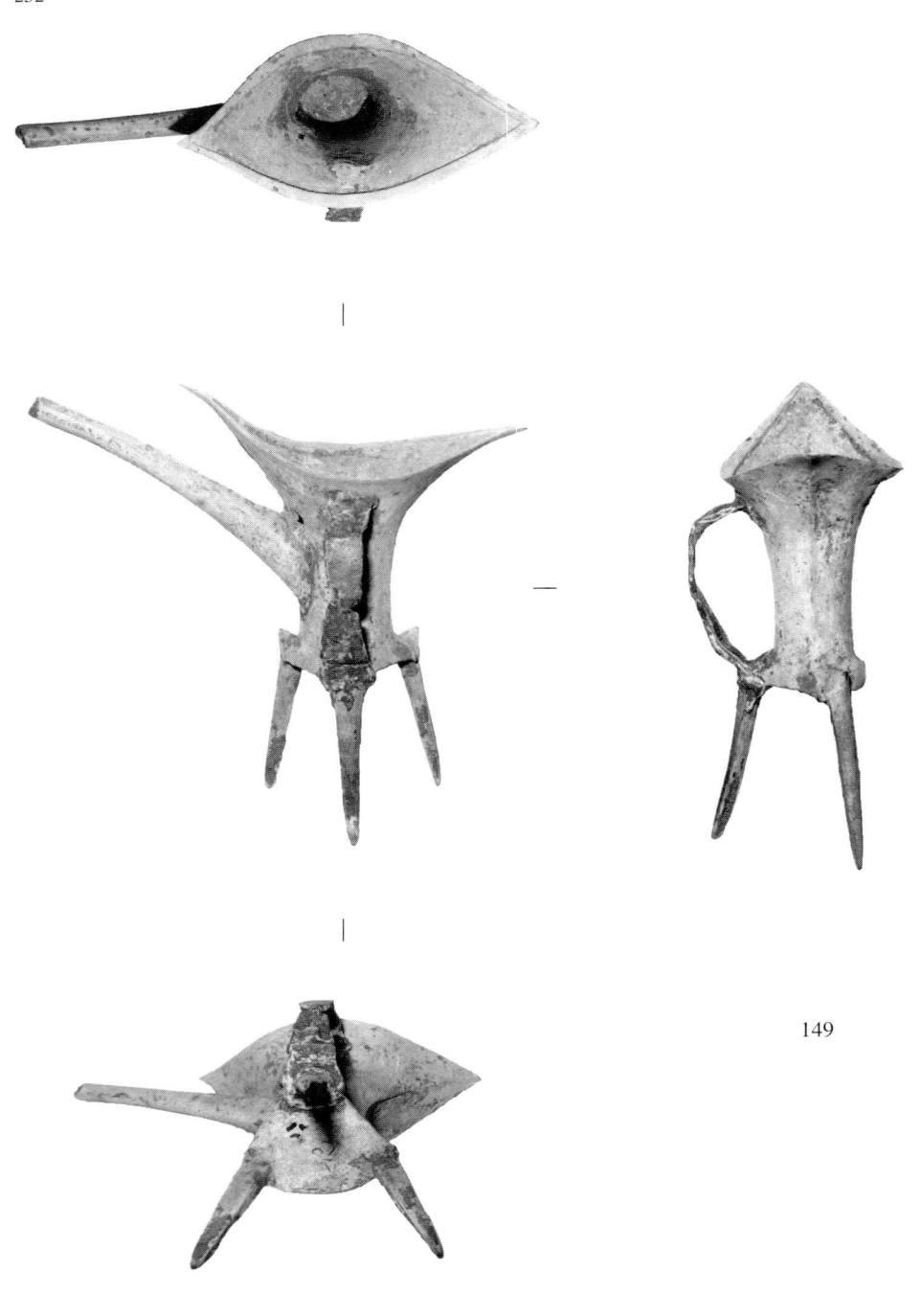

図版 34　伝陝西省洛寧出土青銅爵(149)（縮尺約 1/3）

図版　　　　　　　　　253

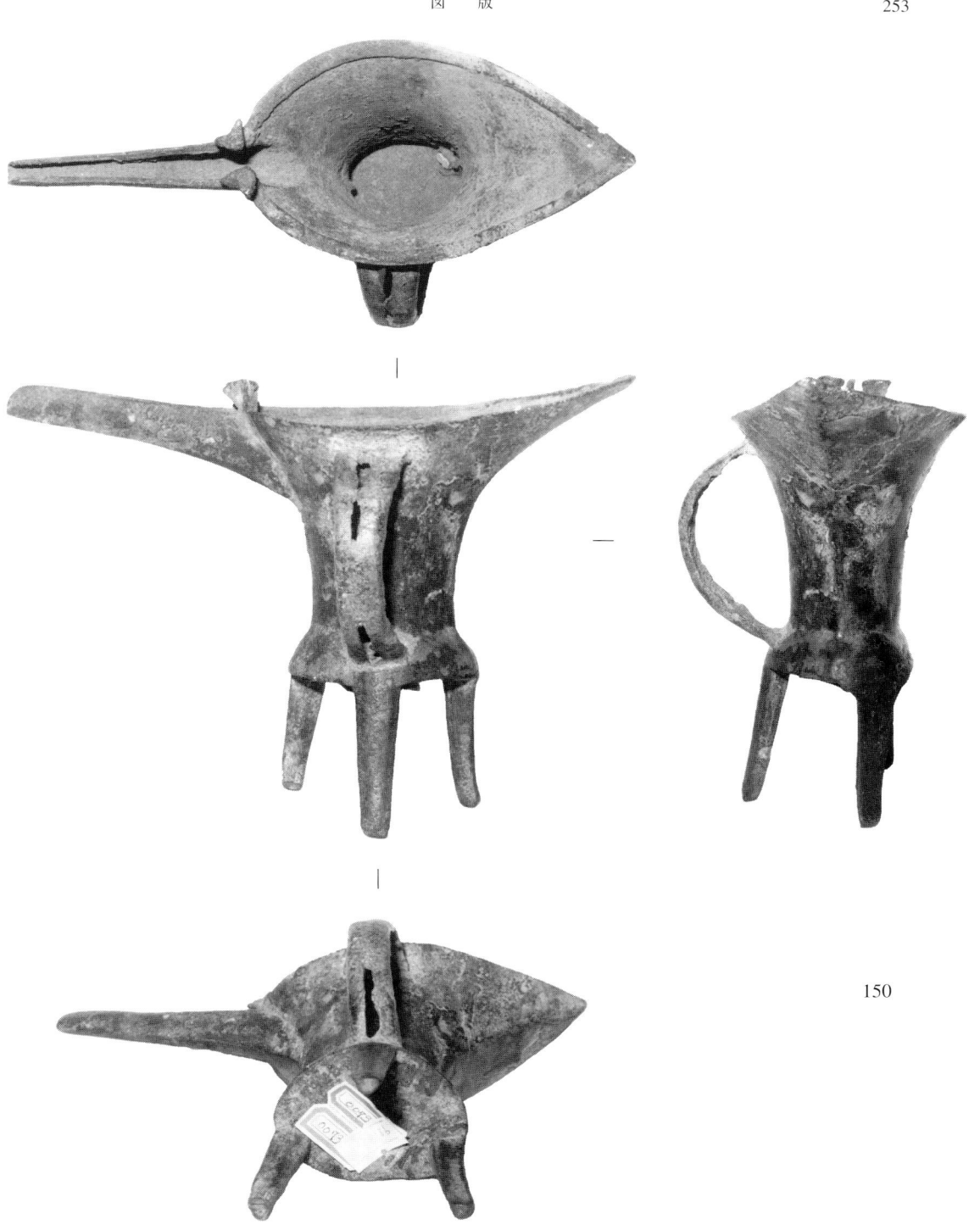

150

図版 35　河南省新鄭市望京楼出土青銅爵（150）（縮尺約 1/2）

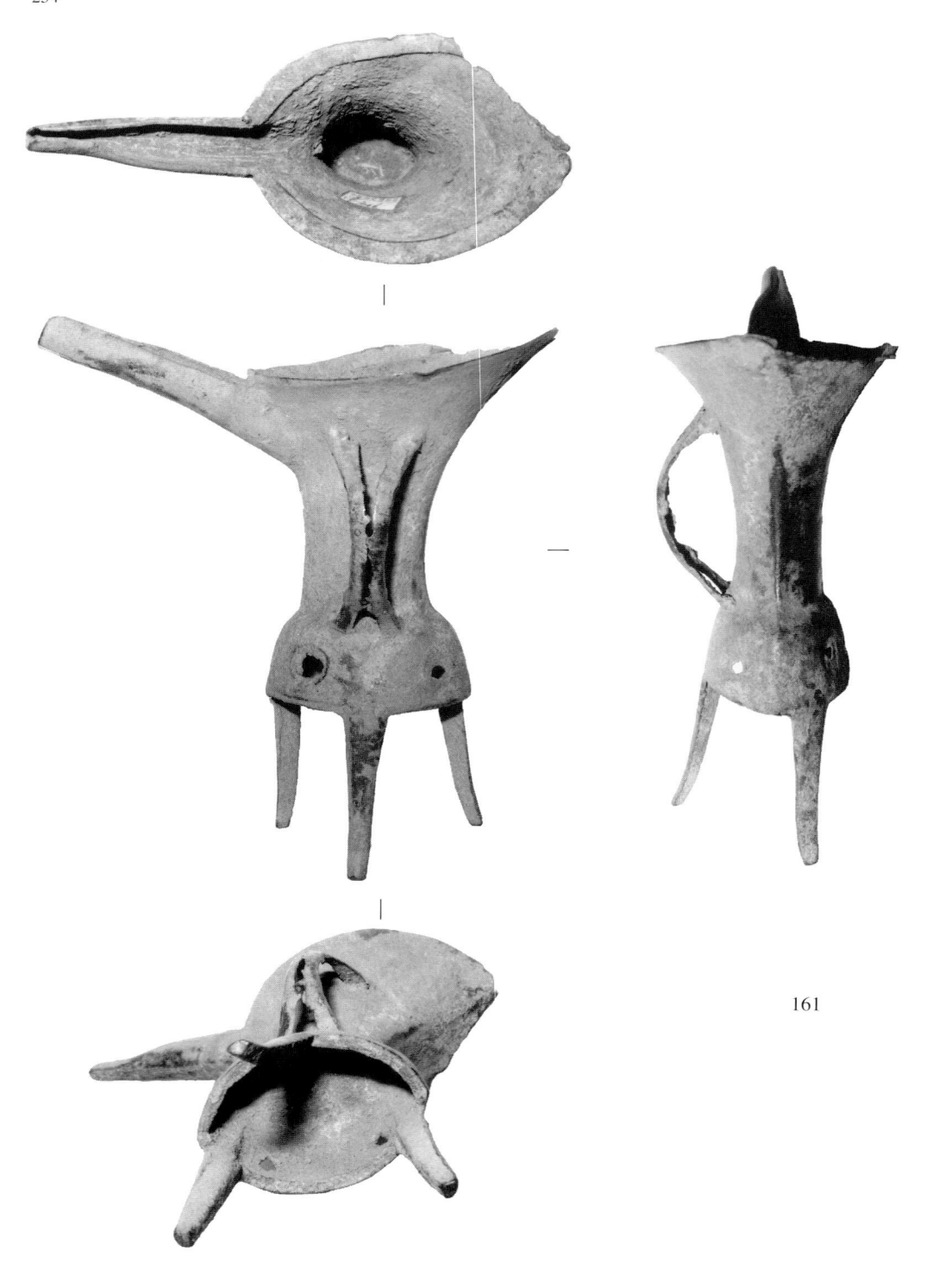

図版 36　伝河南省商丘出土青銅爵（161）（縮尺約 1/2）

図　版　255

図版 37　上海博物館蔵青銅斝 (177)（縮尺約 1/4）

256

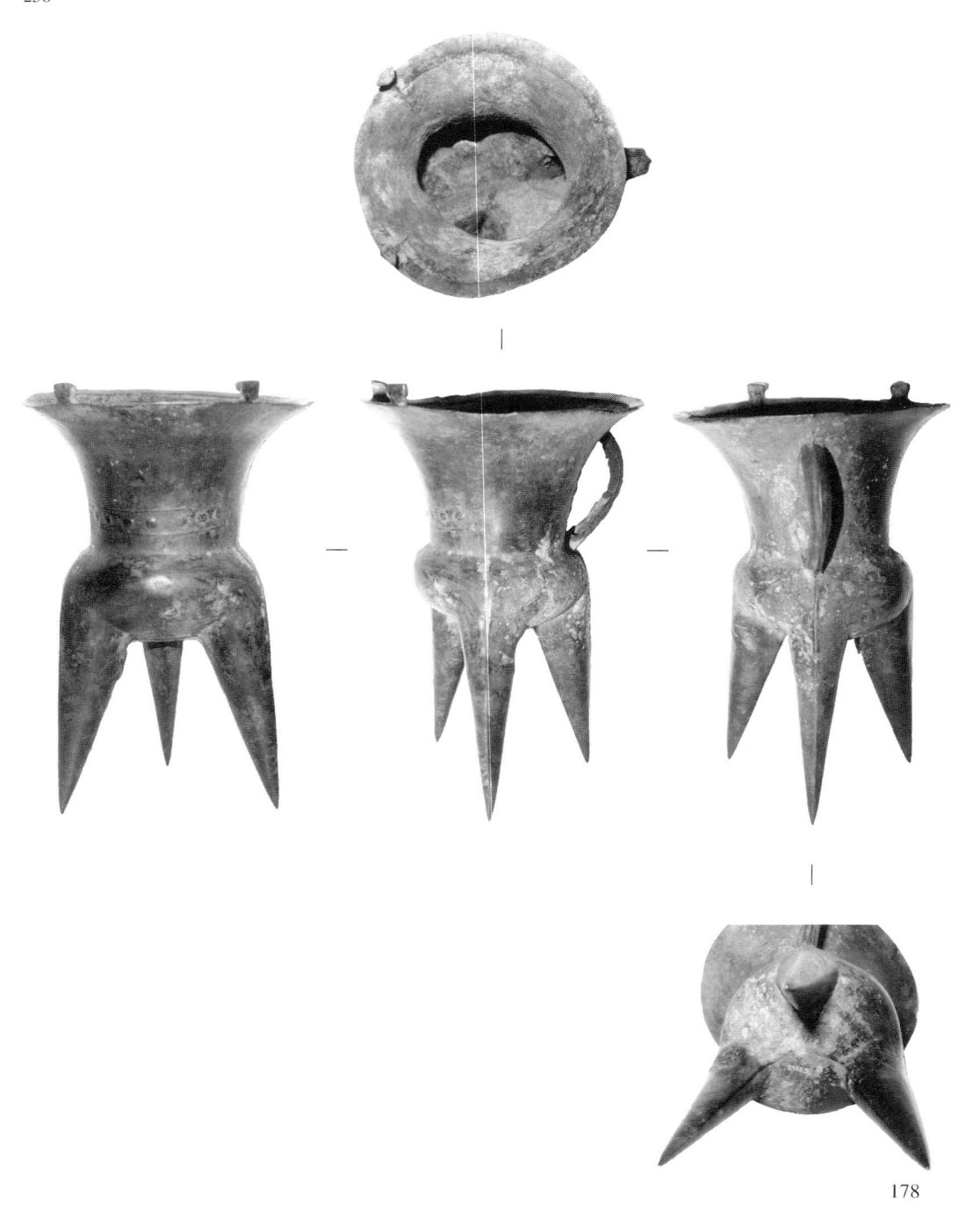

図版 38　上海博物館蔵青銅斝（178）（縮尺約 1/4）

図版　257

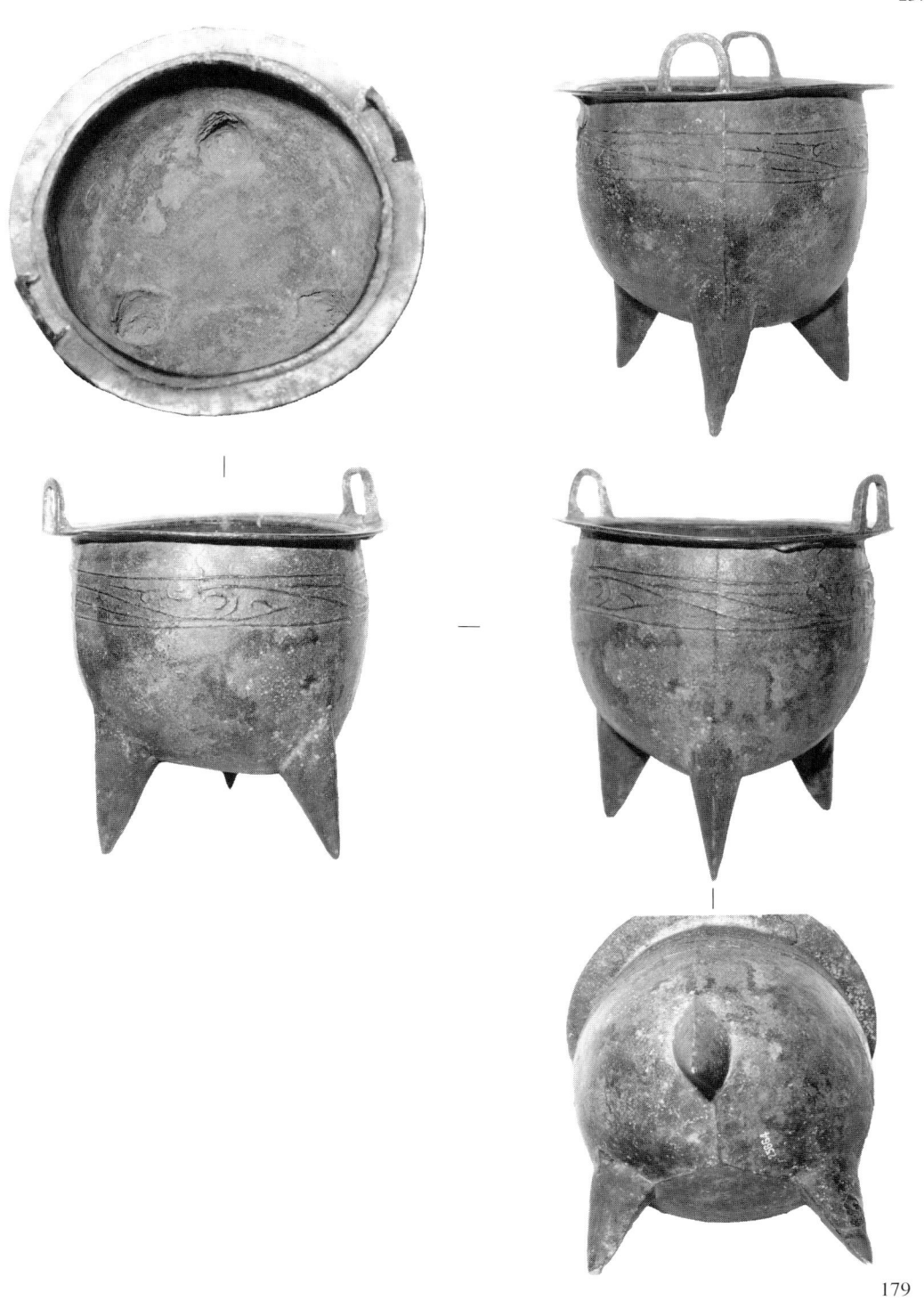

図版 39　上海博物館蔵青銅鼎(179)（縮尺約 1/3）

179

図版 40　河南省博物院蔵青銅斝(176)（縮尺約 1/4）

提　　要
中国早期青铜器文化研究

　　二〇〇三年到二〇〇五年三年间，九州大学人文科学研究院考古学研究室和中国社会科学院考古研究所合作，进行了「中国早期青铜器文化研究」。这个研究是对二里头文化以前的早期青铜器进行测绘。根据遗物的型式和制作痕迹，探讨铜器、青铜器功能上的器形变化和制造技术变化等；并据此探讨考古学方法论上型式学观察到的变化意义和型式的系谱关系。透过这个共同研究，研究史、青铜器的型式、铸造技术的变化、随葬陶器型式所见的二里头墓葬编年、二里头遗址内铸造工作坊为中心的工作坊区的复元等，以及二里头文化期社会构造的复元研究等，获得了多方面的研究成果。从这些研究成果，不只得知了中国早期青铜器文化的成立与发展，也了解到新石器时代晚期～二里头文化到商王朝成立这段时期间中国文明形成期的社会变化的样貌。

　　本书当中，首先对以中原为中心的陶寺文化、二里头文化、二里冈下层文化的铜器、青铜器的系统变化过程，从技术面上做讨论。简单来说，这段期间呈现出从陶寺文化的外型单范，到二里头文化期的外型二范，到二里冈下层文化期的外型三范A式的变化过程。这个时期相当于文献上所说的夏王朝到商王朝，技术上可说是一脉相承，特别是二里头文化期到二里冈下层文化期间的商王朝成立期，青铜器的制作上可见技术的承续，推测可能属于同一批制作工人群。

　　中原青铜器文化中，最早先将铜铃、铜环等威信财铜器化，到了二里头文化期再加入青铜彝器，因而形成了威信财和仪礼器为中心的特殊青铜器文化。但是，对于这样的铜器、青铜器文化的技术是中原地区独自发展成立的论点却受到多方质疑。就中国青铜器文化而言，至少存在有以畜牧型农耕社会为背景的北方青铜器文化，和以农耕社会为背景的中原青铜器文化这两大系统的独自发展。另外，对于前者在与欧亚草原的特定文化有了接触后而逐渐成立的论点，则是本共同研究下另一项已经发表过的研究成果。

　　本书中所探讨的铜器、青铜器在时空上的分布现象来看，我们的结论是：透过欧亚草原和中国西北部的文化接触中，铜器、青铜器的传播，甚至远达黄河中游的中原和黄河下游。这样的铜器和青铜器的扩散发生在公元前三千年纪的北方青铜器文化第一期。公元前三千年纪末，普遍出现铜器、青铜器的中原地区陶寺文化中，为了达到酋邦社会的社会性需求，而开始将威信财加以铜器化，并且，随之产生了技术上的革新。特别是外范和内范合用的陶制复合范的铸造技术，显示出很可能是从原有的陶器技术上所开发出来的。酋邦社会酋长层的需求和制陶工人等条件具备下，开发出了特有的铜器、青铜器技术；正是由于酋邦社会中拥有半专业化工人集团的社会体系，因而形成了中原以威信财为中心的特殊青铜器文化。

　　上述的青铜器制作工人，到了二里头文化期发展为更专业化的工人。青铜器生产体系当中，刀子、凿等工具和箭镞等武器的生产，在此时期的二里头文化圈的个别聚落或集团都有出现；但是却仅有二

里头遗址有铜铃、等乐器和爵等青铜彝器等威信财的制造。在二里头遗址这类都市遗址当中，制造工坊在二里头第二期到第四期间，多半有固定的分布位置。相同的，绿松石制造工坊也有一定的分布位置。据此，一般认为表示了半专业化专业工人集团的存在。二里头遗址的手工业生产被认为是受到酋长或王的管理，而仪礼进行使用的酒器则是在二里头第三期以后开始生产。陶寺文化以来的铜铃和酒器等青铜彝器，被当作仪礼行为的媒介以及社会地位的象征。这些仪礼行为和现象，显示出二里头遗址是一个以酋长或王，来进行社会管理的社会体系。

然而另一方面，以二里头遗址为中心的二里头文化圈内的其他聚落和集团，并非和二里头遗址集团有着坚固的约束关系。尽管精制陶器的分布呈现出聚落关系的同一性，但是这些精制陶器在二里头遗址以外地方却非随葬品，显示出葬俗上的差异和独立性。直到二里头文化第三期时，统合体大致成形，然而个别集团的独立性仍然明显。

直到二里头第四期开始，二里头遗址以外的集团，才出现随葬精制陶器的现象；终于在埋葬仪礼的精神面上也在这时期达到了同一性。另外，二里头遗址中外来陶器的罍也是在二里头第四期开始被青铜器化，显示出这时期开始也纳入了其他区域的仪礼和葬俗。二里头文化第四期开始，原本只出现在二里头遗址的青铜彝器，也出现在其他聚落。这个时期的埋葬仪礼共通化现象，说明了二里头遗址的酋长或王，透过分配威信财类青铜器到其他集团，达到了政治上的统合。或许因为商族南下带来的威胁，促进了二里头第四期发展出更强化的政治约束力，形成了祭祀共有化的政治统合体。

随着商的兴起，商支配了比二里头文化时期更广大的领域。这正是夏王朝与商王朝交替更迭之际。这个领域涵盖了过去商族的范围，二里头文化的领域，甚至达到豫东岳石文化的范围。承续了山东龙山文化的岳石文化的豫东地区，被纳入商文化领域后，为了统合新的仪礼行为，采用了山东龙山文化和岳石文化中作为身分象征的随葬仪礼的规范。鼎等炊煮器被青铜化，并且成为仪礼器和威信财。

在二里头文化期的铜铃等乐器、爵、盉、罍等酒器等青铜器当中，加入了鼎、鬲、甗等炊煮器的青铜器，构成了商特有的仪礼器和威信财。新石器时代社会以来，集团间以宗教、仪礼作为统合的手段，发展到商周社会完成了礼制的规范基础。

随着王权功能的强化，商王朝的青铜彝器更为发展。这个过程当中，同一系统的青铜工人的技术基础，根据新王朝的发展逐步改良，最终达到了不断的技术上的革新。

SUMMARY
Research on the Early Bronze Period of China

Over a three-year period from 2003–2005, Kyushu University's Department of Archaeology (Faculty of Humanities) and the Research Institute of Archaeology at the Chinese Academy of Social Sciences conducted a joint research project entitled "Research on the Early Bronze Period of China." The study aimed to employ two fundamental methodologies of archaeology — namely the tracing of genealogical relations and examination of typological changes — to this area. To this end, the study drew pictures and took measurements of early bronze vessels from before the Erlitou cultural period and clarified changes in manufacturing technology and vessel shape. In the process, the functional aspects of bronze vessels and copperware as judged from the form of the relics and manufacturing evidence were also examined. In addition, this research sought to accomplish the following: 1) trace out the chronology of Erlitou burial sites as judged from burial pottery and determine changes in casting technology and typological changes in bronze ware from those sites; 2) reconstruct Erlitou artisan districts centering on casting workshops; and 3) reconstruct the social structure of the Erlitou cultural period. We then summarize the results of this research. In this way, not only did the study seek to clarify the establishment and development of China's early bronze culture, but it also sought to explain social changes in the formative stages of Chinese civilization, stretching from the end of the Neolithic period through the Erlitou cultural period and up to the beginning of the Shang Dynasty.

Focusing on changes in manufacturing technologies, this text explains systematic transformative processes in copperware and bronze vessels from the Taosi, Erlitou, and Erligang lower stratum cultures. Put simply, there was a change from the single outer mold of the Taosi to the double outer molds of the Erlitou, to the three outer molds of the Erligang lower stratum. While this transformation crosses over what documents refer to as a divide between the Xia Dynasty and the Shang Dynasty, from a technological standpoint, it can be viewed as a smooth progression. In particular, during the formation of the Shang Dynasty, which corresponds to the Erlitou cultural period and Erligang lower stratum period, one sees technological continuity in the bronze ware, making it possible to hypothesize that same group of artisans was involved. This bronze culture of the central plains started off initially with the employment of bronze for luxury goods such as copper bells and bracelets, to which were later added bronze vessels in the Erlitou period. Thus it was a singular bronze culture focused on luxury goods and ritual implements. However, there is much debate as to whether the technologies for this copperware and bronze ware cultures were in fact uniquely established in the central plains.

It is rather clear that there existed independently two Chinese bronze cultures. The bronze culture of the Great Wall region traced its social heritage to herding and agriculture, whereas the central plains bronze culture was rooted in an agrarian society. Further, we have already published evidence to indicate that the former was established on the basis of certain cultural contacts with people of the Eurasian steppes. One of the preliminary conclusions of the present study is that, judging from the temporo-spatial distribution of copperware and bronze ware, the copperware and bronze ware that expanded through cultural contacts from the Eurasian steppes spread to the northwestern quadrant of China, and then further into the central plains of the Yellow River, eventually reaching the lower Yellow River basin. This dissemination of copperware and bronze ware constitutes the first period of the Great Wall region bronze culture, which dates back to the third millennium BC. While experiencing social tendencies whereby prestige goods came to be made of copper and bronze owing to the social requirements permeating a chiefdom society, the Taosi culture of the central plains, where copper and bronze ware spread towards the end of the third millennium BC, also carried out technological innovations. In particular, casting technology employing a clay composite mold formed from an outer mold and an inner mold is very likely to have developed independently from the existing porcelain manufacturing technology. We feel that copper and bronze vessel technology developed due to demand by the ruling class of the chiefdom society, centering on porcelain manufacturing artisans, and that the very fact that the chiefdom society's social system had artisans that were semi-specialized ties closely to the development of a bronze culture unique to the central plains centering on luxury goods.

Such bronze manufacturing artisans no doubt became more and more adept during the Erlitou cultural period. In the Erlitou cultural period, whereas the bronze manufacturing system, which was responsible for the production of weapons like bronze arrowheads and tools such as small knives and chisels, was formed of individual communities and groups throughout the Erlitou cultural sphere, prestige goods like bronze *jue* vessels and bronze bell musical instruments were only found in the Erlitou site itself. These production studios were established in a certain location within the Erlitou settlement from the first to fourth Erlitou cultural periods. The production studios for turquoise were also continuously fixed in one location, and so it is said that specialist craftsmen were partially specialized in their craft. Such handicraft industries were controlled by kings and the chieftain class of the Erlitou settlement, and the drinking vessels needed to perform their rituals were, starting in the third Erlitou period, manufactured in bronze. The bronze bell musical instruments that, from the Taosi culture period and later, were used as mediating tools for ritual behaviors and status markers and the bronze ritual vessels that served as drinking vessels then took the stage. Thanks to the fact that they were used in ritualistic or ceremonial behavior, it is likely that the social control in the Erlitou settlement was exercised at the top by kings and chieftains.

Within the Erlitou cultural sphere centering on such Erlitou sites, the individual settlements and individual social groups were not necessarily unified around the Erlitou settlement groups. Although a certain degree of cultural homogeneity is seen in the spread of quality pottery, discrepancies and originality in burial customs also existed as seen by the fact that these items were not buried except in the Erlitou sites. Up to the third Erlitou cultural period, a slow unification took shape, but the independence of individual social groups was nonetheless strong.

The burial of purification pottery in burial ceremonies in groups outside of the Erlitou sites is found starting in the fourth Erlitou cultural period, thus evidencing a sort of unification in the spiritual plane of burial ceremonies. Moreover, judging from the Erlitou sites, it appears that the production of bronze forms of *jia*, a ceramic craft originating from abroad, also starts in the fourth Erlitou cultural period. Thus, the incorporation of ceremonial behavior and burial rituals into their system from other regions also begins in this period. Further, starting in the fourth Erlitou cultural period, the bronze ritual vessels that had been used up to this point within Erlitou sites begin to be found outside of the Erlitou areas. As seen in the growing homogeneity of burial rituals, this development accords with the fact that Erlitou chieftains and kings planned to achieve political unification by distributing prestige goods such as bronze ritual vessels to other groups. With the threat of the Shang tribes moving south, the aim was to effect political unification via a commonality of religious ritual, and it is precisely starting with the fourth Erlitou cultural period that one sees a greater degree of political cohesion.

However, once the Shang took control, it is the Shang who, relative to the Erlitou culture, managed to exercise control over a wide territory. This corresponds to the switch in dynasties from the Xia to the Shang. This new territory was composed of the previous Shang tribal sphere plus the region bounded by Erlitou culture and that of *Yudong* of the Yueshi culture. The *Yudong* territory served as the western center of Yueshi culture, succeeded in Shandong-Longhand culture. Because of the new sharing of ritualistic behavior in that area, burial ritual standards were adopted as social status markers in Shandong — Longshan culture and Yueshi culture. This ties into the fact that cauldrons and tripods came to be made of bronze and were included among ceremonial and prestige articles.

It was the Shang Dynasty that brought to a culmination the rendering in bronze of such ritual tools and prestige articles as *ding*, *li*, and *yan* cauldrons, in addition to the bronze bell musical instruments and *jue*, *he*, and *jia* drinking vessels already seen in the Erlitou cultural period. This was further a means to unify religiously and culturally the various groups in existence since the Neolithic period, and this therefore culminated in the *li* "礼" ritual standards of the Shang and Zhou societies.

Bronze ritual vessels were developed in this way with the aim of strengthening the king's authority. In the process, a technological foundation originally based in the bronze ware artisans of a single lineage was taken over by a new dynasty, leading to improvements in casting technology.

文　　献

日本語

穴沢咊光 1985「三角縁神獣鏡と威信財システム」『潮流』第 4・5 報
穴沢咊光 1995「世界史のなかの日本古墳文化」『文明学原論　江上波夫先生米寿記念論集』山川出版社
飯島武次 1985『夏殷文化の考古学研究』山川出版社
池田末利訳注 1973 〜 1985『儀礼』Ⅰ〜Ⅴ　東海大学出版会
今村佳子 2006「中国における楽器の発達に関する基礎的研究」『考古学研究』第 52 巻第 4 号
岩永省三 2006「国家形成の東アジアモデル」『東アジア古代国家論』すいれん舎
岡村秀典 1998「農耕社会と文明の形成」『岩波講座世界歴史　第 3 巻』岩波書店
岡村秀典 2003『夏王朝　王権誕生の考古学』講談社
岡村秀典 2005『中国古代王権と祭祀』学生社
岡村秀典 2006「礼制からみた国家の成立」『東アジア古代国家論』すいれん舎
小川誠 1990「土器よりみた二里頭文化（上・下）」『古代文化』第 42 巻第 3，5 号
小川誠 2001「大甸子墓地に見られる爵鬹埋葬墓」『中国考古学』第 1 号
金関丈夫・三宅宗悦・水野清一 1942『羊頭窪』（東方考古學叢刊乙種第三冊）
河野一隆 1998「副葬品生産・流通システム論—付・威信財消費型経済システムの提唱—」『中期古墳の展開と変革　第 44 回埋蔵文化財研究集会　発表要旨集』埋蔵文化財研究会
許宏（久慈大介訳）2004「二里頭遺跡における考古学的新収穫とその初歩的研究—集落形態を中心として—」『中国考古学』第 4 号
許宏（徳留大輔訳）2006「二里頭遺跡から見た華夏初期国家の特質」6『東アジア古代国家論』すいれん舎
佐野和美 2004「中国における初現期の銅器・青銅器」『中国考古学』第 4 号
秦小麗 1998「二里頭文化の地域間交流（上・下）」『古代文化』第 50 巻第 10，11 号
秦小麗 2001a「二里頭文化と先商文化の土器様式—豫北地区の二里頭期を中心に—」『古代文化』第 53 巻第 3 号
秦小麗 2001b「二里頭時代から二里岡時代への転換—山西省南部の土器資料を中心として—」『中国考古学』第 1 号
秦小麗 2003「二里頭時代の土器動態とその背景」『東方學』第 106 号
秦小麗 2004「二里頭時代の東部地区—土器動態から見た地域間関係とその背景—」『中国考古学』第 4 号
張光直（小南一郎・間瀬収芳訳）1989『中国青銅時代』平凡社
張光直（小南一郎・間瀬収芳訳）2000『中国古代文明の形成』（中国青銅時代　第二集）平凡社
陳国梁（松本圭太訳）2008「二里頭文化銅器の出現と中国初期青銅器—中原と周辺における青銅器の比較から—」『長城地帯青銅器文化の研究』（シルクロード学研究 Vol. 29）
辻田淳一郎 2006「威信財システムの成立・変容とアイデンティティ」『東アジア古代国家論』すいれん舎
徳留大輔 2003「中国新石器時代河南中部地域における土器から見た地域間交流（上・下）」『古代文化』第 55 巻 5，6 号
徳留大輔 2004「二里頭文化二里頭類型の地域間交流—初期王朝形成過程の諸問題から—」『中国考古学』第 4 号
徳留大輔 2007「中国初期王朝期二里頭時代淮河支流域の土器動態から見た地域間関係」『古代文化』第 59 巻第 3 号
難波純子 1989「初現期の青銅彝器」『史林』第 72 巻第 2 号
難波純子 2005「商末商周青銅器の製作地」『中国文明の形成』朋友書店
西江清高 2003「先史時代から初期王朝時代」『中国史』1　山川出版社
西江清高 2005「地域間関係から見た中原王朝の成り立ち」『国家形成の比較研究』学生社
林巳奈夫 1961「戦国時代の画像紋（一）」『考古学雑誌』第 47 巻第 3 号

林巳奈夫 1976『漢代の文物』京都大学人文科学研究所
林巳奈夫 1979「殷周青銅器銘文鋳造法に関する若干の問題」『東方学報』京都第 51 冊
林巳奈夫 1984『殷周時代青銅器の研究―殷周青銅器綜覧―一―』吉川弘文館
樋口隆康・林巳奈夫監修 2002『不言堂　坂本五郎　中国青銅器清賞』日本経済新聞社
松丸道雄 1980「西周青銅器製作の背景―周金文研究・序章―」『西周青銅器とその国家』東京大学出版会
三船温尚・清水克朗 1996「中国古代青銅器の鋳造技法その三，爵に関する調査報告及び考察」『高岡短期大学紀要』7
三船温尚・清水克朗 1997「中国古代青銅器の鋳造技法その四，鬶・脚の鋳造実見及び考察」『高岡短期大学紀要』9
宮本一夫 1999「中原と辺境の形成―黄河流域と東アジアの農耕文化―」『現代の考古学 3　食糧生産社会の考古学』朝倉書店
宮本一夫 2000『中国古代北疆史の考古学的研究』中国書店
宮本一夫 2005『中国の歴史 01　神話から歴史へ』講談社
宮本一夫 2006a「華北新石器時代の墓制上にみられる集団構造（二）―山東新石器時代の階層表現と礼制の起源―」『史淵』第 143 輯
宮本一夫 2006b「中国における初期国家形成過程を定義づける」『東アジア古代国家論』すいれん舎
宮本一夫 2007「漢と匈奴の国家形成と周辺地域―農耕社会と遊牧社会の成立―」『九州大学 21 世紀 COE プログラム　東アジアと日本　総括ワークショップ報告書』
宮本一夫 2008a「調査の目的と経過」『長城地帯青銅器文化の研究』（シルクロード学研究 Vol. 29）
宮本一夫 2008b「中国初期青銅器文化における北方系青銅器文化」『長城地帯青銅器文化の研究』（シルクロード学研究 Vol. 29）
宮本一夫編 2008『長城地帯青銅器文化の研究』（シルクロード学研究 Vol. 29）シルクロード学研究センター
楊美莉 2002「中国二里頭文化の象嵌トルコ石銅牌」『Miho Museum　研究紀要』第 3 号
李伯謙（西江清高訳）1995「中国文明の起源と形成」『文明学原論　江上波夫先生米寿記念論集』山川出版社
和島誠一 1943「山西省河東平野及び太原盆地北半部における先史学的調査概要」『人類学雑誌』第 58 巻 4 号
和島誠一 1962「山西省源鍋鎮遺跡出土の銅渣について」『資料科学研究所彙報』第 58・59 号
渡辺芳郎 1995「墓地における階層性の形成―大汶口・山東龍山文化を中心として―」『考古学雑誌』第 80 巻第 2 号

中国語
安徽省博物館 1978「遵循毛主席的指示，做好文物博物館工作」『文物』1978 年第 8 期
安金槐 1992「対鄭州商代二里崗期青銅容器分期問題的初歩探討」『中原文物』3
安志敏 1954「唐山石棺墓及其相関的遺物」『考古学報』第 7 冊
安志敏 1959「甘粛山丹四壩灘新石器時代遺址」『考古学報』1959 年第 3 期
安志敏 1981「中国早期銅器的几個問題」『考古学報』1981 年第 3 期
安志敏 1993「試論中国的早期銅器」『考古』1993 年第 12 期
袁広闊 1998「試論夏商文化的分界」『考古』1998 年第 10 期
王韓鋼・侯寧彬 1991「試論中国青銅器的起源」『考古与文物』1991 年第 2 期
王震中 1994『中国文明起源的比較研究』陝西人民出版社
華覚明 1999『中国古代金属技術―銅和鉄造就的文明』大象出版社
郭宝鈞 1981『商周銅器群綜合研究』文物出版社
夏商周断代工程専家組 2000『夏商周断代工程 1996～2000 年階段成果報告』世界図書出版公司
華泉 1985「中国早期銅器的発現与研究」『史学集刊』1985 年第 3 期
夏鼐 1962「新中国的考古学」『考古』1962 年第 9 期
夏鼐 1964「我国近五年来的考古新収穫」『考古』1964 年第 10 期
夏鼐 1977「碳―14 測定年代和中国史前考古学」『考古』1977 年第 4 期
夏鼐 1985『中国文明的起源』文物出版社
《河南出土商周青銅器》編集組 1981『河南出土商周青銅器』（一）文物出版社
河南省文物研究所 1983「鄭州北二七路新発現三座商墓」『文物』1983 年第 3 期

河南省文物研究所 1989「鄭州洛達廟遺址発掘報告」『華夏考古』1989 年第 4 期
河南省文物研究所・中国歴史博物館考古部 1992『登封王城崗與陽城』文物出版社
河南省文物研究所・長江流域規劃辦公室考古隊河南分隊 1989『淅川下王崗』文物出版社
河南省文物考古研究所 2001『鄭州商城—1953–1985 年考古発掘報告』文物出版社
河南省文物考古研究所 2003「鄭州商城新発現的幾座商墓」『文物』2003 年第 4 期
河南文物工作隊第一隊 1955「鄭州市白家荘商代墓葬発掘簡報」『文物参考資料』1955 年第 10 期
河北省考古研究所 1996『燕下都』文物出版社
河北省文物管理委員会 1959「河北唐山市大城山遺址発掘報告」『考古学報』1959 年第 3 期
韓建業・楊新改 1997「王湾三期文化研究」『考古学報』1997 年第 1 期
甘粛省博物館 1960「武威娘娘台遺址発掘報告」『考古学報』1960 年第 2 期
甘粛省博物館 1978「武威娘娘台遺址第四次発掘」『考古学報』1978 年第 4 期
甘粛省博物館 1979a「甘粛文物考古工作三十年」『文物考古工作三十年』文物出版社
甘粛省博物館 1979b『甘粛彩陶』文物出版社
甘粛省文物研究所・吉林大学北方考古研究室 1998『民楽東灰山考古—四壩文化墓地的掲示与研究』科学出版社
甘粛省文物工作隊・臨夏回族自治州文化局・東郷族自治県文化館 1984「甘粛東郷林家遺址発掘報告」『考古学集刊』第 4 集　中国社会科学出版社
甘粛省岷県文化館 1985「甘粛岷県杏林斉家文化遺址調査」『考古』1985 年第 11 期
許宏 2004「略論二里頭時代」『2004 年安陽殷商文明国際学術研討会論文集』社会科学文献出版社
許宏 2006「二里頭 1 号宮殿基址使用年代芻議論」『二里頭遺址与二里頭文化国際学術検討会論文集』科学出版社
許宏・陳国梁・趙海濤 2004「二里頭遺址聚落形態的初歩考察」『考古』2004 年第 11 期
拒馬河考古隊 1988「河北易県淶水古遺址試掘報告」『考古学報』1988 年第 4 期
靳松安 2004「"二里頭五期" 遺存分析及其相関問題」『江漢考古』2004 年第 1 期
厳文明 1984「論中国的銅石併用時代」『史前研究』1984 年第 1 期
厳文明 1989『仰韶文化研究』文物出版社
高煒・楊錫璋・王巍・杜金鵬 1998「偃師商城与夏商文化分界」『考古』1998 年第 10 期
考古研究所洛陽発掘隊 1959「1958 年洛陽東干溝遺址発掘簡報」『考古』1959 年第 10 期
康捷 1960「河北唐山大城山遺址文化性質的討論」『考古』1960 年第 6 期
胡家貴・李桃元・李秀輝・李京華 2001「盤龍城遺址青銅器鋳造工芸探討」『盤龍城 1963–1994 年考古発掘報告』文物出版社
国家文物局主編 2002「山西襄汾陶寺文化城址」『2001 中国重要考古発現』文物出版社
湖北省文物考古研究所・中国社会科学院考古研究所 1994「湖北石家河羅家柏嶺新石器時代遺址」『考古学報』1994 年第 2 期
山西省考古研究所 1993『侯馬鋳銅遺址』文物出版社
山東大学歴史系考古教研室 1990『泗水尹家城』文物出版社
龔国強 1997「新疆地区早期銅器略論」『考古』1997 年第 9 期
朱鳳瀚 1995『古代中国青銅器』南開大学出版社
昌潍地区芸術館・考古研究所山東隊 1977「山東胶県三里河遺址発掘簡報」『考古』1977 年第 4 期
水濤 2001『中国西北地区青銅時代考古論集』科学出版社
雛衡 1980「試論夏文化」『夏商周考古学論文集』文物出版社
青海省文物管理処・海南州民族博物館 1998「青海同徳県宗日遺址発掘簡報」『考古』1998 年第 5 期
青海省文物管理処考古隊 1979「青海文物考古工作三十年」『文物考古工作三十年』文物出版社
青海省文物考古隊 1986「青海互助土族自治県総寨馬廠、斉家、辛店文化墓葬」『考古』1986 年第 4 期
石璋如 1955「殷代的鋳銅工芸」『中央研究院歴史語言研究所集刊』26
宋新潮 1997「中国早期銅鏡及其相関問題」『考古学報』1997 年第 2 期
蘇栄誉・華覚明・李克敏・盧本珊 1995『中国上古金属技術』山東科学出版社
孫淑雲・韓汝玢 1997「甘粛早期銅器的発現与冶錬、製作技術的研究」『文物』1997 年第 7 期
中国科学院考古研究所 1961『新中国的考古収穫』文物出版社
中国科学院考古研究所甘粛工作隊 1974「甘粛永靖大何荘遺址発掘報告」『考古学報』1974 年第 2 期
中国科学院考古研究所甘粛工作隊 1975「甘粛永靖秦魏家斉家文化墓地」『考古学報』1975 年第 2 期

中国科学院考古研究所内蒙古発掘隊 1961「内蒙古赤峰薬王廟、夏家店遺址試掘簡報」『考古』1961 年第 2 期
中国科学院考古研究所二里頭工作隊 1974「河南偃師二里頭早商宮殿遺址発掘簡報」『考古』1974 年第 4 期
中国科学院考古研究所二里頭工作隊 1975「河南偃師二里頭遺址三、八区発掘簡報」『考古』1975 年第 5 期
中国科学院考古研究所二里頭工作隊 1976「偃師二里頭遺址新発現的銅器和玉器」『考古』1976 年第 4 期
中国科学院考古研究所洛陽発掘隊 1961「1959 年河南偃師二里頭試掘簡報」『考古』1961 年第 2 期
中国科学院考古研究所洛陽発掘隊 1965「河南偃師二里頭遺跡発掘簡報」『考古』1965 年第 5 期
中国科学院考古研究所遼寧工作隊 1975「敖漢旗大甸子遺址 1974 年試掘簡報」『考古』1975 年第 2 期
中国社会科学院考古研究所 1993『考古精華』科学出版社
中国社会科学院考古研究所 1995『二里頭陶器集粹』中国社会科学出版社
中国社会科学院考古研究所 1998a『大甸子—夏家店下層文化遺址与墓地発掘報告』科学出版社
中国社会科学院考古研究所 1998b『中国社会科学院考古研究所考古博物館洛陽分館』文化芸術出版社
中国社会科学院考古研究所 1999『偃師二里頭 1959 年〜1978 年考古発掘報告』中国大百科全書出版社
中国社会科学院考古研究所 2003『中国考古学・夏商巻』中国社会科学出版社
中国社会科学院考古研究所河南二隊 1982「河南臨汝煤山遺址発掘報告」『考古学報』1982 年第 4 期
中国社会科学院考古研究所山西工作隊・臨汾地区文化局 1984「中国襄汾陶寺遺址首次発現銅器」『考古』1984 年第 12 期
中国社会科学院考古研究所山西隊・山西省考古研究所・臨汾市文物局 2005「2004〜2005 年山西襄汾陶寺遺址発掘新進展」『中国社会科学院古代文明研究中心通訊』第 10 期
中国社会科学院考古研究所山西隊・山西省考古研究所・臨汾市文物局 2008「山西襄汾県陶寺城址発現陶寺文化中期大型夯土建築基址」『考古』2008 年第 3 期
中国社会科学院考古研究所・中国歴史博物館・山西省考古研究所 1988『夏県東下馮』文物出版社
中国社会科学院考古研究所二里頭工作隊 1984a「1981 年河南偃師二里頭墓発掘簡報」『考古』1984 年第 1 期
中国社会科学院考古研究所二里頭工作隊 1984b「偃師二里頭遺址 1980〜1981 年 III 区発掘簡報」『考古』1984 年第 7 期
中国社会科学院考古研究所二里頭工作隊 1986「1984 年秋河南偃師二里頭遺跡発現的几座墓葬」『考古』1986 年第 4 期
中国社会科学院考古研究所二里頭工作隊 1991「河南偃師二里頭遺址発現新的銅器」『考古』1991 年第 12 期
中国社会科学院考古研究所二里頭工作隊 2004「河南省偃師市二里頭遺址宮殿及宮殿区外囲道路的観察与発掘」『考古』2004 年第 11 期
中国社会科学院考古研究所二里頭工作隊 2005「河南偃師市二里頭遺址中心区的考古新発現」『考古』2005 年第 7 期
中国社会科学院考古研究所二里頭隊 1983a「1980 年秋河南偃師二里頭遺址発掘簡報」『考古』1983 年第 3 期
中国社会科学院考古研究所二里頭隊 1983b「河南偃師二里頭二号宮殿遺址」『考古』1983 年第 3 期
中国社会科学院考古研究所二里頭隊 1985「1982 年秋偃師二里頭遺址九区発掘簡報」『考古』1985 年第 12 期
中国社会科学院考古研究所二里頭隊 1992「1987 年秋偃師二里頭遺址墓葬発掘簡報」『考古』1992 年第 4 期
中国青銅器全集編輯委員会 1996『中国青銅器全集 1　夏商 1』文物出版社
中国冶金史編写組 1988「三里河遺址龍山文化銅器鑑定報告」『膠県三里河』文物出版社
張家口考古隊 1984「蔚県夏商時期考古的主要収穫」『考古与文物』1984 年第 1 期
張忠培 1986「研究考古学文化需要探索的幾個問題」『文物与考古論集文物出版社成立三十周年紀念』文物出版社
張長寿 1979「殷商時代的青銅容器」『考古学報』1979 年第 3 期
張立東 1997「輝衛文化研究」『考古学集刊』10
張立東 2003「商代早期的商文化」『中国考古学　夏商巻』中国社会科学出版社
陳旭 1980「関于夏文化問題的一点認識」『鄭州大学学報』1980 年第 5 期（2000『夏商文化論集』科学出版社再録）
陳国梁 2005『二里頭文化銅器研究』中国社会科学院研究生院碩士学位論文
陳立信・馬徳峰 1991「滎陽県高村寺商代遺址調査簡報」『華夏考古』1991 年第 3 期
鄭州市博物館 1981「河南滎陽西史村遺址試掘簡報」『文物資料叢刊』第 5 集　文物出版社
鄭州市文物考古研究所 2004『鄭州大師姑（2002-3003）』科学出版社
鄭光 1985「試論二里頭商代早期文化」『中国考古学会第四次年会論文集』文物出版社

鄭光 1991「河南偃師二里頭遺跡発現新的銅器」『考古』1991 年第 12 期
鄭光 1995「二里頭陶器文化論略」『二里頭陶器集粋』中国社会科学出版社
鄭徳坤（白雲翔訳）1987「中国青銅器的起源」『文博』 1987 年第 2 期（原文は『香港中文大学中国文化研究所学報』1985 年第 16 巻）
天津市文化局考古発掘隊 1966「河北大廠回族自治県大坨頭遺址発掘簡報」『考古』1966 年第 1 期
天津市文物管理局 1977「天津薊県張家園遺址試掘簡報」『文物資料叢刊』第 1 集　文物出版社
天津市文物管理処考古隊 1983「天津薊県囲坊遺址発掘報告」『考古』1983 年第 10 期
天津市歴史博物館考古部 1993「天津薊県張家園遺址第三次発掘」『考古』1993 年第 4 期
田毓璋 1983「甘粛臨夏発現斉家文化骨柄銅刃刀」『文物』1983 年第 1 期
田広金・郭素新 1986「鄂尔多斯式青銅器研究」『鄂尔多斯式青銅器』 文物出版社
唐雲明 1964「関于唐山大城山遺址発掘報告中的幾個問題」『考古』1964 年第 7 期
東下馮考古隊 1980「山西夏県東下馮遺址東区、中区発掘簡報」『考古』1980 年第 2 期
董琦 2000『虞夏時期的中原』科学出版社
滕銘予 1989「中国早期銅器有関問題的再探討」『北方文物』1989 年第 2 期
唐蘭 1978「中国有六千多年的文明史—論大汶口文化是少昊文化」『大公報在港復刊三十周年紀年文集』大公報出版
唐蘭 1979「中国青銅器的起源与発展」『故宮博物院院刊』1979 年第 1 期
杜金鵬 1992「封頂盉研究」『考古学報』1992 年第 1 期
杜金鵬 1994「商周銅爵研究」『考古学研究』1994 年第 3 期
杜金鵬 2000「読『偃師二里頭』」『考古』2000 年第 8 期
杜金鵬 2003「二里頭文化」『中国考古学　夏商巻』中国社会科学出版社
内蒙古自治区文物考古研究所・鄂尓多斯博物館 2000『朱開溝—青銅時代早期遺址発掘報告』文物出版社
斐明相 1985「鄭州二里岡期的青銅容器概述」『中国考古学会第四次年会論文集 1983』文物出版社
裴文中 1950『中国史前時期之研究』商務印書館
梅建軍 2005「関於中国冶金起源及早期銅器研究的幾個問題」『古代文明研究』第 1 輯
白雲翔 2002「中国早期銅器的考古発現与研究」『21 世紀中国考古学与世界考古学』中国社会科学出版社
白雲翔「中国早期銅器的考古学研究」附表（待刊稿）
半坡博物館・陝西省考古研究所・臨潼県文化館 1988『姜寨—新石器時代遺址発掘報告』文物出版社
北京科技大学冶金史研究室 1990「山東泗水尹家城出土岳石文化銅器鑑定報告」『泗水尹家城』文物出版社
北京鋼鉄学院冶金史組 1981「中国早期銅器的初歩研究」『考古学報』1981 年第 3 期
北京市文物管理処・中国科学院考古研究所・房山県文教局琉璃河考古工作隊 1976「北京琉璃河夏家店下層文化墓葬」『考古』1976 年第 1 期
北京大学考古系・商丘地区文管会 2000「河南省夏邑清涼山遺址発掘報告」『考古学研究(四)』科学出版社
本刊編輯部 1979「大汶口文化的社会性質及有関問題的討論総述」『考古』1979 年第 1 期
本刊編輯部 1989「中国文明起源座談紀要」『考古』1989 年第 12 期
本刊編輯部 1992「中国文明起源研討会紀要」『考古』1992 年第 6 期
宮本一夫 2006「二里頭文化青銅葬器的演変及意義」『二里頭遺址与二里頭文化研究』科学出版社
兪偉超・高明 1985「周代用鼎制度研究」『先秦両漢考古学論集』文物出版社
楊育彬 1981「鄭州二里岡期的商代青銅容器的分期与鋳造」『中原文物』特刊
楊育彬・趙霊芝・孫建国・郭培育 1981「近幾年来在鄭州新発現的商代青銅器」『中原文物』1981 年第 2 期
李京華 1985「関于中原地区早期冶銅技術及相関問題的几点看法」『文物』1985 年第 12 期
李京華 2004「『偃師二里頭』有関鋳銅技術的探討—兼談報告在的几点問題」『中原文物』2004 年第 3 期
李虎侯 1980「斉家文化銅鏡的非破壊鑑定—快中子放射化分析法」『考古』1980 年第 4 期
李志鵬 2005『二里頭文化墓葬研究』中国社会科学院研究生碩士学位論文
李肖・党彤 1995「淮噶尓盆地周辺地区出土青銅器初探」『新疆文物』1995 年第 2 期
李水城 1993「四壩文化研究」『考古学文化論集(三)』文物出版社
李水城 2005「西北与中原早期冶銅業的区域特徴及交互作用」『考古学報』2005 年第 3 期
李水城・水濤 2000「四壩文化銅器研究」『文物』2000 年第 3 期
李済・万家保 1970『古器物研究専刊　第四本　殷墟出土青銅鼎形器之研究』中央研究院歴史語言研究所

李先登 1984「試論中国青銅器的起源」『史学月刊』1984 年第 1 期
李朝遠 2006「関於二里頭文化的青銅斝談及相関問題」『二里頭遺址与二里頭文化研究』科学出版社
李民・文兵 1975「従偃師二里頭文化遺址看中国古代国家的形成和発展」『鄭州大学学報(哲学社会科学版)』1975 年第 4 期(2005『偃師二里頭遺址研究』科学出版社に再録)
李敏生・黃素英・李連琪 1984「山西襄汾陶寺遺址出土銅器成份報告」『考古』1984 年第 12 期
遼寧省文物幹部培訓班 1976「遼寧北票県豊下遺址 1972 年春発掘簡報」『考古』1976 年第 3 期

英語

Barnard, Noel & Sato,Tamotsu 1975 *Metallurgical Remains of Ancient China*. Tokyo: Nichiosha.

Barnard, Noel & Cheung, Kwong-Yue 1983 Notes on Casting Technology and Some New Interpretations of Historical Significance. In *Studies in Chinese Archaeology*: 355–367.

Barnard, Noel 1993 Thoughts on the Emergence of Metallurgy in Pre-Shang and Early Shang China, and a Technical Appraisal of Relevant Bronze Artifacts of the Time.『金属博物館紀要』第 19 号 pp. 3–48.

Chernykh, E. N. 1992 *Ancient metallurgy in the USSR*. Cambridge: Cambridge University Press.

Friedman, J. and Rowlands, M. (ed.) 1977 Note towards an epigenetic model of the evolution of civilization. In Fiedman, J. and Rowlands, M. (ed.) *The Evolution of Social Systems*. London: Duckworth.

Liu, Li 1996 Settlement Patterns, Chiefdom Variability, and the Development of Early state in China. In *Journal of Anthropological Archaeology* 15: 237–88.

Liu, Li 2003 Production of Prestige Goods in the Neolithic and Early State Periods of China. *Asian Perspectives* 42 (1):1–40

Liu, Li and Chen, Xingcan 2003 *State Formation in Early China*. London: Duckworth.

Miller, Daniel 1981 Structures and Strategies: An aspect of the relationship between social hierarchy and cultural change. In Hodder, Ian (ed.) *Symbolic and Structural Archaeology*: 89–98. Cambridge: Cambridge University Press.

Underhill, Anne 2002 *Craft Production and Social Change in Northern China*. New York: Kluwer Academic Pcb.

ロシア語

Черных, Е. Н. 2005 Пути и модели развития археометаллургии (старый и новый свет). *Российская археология* 4.

あ と が き

　2003年度から2005年度の3年間，九州大学大学院人文科学研究院考古学研究室と中国社会科学院考古研究所では「中国初期青銅器文化の研究」という研究課題で共同研究を行ってきた。中国西北部や内蒙古中南部から二里頭遺跡を中心とする中原，さらには黄河下流域に至るまでの初期銅器・青銅器を悉皆的に実測調査することを旨に，中国各地で青銅器実測を行った。その数は400点あまりに達し，それらをまず集成して正確な図面を公開し，研究者の便宜に供することを調査成果の一つとすることにしたのである。

　これらの成果は，まず中国で公開されるべきという共同研究の原則から，中国では『中国古代早期銅器的考古学研究』（科学出版社）と題して中国語版が出版される予定である。一方，日本語の出版物としては，これらの成果が膨大なところから二つの地域に分けて公開することとした。まず，中国西北部から内蒙古中南部にかけての初期青銅器資料集成とその研究報告に関しては，『長城地帯青銅器文化の研究』（シルクロード学研究Vol.29，シルクロード学研究センター，2008年3月）として出版した。この報告では，長城地帯以外のミヌシンスク盆地やモンゴル高原の青銅器資料を加えることにより，体系的に長城地帯青銅器文化を論じており，中国語版より詳しいものになっている。

　一方，長城地帯以外の二里頭遺跡を中心とする中原の初期青銅器文化に関して論じたのが本書である。中原初期青銅器文化に関しては，共同調査以外にも，奈良国立博物館やカナダ・ロイヤルオンタリオ美術館の二里岡文化期の青銅器資料を加えることにより，二里頭文化期から二里岡文化期の移行期を明確にすることに努めた。この点，中国語版との違いが見られる。また，本書に掲載した論攷は，基本的には中国語版と同じものであるが，挿図や文章内容においてより詳しいものが多く，さらに中原青銅器文化の生成と展開を説明し，一貫した主張が顕在化しているという点では，より体系的な研究書になっている。いささかの編集方針の違いが，まさに別の内容の研究書と思えるような体裁の違いを生んでいる。

　本共同研究には，中国社会科学院考古研究所の白雲翔，許宏，陳国梁，趙海濤，甘粛省文物考古研究所の王輝の5氏が参加した。九州大学考古学研究室からは私以外には大学院生であった濱名弘二，田尻義了，德留大輔，佐野和美，谷直子，村野正景が参加し，その後の補足調査にはさらに同じく大学院生であった丹羽崇史，松本圭太が加わった。遺物実測はそのすべてを日本側が担当し，写真撮影は私が主となって行った。

　本書を作成するにあたっては，これら共同研究参加者が共同研究を通じて得た新たな知見を論攷という形で研究書にて発表することとした。また，青銅器集成においては日本側論攷発表者を中心に遺物のトレースを行った。本書の出版に当たって最終的に若干残ったトレースなどの雑事を引き

受けてくれたのは，九州大学大学院博士課程の谷直子と松本圭太の両君である。ここに記して感謝したい。また，中文要旨の翻訳は，同じく九州大学大学院博士課程の李作婷さんにお願いした。

　中国での共同調査は，国内での調査と違い，その成果報告にいささか時間を要する。本共同研究も終わってから既に3年あまりが過ぎている。これは，まず中国においてその成果を発表する取り決めがあるからである。そしてその内容を十分両者で討議して共同の研究成果として示す必要がある。これらは様々なハードルとなって我々共同研究者の前に立ちはだかり，それを一つ一つ解決し越えていく必要があった。

　今回の共同研究は，白雲翔副所長をはじめとする中国社会科学院考古研究所の共同研究者の努力により，各地での実測調査をスムーズに行うことができたとともに，共同研究の成果を比較的素早く公開することができた。また，かなりハードなスケジュールでの調査旅行であったが，遺漏なくほとんどの初期青銅器資料を調査できたことは幸いであった。400点に及ぶ青銅器実測調査とともに，何よりもその過程で得た様々な考古学的知見こそが，重要な研究成果に結びついている。何にもまして実物資料の実見こそが，研究を大きく進展させるものであることを改めて感じている。ここで，このような意義深い共同研究に参加していただいた諸氏に感謝申し上げるとともに，本共同研究の成果が中国と日本において三つの研究書となって現れたことに感動するところである。

　本書は独立行政法人日本学術振興会平成20年度科学研究費補助金（研究成果公開促進費）の交付を受けて出版することが可能となった。出版にあたって九州大学出版会の尾石理恵さんのお世話になった。記して感謝したい。また，追加調査でお世話になりかつ青銅器実測図の掲載を許可されたロイヤルオンタリオ美術館の沈辰さんと奈良国立博物館の岩戸晶子さんにも感謝申し上げる。

　　2008年9月3日

宮 本 一 夫

索　引

あ行

安金槐　95, 102
安志敏　3, 4
飯島武次　76, 138
威信財　26, 27, 32, 33, 76–78, 113, 114, 116, 130, 132, 134–136, 138, 139, 159, 209–216
威信財システム　135, 136, 212
今村佳子　25
A 群精製土器　114, 116, 117, 128, 130–134, 138, 211
エミュレーション emulation　109, 111
『偃師二里頭』　22, 57, 58, 81, 82, 85–87, 122, 123, 139, 150
王城崗遺跡　11, 15, 54, 89, 90, 153, 157, 158, 186, 205, 212, 250
王湾 3 期文化　35, 57, 134, 139
岡村秀典　76, 100, 107, 108, 111, 114

か行

下王崗遺跡　157, 186, 250
夏王朝　5, 57, 113, 138, 215, 216
夏家店下層文化　2, 5, 6, 11, 18, 19, 22, 208
鍃　107, 110
岳石文化　5, 6, 10, 12, 18, 19, 21, 55, 56, 157, 212–214, 216
火焼溝遺跡　2, 8, 11, 13, 14, 18, 23, 151, 152, 154
夏鼐　3, 22, 79
尕馬台遺跡　2, 13, 14, 154
脚部三范 A 式　49–53, 158, 159, 213, 214
脚部三范 B 式　49–51, 53, 158
姜寨遺跡　17, 153, 156, 160, 200, 207, 208, 219
儀礼　14, 15, 35, 55, 56, 76, 82, 92, 106–111, 211
源鍋鎮遺跡　2, 22
厳文明　3, 139
黄銅　1, 3, 6, 17–19, 160, 219
紅銅　1, 3–6, 8, 9, 13, 17–20, 23, 156, 210
貢納経済システム　114

さ行

坂本コレクション　50, 155, 156, 158
山東龍山文化　18, 55, 56, 157, 214

三里河遺跡　2, 156
四壩文化　2, 4–13, 18–20, 22, 23, 208–210
社会階層維持装置　211
上海博物館　37, 53, 154–157, 159, 189–191, 255–257
獣面牌飾　13–15, 18, 20, 152, 171–173, 210–212, 239–241
朱開溝遺跡　5–12, 18, 19, 22, 155, 208
首長制社会　32, 209, 215
朱凰瀚　87
商王朝　21, 55, 56, 134, 138, 212, 214–216
初期国家　35, 108, 212
秦魏家遺跡　2, 6–10
新進化主義　113
真鍮　153, 156, 207, 208
鄒衡　91, 134, 138
斉家文化　2–6, 8, 9, 11, 13, 18, 19, 22, 208
セイマ－トルビノ　35
石家河文化　2, 5, 18
宗日文化　5, 6, 18, 19, 208
双范 A 式　42, 51
双范 B 式　42, 44, 47, 51, 213
蘇栄誉　92, 96–98
外型三范 A 式　47, 51, 53, 159, 214, 215
外型三范 B 式　51, 53, 158, 159

た行

大何荘遺跡　2
大師姑遺跡　115, 133, 153, 157, 186, 205, 250
大甸子遺跡　2, 6, 7, 12–14, 22
大汶口文化　17, 22, 35
竈鼓　26, 27, 32, 209
炭素 14 年代測定　2, 5, 22
中原青銅器文化　33, 209, 210, 215
中国初期王朝　113
沈那遺跡　154
T 字形複合外范　47, 51, 53, 214
鄭州北 27 路 2 号墓　47–49, 51, 158, 159, 195, 206
鄭窰遺跡　115, 131, 147, 150
東灰山遺跡　8, 10, 154
東下馮遺跡　2, 8–12, 18, 22, 77, 78, 115, 131, 133,

148, 152, 156, 160, 200, 210, 219, 220
銅環　23, 33, 159, 208
銅觚　90, 102
陶寺遺跡　23–26, 29, 34, 152, 154, 156, 159, 160, 219
陶寺文化　23, 25–35, 159, 200, 208–210, 215, 216
銅歯輪形器　23, 33, 159, 209
饕餮文　96, 158, 159
唐蘭　3, 22
特磬　26, 27, 32, 209
徳留大輔　76, 93, 112, 151–155

な行
南関外期　56, 93, 95, 212–214
難波純子　35, 36, 39, 40, 48, 91, 92, 95, 96, 102, 157, 158
二里頭遺跡Ⅴ区1号墓　37, 39, 44, 46, 47, 53–55, 158, 159, 212–214, 231, 232
ノエル・バーナード　35, 36, 39, 40

は行
馬家窯文化　2, 3, 5, 9
白雲翔　91, 151, 153, 207, 208
白陶　108, 139
林巳奈夫　35, 91

砒素銅　1, 4, 17, 19, 20, 23, 209
望京楼遺跡　91, 157, 185, 253
北方青銅器文化　33, 207

ま行
宮本一夫　76, 108, 114, 138, 139, 151–155
孟荘遺跡　115, 130, 131, 133, 134

や行
楊荘遺跡　8, 115, 128, 130, 131
用鼎制度　92, 104, 111
羊頭窪遺跡　2, 22

ら行
洛達廟遺跡　54, 55, 56, 79, 80, 115, 131, 133, 157, 186, 250
洛達廟期　56, 153
李京華　22, 58, 61, 64, 65, 67, 78, 96
領域国家　136
緑松石　13–15, 27, 58, 67–71, 75–78, 86, 133, 210, 211, 215
林家遺跡　2, 9, 10, 17, 22
ロイヤルオンタリオ美術館　50, 155, 156, 159, 195–199, 206

執筆者・訳者紹介

許　　　宏	(きょ　こう)	中国社会科学院考古研究所研究員(第5章)
田尻義了	(たじりよしのり)	九州大学埋蔵文化財調査室研究員(第4・8章)
趙　海濤	(ちょう　かいとう)	中国社会科学院考古研究所助理研究員(第5章)
德留大輔	(とくとめだいすけ)	山口県立萩美術館・浦上記念館学芸員(第5章訳，第7・8章)
丹羽崇史	(にわたかふみ)	独立行政法人国立文化財機構奈良文化財研究所研究員(第1章訳)
白　雲翔	(はく　うんしょう)	中国社会科学院考古研究所副所長(第1章)
宮本一夫	(みやもとかずお)	九州大学大学院人文科学研究院教授(序，第2・3・8章，結語)
村野正景	(むらのまさかげ)	九州大学大学院比較社会文化学府博士課程(第6章)

中国初期青銅器文化の研究
（ちゅうごくしょきせいどうきぶんかけんきゅう）

2009年2月28日　初版発行

編　者　宮　本　一　夫
　　　　白　　雲　　翔
発行者　五　十　川　直　行
発行所　(財)九州大学出版会
　　　　〒812-0053　福岡市東区箱崎7-1-146
　　　　　　　　　　九州大学構内
　　　　電話　092-641-0515（直通）
　　　　振替　01710-6-3677
　　　　印刷・製本　研究社印刷株式会社

© 2009 Printed in Japan　　ISBN 978-4-87378-984-2

認知考古学の理論と実践的研究
——縄文から弥生への社会・文化変化のプロセス——
松本直子　　　　　　　　　　　　　　　　　　B5 判・264 頁・7,000 円

本書は，伝播論や型式学などの考古学における普遍的かつ基本的問題に関わる理論的枠組みを認知的視点から再構築することをめざす著者が，認知考古学とは何かを日本考古学の資料を用いて世に問う本格的理論と実践の著である。　　　　　　　（第 9 回雄山閣考古学賞特別賞受賞）

北部九州における弥生時代墓制の研究
高木暢亮　　　　　　　　　　　　　　　　　　B5 判・276 頁・7,400 円

弥生時代の北部九州地域の墓制を素材とした，縄文から弥生への文化・社会構造の変化と階層的な社会が成立するプロセスの研究。甕棺葬の成立過程，支石墓の変遷と地域的な特色などの考古学的な分析を通して，弥生社会の構造を照射する。

九州弥生文化の特質
中園　聡　　　　　　　　　　　　　　　　　　B5 判・660 頁・14,000 円

九州全域・沖縄を主な対象として，東アジア的脈絡から弥生時代中期社会を解き明かす。認知考古学などの理論や新しい方法論を縦横に駆使して，土器・集落・墳墓を分析。斬新なモデルと解釈を提示する。独自の視点から弥生社会の実像に迫る意欲作。

胎土分析からみた九州弥生土器文化の研究
鐘ヶ江賢二　　　　　　　　　　　　　　　　　B5 判・254 頁・6,800 円

蛍光 X 線分析装置や偏光顕微鏡，分光測色計などの自然科学の分析手法や研究成果を積極的に取り入れ，弥生時代の土器生産と消費のシステムや遠隔地間の交流，環境資源の活用や適応など，従来とは異なる視点から九州の弥生土器文化の特質を論じる。

（表示価格は本体価格）

九州大学出版会